개인의 신화
Personal Mythology

Personal Mythology

Using Ritual, Dreams, and Imagination to Discover Your Inner Story

Copyright © 2009 by David Feinstein & Stanley Krippner

English language publication by Energy Psychology Press.

All right reserved.

Korean translation copyright © 2021 by Dong Yeon Press

개인의 신화: 의례와 꿈, 상상을 통해 내면 이야기 찾기

2021년 6월 9일 처음 찍음

지은이 데이비드 파인스타인 · 스탠리 크리프너
옮긴이 송일수
펴낸이 김영호
펴낸곳 도서출판 동연
등 록 제1-1383호(1992. 6. 12)
주 소 서울시 마포구 월드컵로 163-3 2층
전 화 (02)335-2630
전 송 (02)335-2640
이메일 yh4321@gmail.com

Copyright © 동연, 2021

ISBN 978-89-6447-665-9 03180

Personal Mythology

Using Ritual, Dreams, and Imagination to Discover Your Inner Story

개인의 신화

의례와 꿈, 상상을 통해 내면 이야기 찾기

데이비드 파인스타인 · 스탠리 크리프너 함께 지음

송일수 옮김   고혜경 감수

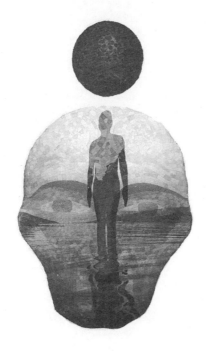

동연

데이비드 파인스타인David Feinstein과 저는 우리의 공동 저작인《개인의 신화》가 한국 독자들에게 알려지게 되어 매우 기쁩니다. 2012년에 서울에 방문하여 행복했던 기억이 떠오릅니다. '신화와 꿈 아카데미' 초청으로 개인의 신화와 인간 발달에 대해 강연했습니다. 그해 말 아카데미는 이 주제에 대해 12주 과정 강좌를 주관했고 참가자들에게 감사와 호평을 받았습니다.

신화에 대한 제 개념은 인류학자와 신화학자가 기술하는 방식과 같습니다. 신화는 인간의 존재론적 관심에 대한 진술 혹은 이야기라 정의할 수 있으며, 인간의 행동을 결정합니다. 다른 말로, 신화는 사소한 문제에 초점을 맞추지 않습니다. 신화는 언제나 상징과 은유를 사용합니다. 상징은 이미지로 나타나며 표면에 나타난 것 이상의 깊은 의미를 담고 있습니다. 은유는 깊은 의미를 행동에 담고 있습니다. 태양은 깨달음의 상징이 될 수 있습니다. 여행은 그 깨달음에 이르는 행동의 은유일 수 있습니다. 개인의 신화 이외에도, 집단 구성원의 문화를 반영하는 문화 신화가 있습니다. 또한 민족 신화와 가족 신화, 단체 신화도 있습니다. 예를 들어, 문화 신화는 특정 문화나 나라/지방에 대해 자기 문화의 우월성을 주장할 수 있습니다. 민족 신화는 특정 민족 집단에 같은 영향을 미칩니다. 가족 신화는 가족 구성원이 특정 직업이나 책임을 맡아야 한다고 강요할 수 있습니다. 기업과 종교, 사교 모임 같은 단체들은 대부분 신화적인 성격의 규칙과 규정을 지니고 있습니다. 예를 들어, 기업은 이윤을 남기는 것보다 제품의 품질이 더 중요하다는 신화를 채택할 수 있습니다. 종교는 자신의 신도가 아니면 현생과 내생에서 모두 파멸한다는 신화를 말할 수 있습니다. 사교 모임은 회원이 따라야 할 악수 방식이나 예식을 정하기도 합니다.

저는 2012년에 신화학자 고혜경을 만나, 한국의 샤머니즘과 그와 연관된 주제에 대해 토론하며 매혹적이고 기쁜 시간을 보냈습니다. 우리 일행은 병에 걸린 아이를 치유하는 한국 무당의 굿을 볼 기회가 있었습니다. 개인의 신화 코스 중에도 참가자들에게 그들의 개인적인 발전과 치유를 도울 수 있는 그들 자신의 내면의 샤먼(현자)을 불러내도록 요청하는 과정이 있습니다.

짐작하시겠지만, 저의 한국 여행은 매우 기억에 남습니다. 저는 그 만남이 번역으로 이어져서 매우 기쁘고, 이 어려운 시기에 독자들에게 도움이 되기를 진심으로 바랍니다. 강하고 활기찬 개인 신화는 세계적인 질병, 국제적 갈등, 환경적 재앙이 만연한 시대에도 사람들이 그것들을 극복하고 살아갈 수 있도록 도와줍니다. 또한 독자가 번창하도록 돕고 보다 쉽게 회복하게 돕습니다. 여러분 모두의 소망이 이루어지길 축복합니다.

스탠리 크리프너

"당신의 신화는 무엇입니까?" 삶의 의미 발견과 그 길을 탐색하는 데 헌신했던 심리학자 카를 융 박사의 물음이다. 직역하면 "당신이 살아내고 있는 신화는 무엇입니까?"이다. 당혹스럽다. 신화는 인류 의식 진화 유년기의 산물이라 과학과 합리와 이성으로 무장한 현대인에게 해당하지 않는 것이라 치부하기 때문이다. 과히 혁명적으로 정보가 넘쳐난다. 컴퓨터 앞에 앉아 지구촌 어디든 연결한다. 스마트폰과 SNS, 유튜브에 AI까지, 필요한 정보는 뭐든 찾아낼 수 있다. 그런데 검색이 안 되는 내용이 있다. 왜 살지? 내 삶의 의미는 뭐지? 융이 화두처럼 던진 이 물음에 대한 대답은 어디를 검색해야 하나? 정보라는 지성으로 무장한 우리의 허를 찌르는데, 그렇다고 가볍게 대할 수도 없는 물음이다.

검색 대신 숙고가 필요하다. 지극히 주관적인 물음이라 그렇다. 과학 발전이 이룬 객관적이고 일반적인 지식에 답이 있을 리 없다. 검색할 자리는 마음 안이다. 각자의 내면이 참고문헌이다. 신화는 '왜'와 '의미'에 관한 이야기라 이는 내면에서만 답을 찾을 수 있다.

신화가 살아 있던 시절, 이 물음에 대한 답 찾기는 개인의 몫만은 아니었다. 각종 의례 때마다 '한 처음'부터 '지금 이 자리'까지의 신화가 구송되어 우주에서 자신을 오리엔테이션을 할 수 있었다. 뭇 생명을 잇는 생명의 그물망에 연결된 일원으로 나를 확인하고, 삶은 한번 태어나서 죽는 단선적인 것이 아니라 계절적인 리듬이 있었다. 삶은 여러 번의 통과의례로 이루어지는데 통과의례마다 시기에 걸맞은 소명과 공동체에서의 역할이 주어진다. 살아내는 신화와 의미가 각자 씨름할 일이 아니라 공동체가 관장하는 의례를 통해서 찾는 문화적 틀이 존재했었다.

이 심오한 지혜를 상실한 현대인이 길을 잃고 헤매는 것은 어쩌면 당연한 듯하다. 불안을 현대의 특질이라 한다. 단절과 분리, 소외, 외로움, 무의미는 우리 시대의 전유물이다. 각종 신경증도 만연해 있다. 이런 파편화된 자리에 의미란 없는데, 의미는 온전함의 산물이기 때문이다. 따라서 융이 물음한 각자의 신화 찾기는 그 무엇보다도 쉽지 않다.

이 책의 가치가 바로 여기에 있다. 저자들은 고대의 의례, 심리학적 지식, 몸 작업, 적극적 상상, 과학적 발견을 총 동원해서 현대인에게 가장 적합한 신화 의례를 만들어냈다. 그 목적은 각자가 살아내고 있는 무의식적 신화를 의식적으로 인식하게 만드는 것이다. 적극적으로 자신의 진실에 기반한 신화를 발견/창조할 수 있게 하기 위해서 놀랍도록 정교하게 짠 프로그램이고 가이드라인이다.

이 책은 읽는 것이 아니라 참여하는 것이다. 깊이 들어가면 삶이 입

밖에 낸 적도 없는 함의나 습관적 시각들로 좌지우지된다는 불편한 진실을 만난다. 치유되지 않은 상처나 부모님의 미해결 과제들이 자신을 형상화했다는 사실도 알게 된다. 자기 삶이 물음을 제기하지 않은 수많은 가정들, 굳어진 패턴들로 가득하고 맞지도 않은 문화적 이미지에 자신을 맞추려 소모전을 하고 있다는 통찰도 생긴다. 저자는 이를 역기능적 신화라 부르는데 이를 안다는 것만으로도 무의식적으로 운행되던 삶에서 마침내 삶의 핸들을 자신이 거머쥐는 before/after의 전기를 마련할 수 있다. 왜곡된 진실을 극복하고 적극적으로 각자의 신화 만들기에 창조적으로 참여하는 삶이 시작되는 것이다. 이 책은 한 걸음 한 걸음 자신의 신화적 여정을 하도록 길라잡이가 되어준다. 적극적 참여와 주관적 경험을 통해 완결되는 책이다.

폴리네시아에 신화 중, 음미할 이미지가 있다. 고래 등에 서서 낚시를 하느라 분주해서 아래를 내려다볼 새가 없다. 그런데 어느 특별한 운명적 순간 아래를 보자, 발밑에 자신보다 훨씬 커다란 생명체가 움직이고 있는 걸 본다. 우리가 내려다보든 내려다보지 않든 각자의 삶은 자신보다 훨씬 큰 고래가 어딘가로 데려가고 있다. 개인의 신화란 나라고 생각하는 나보다 훨씬 커다란 생명체, 장엄한 고래에 관한 것이다.

고래를 인식하기 이전 삶은 외로움과 고립이 지배한다. 자신의 진실이 아니라 타인의 진실을 따르기 쉽다. 이런 삶에 결핍된 단어는 생명력과 생동감이다. 생생하게 살아 있다는 느낌, 삶은 기꺼이 살 만하다는 탄성이 터지게 하는 비법을 고래가 간직하고 있다. 부지런한 낚시질인 의식적 삶 그 너머에 영원에 닻을 내린 근원적인 진실, 즉 의미의 샘이 간직되어 있다. 이는 뭇 생명은 저마다의 고유한 아름다움과 목적이 있어 태어났다는 가설을 기반으로 한다. 신화적 상상력을 회복하여 어떤 값을 치르더라고 기꺼이 자신의 아름답고 놀라운 의미를 찾으려는 우리에게 이 책은 지혜서이고 인도자이고 동반자가 될 것이다.

치유상담대학원대학교
고혜경

■ 감사의 말

선구자이자 멘토이며 친구인,
또 운명적으로 우리의 공동 작업을 시작하게 한
조엘 엘크스에게 이 책을 바칩니다.

로지 애덤스, 다이애나 버틀러, 샤론 두비아고, 리처드 에반스, 스티브 골드스타인, 조엘 헬러, 웬디 힐, 제리 주드, 스티브 커럴프, 돈 클라인, 론 커츠, 다니엘 라이트, 다나 룬딘, 빌 리온, 진 맬로리, 롤로 메이, 리드 멜로이, 스텔라 먼데이, 앤 몰티피, 린다 니콜스, 폴 오마스, 로드 필림프 턴, 티지아나 디 로베르, 줄리 슈왈츠, 루퍼트 셸드레이크, 캐서린 예이츠 그리고 칼 영 등, 이 모든 사람과의 토론을 통해 이 책을 완성할 수 있었습니다. 모두에게 크게 감사드립니다. 댄 맥애덤스의 제안이 이 책의 초판을 출판하는 촉매제가 되었습니다. 페그 엘리엇 메이오는 초판에서 3판에 이르기까지 통찰력 있는 직관과 격려를 통해 이 책에 엄청난 기여를 했습니다. 코니 츠바이크와 테드 메이슨은 인내심을 가지고 빈틈없이 원본을 교정해주었으며, 2판의 교정을 맡은 아이린 프로콥과 알렌 린즐러 역시 큰 도움을 주었습니다. 또한 워크숍에 참가하신 많은 분들, 학생들과 심리치료 고객들의 기여에 깊이 감사드리며, 함께 일하게 되어 영광이었습니다.

뛰어난 지성을 지닌 친구들, 동료들과 함께 작업할 수 있었기에 이 일이 가능했습니다. 조지프 캠벨은 전 세계 여러 사회 공동체의 다양한 신화에 대한 깊은 이해와 빌 모리스와의 유명한 PBS 방송 인터뷰를 통해 수백만 명의 인생에 영감과 교훈을 주었습니다. 장 휴스턴과 패기 루븐은 개인의 신화를 신체적이고 심리적, 문화적, 원형적 수준에서 깊이 이해하는 방법을 수많은 사람에게 알려주었습니다. 스태니슬라브 그로프는 인간 심리와 의식을 확장하는 데 역사상 가장 효과적인 방법을 연구하여 전하고 발전시켰습니다. 준 싱어는 매우 심도 있지만 대중에게 다소 난해할 수 있는 카를 융의 가르침을 《사랑의 힘*The Power of Love*》, 《혼의 경계*Boundaries of the Soul*》 등의 저서를 통해 이해하기 쉽게 풀어냈습니다. 스티븐 라슨은 많은 독자와 학생이 샤먼의 문 안을 들여다볼 수 있게 도왔으며, 그 안의 신화적 마법과 기술을 축적해 올렸습니다. 앤 몰티피의 많은 청자가 그의 천재적인 가사와 음악 그리고 극적인 작품이 내뿜는 힘에 영감을 얻고 변화를 경험했습니다.

람 다스Ram Dass는 용감한 두 가지 영웅적인 여정을 통해 그를 따르는 동시대 사람들의 신화를 바꾸는 데 기여했습니다. 첫째로 그는 인도의 영적 지도라로, 둘째로 나중에는, 심한 뇌졸중으로 황폐화된 몸을 극복함으로써, 많은 사람에게 삶의 심오한 의미에 감사하는 승리의 귀환을 이끌었습니다. 댄 맥애덤스는 발달 심리학에 신화적 관점을 접목하는 학문적 용기와 탁월한 직관을 보여주었습니다. 앨버트 앨리스는 이성적 감정 행동 치료법Rational Emotive Behavior Therapy의 창시자이며, 이성적 믿음과 비이성적 믿음이 인생에 얼마나 강력한 영향을 미치는지 보여주었습니다. 이는 이 책 전반에 소개된 순기능적 신화와 역기능적 신화를 구분하는 데 견고한 기반을 제공합니다. 앨버트 업튼은 《사고를 위한 디자인 Design for Thinking》의 저자이며, 인간 심리의 역동적인 작동 방식에 대한 효과적인 교육 모델을 제공했습니다. 또한 우리는 훌륭하고 모범적인 삶을 사신 모든 분께 그리고 영원히 성숙해가는 열매가 될 그들의 아이디어와 삶의 방식에 깊은 감사를 전합니다. 여러분 한 분 한 분을 알게 되어 큰 영광이었습니다.

저희 아이디어가 발전하는 지난 수년간, 수많은 기관이 따뜻한 환경을 제공해주고 친절한 지지를 보내주었습니다. 특히, 오리건주 애쉬랜드의 이너소스 Innersource, 샌프란시스코의 세이브룩 기관, 빅셔의 에설런 교육기관, 브리티쉬 컬럼비아주 가브리올라 섬의 헤이븐 바이 더 씨에 감사드립니다. 또한 리타 로헨과 작고한 리처드 프라이스에게 특별한 감사를 드립니다. 두 분 덕분에 에설런 교육기관의 아름다운 환경에서 초판의 여러 장을 완성할 수 있었습니다.

제러미 타쳐의 설득력과 상상력 덕분에 학술적 세미나와 글, 아이디어와 방법들을 대중에게 소개할 수 있었습니다.

마지막으로 두 저자의 배우자, 도나 이든과 레슬리 크리스너의 사랑과 이해, 영감에 말로 다할 수 없는 감사를 보냅니다.

■ 3판을 펴내며

1970년대 중반부터 우리는 수천 명을 유도 신화guiding mythology의 신비와 경이로 인도하는 특권을 누렸다. 개인의 신화personal mythology는 우리 정신의 이면에서 작동한다. 개인의 신화는 우리의 모든 사고와 인식, 행동을 인식 기저에 숨어 있는 하나의 줄거리에 맞춘다. 사람들은 대부분 내면에서 펼쳐지는 이 신화를 제대로 설명하지 못한다. 그런 와중에도 내면의 신화는 우리 인생의 향방을 결정한다.

신화의 발견과 변화를 이루기 위한 우리의 처음 모델을 십여 년간 다듬은 결과 1988년에 이 책의 초판을 출간할 수 있었다. 시간이 흐르고 점차 더욱 많은 사람에게 개인의 신화에 대해 알리면서 이 모델도 함께 진화했다. 십 년 뒤, 계속되던 수정의 연속에 가속도가 떨어질 즈음 우리는 2판을 펴냈다. 당시만 해도 3판이 출판될 것이라고는 생각지 못했다. 당시 우리는 워크숍과 강습 그리고 많은 개인 세션을 통해 수많은 사람과 심도 있게 작업했고, 이를 통해 각 개인의 유도 신화를 발견하고 변화시키는 효율적이고 효과적이며 영적 깊이가 있는 체계적인 방법을 제시했다고 믿었다. 하지만 발전의 여지는 항상 존재했다!

《개인의 신화》의 3판을 펴내게 된 이유는 에너지 심리학energy psy-chology이라는 새로운 분야 덕분이다. 에너지 심리학은 우리 둘에게 그야말로 충격이었다. 임상 실습과 개인 발달 워크숍, 심리학 주제들에 대한 강연 등을 모두 합쳐 70년이란 시간이 지나서야 손쉽고 빠르게 심리적 변화를 이끌어낼 수 있는 방법을 찾은 것이다. 이 방법에도 한계는 있지만, 숙련을 통해 실수 없이 이를 개인의 신화 모델(혹은 기존의 거의 모든 심리치료 접근법)과 접목하면, 이 모델(혹은 다른 접근법들)은 뚜렷하게 더욱 효과적이고 강력해진다. 만약 에너지 심리학에 이미 친숙한 독자라면 이 말의 의미를 이해할 수 있을 것이다. 에너지 심리학에 대해 잘 모르는 독자라면 잠시 이 책을 내려놓고 www.EnergyTraumaTreatment.com에 접속해 이와 관련한 글들과 사례들을 잠시 살펴보길 권한다. 재난에서 생존한 사람들에게 에너지 심리학을 적용한 사례는 에너지 심리학을 적용하는 데도 가장 까다롭고 인상적인 예에 해당한다. 하지만 같은 방법을 인간 정신이라는 좀더 미묘한 영역에도 동일하게 강력하고 효과적으로 적용할 수 있다. 위 웹사이트에서 이 분야에 대한 개론과 기존 연구들의 개요를 무료로 내려 받을 수 있다.

우리는 상담과 수업, 워크숍에서 에너지 심리학이라는 새로운 분야를 개인의 신화 모델에 접목하기 시작했고, 그 비중을 확장해나갔다. 자연스레 기존의 책을 개정해야 할 필요성에 대해 자문하게 되었다. 대답은 너무나 분명하게 '당연하다'였다. 하지만 문제는 어떻게 이를 소개할 것인가에 있었다. 만약 독자들에게 에너지 심리학의 모든 방법을 알려주려고 한다면, 책이 너무 길고 거추장스러워질 것이 뻔했다. 그래서 우리는 기존에 있던 3개의 '보조 안내'에 4번째 보조 안내를 추가하기로 했다. 새로운 보조 안내는, 이미 에너지 심리학의 기본 규칙을 알고 있는 독자들을 대상으로 본 책의 12주, 5단계 과정에 이를 적용하는 법을 제시한다. 기존의 5단계 모델은 바뀌지 않았다. 이는 기존 책에 소개한 내용과 동일하며, 새로운 보조 안내 없이도 활용할 수 있다. 하지만 에너지 심리학 접근법을 적용한다면 더 빠르고 조화롭게 변화를 경험할 수 있을 것이며, 수반되는 감정적 고통도 덜할 것이다. 에너지 심리학의 힘은 감정적 자기 조절 능력을 대폭 향상시키는 데 있으며, 이는 임상의들에게 특히 더 강력한 힘을 발휘한다.

에너지 심리학의 기본적인 규칙(이 기초 사항들은 널리 교육되고 있다)은 믿을 수 없을 만큼 쉽게 학습할 수 있다. 데이비드는《에너지 심리학의 전망*The Promise of Energy Psychology*》의 저자 중 한 명이며, 이 책은 훌륭한 개론서이자 지도서이다. 다른 많은 자료가 위의 웹사이트에 게재되어 있다.

우리는 신화적 작업의 깊이와 차원에 늘 겸손해진다. 이 책을 심오한 여정으로 변모시키는 것은 저자가 아닌 독자 여러분이라는 걸 우리는 매우 잘 알고 있다. 또한 이 모델이 우리만의 작품이 아니라 많은 분과의 합작품이라는 사실을 잘 알고 있으며, 이에 매우 감사한다. 지난 반세기 동안 심리치료와 개인 성장, 영적 발달 분야에서 축적되고 재발견되어온 폭발적인 지식과 경험으로부터 많은 영감을 받았다. 고대 그리스의 엘레우시스 제전보다도 더 오래된 과거로부터, 카를 융, 미르체아 엘리아데, 장 휴스턴, 진 시노다 볼렌 그리고 우리의 작고한 친구 조지프 캠벨과 같은 지성을 거쳐, 20세기와 그 너머로 이어지는 유서 깊고 안정적인 길을 걷는 우리의 가장 큰 기여는 아마 깊은 심리학적, 영적 발전이 신화의 틀 안에서 근사하게 설명될 수 있다는 우리의 주장일 것이다. 개인 신화와 사회 신화의 융합(www.SocialMyths.com을 보라)은 신화적 관점의 또 다른 힘이다.

다시 한번 말하지만, 에너지 심리학에 대한 내용 없이도 이 책에 안내된 프로그램을 따라할 수 있다. 이 프로그램은 효과적이다! 에너지 심리학의 개입이 있든 없든, 프로그램은 12주에 걸쳐 5단계로 진행된다. 에너지 심리학의 접근법을 이 모델에 접목하기로 결정했다면, 먼저 훌륭한 보조 개론으로 시작하기를 권한다(감사하게도 초판에서는 준 싱어 박사 그리고 2판에서는 장 휴스턴 박사가 보조 개론을 제공해주었다). 그리고,

- 프로그램의 개요와 예비 교육은 '초청'(38쪽)에서 확인할 수 있다.
- 프로그램에 에너지 심리학을 접목하려면 새로운 보조 안내 4 부분을 보라(465쪽).
- 책에 쓰인 대로 과정을 진행하라. 필요할 때마다 보조 안내를 참조하라.

이 책이 독자 여러분께 힘을 더하고, 지구의 생명인 놀라운 신화적

여정에 대한 이해를 심화하며, 여러분의 더 큰 평화와 만족, 행복을 찾는
데 도움이 되길 바란다. 지난 수년간 많은 독자가 이 프로그램을 통해
위의 경험을 했다고 전해왔다. 그분들께 크게 감사한 마음을 드린다.

2006년 7월

데이비드 파인스타인 · 스탠리 크리프너

3판이 처음 인쇄된 이후에 이 책과 관련하여 세 가지 중요한 사건이 일어났다: 이 책은 1) U.S.book News가 선정한 2007년 올해의 책(심리학/정신 건강 부문), 2) the PubInsider 2007 National Book Awards(the "Indies")의 올해의 책(뉴에이지 비소설 부문)으로 선정되었다. 3) 신화가 사라진 사회에 영향을 미치는 이 책에 깊은 관심을 갖고 있는 몇몇 동료가 원래의 제목으로 돌아갈 것을 제안했다(초판 제목은《개인의 신화: 의례와 꿈, 상상을 통해 내면 이야기 찾기》였다). 그들은 기존 제목이 개인적으로 더욱 공감되며, 현시대의 문화적 대혼란 속에서 과거의 유도 이야기를 발견하고 미래의 비전을 창조하는 책의 내용을 더 정확하게 묘사한다고 말해주었다. 그래서 그들의 조언을 따라 제목을 원래대로 바꿨다.

■ 차례

　　몇 년 전, 인도의 한 마을에 머물렀을 때의 일이다. 나는 바닥에 앉아 텔레비전 드라마로 각색된 라마야나를 시청하고 있었다. 마을에 유일했던 그 텔레비전은 마을의 큰 자랑거리였다. 마을 주민들은 너나할 것 없이 매주 모여 이 근사하게 각색된 힌두 신화를 텔레비전으로 시청했다. 이야기 속의 라마 왕자(비슈누 신의 화신)와 그의 지조 있는 부인 시타 공주(인간으로 환생한 락시미 여신)는 배신을 당해 14년 동안 숲으로 추방당한다. 그럼에도 고매하고 잘생기고 용맹한 라마 왕자와 지조 있고 아름다우며 남편에게 완전히 순종적인 시타 공주는 행복한 삶을 이어간다. 하지만 둘의 평화로운 전원생활은 라바나에 의해 무참히 깨진다. 라바나는 팔과 머리가 여러 개 달린 악령으로, 어느 날 갑자기 시타 공주를 자신의 왕국인 스리랑카로 납치해간다. 그러나 결국 라마 왕자는 원숭이와 곰으로 이루어진 군대를 이끄는 거룩한 원숭이 하누만과 힘을 합쳐, 악령 라바나와 그의 군대를 무찌르고 시타 공주를 구해낸다. 라마 왕자는 시타 공주를 다시 데려오지만, "공주가 단 한 번도 악마의 무릎 위에 앉지 않았다"는 사실을 확인하고서야 공주의 지조를 인정하고 그녀를 데려온다.

힌두 문화에서 이 이야기를 모르는 사람은 없다. 연극, 노래, 인형극, 발리니 그림자극, 영화 할 것 없이 이 이야기가 등장하지 않는 곳이 없다. 이는 힌두 정신의 중심에 자리 잡은 신화다. 이 텔레비전 드라마는 화려한 효과와 이국적인 의상, 긴장감 넘치는 음악과 춤, 훌륭한 연기가 더해진 신화의 호화로운 버전이었다. 마을 사람들도 나도 이 드라마에 도취되었다. 왜냐하면 이는 잘 만든 뮤지컬인 동시에 종교이며 도덕이었기 때문이다. 그뿐만 아니라 당시 인도 전역 수백만 명이 한마음으로 같은 텔레비전 프로그램에 빠져 있었기 때문에 사람들은 더욱 마음을 모아 이에 열광했다. 그런데 바닥에 나와 함께 앉아 있던 한 브라만 계급의 여성이 문득 나를 돌아보며 특유의 경쾌한 억양이 밴 영어로 말했다. 이 여성은 마을의 유일한 그 텔레비전의 소유주였다. "오, 나는 시타가 싫어요!"

"뭐라구요?" 나는 경악했다. 그 말은 마치 내 시칠리아 출신 할머니가 '나는 성모 마리아가 싫어'라고 말하는 것과 같았다.

"전 시타가 정말 싫어요. 시타는 너무 약하고, 지나치게 수동적이에요. 인도 여성은 저것보다 훨씬 강해요. 라마 왕자가 와서 구해줄 때까지 앉아서 울고만 있을 게 아니라 스스로 무슨 노력이라도 해야죠. 저 이야기는 바뀌어야 해요."

"하지만 저 이야기는 적어도 3천 년이나 된 걸요!" 나는 반발했다.

"그러니까 더 바뀌어야 하죠. 시타를 더 강한 캐릭터로 바꿔야 해요.

스스로 결정을 내리도록 말이에요. 제 이름도 시타고 제 남편 이름은 라마예요. 인도에선 매우 흔한 이름이죠. 근데 제 남편은 게으른 놈팽이나 마찬가지예요. 만약 악마가 우리 남편을 데려간다면, 제가 나서서 남편을 구해야 할걸요."

그녀는 몸을 돌려 주변 사람들에게 방금 내게 한 말을 힌두어로 다시 전했다. 사람들은 모두 웃으며 수긍했고, 특히 여성들이 강하게 동의했다. 그러고는 시타의 비중이 어떻게 커져야 하는지, 새로운 줄거리를 만들면서 즐겁게 떠들었다. 지난 수천 년간 변하지 않은 삶을 산 사람들이 능동적으로 자신들의 원형적 이야기를 재해석하는 목소리를 듣는 것은 수정주의자들의 오랜 꿈이었다. 마치 남부 미시시피의 작은 마을에 앉아 기독교 근본주의자들이 성서를 다시 쓰는 과정을 지켜보는 것 같았다. 나는 매우 놀랐지만, 동시에 아주 기뻤다. 이 마을에서 신화의 재창조가 시작되고 있는 것을 느낄 수 있었다. 라마야나가 얼마나 전통적이고 유서 깊든지 간에 그것은 여성, 여성과 사회, 여성과 남성의 관계에 대한 구시대적 인식에 기반한 이야기였다. 변화하지 않는다면 사라져야 할 이야기였다.

중요한 사실은 인도뿐 아니라 전 세계 어느 곳에서든지 이야기는 바뀌어야만 한다는 것이다. 수천 년간 정형화된 양식은 또 다른 세계, 또 다른 시간, 무엇보다 또 다른 이야기에 우리를 대비시켜왔다. 그와 동시에 인류 역사와 선사 시대를 통틀어 전례 없던 최근의 급격한 변화는 가치의 혼란과 전통의 파괴를 야기했고, 우리는 미로 속에 갇혀버렸다. 인간만이 경험할 수 있는 독특한 요소들은 주변에서 쉽게 찾아볼 수 있다.

피할 수 없는 행성 문명으로의 지구적 흐름, 여성의 권리 신장으로 인한 여성과 남성의 완전한 동반자적 관계, 매일매일 새로운 기술의 등장, 미디어가 이 사회의 기반이 되어가는 것 그리고 혁명적으로 깊어지는 인간과 사회에 대한 이해 등을 예로 들 수 있다. 시간은 생명력을 더해가고, 옛 이야기는 점차 유물이 되어간다. 낡은 이야기는 우리의 선조들이 알지 못했던 많은 경험과 복잡한 삶을 설명하지 못한다. 낡은 이야기는 또한 경험 과잉의 시대가 야기하는 많은 상처와 수반되는 혼란을 치유하지 못한다. 우리 마음속에 너무 많은 '구멍hole'이 뚫려서, 머지않아 '거룩holy'해질지도 모르겠다.

새로운 이야기, 새로운 신화가 아직 정착하지 않았기 때문에 새로운 미래상을 그리는 것은 개인과 공동체의 노력에 달렸다. 하지만 신화를 바꾸고 창조하는 것이 가능할까? 거의 누구에게나, 어디에나 있는 의식의 표면 아래를 파고들면, 엄청난 상상의 세계를 마주하게 될 것이다. 바로 신화와 원형이 바글거리는 세계다. 신성한 존재, 주술사, 하늘을 나는 말, 말하는 개구리, 신성한 장소들, 죽음과 부활, 각기 다른 수많은 영웅의 여정. 전 세계 많은 이의 정신을 깊이 탐구한 나의 경험에 비추어볼 때, 이는 진실이다.

신화는 한 번도 실제로 일어나지 않았지만, 항상 진행되고 있는 멋진 이야기를 담고 있다. 신화의 기능이 단지 고대인들이 모닥불에 둘러앉아 계절과 날씨, 인간 사회와 신의 갈등을 설명하기 위해 나누었던 이야기에 지나지 않는다고 생각한다면 큰 오해다. 물론 신화는 설명적 기능이 있다. 하지만 동시에 암호화된 인간 정신의 DNA며, 따라서 새로운 발견을 가능케 하는 창이 된다. 신화는 시대와 장소의 요구에 맞춰 의식과 문화를 깨우며 발전하는 자아에 속한 그 무엇이며, 우리 존재의 희망이다.

위대한 고대 신화를 섬세하게 다루기 시작하면 풍부하고 다양한 경험의 세계가 열린다. 오디세우스와 함께 여행할 수 있고, 이시스와 오시리스의 열정을 경험할 수 있으며, 퍼시벌과 함께 성배 원정을 떠나거나 예수와 함께 죽고 다시 태어날 수도 있다. 구전 신화나 의례 속의 신화는 우리 삶의 폭을 넓힌다. 개인 내면의 낱낱은 신화 속 위대한 이야기와 등장인물들의 삶 속에서 설명되고 확장될 수 있다. 나와 이 책의 다른 저자처럼 신화를 다루며 작업하는 사람들은, 고객들과 학생들이 고대 이야기와 자신의 페르소나의 영역에 들어가면 숨겨진 경험을 발견하여 그들 자신의 경험을 비추고 강화하는 것을 목격한다. 대부분은 자신이 세계영혼이 펼치는 극의 중요한 등장인물이라는 것을 깨닫고, 자신들의 이야기를 확장해나가며, 용기를 얻어 더욱 적극적으로 한계를 뛰어넘으며 이야기의 폭을 넓혀간다.

그렇다면 우리 정신 구조에 깊이 얽혀 있는 패턴을 어떻게 바꿀 수 있을까? 최근 십여 년 전까지만 해도, 나는 특정한 세부사항을 바꾸는 것 외에는 방도가 없다고 생각했다. 하지만 모든 것이 해체되고 재건되는 이 시스템 대전환의 시대에는 신화 또한 재건돼야만 한다. 그리고 이 강력한 책의 저자들이 위기인 동시에 기회인 이 길을 걷는 것을 도와줄 것이다. 저자들은 천년의 끝자락에서 할 수 있는 매우 중요한 과업에 착수한 것이다. 모든 사람은 자신의 중심 이야기를 바꿀 힘을 내면에 지니고 있다. 저자들은 이 내면의 정신 영역에 주목하여, 지배적 신화를 바꾸는 방법을 알려준다. 마음에 대한 관심은 전 세계적으로 그 어느 때보다 뜨겁다. 전 세계의 문화, 믿음 체계, 앎의 방식, 보고 행하고 존재하는 모든 방식에서 그 수확물을 확인할 수 있다. 우리는 지난 수백, 수천 년간 '무의식'의 굴레에 갇혀 있었다. 하지만 이제는 자리를 박차고 일어나 일할 채비를 하는 중이다. 과거 선조의 일부였던 신화나 원형들은 이제 개개인의 삶에서 독특하고 역동적인 이야기들로 흐르며 새로운 강물이 되는 것이다.

하지만 이 과정이 전통 신화의 가치를 축소하지는 않는다. 옛 전통이라는 지도는 더 이상 새 지형에 맞지 않는다. 따라서 우리는 고대 이야기를 계승한 자들로서 활기 있는 신화적 삶을 현실로 살아내야 한다. 고대 신화는 우리의 멘토다. 또한 우리는 개인적 경험의 영향을 받아 신화가 스스로 재창조되는 열린 순간에 있다. 이는 정신 발달에서 인류가 수렵채집 생활에서 벗어나 정착생활을 시작해 농경문화와 문명을 일구었을 때와 맞먹는 기념비적인 일이다. 우리가 개인 신화를 발견할 능력을 갖춰간다는 것은, 개인 신화를 직면해야만 한다는 것을 의미하기도 한다. 그렇게 함으로써 우리는 새롭게 부상하는 이야기New Story에 깊어진 개인의 이야기를 더할 수 있고, 그 새로운 이야기는 다시 새로운 지구 문명에 더해진다.

이 책은 신성한 기술과 높은 수준의 예술 그리고 과거와 미래의 과학에 대한 내용을 담고 있다. 책의 이론과 실습은 고대 신비학파의 가르침, 샤먼적 훈련과 비법뿐 아니라, 의식에 관한 현대의 실험 연구와 최신 심리치료학에서 기인한다. 전 세계 곳곳에 예술가이자 과학자인 소수의 사람이 퍼져 있다. 현대의 광섬유, 대화형 텔레비전, 글로벌 컴퓨터 네트워크 그리고 다른 많은 최신 정보기술은 이들과 소통해 세상의 혼에 다가갈 수 있는 빠른 길을 우리에게 제공해준다.

내 부모님 댁에는 건물이 여럿 있다. 그렇다 할지라도 이제껏 우리가 의식을 기울이지 않았던 이 건물들에 가구를 들여놓고 방들을 관리하는 것 또한 우리의 책임이다. 데이비드 파인스타인과 스탠리 크리프너는 인간 내면의 전문가로서 가장 포괄적인 발달 프로그램을 수행할 수 있도록 여러분을 인도할 것이다. 이 프로그램을 통해 여러분은 개인마다 간직하고 있는 독특한 내면세계와 그 안의 놀라움을 발견하게 될 것이다. 저자들은 내면세계를 여행하고 훈련하는 최고의 방법을 제공한다. 이는 유도 상상, 꿈 품기, 내면의 현자 만나기, 심지어 정서적으로 교정된 연상을 통한 개인 역사 다시쓰기 등을 포함한다. 과거와 미래로 여행을 떠나게 될 것이며, 과거의 상처를 치유하고 위기를 기회로 바꾸게 될 것이다. 여러분의 이야기를 동화로 재구성하고, 신체 속에서 갈등과 화해에 대한 은유를 발견하고, 파워 오브젝트power objects와 개인 방패personal shields, 내면 정렬inner allies을 찾아가는 동안 새로운 힘이 열리는 것을 느끼게 될 것이다. 항상 이전 세대의 신화를 상기하고, 그들의 신화와 연결의 끈을 놓지 않고 나아가면, 밝은 빛이 미지의 대륙, 즉 앞으로 다가올 신화로 향하는 개척자의 길을 비춰줄 것이다.

문화는 항상 어디서나 새롭게 변화하고 있기 때문에, 개인 또한 재탄생해야만 한다. 이 책의 목적은 우리 마음의 방어벽을 뚫고 그 안의 보물을 찾으며, 신화 재창조라는 신성한 행위를 통해 우리 삶의 목적과 계획을 발견하고 가능성을 여는 것이다. 우리는 엄청난 재성장을 경험할 것이고, 퍼시벌과 페넬로페와 함께 우리가 있어야 할 자리에 설 것이다. 흰 물소 여인과 호수의 여인, 케찰코아틀(고대 아즈텍족의 주신. 날개가 있는 뱀의 모습임), 브리짓, 스포크 씨와 함께 말이다. 여러분의 신화 속에 등장하는 모든 인물은 바로 여러분 자신이다. 이 신화는 여러분의 이야기다. 앞선 과정에서 얻은 깊은 이해로 재구성되고, 개인과 역사의 쇄신을 위해 새로이 구상된 여러분의 이야기다.

"신이시여, 지금이기에 감사합니다." 시극 작가 크리스토퍼 프라이 Christopher Fry는 말했다. 가는 곳마다 잘못을 마주하게 되는 지금이기에 감사하다고. 인류가 내딛었던 그 어떤 발걸음보다도 긴 영혼의 발걸음을 내딛을 때까지, "결코 우리를 떠나지 말지어다." 이 영혼의 발걸음은 우리가 열린 가능성을 향해 모든 그림자를 통과하도록 할 것이다. 말 그대로 모든 것이 누구에게나 열려 있는 지금 말이다. 우리는 할 수 있는 모든 것을 해야만 한다. 이 시대 속에서 정신은 최상의 상태에 있어야만 한다. 그리고 개인 신화로의 모험은 정신의 최상 상태로 가기 위한 아주 중요하고 독창적이며, 흥미로운 길이다. 나는 감히, 이는 우리에게 주어진 삶의 책무라고 말하고 싶다.

시류는 언제나 변화한다. 인도의 그 마을에서, 드라마 〈라마야나〉의 종영 이후, 인도 전역이 시청한 다음 드라마는 황금시간대에 방영되었던 연속극 〈왕국Dynasty〉의 지난 시즌이었다! 연속극 속 등장인물들의 허술한 연기에 나는 눈을 어디다 둬야 할지 몰랐다. 그 여주인은 내가 상대적으로 낮은 수준의 미국 텔레비전 프로그램 때문에 수치스러워 한다는 것을 알아채고 내 팔을 치며 말했다. "부끄러워하지 말아요. 자 봐요. 내용은 결국 똑같아요."

"어떻게 그렇게 말할 수 있죠?"

"아유, 완전 똑같죠." 그녀는 양 옆으로 머리를 흔들며 말을 이었다. "똑같은 이야기예요. 좋은 남자 나오죠. 나쁜 남자 나오죠. 좋은 여자 나오죠. 나쁜 여자도 나오죠. 아름다운 집에, 아름다운 옷들 그리고 하늘을 나는 사람들, 악을 무찌르는 싸움 장면도 나와요. 봐요. 완전히 똑같은 얘기예요!"

이렇게 인간 삶의 구조와 우리의 시각을 다시 디자인하며, 신화와 은유는 재구성된다. 이 글을 읽고 있는 여러분 삶의 살아 있는 내용을 깨워 새로운 이야기가 시작되는 것을 목격하고 보조하는 것이, 이 놀라운 책의 저자들이 마주했던 어려움인 동시에 우리가 누린 특권이다.

시대는 이러하다. 우리는 인간이다.

장 휴스턴 박사

개인의 신화는 여러분이 생각하는 것과 달리 미신이 아니다. 나의 상황과 행동을 설명하려고 혼자 되뇌는 이야기도 아니다. 개인의 신화는 우리가 의식하든 의식하지 못하든, 인생에 교훈을 주는 살아 움직이는 기반 시설이라고 할 수 있다. 의식적으로도 무의식적으로도 우리는 개인의 신화에 따라 살아간다. 이 놀라운 책의 저자들은 여러분이 지금 살아가고 있는 신화를 인식하고 직면하여, 결국 완전히 체득하게 도울 것이다. 저자들은 이 과정에서 의례·꿈·이야기를 사용하며, 이는 결코 쉬운 길은 아니다. 이 책은 '의식의 진화'를 다룬다. 여러분 자신의 의식뿐 아니라 몸담고 있는 문화 의식과 그 진화까지 아우른다.

신화적으로 산다는 것은 개인과 공동의 기원을 안다는 것이다. 이 책을 통해 당신은 자신이 고립된 개별 존재가 아니라 수천 년에 걸친 인류 문화의 변용과 성숙의 최종 결과물이라는 사실을 알게 될 것이다. 개인의 신화는 수풀의 꽃이다. 가족 신화는 가지, 사회적 관습은 줄기를 이루며, 인간의 본질은 그 뿌리라 할 수 있다.

개인의 신화는 우리 인식을 구조화하며, 인생의 향방을 결정한다. 우리가 개인 신화의 내용을 잘 알지 못하고 무의식적으로 끌려가면, 이 세상에 객관적으로 존재하는 것마저 왜곡된 렌즈를 통해 인식하게 된다. 무의식적인 개인 신화나 사회 집단에 의해 엄격하게 주입된 신화에 기반하여 살아가면, 단 하나의 길만이 옳은 길이라 여기게 된다. 전체의 길이 아닌 그 길만을 생각하게 되는데, 이는 결과적으로 만족을 줄 수도 있지만 그만큼 쉽게 재앙이 될 수도 있다.

이 책의 내용은 존스 홉킨스 의학대학의 연구 프로젝트에 기반을 두고 있다. 데이비드 파인스타인은 그곳에서 여러 새로운 개인 성장 치료법과 전통적인 치료법을 비교했다. 그는 이 둘의 공통분모를 발견했다. 방법은 여러 가지였지만, 모든 치료법의 목표는 결국 사람들의 자기 이해와 사회 속에서 자기 인식에 영향을 미치는 것이었다. 그는 개인의 신화라는 용어를 사용하여 '내적 현실에 대한 진화하는 해석'을 부각시켰고, 모든 인간 현실에 대한 이해는 신화라는 사실을 강조했다.

스탠리 크리프너는 주요 저자들에게 영감과 통찰을 제공함으로써 이 책에 기여했다. 그는 인간 의식에 대한 30년간의 선구적인 연구들, 특히 꿈과 치유, 의식 변화에 대한 자신의 연구 내용을 저자들에게 제공했다. 지난 십 년 동안 저자들은 워크숍을 시행했고, 과거의 삶을 지배했던 신화를 인식하는 방법들을 개발했다. 이러한 이해를 바탕으로 더 핵심적이고 실행 가능한 유도 신화 개념을 발전시킬 수 있었다. 유도 신화를 발견하는 과정은 체계적이며, 이 책에서 주요 위치를 차지한다. 이 책은 개인의 변화를 이끄는 방법을 차근차근 설명하고 다양한 활동과 사례를 제공한다. 필요한 개념 정보를 제공할 뿐 아니라 독자가 의례와 실습을 통해 지식을 통합하고 새로운 인식을 일상에 적용할 수 있도록 돕는다.

성장을 위한 다섯 단계도 아주 상세히 설명되어 있다. 각 단계는 고대 그리스 철학에서부터 프로이트 학파와 융 학파의 이론과 방법들, 현대 행동주의와 인지심리학의 실용적 접근법에 이르기까지, 다양한 학파를 아우르는 많은 자료에 기반한다.

모든 시스템이 비판적 과정을 거쳐 적용되었으며, 저자들은 이 엄청난 양의 심리학 이론을 일관성 있게 종합하여 자신들의 5단계 접근법에 통합했다.

첫 세 단계는 소크라테스의 정반합을 반영한다. 첫 번째 단계에서는 개인 신화를 인식하고 정의하며, 유도 신화가 더 이상 자신의 협력자가 아니라는 것을 발견하게 된다.

두 번째 단계에서는 반대되는 개인 신화를 발견해야 한다. 이 대항 신화는 개인의 내면에서 갈등을 일으킨다. 갈등을 벌이는 두 신화에 집중하여, 이 둘이 각각 과거와 어떤 식으로 연결되어 있는지 탐색한다. 이때 어린 시절의 신화가 성인의 삶에는 적당하지 않다는 것을 곧 깨닫게 된다.

세 번째 단계는 합이다. 이 단계에서 통합적 비전을 품게 된다. 여기서 과거 신화와 대항 신화는 대립구도를 형성하는데, 이 둘을 인격화한다면 갈등은 내면세계의 연극으로 이해될 수 있다. 이에 대해 파인스타인과 크리프너는 갈등을 "실제 삶의 현장에서" 다룰 필요는 없다고 말한다. 이 과정에서 화합에 장애가 되었던 문제들은 성장을 위한 기회로 재조명된다.

네 번째 단계는 많은 치료 방식이 끝나는 지점에서 시작한다. 이 단계의 제목은 "비전에서 실행으로"이다. 여기서 통찰을 시험하고 강화한다. 이를 통해 우리가 프로그램을 진행하면서 마음에 품었던 비전이 가상과 가정의 영역에서 바람을 넘어 실행으로 이어질 수 있다.

다섯 번째 단계는 새로운 신화를 삶 속으로 구조화하는 과정이다. 내면의 전환을 이 세상에서 입증할 수 있는 일련의 실용적 방법이 이 단계에서 제시된다. 번데기에서 나온 나비는 새로운 존재(동시에 새롭지 않은 존재)이다. 여기서부터 이 과정은 내면의 작업일 뿐 아니라, 우리를 옥죄는 무의식적인 가정에서 더욱 자유로운, 새로운 방식으로 살아내는 것 자체를 포함한다.

내 생각에 이 책이 가장 크게 기여한 바는 문제의 근원을 각 개인이 스스로 인식하여 그 치유 과정에 대한 책임 또한 각 개인이 지게 하는 방식에 있다. 오늘날에는 과거 그 어느 때보다도 더 많은 사람이 훨씬 쉽게 정보에 접근할 수 있다. 신체뿐 아니라 심리적 건강을 얻고 유지하는 방법에 대한 정보도 넘쳐난다. 그 결과 사람들은 더 이상 내과 의사나 정신과 의사, 심리치료사만이 건강에 대한 유일한 권위자라고 생각하지 않는다. 많은 경우 개인 스스로 안녕에 대해 책임을 지는 것이 가능하고, 또 권장된다. 규칙적인 운동, 균형 잡힌 식사, 다양한 관심사 등을 통해 개인은 스스로 안녕을 유지할 수 있다. 이와 관련하여 파인스타인과 크리프너는 대중에게 심리적 건강과 발달에 초점을 맞춘 아주 훌륭한 지도서를 제공한다. 이 책의 모든 독자는 이제 모험에 도전할 수 있다. 이 모험은 혼자만의 여정이 될 수도 있고, 배우자나 친구, 혹은 동반 성장하려는 단체와 함께하는 여행이 될 수도 있다.

프로그램 진행 중에 개인의 신화가 모든 인간 활동을 관장하기 위한 목적으로 문화 신화와 통합되는 시점을 경험하게 될 것이다. 또한 개인적 문제들에 초점을 맞추어 과정을 진행할지라도, 결국 우리의 개인적 문제들은 그 중요성이 제한적이라는 것을 깨닫게 될 것이다. 독립적 개인은 파산한 신화와 같다. 생각해보면 우리는 음식과 주거지, 안전과 애정을 비롯해 가장 기본적 욕구를 충족하기 위해 항상 타인에게 기대왔다. 그렇다면 오늘날의 더 많은 복잡한 필요를 충족하기 위해 우리는 얼마나 서로를 더 필요로 하겠는가! 여러분은 이 지구에서 앞으로 어떤 일이 발생하든지 간에 그 창조 과정의 참여자다. 마샬 맥루한의 말처럼, 이 세상은 지구촌화되는 중이다. 그렇기 때문에 헌신은 지역과 문화의 경계를 넘어선다. 정보, 비즈니스, 예술, 문화, 뉴스에는 모두 국경이 없다.

우리는 더 이상 지구의 운명과 우리를 분리할 수 없다. 지구 운명이란, 상호 신뢰와 높은 생산력에 기반한 글로벌 사회가 될 수도 있고, 핵 폐기 사회가 될 수도 있을 것이다. 우리가 풀어야 할 다음 과제는 파인스타인과 크리프너가 책 말미에 제시하듯, 개인을 신화적으로 사고하게 만드는 원칙들을 인류 공동체에도 적용하는 것이다. 저자들이 내면의 갈등을 다루기 위해 제시한 방법들을 단체 간 그리고 국제적 갈등을 조성하는 문화 신화에도 적용할 수 있을까? 어떠한 열린 시스템이라도, 한 가지 일런의 문제에 대한 해결은 더 높은 수준의 문제들로 이어지기 마련이다. 이 도전 과제는 틀림없이 우리를 의식의 진화에서 다음 단계 문제로 인도할 것이다.

준 싱어 박사

꿈을 회복하여 영혼에 활기를

> 신화의 상징은 이성과 강압의 밀로는 결코 닿을 수 없는
> 삶의 중심을 유쾌하게 흔들어 깨운다.
> — 조지프 캠벨 Joseph Campbell[1]

개인의 신화는 일상 경험을 실로 삼아 한 편의 이야기를 직조하는 베틀이다. 우리는 이 신화 속 등장인물의 모습에 다가가고, 중심 주제에 삶을 일치시키며 살아간다. 이 활동의 대부분이 우리의 의식 밖에서 이루어진다. 개인의 신화를 발견하고 변화를 시작한다면, 인생에서 가장 강력한 선택지들이 여러분께 열릴 것이다. 쇄신된 신화는 신선한 관점과 가치관을 일깨우고, 여러분의 목표에 생기를 불어넣어줄 것이다.

자세히 들여다보면, 개인의 신화는 흥미진진한 꿈속 모험들만큼이나 창의적이고 창조적이다. 개인의 신화는 성공과 실패, 선과 악, 영웅과 악당에 대한 기준을 제시하며, 이 모든 것 속에서 여러분의 독특한 역할을 정의한다. 개인의 동기와 상상력, 감정과 의식 자체는 각자의 개인 신화와 그 뿌리를 같이하며, 이 뿌리에서 의식은 존재로 드러난다. 지그문트 프로이트는 그의 고전 《꿈의 해석》에서, "풀리지 않는 꿈 사고의 덩어리…

이것이 바로 알려지지 않은 그 지점에 가닿는, 꿈의 중심점이다"[2]라고 말했다. 이 책에 초청된 여러분은, 자신의 유도 신화를 탐색함으로써, 인생에 빛을 비추는 그 신비로운 뿌리를 그 어느 때보다 더 가까이 인식하게 될 것이다.

더 큰 존재의 계획 안에서 개인의 신화가 어떻게 진화하는지 이해하기 시작한다는 것은 인류를 항상 궁지에 몰아넣었던 커다란 영적 문제들을 마주한다는 의미다. 우리 삶을 이끄는 중심 주제를 어떻게 인식할 것인가, 어떤 의미를 부여할 것인가 그리고 어떻게 그 가치를 결정할 것인가? 이러한 질문을 던지면서 당신은 더 큰 이야기, 이 우주의 신비와 경이에 대한 살아 있는 인식에 다가가게 된다. 이 거대한 우주의 소우주가 여러분 안에 반영되어 있기 때문이다.

찰스 디킨스의 소설 《크리스마스 캐럴》은 개인 유도 신화의 급격한 변화를 아주 생생하게 묘사하는 이야기다. 과거의 크리스마스 유령, 현재의 크리스마스 유령, 미래의 크리스마스 유령은 에빈저 스크루지를 과거와 현재, 미래로 데려간다. 이 시간 여행을 통해 스크루지의 개인 신화는 물질적 관심사에만 치중하는 편협한 신화에서 동정심과 경이로움이 동반된 신화로 변모하게 된다. 스크루지는 자신의 개인 신화가 변해야 한다는 사실을 모르고 있었다. 과거의 크리스마스 유령이, 스크루지를 행복하게 하는 것이 자신이 할 일이라고 말했을 때, 스크루지는 "나의 행복이 목적이라면, 유령이 내 휴식을 방해하지 않는 편이 더 도움이 됐을 것"[3]이라고 생각했다. 하지만 우리의 삶을 결정하는 깊은 신념들에 주의를 기울이는 것은 대부분의 경우 매우 이롭다. 이 책을 통해 저자들은 여러분을 일련의 내면 여행으로 초청한다. 이 여행은 과거와 현재, 미래로의 시간 여행을 포함하며, 여러분의 신화를 고무시켜 새로운 차원의 만족감을 선사하도록 고안되었다. 여러분 모두가 끝까지 이 여정에 함께 하기를 바란다.

심리적 삶에 대한 두 가지 사실

이 책의 기초가 되는 심리적 삶에 대한 한 가지 사실은 우리의 의식적 자각 아래에, 역동적이고 극적인 내면세계가 끊임없이 움직이고 있다는 것이다. 이 세계는 우리기 살고 있는 현실의 지도를 그리는 엄청나게 창의적인 작업을 매 순간 수행하고 있다. 개인은 이렇게 그려진 지도에 따라 작동한다. 하지만 이 지도의 영향력은 의식적 자각 밖에 있다. 우리는 대부분 현실에 대한 자신만의 버전에 푹 빠져 있기 때문에 이를 자각하지 못한다. 물고기가 물의 존재를 인식하지 못하는 것처럼 말이다. 그럼에도 우리는 한 발짝 뒤로 물러서서 현실을 관찰하여, 이를 개인 신화로 인식하는 매우 유용한 기술을 배울 수 있다. 이 기술을 연마해 개인의 신화를 인식하고, 점검하고, 변화시킬 수 있다. 유도 신화가 효과적이면 효과적일수록, 개인은 인생이 던지는 어려움에 더 잘 대처할 능력을 갖추고 있다고 할 수 있다.

심리적 삶에 대한 두 번째 사실은 바로 여러분의 개인 신화가 계속해서 진화하고 있다는 것이다. 이 지도는 끊임없이 갱신돼야만 한다. 왜냐하면 이 지도가 다루는 땅의 지형이 계속 변하기 때문이다. 직장이 바뀌면 유도 신화도 수정돼야 한다. 심리적으로 성숙한 경험이 있다면 여러분의 신화가 변화한 것이다. 인생의 동반자를 잃는다면 개인의 신화는 완전히 뒤집힌다. 여러분이 살고 있는 문화의 신화가 혼란 속에 있다면, 부분적으로 여러분의 신화도 혼란을 겪는다. 문화 신화가 대혼란 속에 있다고 가정하자. 그 혼란 밖에는 역동적인 새로운 신화들이 그 사회뿐 아니라 여러분의 마음속에서 탄생하기 위해 경쟁하고 있다. 이 책은 이 신화들을 위한 산파 역할을 하고, 그 속에서 지혜를 가려내 여러분의 개인 신화에 통합함으로써 언제나 믿을 수 있고 긍정적인 지도를 그릴 것이다.

개인의 신화란 무엇인가?

개인의 신화란, 과거를 설명하고 현재를 이해하고 미래로 나아가기 위해 인간이 자연스럽게 만들어내는 이야기다. 우리 삶은 이 개인의 신화 속에서 공명한다. 우리의 선조와 마찬가지로 우리는 신화의 창조자들이다. 스스로를 이해하고 개인의 세계를 이해한다는 것은 신화를 창조한다는 것과 같은 의미다. 개인은 자신의 삶의 기저에 있는 신화를 인식하지 못할 수도 있다. 하지만 꿈의 중요성을 관찰하고, 개인의 인생을 동화로 써보고, 또 개인이 이 세상에서 사랑하고 일하고 살아가는 방식에 깊이 얽혀 있는 주제를 숙고함으로써 신화가 어떻게 역동적인 내면의 힘으로 작용하는지 알 수 있다. 이 프로그램에서 여러분은 위의 방법들을 활용하게 될 것이다.

삶을 보는 렌즈

유명한 발명가인 벅민스터 풀러Buckminster Fuller는 노년에 스탠리 크리프너와 대화를 나누며, 시력이 좋지 않았던 어린 시절 경험을 이야기했다. 그가 보는 세상은 항상 흐리고 탁했다. 그러다 네 살이 되어 처음 안경을 썼을 때 갑자기 초점이 명확해진 세상에 그는 큰 충격을 받았다고 한다. 이 근대의 르네상스적 사상가는 아이디어나 관계가 처음에는 불분명해 보일지라도 결국 명확해질 것이라는 일생의 신념이 어릴 적 처음 안경을 썼던 이 경험에서 형성되었다고 말했다. 이 신념은 그에게 긍정적이고 효과적이며 현실적인 유도 신화였다. 그것은 그의 모든 경험을 체계화하고 그의 행동을 지휘했다.

개인의 신화는 믿음과 감정, 이미지와 규칙의 배열이다. 대부분 의식적 인지영역 밖에서 작동하며, 감각들을 해석하고, 새로운 설명을 만들고, 행동을 지휘한다. 벅민스터 풀러가 이해할 수 없는 질문들을 마주할 때마다, '이 혼란은 초점을 맞춰줄 렌즈를 찾기만 한다면 명확해질 거야'라는 신화가 작동했다. 풀러의 신화는 그에게 계속 렌즈를 찾게 했으며, 앞으로 어떻게 일을 진행할지에 대한 이미지를 제공했다.

여러분의 개인 신화는 마주하는 모든 상황에 의미를 부여하고, 그 상황에서 어떻게 행동해야 할지 결정해주는 렌즈와 같다. 개인의 신화는 정체성(나는 누구인가?), 방향성(나는 어디로 가는가?), 목적(왜 그곳으로 가는가?)이라는 넓은 질문에 대해 이야기한다. 이미지와 이야기, 감정이라는 내적 체계가 개인의 신화라고 불릴 수 있으려면, 전통적으로는 문화 신화의 영역인 인간 존재와 관련한 핵심적 질문들 중 적어도 하나는 다뤄

야 한다. 조지프 캠벨이 정의한 인간 존재의 핵심 질문들은 다음을 포함한다.[4]

- 자연 세계를 의미 있는 방식으로 이해하고자 하는 갈망
- 끊임없이 이어지는 세대의 역사 속에서 인류의 발자취 탐색
- 공동체 내에서 안전하고 만족스러운 인간관계 형성에 대한 욕구
- 우주의 광활한 경이와 신비 안에서 개인의 역할을 알고자 하는 갈망

개인의 신화는 개인에게 외부 세계를 설명하고, 개인의 발달을 인도하며, 사회적 방향을 제공하고, 영적인 질문들을 다룬다. 문화 신화가 한 사회 공동체에 속한 다수의 사람을 위해 위 기능을 수행하는 것과 같은 방식으로 말이다. 문화 신화가 사회 전체를 위해 하는 일을 개인의 신화는 여러분을 위해 수행한다. 개인의 신화는 보조적인 동시에 모순적인 시스템으로, 여러분의 경험을 조직화하고 행동을 지도한다. 이는 여러분이 세상을 보는 렌즈다. 개인의 신화의 가치와 전제들이 여러분이 보는 모든 것에 색을 입힌다.

진화하는 신화와 맺는 의식적 동맹

우리가 개인의 신화라는 용어를 사용하는 이유는 이것이 사람들이 내면의 깊은 지혜의 근원과 의식적 동맹 관계를 형성하는 것을 돕는 우리가 발견한 가장 유용한 심리적 구조체이기 때문이다. 다른 모든 유용한 도구와 마찬가지로, 개인의 신화를 이해하고 효과적으로 적용하려면 기

술이 필요하다. 개인의 신화가 여러분의 사고와 행동의 방식을 결정하지만, 이를 정확히 이해하기는 매우 어렵다. 우선 개인의 신화는 대체로 의식의 경계 너머 아래에서 작동한다. 또한 언어와 선형 분석만으로는 개인의 신화의 깊은 뿌리와 역동적인 특성을 잡아내기가 쉽지 않다. 마지막으로, 개인의 신화 효과는 순환적이다. 개인의 신화는 믿음과 감정, 이미지와 행동 규칙의 배열로써 개인의 경험에 영향을 주는데, 개인의 경험은 다시 개인의 신화를 빚고, 이는 또 경험에 영향을 미치는 순환의 연속인 것이다. 개인의 신화는―문화라는 거울의 집 안에 존재하는―개인의 지도와 같다. 따라서 지도를 잘 만들수록 길을 찾기는 더욱 쉬워질 것이다.

개인의 신화를 형판처럼 생각해보는 것도 좋은 비유가 될 것이다. 봉랍 위에 왕이 고유한 인장을 찍어 넣듯, 개인의 신화는 개인이 경험에 따라 현실을 구조화하는 고유한 방식을 각인시킨다. 그 결과 개인마다 인식과 감정, 사고와 행동 방식에서 고유한 특징을 지니게 된다. 우리가 사용하는 신화라는 용어는 개인이 만들어내는 이야기나 개인의 태도 혹은 믿음이 아니다. 물론 이 각각이 더 깊은 개인 신호를 반영할 수는 있다. 또한 신화는 진실인지 거짓인지, 혹은 옳은지 그른지로 판단할 수 없다. 그보다는 개인이나 집단의 발달에 얼마나 기능적인지에 따라 평가될 수 있다. 하지만 이런 방식의 평가도 필연적으로 더 커다란 신화에 좌우될 수밖에 없다.

개인의 신화는 심리적 삶의 구체적 요소들을 한데 모으고, 독특한 방식으로 이들을 조직화한다. 예를 들어, 자신은 사랑하는 사람에게 버림

받을 것이라는 개인의 신화를 가진 한 남자가 있다고 가정해보자. 그는 다른 사람이라면 거절이라고 여기지 않았을 상황에서도 자신은 거절당했다고 인식할 것이며, 인간관계에서 자신도 모르게 결국 버림을 받도록 행동할지 모른다. 이 유도 신화의 주제를 아주 잘 나타내는 컨트리 음악 제목이 있다. "당신이 나를 떠나지 않는다면, 나를 떠날 다른 사람을 찾을 거예요." 이 남자는 자신의 개인의 신화와 일치하는 방식으로 세상을 인식하고, 인식의 결과를 조직화하며, 인생의 모든 사건을 그 틀에 맞춰 재형성하는 것이다.

신화는 정교하게 만들어진 거대한 문화 신화든, 가공되지 않은 개인의 내면적 모티프든 간에 대부분 의식 영역 밖에서 작동한다. 캠벨은 한 신화가 부족 문화에 의해 명확하게 설명될 수 있다면 그 신화는 이미 대부분의 힘을 잃은 것이라고 말했다. 사회가 그들이 이름 붙일 수 없는 신화에 따라 사는 것처럼, 개인도 이름 붙일 수 없는 구조화된 현실, 즉 개인의 신화에 따라 산다. 이 프로그램은 개인 안에 작동하고 있는 신화에 이름을 부여하고 그 신화와 창조적인 동반자로 살아가는 길을 열어주기 위해 현대 심리학뿐 아니라 고대 영적 전통에도 뿌리를 둔다. 역기능적인 유도 신화에 이름을 붙이는 행동은 변화를 위한 첫걸음이다.

새로운 종류의 신화

개인이 살고 있는 신화를 돌아보고, 이를 변화시킬 수 있는 능력은 우리의 먼 조상이 갖지 못했던 특권이라 할 수 있다. 그리고 이 능력으로 인간 의식의 기본 토대는 완전히 바뀌었다. 우리는 여전히 신화의 창조자들이다. 하지만 더 이상 명망 있는 권위자나 전통적 관습, 혹은 단체의 신조만이 적절한 신화의 창조자가 아니다. 현대의 정신은 독특하다. 자기반성, 경험적 관찰, 비판적 사고 능력을 연마했을 뿐 아니라 미디어가 즉각적 피드백을 제공하기에, 사회 집단의 신화가 계속해서 면밀히 검토되는 명확한 차이가 있다. 본래 신화라는 개념은 이성보다는 열정에 뿌리를 두기에, 현대적 기준은 신화를 거짓으로 여겨왔다. 하지만 현대의 신화 창조는 강한 감정적 본능뿐 아니라 이성적 논리와 타당성에 대한 경험적 기준에 따른 것이다. 우리 문화와 마찬가지로, 행동 과학자들은 신화보다는 로고스를, 즉 '선형적linear' 사고를 '서사적narrative' 사고보다 우위에 놓아왔다. 그러나 이제는 이 둘이 상호보완적이라는 것을 깨닫기 시작했다.[5] 효과적인 사고에서 이 둘은 각각 중요한 역할을 수행한다. 두 가지 사고방식을 통합하면 현실에 대한 심리적 구성이 점점 더 정교하고 대담한 계획으로 진화해나갈 것이다.

종교 역사가인 미르체아 엘리아데는 신화를 세상을 향한 "신성의 다양한, 때로는 극적인 약진"[6]이라고 표현했다. 신화적 틀이 행동적·인지적·심리역동적 접근법들을 넘어서는 가장 강력한 힘을 발휘하는 이유는 신화가 초월적 존재나 경험의 영적 차원을 포용하기 때문이다. 캔 윌버에 따르면, 신화적으로 산다는 것은 "초월적인 무언가를 손 안에 쥐고, 그것이 자신 안에, 삶과 직장과 친구와 환경 안에 살아 있는 것을 보는 것"[7]이다. 이 프로그램에 소개된 많은 과정이 평소 사고방식이나 인식을 초월하는 경험들을 초청해, 내 자신과 나의 삶의 더 깊은 진실에 초점을 맞추도록 도와줄 것이다.

초기에 신화 창조는 인간과 공동체를 커다란 자연의 힘과 연결시켰다. 현대 삶의 정신적 오염으로 흐릿해진 영적 영역에서 우리가 어떤 방식으로 과거 신화들과 연결되어 있는지 상기하는 것은 과거 형태에 존재하는 단점들에 우리를 가두는 것만은 아니다. 여러분이 앞으로 시작할 여정에서 신화라는 단어는 깊은 존중의 대상이다. 따라서 여정을 시작하는 여러분의 머릿속에 '이건 그저 신화일 뿐이야'라는 표현이나, 은연중 그러한 태도가 이면에 울려 퍼지고 있지는 않은지 점검해보라. 여기서 '신화'는 완전히 현대적인 의미로 사용된다는 것을 처음부터 이해해야 한다. 다시 말해, 인간 심리의 근본 과제는 현실을 반영하는 모델을 구축하는 것인데, 이 모델을 우리는 유도 신화라 부른다. 이 유도 신화는 개인 삶의 영적 기초뿐 아니라 심리학의 더 전통적인 분야인 감정과 사고를 포용한다. 그뿐만 아니라 생생한 유도 신화 형성의 성공은 인생의 성공을 의미한다는 것을 기억해야 한다. 이 프로그램은 여러분의 유도 신화를 갱신하고 다듬는 인지적·도전적 과제를 향해 여러분의 지성과 열정을 움직일 것이다.

개인 신화의 자기 충족적 성질

여러분 삶의 중심이 되는 개인의 신화에는 자기 충족적 성질이 있다. 다시 말해 개인은 개인의 신화 기저의 주제에 따라 살도록 이끌린다. 개인 신화의 전제가 스스로를 똑똑하다고 여기는 것이라면, 자신을 바보 같다고 여기는 사람에 비해 지적 능력을 더욱 효과적으로 사용하는 경향이 있다. 만약 박해가 개인 신화의 지배적인 동기라면, 그는 인간관계에서 박해라고 여길 만한 일들을 야기하는 선택을 할 가능성이 높다. 만약 스스로 창조적 예술가라는 것을 인지하고 그에 따라서 현실적인 문제들에 등을 돌려도 된다고 생각한다면, 그의 수표책은 거래 기록보다는 예술 작품에 가까울 것이다. 개인의 신화는 필연적으로 특정 능력을 강조하고, 다른 잠재력은 억제한다.

사람들이 경험하는 심리적 고통은 대부분 그들의 실제 필요와 잠재력, 상황에 맞지 않는 개인의 신화 속에 얽혀 있다. 개인이 살아가고 있는 세상 그리고 자신이 누구인지와 조화를 이루지 않는 개인의 신화를 따르려고 하면 고통 속에서 살 수밖에 없다. 또한 외부 세계에서 찾을 수 있는 것보다 더 깊은 의미와 영감에 다가가는 다리 역할을 하지 못하는 신화는 대부분 원인을 알 수 없는 불안감을 야기한다. 고통과 불안은 많은 경우 근본적인 유도 신화가 변화해야 한다는 신호다. 신화적 관점을 배양함으로써 여러분은 많은 개인적 어려움을 해결할 수 있게 될 것이다. 그 문제들을 실제 삶 속에 펼쳐놓는 대신, 내적 삶의 드라마로 표현하면서 말이다.

여러분을 제한하는 개인의 신화는 여러분이 지닌 바람직한 자질을 어린 시절부터 약화해왔을지도 모른다. 한 남자의 부드러운 감성은 그 아버지의 남성적이고 거친 이미지에 가려졌다. 한 여성의 타인에 대한 불신은 어렸을 적 그녀의 가족이 살아가는 방식이었을지도 모른다. 한때 유용한 지도서가 되었던 중심 신화일지라도 현재는 낡고 고통스러운 사고방식과 행동 유형이 되어버렸을 수 있다. 높은 성취를 통해 부모의 칭찬과 인정을 받았던 여성은 쉬지 않는 일중독으로 결혼 생활을 망친다. 한 남성의 반항심은 어린 시절 억압으로부터 그의 영혼을 살아 있게 해 주었지만, 성인이 된 후 그의 경솔한 행동은 심각한 문제를 야기한다.

그런데 위의 모든 사례에서, 다른 심리적 힘도 어딘가에서 작동하고 있다. 결국엔 이 힘이 과거의 한계점들을 보완하고, 개인 내면의 삶을 더 높은 수준으로 끌어올릴 것이다. 새로운 신화가 태동하고 있다. 새로운 신화의 탄생은 자연스러운 심리 발달 과정의 일부이며, 대체로 무의식중에 점진적으로 이루어진다. 다음에 나올 개인들의 이야기는 개인의 신화가 어떻게 그의 경험을 빚고, 또 어떻게 성인이 일생 중에 새로운 신화를 깨울 수 있는지 잘 보여준다.

다나의 이야기

다나의 아버지가 둘째 딸에게 관심이 없는 것은 너무나 분명했다. 다나는 이런 아버지의 애정을 갈구했다. 아버지는 여러 이유로 인생에 불만이 많은 사람이었는데, 다나는 아버지가 기분이 나쁜 이유를 유심히 관찰해 그의 기분을 풀어주려고 늘 노력했다. 그렇게 해서 얻는 인정의 말들과 눈빛에 기쁨을 느꼈고, 자기혐오 괴로움에서 어느 정도 벗어났다. 그러나 여전히 다나는 자신이 깊이 갈구하는 진정한 애정을 경험하지 못했고, 자신에게 대체 무슨 문제가 있는지 알지 못했다.

다나는 아버지를 기쁘게 할 방법들을 계속해서 찾았다. 그리고 아버지뿐 아니라 타인을 편안하게 만드는 것에 익숙해졌다. 다른 사람을 기쁘게 하는 것이 그녀의 기쁨이었다. 다나는 주일학교에서 배우는 예수의 삶에서 커다란 위로를 받았다. 예수처럼 아무런 대가도 바라지 않고 타인을 사랑하겠노라고 다짐했다.

성인이 된 다나는 그녀에게 의지하는 많은 사람으로 둘러싸였다. 공동체 사람들은 그녀를 재원으로 생각하며 진정으로 귀하게 여겼다. 하지만 그녀는 모든 일에 항상 과하게 연루되었으며 혹사당했다. 다나와 결혼까지 생각했던 한 남성은 자신이 들어설 자리가 없다며 불평했고 그 때문에 그녀를 떠나려 했다. 그는 "당신을 가장 친한 친구로 여기는 사람이 이 동네에 오백 명은 될 거야!"라며 투덜댔다. 약혼자와의 다툼, 건강문제, 계속되는 탈진 등 꼬리를 무는 문제들에 다나는 자신의 신화의 역기능적 요소들을 인식하기 시작했다. 그녀의 인간관계를 지배하고 있던 신화를 인식하고 의심하기 시작한 전환점은 꿈을 꾸고 발생했다.

그 꿈은 끔찍했어요. 세계의 대변인들이 제게 와서 계획을 말해주었어요. 그들은 이 세상 모든 사람을 치유할 방법을 가지고 있다고 했어요. … 그리고 제가 진정 조건 없는 사랑을 베푼다면, 그 계획에 함께 할 것이라고 말했어요. 그들은 내 몸을 모두에게 먹일 수 있는 약을 개발했다고 했어요. 제가 생명을 포기하고 수많은 사람을 먹일 수 있는 흰 빵이 되기를 바라는 거죠. 그들은 '다나 에센스'를 짜내는 법을 알았고, 그들의 계획은 빵 한 조각에 이 에센스를 한 방울씩 떨어뜨리는 것이었어요. 그러면 모든 사람이 치유되는 거죠. 그들은 이 계획이 지금 제가 많은 사람을 도우려고 스스로를 혹사하면서 에센스를 다 써버리는 것보다 훨씬 더 효과적인 방식이라고 했어요.

저는 그들의 말처럼 '자비롭게' 죽는 것에 동의했어요. 저는 오전 10시 30분에 죽도록 예정되었어요. 하지만 10시 15분에 저는 제 생명을 포기하고 싶지 않다는 것을 깨달았어요. 저는 창고로 가서 이 계획을 취소할 수 있는지 알아보려고 했어요. 사람들의 말소리가 들렸고, 이제는 너무 늦었다는 걸 알았어요. 저는 엄청난 위험에 빠졌다는 것을 느꼈고, 창고 안에 숨었어요. 그 다음에 어떻게 해야 할지는 몰랐어요.

바로 그때 꿈에서 깨어났어요. 코에서는 피가 흐르고 있었죠. 스트레스를 받을 때마다 코피가 나서 한쪽 코에 아물지 않은 상처가 있거든요. 빨갛게 벗겨진 살갗에서 피가 뿜어 나오는 것을 보고 있자니 예수의 성흔이 떠올랐어요. 피는 오랫동안 멈추지 않았어요. 마침내 코피가 멈췄을 때, 제 침대 시트에는 피가 잔뜩 튀어 있었어요.

다나의 꿈은 그녀에게 다수를 먹이는 예수의 이미지를 남겼다. 그녀는 뮤지컬 〈지저스 크라이스트 슈퍼스타〉에서 예수가 군중에게 "스스로 치유하라!"라고 외치던 장면을 생생히 기억한다. 그녀는 그날 아침에 이 뮤지컬을 반복해서 재생했다. 마치 예수가 그녀 대신 말을 하고 있는 것 같았다. 그 꿈은 그녀가 다른 사람과 관계하는 방식을 변화시키는 데 강력한 자극제가 됐다. 그녀의 대인관계 방식이 아버지와의 관계에서 기인한다는 걸 인식하는 것은 매우 고통스러웠지만, 결과적으로 타인에게 선뜻 협조하는 그녀의 태도는 이전보다 덜 자동적이게 되었다. 새로운 개인의 신화가 힘을 얻어 타인의 필요뿐 아니라 그녀 자신의 필요에도 반응하도록 유도했고, 다나는 사람들이 스스로를 돌볼 수 있게 만드는 것이 그들을 가장 잘 섬기는 것이라는 역설을 인정하게 되었다.

프레드의 이야기

20세기 초반에 태어난 많은 남성과 마찬가지로 프레드는 성실한 남편이자 아버지였다. 그의 개인의 신화는 대공황기에 일자리가 절실했던 남부 시골에서 보낸 어린 시절의 산물이었다. 프레드의 개인 신화는 인생은 장난이 아니라고 말했다. 그는 "일한 만큼 얻고, 받은 만큼 일한다. 과도하게 긍정적인 기대는 결국 실망으로 이어진다"고 믿었다. 프레드는 감성적인 사람이 아니었다. 왜냐하면 그는 "감정은 중요한 것을 보지 못하게 하고, 사람을 나약해 보이게 한다"고 믿었기 때문이다. 그는 많은 동료들과 달리 종교를 믿지 않았다. 어린 시절 교회에서 했던 경험은 좋지 않은 기억들로 남아 있었고, 사후세계에 대한 약속도 부질없다고 생각했다.

55세 때 프레드는 심장마비로 병원에 입원하게 된다. 병원에서 그는 관상동맥 질환까지 진단받았다. 바이탈 사인Vital Sign은 그가 임상적으로 사망했음을 나타냈지만, 그는 살아났다. 프레드는 기이하고 가슴 절절한 임사체험 이야기를 한 번도 들어본 적이 없었다. 더군다나 결코 그런 이야기를 지어낼 인물이 아니다. 그럼에도 그는 이렇게 고백했다.

처음에 저는 천장 가까이 떠 있었어요. 의료진이 저를 되살리려고 노력하는 것이 보였습니다. 의사가 "이 사람 끝났어!"라고 말하는 걸 들었어요. 저는 그에게 소리쳤어요. "끝나다니! 말도 안 돼!" 하지만 아무도 제 목소리를 들을 수 없었어요. 갑자기, 저는 말라버린 강바닥을 가로지르는 다리 위를 걷고 있었어요. 반대편은 넓은 벌판이었습니다. 바트Bart[이십대 초반에 죽은 그의 어릴 적 친구]가 제게 인사하려고 다가오는 게 보였어요. 바트를 만나서 아주 기뻤죠. 그는 제게 따뜻하게 인사하고 모든 것을 관찰하라고 말했어요. 하지만 저에게 돌아가야 한다고도 말했죠. 저는 "왜지?" 하고 물었어요. 그랬더니 그가 대답했어요. "왜냐하면, 프레드, 네 놈은 중요한 걸 아직 못 배워먹었거든. 넌 사랑하는 법을 배워야 해."

자신이 병실 안으로 돌아오고 있다는 것을 느끼면서 프레드는 눈을 떴고, 깜짝 놀란 간호사의 시선과 마주쳤다. 그의 입 밖으로 "당신을 사랑합니다"라는 말이 튀어나왔다. 그는 병실 안의 모든 간호사와 의사에게 "당신을 사랑합니다"라고 말했다. 가족들의 증언에 따르면, 한 의사가 불편한 내색을 비치며 "그러실 필요까지는 없는데요"라고 대답했다고 한다. 그의 가족은 어안이 벙벙했다. 프레드의 딸은 프레드가 그 누구에게도 "사랑한다"고 말하는 걸 어려워했다고 말했다. 라디오나 텔레비전에서 지나치게 감상적인 노래나 장면이 나오면 그는 역겹다는 표정을 지으며 방에서 나가곤 했다.

이후 남은 16년의 인생 동안, 그는 마치 잃어버렸던 시간을 보상하듯 살았다. 타인의 말에 귀를 기울이고, 그들의 삶에 깊은 관심을 가지며, 다른 문화권 사람들을 이해하기 위해 세계 곳곳을 여행하기도 했다. 또 과거 가까운 사람들에게 충분히 전하지 못했던 마음을 표현하며, 손주들과 행복한 여생을 즐겼다. 그의 추도식에서 사람들은 너나 할 것 없이 프레드가 얼마나 사랑이 넘치는 사람이었는가에 대해 이야기했다.

미셸의 이야기

아버지가 알코올 중독자인 상위 중산층 가정에서 자란 미셸은 불행했다. 십대 때 그녀는 여러 번 가출했다. 그녀가 남자친구와 잠을 자고 마리화나를 피워왔다는 걸 알게 된 부모는 그녀의 의사와는 상관없이 그녀를 정신병원에 가뒀다.

미셸은 자신에게 일어나는 일들을 믿을 수 없었다. 그녀는 여러모로 병실의 골칫거리였고, 간호사에게 소리를 지르는 것은 예사였다. 그녀에게 처방된 약은 그녀를 진정시켰지만 부작용을 동반했다. 부작용은 악몽이었고, 미셸은 자신이 정말 미쳐가고 있는 건 아닌지 생각했다. 정신병원에서 퇴원하던 날, 그녀는 자신이 믿는 몇 안 되는 병원 직원 중 한 명이 다른 사람에게 하는 말을 우연히 들었다. "정신병원에 한 번 입원한 사람들은 결국 다시 돌아와요."

미셸은 정신병원에 입원한 지 3주 만에 퇴원했다. 그녀의 행동에서 정신 질환 징후는 보이지 않았다. 하지만 "정신병원에 한 번 입원한 사람들은 결국 다시 돌아와요"라는 말을 그녀는 떨쳐낼 수 없었다. 정신과 치료를 받은 누군가의 병이 재발했다는 소식을 들을 때마다 그 말을 떠올렸다. 정신 질환 진단을 받은 누군가가 폭력 행위를 저질렀다는 뉴스 기사를 읽을 때마다 그 말을 기억했고, 언젠가 그녀가 자제력을 잃고 정신 발작을 일으킬지도 모른다는 두려움에 사로잡혔다. 그녀가 우울감을 느낄 때마다 정신 이상에 빠져버릴 거라는 두려움이 엄습했다. 우울증에서 빠져나오면, 단지 일시적으로 호전됐을 뿐이라고 스스로에게 말했다. 그 병원 직원의 말은 미셸의 개인 신화가 되었다.

자신이 정신적으로 불안정하다고 스스로 믿었던 미셸은 점점 실제로 자신이 정신 이상자인 것처럼 행동했다. 10년간 이 두려움과 싸워온 미셸은 마침내 심리학자를 찾아가 상담을 받았다. 여러 심리 검사 결과는 그녀가 상상력이 뛰어나고 지적 능력이 우수하다는 것이었다. 게다가 심각한 정신 질환의 징후는 찾아볼 수 없었다. 미셸은 자신이 경험했던 것이 기본적인 감정적 불안일 뿐이라는 것을 깨달았고, 10년간 그녀를 불안에 떨게 하고 발달을 저해했던 근심을 날려버릴 수 있었다.

다나와 프레드와 미셸의 이야기에서 어릴 적 경험이 어떤 방식으로 개인의 신화를 형성하고, 이 신화들이 어떻게 이후 발달을 지배하는지 관찰할 수 있다. 다나의 경우, 아버지의 관심을 끌기 위해 모든 자원을 동원했던 방식은 이후 그녀 주변에 고통받는 모든 사람에 대한 충동적 반응으로 굳어졌다. 프레드의 경우, 근면을 최고 가치로 여기고, 심장마비를 겪기 전까지는 철저하게 애정 어린 접촉의 기회들을 무시해왔다. 미셸의 자기 제한적 신화는 감수성이 예민한 나이에 우연히 들은 말에 기반해 형성되어, 까딱하면 자신이 미치광이가 되어버릴 것이라는 믿음을 오랫동안 유지하게 했다. 그로 인해 미셸은 자신이 위험할 정도로 불안정한 상태에 있다고 여기며, 지나치게 신중한 태도로 살아갔다.

다나와 프레드와 미셸의 어릴 때 경험을 고려하면, 그들이 기대 살던 신화는 자연스러워 보인다. 하지만 그들이 누구이고, 무엇이 될 수 있는

가에 대한 중요한 측면이 가려지고 있었다. 다나가 '도우려는 충동'을 의심하고, 프레드가 사랑을 배우고, 미셀이 감정의 건강함을 인식하면서, 다시 말해 그들의 신화가 진화하면서 개인의 인생 또한 함께 진화했다.

유도 신화Guiding Mythology

이 책을 쓰는 우리의 기본 신념은 전 세계적으로 근원적 균형점이 이동하고 있으며, 그 결과 역사 전개에서 의식이 사건의 중요성을 능가하기 시작했다는 것이다. 초기 인류 역사는 사건에 대한 선천적이고 조건화된 반응에 지배되고 있었다. 인류가 존재하고 아주 오랜 시간 동안 자기 성찰은 사람들의 선택에 비교적 거의 영향을 미치지 않았다. 하지만 그리스 로마 시대 이후, 행동하기 전에 그 행동에 기반한 신념과 동기를 의식적으로 점검하게 되었고, 이제는 전기 통신 매체를 통해 일반화되었다. 신화 창조는 점차 의도적인 과정이 되었다. 이 강력하고 희망적이며 전례 없는 발전은 새천년을 특징짓는 인간 생존을 위협하는 위험과 대조를 이룬다. 미디어의 지원을 받아 의식은 점점 중요해졌으며, 우리 앞에 펼쳐지는 모든 것에 손이 닿지 않은 곳이 없게 되었다.

이 책은 이 새로운 의식과 의도가 여러분의 내면세계와 인간관계, 행동에 변화를 일으키도록 도울 것이다. 이를 통해 개인의 신화가 자연스럽게 진화하고, 그 진화에 주의 깊게 참여하는 방법을 탐험하게 될 것이다. 유도 신화를 인식한다는 것은 나의 심리와 영혼의 깊은 곳에서 지혜를 찾는다는 의미이며, 내 주변에 가장 지혜로운 사람들과 이미지로부터 영감을 얻는 일이다. 나의 문화와 선조의 뿌리에 대해 성숙한 인식을 키우는 활동이다. 내 존재의 중심, 내게 생명력을 주는 희망과 꿈뿐만 아니라 나를 겁주는 어두운 공간과 악령을 만나는 일이다. 또한 일상의 걱정거리를 초월하는 이야기에 마음을 열어, 우주와 그 안의 거대한 신비와 깊고 깊은 관계를 맺는 일이다. 앞으로의 지면에는 이 도전을 수행할 수 있도록 체계적인 프로그램을 제시했다.

신화는 어떻게 개인화되는가

현대인의 개인 신화는 이미 확립된 사회 신화로부터 비교적 자율적이다. 이것은 선조들의 신화와 현대 개인의 신화 간의 가장 큰 차이점이다. 수 세대에 걸쳐 문화 속에 굳건히 자리 잡고 개인의 성장과 성숙을 인도했던 신화와 의식들은 이제 힘을 잃었다. 사회의 빠른 변화와 공동체의 와해, 서구 사회에서 개인의 권리 신장, 문화의 다양성을 보여주는 전자매체와 빠르게 변화하는 신화적 이미지 같은 발달이 사회로 수렴하면서, 신화 창조는 사적인 문제이자 개인의 책임이 되었다.

수 세기 동안 사회를 안정적으로 이끌었던 신화들은 전례 없는 새로운 상황을 수용하려고 시도하면서 자기모순으로 폭발하고 있다. 사회적으로 허용된 행동들은 우리가 인식하지 못하는 사이에 자연을 심각하게 훼손하고 폭력 범죄나 음란 행동을 조장한다. 자녀들이 위험한 약물과 험악한 성적 경험, 또 뇌를 마비시키는 영상 중독의 유혹에서 벗어나게 하는 것이 얼마나 어려운 일인지 모른다. 산더미 같이 매일 쏟아지는 사소한 요구에 지치고, 인생의 목적이 도대체 무엇인지 혼란스럽다. 이런 일들과 씨름하며 스트레스를 받는 것이 자신이 심리적으로 불안하거나 감정적 문제가 있기 때문일 것이라는 염려가 문득 든다. 세상이 미친 걸까, 내가 미친 걸까? 여러분이 미친 건 아닐 것이다. 오늘의 세계를 편안한 마음으로 차분하게 여행할 지도를 가진 사람은 아무도 없다.

사회의 변화 속도가 문화 신화가 스스로 진화하는 속도를 넘어서면서, 신화 창조는 개인적 모험이 되었다. 과거에 문화 신화는 천천히 발달했고, 많은 경우 수 세기 동안 번성했다. 신화가 감당하기에 너무 급진적인 변화들을 경험한 사회는 허둥거리기 시작했다. 오늘날 사회는 유성처럼 반짝이다 사라지며, 이 변화는 어지러울 정도로 많은 신화적 이미지와 가치, 인식의 경쟁을 수반한다. '남성'과 '여성', '일'과 '놀이', '성공'과 '실패'의 전통적인 의미는 최근 모두 시험대에 올랐다. 새로운 문화 신화는 개인의 삶이라는 모루 위에서 망치질을 당하고 있다. 동시에 오늘날 우리는 미디어를 통해 기록된 거의 모든 문화와 집단의 신화를 들여다볼 수 있고, 당시 그 신화들이 겪었던 신화적 발전에 대해 알 수 있다. 우리의 역할은 혼합된 형태의 문화 신화를 통째로 삼키는 것이 아니라, 이를 선별하여 고르는 것이다. 또한 개인의 유도 신화를 돌아보고 경험에 비춰 수정하는 것이 우리가 할 일이다.

개인의 신화는 완전히 이해하기엔 너무나 어마어마한 우주(어떤 신학자들의 재치 있는 표현에 따르면 인간이 신을 이해하려는 것은 아메바가 과학자를 이해하기 위해 현미경을 올려다보는 것과 같다고 한다) 속에서 질서를 찾도록 도와준다. 하지만 이 불가해한 우주 속에서도 여러분의 신화는 여러분의 정체성과 방향성, 진보에 대한 관점, 가치관 등을 형성한다. 여러분이 성숙해가면서 신화도 함께 진화한다. 인생이 불안정해지고 변화를 갈망하며, 공허함을 느끼고 자기 파괴적인 패턴이 반복된다면, 여러분의 개인 신화가 변화를 갈망하고 있다는 뜻이다. 낡아버린 신화는 오랫동안 여러분을 보호하고, 방향을 제시하고, 삶을 이끌었을지도 모른다. 만약 신화가 진화하지 못하도록 저항한다면 혼란과 역경의 파도에 휩쓸려버릴지 모른다. 인간 심리는 과거에 효과 있었던 방식을 보존하려는 경향이 있다. 마치 사춘기 시절 인기를 가져다주었던 소년미를 직장에서 승진을 위해 사용하려는 것처럼 말이다. 이에 따른 혼란은 신화적 변화를 위해 땅을 갈아엎는 것과 같다. 개인의 신화는 일생에 걸쳐 끊임없이 협상의 대상이 된다.

여러분은 자신의 개인 신화 중 하나라도 분별할 수 있는가? 어떤 신화들은 기본적이다. "이 세상은 안전하다(하지 않다)", "자원은 풍족하다(하지 않다)", "인간은 믿을 만하다(하지 않다)", "나는 존중받을 가치가 있는 사람이다(아니다)". 또 다른 신화들은 상황 특정적이다. "내 자녀들은 유명해질 것이다", "나는 결코 행복한 결혼 생활을 할 수 없을 것이다", "나는 야외활동을 좋아하지 않는다", "나는 음악가가 될 운명이다", "나의 논리적 능력은 매우 뛰어나서 어떤 문제든 풀 수 있다", "나는 더 열심히 일해야 한다", "가족과 보내는 시간을 더 많이 할애하기엔 내 경력이 더욱 중요하다". 이러한 문장들은 훨씬 더 복잡한 신화에서 기인한 것이지만, 적어도 신화가 어떻게 개인에게 결정적 역할을 하고, 때로는 파괴적이며, 어떻게 서로 섞이는지 이해할 수 있을 것이다.

변화하는 의례

이 책은 개인의 유도 신화를 관찰하고 수정하기 위한 원칙과 구조화된 방식을 제공한다. 이 구조화된 방식들을 우리는 '개인 의례'라고 부를 것이다. 이 용어는 행동들의 신성한 변형 잠재력을 강조한다. 의례란 개인이나 집단을 일상보다 깊은 현실에 접촉시키는 상징적 행위다. 의례는 인생의 커다란 주제들—탄생, 성숙, 유대, 쇠락, 죽음—과 항상 함께한다. 초기 문화들은 사회 구성원의 믿음과 행동을 통제하려고 정교한 의례를 사용했다. 하지만 오늘날의 현대적 삶에는 이 강력한 의식들의 자취만이 남아 있을 뿐이다—많은 경우 졸업식이나 결혼식, 장례식 같은 의식에서 그 자취를 발견할 수 있다. 이 책이 제시하는 방법은 내면의 지혜를 깨우기 위해 고대의 정교한 의례에 기대며, 이는 과거의 딜레마와 새로운 과제들에 대해 창의적인 반응을 이끌어낼 수 있게 도와줄 것이다.

이 프로그램의 개인 의례들은 낡은 신화outdated myth를 재평가하고 새로운 비전을 형성하기 위해 고안되었다. 이 프로그램을 성실히 따라한다면, 내면의 삶과 실제 세상에서의 경험이 더욱 의도적으로 관계를 맺는 자기 충족적 목표를 확립할 수 있을 것이다. 의례는 자연스러운 통찰이 발생할 수 있는 구조를 제공함으로써, 여러분의 정신이 끊임없이 만들어내는 내면의 상징에 더욱 능숙해질 수 있게 도울 것이다. 의례는 유도 신화를 찾기 위한 체계적인 여정을 인도할 것이며, 그 과정에서 내면의 지혜로 향하는 더 넓은 문을 열어줄 것이다.

프로그램을 마친 사람들은 대부분 자기 이해가 확장됐고, 파괴적인 사고방식과 행동 패턴을 끊는 법을 터득했으며, 인생의 방향을 좀더 명확히 인식할 수 있게 되었다고 말했다. 쉽지 않은 프로그램이라는 것을 우리도 알고 있다. 그래서 여기서 잠깐 글을 멈추고, 이 프로그램이 여러분의 개인 신화를 더 깊이 이해하게 되는 풍부하고 만족스러운 여행이 될 것이라는 우리의 의도를 강력하게 요약하고자 한다.

주요 개념

우리 프로그램의 핵심 아이디어는 다음과 같이 요약할 수 있다.

1. 개인이든 집단이든, 인류의 생존과 성공과 안녕을 결정하는 중대한 과제를 해결하는 것은 현실을 자연스럽게 구조화하는 것, 즉 현실을 이해하고 방향을 알게 하는 신화를 창조하는 것이다.
2. 다양한 신념 체계와 삶의 방식에 노출된 오늘날의 인간은 역사상 그 어느 때보다 고도의 개인적 신화를 조각해내고, 개인의 유도 신화를 돌아볼 수 있는 능력을 갖추었다.
3. 이 세계의 운명은 과거 신화에서 기인한 정치적·경제적·기술적· 영적 결정들에 명백히 의지하기 때문에, 과거 신화를 의식할 필요성은 그 어느 때보다 시급하다.
4. 유도 신화를 만드는 원칙들을 이해하게 되면, 어린 시절과 문화 신화의 제한에서 더욱 자유로워질 수 있고, 한때 이미 결정된 것으로 알았으며, 의심하지 않았던 삶의 패턴들에 더 큰 영향력을 행사할 수 있게 된다.

내면 깊숙이 자리 잡아 개인의 삶을 지배하는 신화를 관찰하고 재구성하는 방법을 가르치면서, 우리는 단순히 개인의 유도 신화를 명확히 표현할 수 있게 하는 것만으로도 실질적인 도움을 얻는다는 것을 반복적으로 관찰했다. 우리는 이 책에 제시한 방법들을 통해, 여러분이 의식 밖에서 작동하고 있던 낡거나 비생산적인 개인의 신화를 인식하고, 더욱 건설적인 내적 지도서인 대안 신화alternative mythology를 구축하고, 이 쇄신된 신화적 비전을 삶에 통합할 수 있게 될 것이라고 믿는다. 덧붙여 개인의 신화를 이해하게 됨으로써 여러분은 문화 신화에 훨씬 잘 적응할 수 있을 뿐 아니라 문화 신화의 변화에 더욱 효과적으로 참여할 수 있게 될 것이다.

새로운 신화를 구축하기 위한 프로그램

삶을 관통하는 신념과 용기, 정체성의 위기는 주기적으로 찾아온다. 이러한 위기를 개인의 신화가 수정이 필요하다는 신호로 여길 수 있다. 우리는 여러분을 내면세계로 초청한다. 내면세계로 과감히 발을 내딛어 유도 신화를 만나고, 상처를 야기하는 부분을 찾아 변화시키고, 내면의 지혜와 조화를 이루기 위해 힘써라. 이 책의 12주 프로그램은 개인의 신화가 자연스럽게 진화하는 방식과 일치하는 과정으로 여러분을 이끌 것이다. 이 과정은 다음 5가지 핵심 과제를 포함한다.

1. 기존에 나를 지배했던 신화와 부상하는 신화 간의 갈등 자각하기(1,

2, 3주)

2. 갈등의 양면 이해하기(4, 5주)

3. 과거 신화와 부상하는 신화의 가장 핵심적인 측면을 통합하는 새로운 신화 비전 품기(6, 7주)

4. 신화 비전을 다듬고, 새로운 신화 비전의 삶 약속하기(8, 9주)

5. 새로운 신화로 살아가기(10, 11, 12주)

매주 각 한 시간 정도 세 개의 세션을 진행하고, 그와 함께 기록지 쓰기와 꿈 작업을 할 것을 추천한다. 위 일정이 여의치 않다면 원하는 대로 조정할 수 있다. 세션 수를 줄이고 더 오랜 기간에 걸쳐 진행하거나, 4일간의 수련회를 통해, 혹은 한 달 정도의 간격을 두고 두 주말에 걸쳐 진행해도 좋다. 본 프로그램은 다른 심리치료나 자조 모임과 함께 진행할 수도 있고, 개인 의례를 수행하지 않고 책을 읽기만 해도 되며, 각자의 필요와 속도에 맞춰 얼마든지 변형할 수 있다. 현재 심리치료를 받고 있거나 받아야 한다고 느낀다면, 치료사와 먼저 상담한 후에 이 프로그램을 따를 것을 권한다. 개인의 신화를 관찰하기 위한 이 자기주도적 프로그램과 심리치료는 대체로 상호보완적이다.

각 의례는 이전 의례를 기반으로 쌓아 올려진다. 따라서 주어진 순서대로 진행할 때 가장 큰 효과를 낼 것이다. 이제 사전 준비를 위해 도움이 될 만한 몇 가지 사항을 전달하고자 한다.

개인 기록지 사용하기

개인 의례에서 경험한 것과 그에 대한 감상을 일지로 기록할 것을 권한다. 프로그램 참여자들은 대부분 일반적인 스프링 공책이나 원하는 겉표지의 노트를 사용했다. 그리고 요즘에는 많은 사람이 개인 컴퓨터를 사용해 기록한다. 기록지에 생각과 감정을 묘사하는 것은 의례에서 얻은 통찰을 더 잘 기억하게 하고, 무의식인 과정을 의식 밖으로 꺼내는 작업을 도와줄 것이다. 기록함으로써 의식을 확장하는 깊은 사색에 들어가는 것은 기술을 연마하는 것과 같다. 따라서 모든 기술과 마찬가지로 규칙적으로 실행하는 것이 큰 도움이 된다. 기록지는 프로그램 중 얻은 발견과 성장 과정을 담을 뿐 아니라, 이를 더 심화하고 확장하는 방편이 된다. 기록하면서 마음껏 상상력을 펼치고, 프로그램 중의 기억과 감정, 아이디어와 함께 연상되는 것들이 있다면 역시 자유롭게 기록하라. 기록지 작성을 과정의 일부로 여기면 더 깊은 감정을 발견하고 초기의 기억과 접촉할 수 있게 될 것이다. 글이 여러분을 어디로 이끄는지 세밀하게 느끼고 따라가라.

유도 상상 기법

여러 의례에서 '유도 상상' 여행을 떠나게 될 것이다. 이 여정을 위해 몇 가지 준비가 필요하다. 상상 여행을 하기 위해 진행 방법이 녹음된 오디오 테이프를 사용하고, 영감을 불러일으키는 영적 음악을 함께 사용하는 것이 큰 도움이 된다(더 많은 정보를 얻으려면 이 책 제일 앞 장을 보라). 이전 판 독자들은 테이프를 사용해 의례를 진행하는 것이 효과가 있었다고 말했다. 또한 테이프에 포함된 음악은 특히 이 경험을 심화하는 데 안성맞춤이다. 테이프가 없다면 직접 실행 방법을 녹음해 녹음본을 틀어 놓고 의례를 진행하거나, 읽어줄 사람을 구하거나, 스스로 방법을 숙지 하여 기억에 의지해 의례를 진행해도 좋다. 유도 상상 의례는 이 프로그 램의 핵심이다. 테이프 재생을 잠시 멈추거나, 읽어주는 사람에게 잠시 멈추도록 의사 표시를 해 각 개인 의례에서 각자 필요한 시간을 충분히 확보하라. 많은 경우, 주어진 유도 상상 의례를 완수하기 위해 전체나 부 분적으로 과정을 한 번 이상 들어야 한다. 의례를 진행할 시간을 충분히 할애하라. 혹은 원하는 만큼 여러 번 반복해 재생하라. 그렇게 할수록 프 로그램은 더욱 강화될 것이다.

내면의 이미지를 볼 수 없다면

상상 속에서 이미지를 볼 수 없을 수도 있다. 이미지는 사실 어떤 감각 형태로든 나타날 수 있다. 청각, 운동 감각, 후각, 미각 등은 모두 세상을 부호화하는 이미지가 될 수 있다. 경험을 상상하기 위해 꼭 어떤 그림을 그려야 하는 것은 아니다. 실제로 많은 사람이 그림이 아닌 다른 형태로 내면의 이미지를 '가시화'한다. 어떤 사람들은 생각을 듣거나 거의 소리 가 없는 어떤 음성을 느낀다. 어떤 사람들은 그냥 '앎'으로 느낀다. 우리가 앞으로 '이미지'나 '가시화'라는 단어를 사용할 때, 우리는 여러분이 감정 과 사고, 환상을 경험하는 모든 방식을 지칭하는 넓은 의미로 위 단어들 을 사용한다는 것을 기억하기 바란다.

꿈으로 작업하기

꿈으로 작업하는 것은 보조적인 수단이지만, 이 보조 수단을 이용하면 프로그램 전체에 걸쳐 여러분의 경험을 엄청나게 강화할 수 있다. 꿈을 기록지에 적을 것을 권장한다. 프로그램을 진행하면서 참가자들이 즉흥적으로 기억해내는 꿈들이 대부분 프로그램이 환기하는 질문들과 유사하다는 것을 발견했다. 이 책 전체에 걸쳐 '꿈에 집중하기'라는 방식을 제시하는데, 이를 통해 꿈이 특정한 질문을 명확하게 드러내주거나, 해결의 실마리를 던져줄 것을 요구하는 '꿈 품기dream incubating' 활동을 하게 된다. 이때 기록지를 통해 제기되는 주제와 관련된 최근의 꿈을 찾아볼 수 있다. 이 방법들은 모두 선택 사항이다. 따라서 이 책은 꿈에 특별히 주의를 기울이지 않아도 개인 의례를 진행할 수 있도록 구성되었다.

보조 안내

책 말미에 제시한 세 개의 보조 안내는 프로그램을 진행하면서 언제든 참고할 수 있다.

보조 안내 1: '경험 심화하기'에는 영감을 불러일으키는 작업 공간을 만들거나, 영적 수련회를 떠나거나, 친구나 사랑하는 사람을 참여시키거나, 혹시 나타날 수 있는 개인적 저항감을 해결하거나, 깊은 휴식을 통해 개인 의례를 강화하고, 더욱 강력한 신화로 살아가려는 의지를 북돋울 습관을 형성하는 등 프로그램의 효과를 극대화할 수 있는 세세한 방법들이 제시되어 있다.

보조 안내 2 : '꿈으로 작업하기'는 꿈을 기억하고 해석하기 위한 입문서를 제공한다. 꿈과 꿈에 반영되는 개인의 신화를 이해하는 우리가 발견한 가장 유용한 접근법들을 요약해 알려준다.

보조 안내 3 : '프로그램 진행이 마음을 어지럽힌다면'은 프로그램이 고통스럽거나 소화하기 힘든 감정을 불러일으키는 경우에 대처 방법을 알려준다.

보조 안내가 필요한 상황에 이를 참고할 수 있도록 프로그램을 시작하기 전에 보조 안내를 훑어보고, 각 보조 안내가 어떤 내용을 담고 있는지 대략적으로 파악해놓아라.

이번 3판에는 유도 신화를 더욱 잘 이해하고 변화할 수 있도록 새로운 기술과 영역을 접목했다. 12주 워크북 구성 방식은 이전 판들에 비해 더욱 사용자 친화적이다. 기존 판을 활용했던 수많은 치료사와 모임 인도자, 독자 들의 조언을 통해 더 나은 3판이 탄생했다. 3판에서는 1판과 2판에서 복잡하고 어렵게 표현된 개념들을 더 단순하고 명확하고 구체적으로 풀어냈다. 1판 이후 있었던 심리학 연구와 임상 진료 분야에서의 중요한 발전 또한 3판에 새롭게 더해졌다.

이 책은 현대 심리치료학 덕분에 탄생한 수많은 효과적인 기술과 관점에 기대는 동시에, 여러분과 여러분 주변 사람들이 필연적으로 경험하는 신화적 혼란을 선천적인 개인의 결함으로 여기기보다는 현대 삶의 실상으로 정의한다. 이 혼란은 문화의 유도 신화의 아수라장과, 그에 따른 무질서 속에서 살아가야 한다는 각 개인의 선구적인 책임에 대응된다.

개인의 유도 신화를 건설적으로 변화시키면, 세상을 보고 느끼고, 그 안에서 기능하는 방식에서 개인에게 힘을 실어주는 변화가 따를 것이다. 우리는 신중하게 관찰하고 명확한 신화를 일궈내는 것이, 혼란에 빠진 세계에 대한 이해의 갈피를 잡는 매우 효과적인 방법이라 믿는다.

데이비드와 내가 원고를 출판사에 보내기 전에 마지막으로 '초청' 부분을 다시 읽고 있을 때, 나는 소나무 숲에 앉아 있었다. 주위는 평화로웠지만 우리가 쓴 단어를 읽는 행위는 나를 들뜨게 했다. 우리의 초판이 5만 부 정도 팔렸다는 사실이 기억났고, 우리가 받았던 피드백들을 되짚어보았다. 한번은 강의가 끝난 후 한 여성이 내게 감사를 표하며 이렇게 말했다. "박사님과 파인스타인 박사님의 책 덕분에 제 삶이 변했어요." 한 부부는 각자 기록지에 적으며 31개의 개인 의례를 함께 진행했고 그 결과 결혼 생활을 유지할 수 있었다고 말했다. 한 남성은 약간 주저하며 매년 한 번씩 책을 총 여섯 번 읽었다고 말했다. 역기능적인 신화를 최대한 많이 발견하기 위해서였다고 한다. 그는 "그렇게 함으로써 알코올 중독에 다시 빠지지 않을 수 있었다"고 말했다.

하지만 진척을 이루지 못한 사람들도 있었다. 이들은 5단계 프로그램이 너무 부담스럽다고, 혹은 생활이 너무 바빠 감상문을 작성하거나 꿈을 기록할 시간이 없었다고 말했다. 그들을 이해하는 나는 자주 "어떤 과정이 모두에게 맞을 수는 없다"고 말한다. 하지만 또한 나는 많은 사람의 삶이 그들을 제한하는 개인의 신화에 고통당하거나, 능력의 한계를 넘어서는 개인의 신화를 무리해서 포용하려 하며, 혹은 모순으로 가득 찬 개인의 신화 때문에 통제 불능 상태가 되어버리기도 한다는 걸 잘 안다. 그들이 유도 신화를 깊이 이해한다면 그들을 압도하고 공허하게 하며, 고통을 주는 패턴을 바꿀 수 있을 텐데 하고 생각하곤 한다.

또한 나는 너무나 많은 사람이 사회 주변부에서 자기 계발서보다는 잠잘 곳과 먹을 것이 시급한 삶을 살아간다는 것을 잘 알고 있다. 그렇기 때문에 너무나 비정상적이 되어버린 우리의 문화 신화에 대해 생각하지 않을 수 없다. 가족의 결속, 고생 끝에 얻는 성공, 모두를 위한 자유와 정의를 한때 약속했던 우리의 신화 말이다. 오늘날 많은 핵심적 문제가 분열된 문화 신화를 의미하는 첨예한 사회 갈등의 형태로 표출된다.

1. 세계보편주의자globalists('한 세상'을 지지하며, 우주 정부보다 낮은 차원의 정부 형태에는 결코 만족하지 않을 사람들) 대 **자경단원**vigilante(자신의 민족이나 종교를 위한 것이라면 아무리 작은 것을 위해서라도 싸우고 기꺼이 죽을 사람들)
2. 성장낙관주의자multipliers(인구 증가에 대해 염려하지 않는 사람들) 대 **통제조절주의자**slashers(처벌적 수단으로, 특히 미개발 국가에서 인구 증가율을 기꺼이 대폭 줄일 사람들)

3. **논쟁자**pricles(자신의 논리와 신념, 혹은 인종을 둘러싸는 뚫을 수 없는 경계
   선을 긋는 사람들) 대 **감상주의자**goos(모든 신념 체계와 모든 생명체에 대
   하여 차별 없는 사랑과 연민을 보내는 사람들)

이러한 신화적 갈등의 반향은 우리 존재 안에서 울리며, 우리 문화의
근간을 흔든다. 머리 위 나무에서 새들이 재잘거리는 소리가 들리면 나는
환경 약탈을 허가하는 개인과 기업, 정부의 신화 때문에 매년 사라지는
새들의 숫자를 떠올렸다. 다른 설득적인 문화 신화는 예술의 진부화, 가
족의 분열, 또한 일과 놀이, 사랑, 예배의 비인간화를 야기했다. 데이비드
도 이러한 문제들을 함께 염려한다. 그리고 우리 둘 다 지혜롭게 수정된
신화가 찢긴 문화와 파편화된 삶을 넘어 새로운 길을 제시할 수 있다는
것을 안다.

스탠리 크리프너

당신은 생명이 생명을 먹고 사는 세상에 태어났다. 당신은 죽음을 경험해야만 하는 몸으로 태어났고, 죽음으로 향하는 길목 어딘가에서 형언할 수 없는 신체적 고통이나 감정적 괴로움을 견뎌야 할 것이다. 당신은 먹이 사슬의 최정점에 올라서고 천연 자원을 통제할 수 있게 된 이후, 어떤 생명체가 고통을 당할지 정하는 특권을 지닌, 하지만 고통 없는 세상을 만들지는 못하는 바로 그 종으로 태어났다. 당신의 고통과 즐거움은 당신이 내린 결정의 결과로 그 정도가 정해지지만, 실수를 반복하며 배우기 전까지 당신은 어떤 선택이 어떤 결과를 가져올지 알지 못한다. 당신은 이 무모해 보이는 제도 안에, 삶에 대한 본능적 갈망, 숭고한 기쁨을 느끼는 능력, 미를 창조하고 진실을 추구하며, 의미를 찾고 경이에 닿으며, 사랑을 나누는 것에 대한 본능적 열정을 갖고 태어났다. 당신은 또한 신화적 지혜와 지도의 심오한 자원을 만나기 위해 내면을 향하는 경향도 타고났다. 이 별난 현실 속에서 만족감을 주고, 잠재력을 깨닫게 하며, 영과 일치된 삶을 살게 하는 개인의 신화를 만나는 것은 당신이 직면한 가장 중요한 과제인 동시에, 이 책의 주제이기도 하다.

　이 프로그램 속 개인 의례들을 따를지 말지, 우리의 초청을 받아들일지 거절할지 당신의 결정을 돕기 위해 내가 개인적으로 목격한 몇 가지 결과를 소개하려고 한다. 거칠고 성마른 한 남성이 감격에 겨워, 마치 자신이 사랑받을 자격이 있다는 걸 처음으로 깨달은 듯 감격스러워 하는 장면을 보았다. 길을 잃고 헤매던 여성이 스스로 인생을 책임지고 살아갈 수 있다는 것을 깨닫고 황홀해 하는 장면도 목격했다. 우울감과 패배감에 사로잡혔던 남성이 이전에 알지 못했던 엄청난 힘이 자신에게 있다는 것을 알고, 그 후 그 힘을 굉장히 효과적으로 사용해 그가 같은 사람이라는 것을 알아보기 어려울 정도였던 경우도 있다. 이러한 각성은 때때로 유쾌하게 스며들어 개인을 완전히 바꿔놓을 빛을 비춘다. 그리고 더 많은 경우, 차이를 만드는 것은 더 작고 많은 자각들이다. 어떤 경이든지 나는 이러한 깨달음과 발견의 순간들을 사랑한다. 이 순간들이야말로 전문가인 내 두 눈을 반짝이게 한다.

　당신이 이 어려운 프로그램에 참여하도록 격려하기 위해, 20년이 넘는 세월 동안 새로운 돌파구를 찾을 수 있는 방법을 고안하거나 응용하려고 스탠과 나는 부단히 노력했다. 그 노력의 결실이 이 책에 담겨 있다. 깨달음이 자연스레 내게 일어나기를 기다리는 것보다 적극적으로 그 뒤를 쫓는 게 어려운 결단이라는 것을 안다. 결국 태양은 스스로 매일 떠오르고, 인생에서 새로운 통찰은 항상 찾아오기 때문이다. 반면, 이 프로그램은 체계적으로 당신의 영혼과 동기, 목적의식을 소생시키는 통찰을 불러일으키기 위해 만들어졌다. 우리의 목표는 당신이 생각해낼 수 있었던 것보다 더욱 새롭고 더 나은 선택지들을 제공하는 신선한 관점을 촉진하는 것이다.

이 책은 스탠과 내가 오랫동안 개인적으로, 때로는 함께, 임상 진료나 교육, 혹은 공동체적 환경에서 가르쳤던 집중적인 워크숍 과정을 그대로 전한다. 이 프로그램은 10개국 이상에서 시행되었다. 남성 그룹, 여성 그룹, 커플 그룹, 재활 그룹, 대학 강의실, 치료 그룹, 직장 아침 식사 모임 등 이 책을 사용한 많은 사람이 그들의 경험을 기쁘게 공유해주었다. 초판이 출간된 이후 기의 10년이 지나 발행하는 이번 3판에는, 수천 명이 참여한 약 1백 번의 워크숍과 개인 상담을 통해 배운 내용을 더했다.

하지만 여전히 우리를 믿으라고 요청하는 것은 너무나 대담한 일이다. 우리는 당신을 모르고, 결국 책 밖에서, 따라한다면 당신의 삶에 꽤 깊이 영향을 줄 프로그램을 따르라고 제안하고 있기 때문이다. 인간미 없는 방식으로 아주 친밀해질 수 있는 역설적이고도 재밌는 세상에 살고 있는 것이다. 1판과 2판의 영향력을 느끼고 나서 우리는 이 방식에 확신이 생겼으며, 이제는 이 방식도 편안하게 느껴진다. 스탠이 앞서 언급했듯이 우리가 받은 피드백은 많은 경우 가슴을 울리기도 했고 흐뭇하게도 했다. 우리는 이 책이 여러분에게 도움이 되길 바라며, 여러분 모두가 신화적 깨달음으로 내면의 지혜와 선함, 기쁨을 일깨우기를 소망한다.

데이비드 파인스타인

첫 번째 단계

신화 갈등의 기저를 자각하기

1주

신화 속으로

정신의 실재를 발견하면 모든 억압에서 자유로워지며
이는 묻혀 있던 보물을 발견하는 것과 같다.
— 에리히 노이만Erich Neuman[1]

가족은 어린아이에게 개인 단위 신화를 만들어줄 책임을 지닌 기관이다. 가족은 물려받은 유전적 영향과 문명사회 신화가 각 개인의 발달 단계에 따라 독특한 신화적 구조 안으로 녹아 혼합되는 도가니와 같다. 한 가족의 신화는 앞선 세대가 꿈꿨던 희망과 좌절의 경험으로 가득 차 있다. 이것은 개인에게는 과거가 남긴 유산이자 영감의 원천이며, 앞길의 이정표가 된다. 따라서 개인 신화의 발달은 가족 신화의 배경과 맥락 속에서만 연속성을 완전하게 알 수 있다.[2]

여러분의 조상들은 이 세상이 어떤 곳인지, 또 이곳에서 생존하고 번성하려면 무엇이 필요한지 등에 대해 나름의 결론을 내렸다. 그렇게 형성된 신념과 가치는 여러 세대를 거치며 진화해왔으며, 이제 여러분에게까지 대물림되었다. 여러분은 이 유산을 포용할 수도, 변형할 수도, 버릴 수도 있다. 여러분의 부모와 조부모가 스스로를 어떤 식으로 인식했는지, 어떻게 그들 자신의 상황을 이해했으며 어떤 신념을 지녔고 어떤 가치를 중시했는지는 모두 신화와 깊이 관련 있는 질문이다. 그리고 그 질문들에 대한 답이 바로 여러분 신화의 핵심을 이룬다. 예를 들어, 아버지가 농부인 사람은 자신의 신화 속에 각인된 자연을 대하는 태도가 은행가를 아버지로 둔 사람과 확연히 다를 것이다. 또 전 유럽에서 미인으로 소문난 백작 부인을 증조할머니로 둔 여성의 여성 정체성은 은연중 증조할머니의 경험에 영향을 받는다. 만약 부모가 본인들이 처한 상황을 극복하지 못했다면, 그들이 그 한계들을 인식하는 방식, 즉 그 자녀에게 환경을 받아들이라고, 너의 상황을 바꾸는 데에는 한계가 있다고 속삭이는 것이 자녀의 개인 신화 형성에 영향을 미치는 것이다.

세션 1 : 선조의 신화를 기억하기[3]

목적 : 부모, 조부모와 같은 선조가 내 신화에 미친 영향을 탐색하기

이제 처음 의례에서, 상상으로 자기 부모와 조부모의 몸과 마음 속에 들어갈 것이다. 그들이 직면했던 난관들을 상상하고, 그것들을 헤쳐 나가면서 형성된 그들의 신화를 탐색한다. 부모와 조부모의 신화가 각자의 세포 하나하나와 정신 그리고 현재 가족과 공명하는 것을 느끼며, 그들에 대해 아는 것이 별로 없는데도 그토록 생생하게 그들과 정서적으로 연결되어 있다는 사실에 매우 놀랄 것이다. 여러분의 존재는 어느 정도

는 그들이 형성하고 살아냈던 신화의 반향이라고 할 수 있다. 이 의례를 통해 여러분의 선조를 더 잘 이해할 수 있게 될 뿐 아니라, 그들이 물려준 신화가 앞으로 발견하게 될 여러분의 개인 신화에 맥락을 제공한다는 것을 알게 될 것이다.

준비 : 테이프 안에 있는 의례 방식을 읽거나(혹은 녹음된 테이프를 구하라—이 책 처음에 유도 상상 기법을 녹음한 오디오 테이프를 주문할 수 있는 안내를 참조하라), 의례 방식을 읽어줄 사람을 구하거나, 혹은 내용을 암기해서 책을 살짝만 보고도 의례를 혼자서 수행할 수 있도록 충분히 숙지하라.

사방으로 몇 걸음 움직일 수 있을 만큼 공간을 확보하고, 편안히 서서 눈을 감는다. 잠시 뒤에 여러분은 한 걸음 뒤로 물러서면서 남자는 아버지, 여자는 어머니의 몸 안으로 들어간다고 상상할 것이다(만약 친부모의 손에 자라지 않았다면 양부모를 상상해도 된다. 혹은 인생에 지대한 영향을 미친 부모와 같은 누군가를 상상해도 된다. 나중에 이 의식을 반복하며 다른 사람을 상상해도 된다). 이제 한 발 뒤로 물러나며, 여러분이 부모가 되었다고 상상한다.

부모가 살았던 삶, 혹은 살고 있는 삶을 상징적인 신체 동작으로 표현한다. 이 신체와 이 성격으로 사는 것이 어떤 느낌일지 상상한다. 자세와 얼굴 표정과 움직임으로 살아 있는 조각상을 만든다. 여러분의 자세가 부모가 살았던 혹은 살고 있는 삶을 상징할 때까지 계속 몸을 움직여라. 자신, 상황, 운명에 대한 부모의 인식을 깊이 생각하라.

위에 대해 확신할 수 있을 만큼 실제 부모에 대해 자세히 알지 못하더라도, 답은 어떠한 방식으로든 여러분 안에 울리고 있다. 따라서 마치 답을 이미 알고 있는 것처럼 질문에 답하라. 그리고 상상과 직관을 믿어라. 사실과 완벽히 부합하지 않더라도 떠오르는 답에는 정답이 묻혀 있을 것이다.

다시 한번 여러분의 몸 자세와 부모의 에너지에 집중한다. 여러분의 부모의 관점에서 다음 질문을 생각해보고, 마음껏 상상해 답하라.

1. 만족감의 주된 원천은 무엇인가?
2. 본인의 사회적 지위에 대해 어떻게 인식하는가? 한계, 특권, 책임.
3. 죽기 전에 꼭 이루고 싶은 것은 무엇인가?
4. 인간의 운명을 자연물에 빗대어 말한다면 무엇을 꼽을 것인가?

이제 숨을 내쉬면서 손발을 털어내는 동작으로 이 자세를 떨쳐내라. 자신의 중심으로 되돌아오라. 그리고 부모의 자세와 인생관, 신화가 본인의 성장에 어떻게 영향을 미쳤는지 생각한다.

잠시 뒤에 다시 한번 한 걸음 뒤로 물러서면서, 부모의 부모, 당신의 성별에 따라 할아버지나 할머니의 몸속으로 들어간다고 상상하라. 양조부모나 조부모의 역할을 한 다른 인물을 선정해도 좋다. 그의 신체와 성격으로 사는 것이 어떤 느낌이었을지 잠시 동안 생각하라.

조부모의 삶을 상징하는 자세를 몸으로 표현하라. 이 조부모의 인생에 대해 당신이 알고 있는 것과 상상한 것을 이 자세가 상징할 때까지 계속해서 표현하라. 자아, 상황, 운명에 대한 이 인물의 인식에 대해 생각하라.

조부모의 인생에 대해 충분히 알지 못하고, 모든 질문에 확실하게 대답할 수 없다 하더라도 당신의 상상력과 직관을 신뢰하라. 몸의 자세와 조부모의 에너지에 다시 한번 집중하라. 상상력을 마음껏 발휘해 조부모의 관점에서 다음 질문들에 답해보라.

1. 만족감의 주된 원천은 무엇인가?
2. 본인의 사회적 지위에 대해 어떻게 인식하는가? 한계, 특권, 책임.
3. 죽기 전에 꼭 이루고 싶은 것은 무엇인가?
4. 인간의 운명을 자연물에 빗대어 말한다면 무엇을 꼽을 것인가?

자, 이제 자세를 풀고 호흡을 내쉬며 그 에너지를 털어내라. 몸을 마구 흔들어도 좋다. 당신 자신의 중심으로 돌아오라. 방금 상상한 조부모의 자세와 인생관이 당신의 성장에 어떻게 영향을 미쳤는지 생각하라.

잠시 뒤에, 왼쪽으로 한 발 내딛으며 조금 전 상상했던 조부모와 다른 성별의 조부모의 몸속으로 들어간다고 상상할 것이다. 이번에도 양조부모나 당신에게 조부모 역할을 한 다른 인물을 대신 선택해도 좋다. 자 이제, 왼쪽으로 한 발짝 옮겨가면서 당신이 이 조부모가 된다고 상상하라. 이 신체 그리고 이 성격으로 사는 것이 어떤 느낌이었을지 잠시 동안 생각해보라.

이 조부모의 삶을 상징하는 자세를 몸으로 표현하라. 이 조부모의 인생에 대해 당신이 알고 있는 것과 상상한 것을 이 자세가 상징할 때까지 계속해서 표현하라. 자아, 상황, 운명에 대한 이 인물의 관점에 대해 생각하라.

이 자세와 조부모의 에너지가 편안하게 느껴지면, 그의 관점에서 다음 질문들에 대한 답을 생각해보라.

1. 만족감의 주된 원천은 무엇인가?
2. 본인의 사회적 지위에 대해 어떻게 인식하는가? 한계, 특권, 책임.
3. 죽기 전에 꼭 이루고 싶은 것은 무엇인가?
4. 인간의 운명을 자연물에 빗대어 말한다면 무엇을 꼽을 것인가?

자, 이제 자세를 풀고 호흡을 내쉬며 그 에너지를 털어내라. 몸을 마구 흔들어도 좋다. 당신 자신의 중심으로 돌아오라. 방금 상상한 조부모의 자세와 인생관이 당신의 성장에 어떻게 영향을 미쳤는지 생각하라.

이제 잠시 뒤에는 앞으로 한 발 내딛으며 남성이라면 어머니의 몸속으로, 여성이라면 아버지의 몸속으로 들어간다고 상상할 것이다. 이번에도 생물학적 부모나 양부모, 당신에게 부모와도 같은 다른 인물을 골라도 좋다. 자 이제 앞으로 한 발짝 옮겨가면서 당신이 이 부모가 된다고 상상하라. 이 신체 그리고 이 성격으로 사는 것이 어떤 느낌이었을지 잠시 동안 생각해보라.

이 부모의 삶을 상징하는 자세를 몸으로 표현하라. 이 자세가 이 부모가 살았던 그리고 살고 있는 인생을 상징할 때까지 계속해서 표현하라. 이 부모가 되어 다음 질문에 대해 대답해보라.

1. 만족감의 주된 원천은 무엇인가?
2. 본인의 사회적 지위에 대해 어떻게 인식하는가? 한계, 특권, 책임.
3. 죽기 전에 꼭 이루고 싶은 것은 무엇인가?
4. 인간의 운명을 자연물에 빗대어 말한다면 무엇을 꼽을 것인가?

자, 이제 자세를 풀고 호흡을 내쉬며 그 에너지를 털어내라. 몸을 마구 흔들어도 좋다. 당신 자신의 중심으로 돌아오라. 방금 상상한 부모의 자세와 인생관이 당신의 성장에 어떻게 영향을 미쳤는지 생각하라.

마지막으로 한 발짝 앞으로 내딛으며 당신의 몸과 존재의 이미지로 들어가라. 여러분의 인생을 상징하는 자세를 찾아내라. 이 자세에 완전히 녹아들었다고 느끼면, 여러분의 인생이 외치고 있는 그것을 말로 표현하라. 내면 깊숙한 곳에서 그 말이 떠오르게 하라. 명확한 단어들로 만들어 소리 내어 말하라.

그 말을 반복하며 몸을 움직여라. 다양한 자세와 움직임, 말 표현을 시도해보아라. 말과 자세와 움직임의 의미에 대해 생각하라. 어떻게 든 변화, 확장해도 좋다. 더 대범한 말 표현을 써야 한다면 자세도 그에 맞게 확장하라. 말 표현과 자세, 움직임이 바뀔 때마다 그 의미를 느껴라. 탐색을 마치면, 휴식한다.

당신의 부모와 조부모가 일련의 질문에 어떻게 답할지 생각해보고, 그들이 살아냈던 신화를 상징하는 신체 자세를 탐색하면서, 우리는 자신의 신화에 대한 새로운 통찰을 얻게 된다. 이 경험과 이에 따른 새로운 직관들을 기록하며 혼자, 혹은 배우자와 반추해보라.

우리의 동료이자 친애하는 친구 앤 몰티피는 현재 방식을 고안하기 위한 실험 프로그램에 참여했는데, 그때 자신이 기록지에 쓴 내용 일부를 여기서 소개하도록 허락했다. 그녀는 이렇게 썼다.

나보다 먼저 이 세상을 다녀간 그 여성들의 마음속에는 슬픔이 있다. 그들의 꿈은 좌절되었고, 예술성도 잃어버렸다. 그들은 다른 사람들을 위해 인생을 바쳤고, 가슴 가장 밑바닥에 자리한 깊은 욕구와 갈망을 표현하는 것을 수치스럽게 생각했다. 완전히 다른 성격들이 공존한다. 몹시 기민하고 창의적인 성격과, 조용하고 겸손한 성격 그리고 다정하고 별난 성격도 있지만 이 모든 성격이 자신의 삶은 남편의 삶과 자녀들의 삶, 주변 사람들의 삶에 비해 무가치하다고 믿게 만들었다. 그들은 자신의 운명을 받아들이고 그에 만족하려고 필사적으로 노력했지만, 여전히 갇히고 억압받고 있으며, 본성의 가능성과 잠재력, 꿈을 따라 살 수 없다고 느꼈다. 그들은 가족을 위해 스스로의 욕망들을 포기했다. 그리고 그들의 희생을 알아차린 사람은 거의 없었다.

이 고요한 포기로부터 자유로워지기 위한 몸부림이 바로 내 삶의 주요한 동기였다. 내 인생을 표현하는 자세를 취했을 때, 내 두 팔은 양쪽으로 쭉 펴져 있었다. 그리고 나는 "모든 이의 삶에는 각자의 아름다움과 목적이 있어. 어떤 대가를 치르더라도, 그 누구도 나의 아름다움과 인생의 목적을 빼앗을 수 없어"라고 확신에 차 외쳤다. 그런데 팔을 더욱 내뻗으면서 문득 내 인생의 목적이 가진 힘 아래에 내 꿈들이 이기적이진 않은지, 내 필요가 너무 제멋대로이지는 않은지 하는 두려움이 자리 잡고 있는 것을 보았다. 내 자신이 되려고 하는, 내 잠재력을 최대한 발휘하며 살고자 하는 이 욕망이 어떤 건강하지 않은 욕심은 아닌지, 그래서 이 욕망 때문에 가까운 사람들의 사랑을 잃거나 심지어 내가 미쳐버려 나중에 엄청난 대가를 치러야 하는 것은 아닌지 두려웠다. 문득 나 역시 내 선조 여성들이 떨쳐낼 수 없었던 공허함에서 자유롭지 않으며, 사실은 그들만큼이나 절망의 희생양이라는 것을 알게 됐다.

세션 2 : 내면의 현자 만나기

목적 : 내면의 현자로 인격화된 심오한 신화적 지혜의 원천에 닿기

자신의 부모와 조부모를 만나서, 자신이 매일 사는 신화 속에 들어
있는 신화적 유산의 영향을 탐색했다. 하지만 현대 사회에서는 가족 내
의 어린이에게 물려줄 신화를 세우는 일을 안정되고 일관된 문화적 신화
에 의지할 수 없다. 사실 오늘날처럼 부모가 안내하는 신화가 빠르게 구
닥다리가 되어버리는 세대도 없었다. 개인의 자율성은 신장된 반면 공동
체 정신은 퇴색한 시구 사회에서, 신화는 각 개인의 소유이자 책임으로,
더욱 개인적인 문제가 되어가고 있다. 그리고 이 중대한 문제에 충분히
대비한 사람은 거의 없다고 할 수 있다. 정치적 극단주의의 충돌과 내전,
국가 간 군사적 폭력이 방증하듯, 우리는 공동체로서도 지도적 신화의
다양성을 포용하는 법과 신화적 권력 투쟁의 폭발성을 완화하는 법을
모른다.

롤로 메이Rollo May는 "이제 우리의 방향성을 이끌던 옛 신화와 상징
들은 사라지고 불안만이 만연하다. … 개인의 관심은 내면을 향할 수밖
에 없게 됐다"⁴라고 말했다. 그렇다면 어떠한 방식으로 내면을 바라보아
야 심오한 지혜에 안정적으로 접근할 수 있을까? 한 가지 방법은 그것을
인격화하여 실존하는 것처럼 생각하는 것이다. 예를 들면 '내면의 현자'
로 말이다. 가장 심오한 지혜를 구체적인 이미지로 상상함으로써, 그 지
혜를 부르는 과정 또한 실체적이게 된다. 어떤 이들은 자연스럽게 자신

이 소중하게 생각하는 조부모나 선생, 목사, 혹은 코치를 내면화하여 상상 속에서 이야기를 나눈다. 또 다른 이들은 종교적 인물이나 신과 대화를 나눈다. 〈지붕 위의 바이올린〉의 테비에Tevye가 신과 이야기를 나누는 것처럼 말이다. 이 워크숍에서는 토속 샤먼shaman의 이미지를 통해 개인의 심오한 지혜에 닿는 방법을 사용했다.

샤먼은 부족 문화의 영적 지도자이고 치유자이며, "성스러운 모든 것에 대한 술사"[5]다. 이들은 서구적 사고방식에서 잃어버린 태고의 뿌리로 안내한다. 샤먼의 영적 능력과 황홀경을 동반한 환영은 부족민들에게 다른 방식으로는 설명할 수 없는 자연 현상에 대해 적절한 설명을 제공했다. 샤먼은 그 문화의 지도적 신화를 대표하는 인물로, 신화를 수호하고 전달하고 변화시키는 데 능숙한 자다. 이제는 신화 만들기가 훨씬 더 개인화되었기 때문에, 현대인들은 이러한 샤먼적 책무들을 개인적으로 고려해야 한다. 개개인은 자신의 유도 신화를 수호하고, 필요에 따라 변화시키는 것에 능숙해져야 한다. 내면의 샤먼을 가꾼다는 것[6]은 자신의 진화하는 현실을 인지하는 주체자가 되는 법을 발달시킨다는 뜻이다. 내면의 샤먼은 숨겨진 그리고 말로 표현할 수 없을 만큼 풍부한 각자 내면의 심연으로 우리를 인도한다. 내면의 샤먼은 앞으로 전개될 신화와 관련하여 세 가지 중요한 역할을 한다.

1. 신성한 여행을 통해 유도 신화에 심오한 지혜 불어넣기
2. 새로운 도전에 직면해 개인 신화를 창조적으로 적용하기
3. 새로운 경험에 기반하여 개인의 신화를 수정하고 발전시키기

첫째, 일상적 현실과 숨겨진 현실을 연결하는 도관을 유지, 관리한다. 이 도관은 평범하지 않은 의식 상태에서 접근할 수 있다. 부족의 샤먼이 부족민들을 위해 새롭게 떠오르는 이미지와 방향을 가지고 꿈과 영적인 교류 의례와 의식들을 통해 정기적으로 이러한 숨겨진 현실에 접근했던 것처럼, 내면의 현자도 개인적 신화에 새로운 영성을 불어넣는 내면으로의 여행을 정기적으로 떠날 때 여러분을 지도해줄 수 있다. 훈련을 통해 내면으로 여행을 떠날 수 있으며, 이 프로그램의 핵심은 깊은 안정과 유도된 시각화, 초점화된 집중을 통해 얻을 수 있는 평범하지 않은 의식 상태를 불러일으키는 것이다.

둘째, 여러분이 일싱직으로 내리는 선택들에 유도 신화의 영성을 불어넣는 것이다. 내면의 현자는 신화적 지혜와 연결되어 날카로운 통찰력으로 변화하는 삶에 이를 적용시킨다. 전통적인 샤먼은 물리적이고 사회적인 사건들의 결과에 원하는 방식으로 영향력을 행사하고자 할 때 직관력에 의존했다. 내면의 현자는 인생에서 어려움이나 기회를 마주했을 때, 여러분의 노력의 방향을 결정하여 이것이 내면의 신화적 지혜와 일치하게 한다. 이 프로그램의 후반부에서 특히 여러분의 에너지를 올바른 방향으로 사용하는 능력을 계발하는 데에 중점을 둘 것이다. 내면의 현자의 지혜롭고 창의적인 방식은 명확성과 힘을 제공해주며, 초점화된 목표와 상상을 통해 이러한 능력을 계발할 수 있다.

셋째, 내면의 현자는 현존하는 신화의 진화를 촉진한다. 부족의 샤먼은 기성 전통과 문화적 혁신 사이에서 균형을 찾아야만 했다. 즉, 전통을 수호하는 동시에 새로운 신화적 비전을 사회에 제공하는 것이다. 새로운 신화는 이미 존재하는 지도와 이해 방식을 새로운 상황에 적용할 수 없을 때, 예를 들어 장기적인 가뭄이나 다른 부족의 위협이 있을 때 주기적으로 필요했다. 샤먼의 여행은 많은 경우 이미 존재하는 신화를 다듬거나 대체하는 새롭고 고무적인 비전으로 이어졌다. 하지만 직면한 알 수 없는 현상의 본질에 대한 환상과 참신한 시각은 비일상적인 상태에서 이루어진 것이며, 따라서 이것이 항상 올바른 신화적 지도가 되는 것은 아니다. 내면의 현자는 노련한 판단력과 안목으로 비전들을 대해야 한다는 숙제를 안고 있다.

여러분이 이 세 가지 샤먼적 능력을 기르는 것은 가능하고 바람직하며, 이것이 바로 이 프로그램의 목표다. 프로그램 도중이나 이후에 여러분은 깨어 있는 의식과 내면의 심연 간의 도관을 유지하기 위해 내면의 현자를 불러낼 수 있다. 그렇게 함으로써 새로운 도전에 직면했을 때 창조적으로 신화적 지혜에 의지할 수 있고, 여러분의 유도 신화를 확장하고 다듬을 수 있다.

앞서 제시한 전통적 부족 샤먼의 이미지에 제한받을 필요는 없다. 영적 지혜의 원시적인 느낌을 전달하기 위해 부족 샤먼을 예로 들었지만, 내면의 현자는 다른 형태로 나타날 수도 있다. 많은 참여자가 예수나 부처, 아테나, 알 수 없는 스승, 사랑하는 조부모, 전설적인 조상, 고대 드루이드, 젊은 여성 사제를 만났다고 말했다. 이미지를 깨우기 위해 내면의 현자라는 용어를 사용하되, 마음이 드러내는 이미지를 수용하라. 이 형체를 의식하는 그 순간은 인생에서 매우 중요한 순간이 될 것이다.

내면의 현자가 상상 속 이미지일 뿐이라고 생각할지라도, 그것이 여러분을 더 커다란 힘에 닿게 해줄 수도 있다는 가능성을 열어두어라. 첫 번째 만남에서는 심오함을 느끼게 될 것이다. 의례 중에, 제의적인 물건 가까이에, 혹은 불빛에 둘러싸여 있는 등 일상으로부터 분명하게 다른 환경에서 만나는 내면의 현자는 영적인 연결을 의미할 수 있다.

준비 : 다시, 의례 방식을 읽어줄 사람이나 테이프를 구하거나, 혹은 스스로 숙지하여 의례를 진행한다. 편안하게 느끼도록 책에 나온 방법을 자신에게 맞게 변경해도 좋다. 깊이 이완할 수 있는 장소를 찾아라. 앉거나 기대어, 눈을 감고 몇 번 깊이 심호흡한다.

편안하고 안전한 장소를 찾았으면, 호흡을 느끼십시오. 숨을 들이쉴 때마다 삶을 충만하게 들이마시세요. 숨을 내쉴 때마다 몸을 이완하세요. 더욱 편안하게 힘을 빼세요. 들이쉬고, 이완하세요. 배에도 힘을 빼세요. 이완하면서 당신의 마음이 부드럽게 열리는 것을 상상하세요.

이제 상상 속에서 당신은 내면의 현자가 살고 있는 장소로 향하는 길을 발견하게 될 것입니다. 이 길은 마음의 눈으로 볼 수도 있지만, 이 상상 속 여행을 하기 위해 꼭 무언가 눈에 보여야 하는 것은 아닙니다. 상상은 눈 외에 다른 많은 방식으로 느낄 수 있습니다. 직관적 느낌, 묘사적인 단어들, 혹은 언어 없이 그저 앎으로 상상할 수도 있습니다. 내면으로 들어가 내면의 현자를 만나고 싶다는 마음을 스스로 확인합니다. 이렇게 해야 깊은 지혜에 닿을 수 있는 자격을 얻게 됩니다.

이 길은 산자락에 있는 땅에 난 한 구멍에서 시작합니다. 그 안을 들여다보면 긴 통로로 이어집니다. 당신의 통로는 땅 속을 향해 있을 수도, 산 위를 향해 있을 수도 있습니다. 자신감을 가지고 그 안으로 발을 내딛으세요.

이제 시간을 초월한 꿈같은 현실로 들어서게 됩니다. 이제 당신은 물리 법칙의 지배를 받지 않습니다. 여러분의 무게, 속도, 중력이나 빛의 유무도 중요하지 않습니다. 오랫동안 앞을 향해 갑니다. 당신은 완전히 혼자입니다. 주변엔 눈에 띄는 지형지물도 없고, 당신은 무력하며 도움이 필요하고 절실합니다.

부지불식간에 당신은 석판을 발견하게 됩니다. 그 석판에는 당신이 의심하지 않는 신념들이 새겨져 있습니다. 석판을 읽으세요. 그리고 이것이 여태까지 당신의 계명이었다는 것을 인지하세요. 잠시 생각하는 시간을 가지세요.

이제 자아의 미지 세계로 더욱 깊이 들어가야만 하기 때문에 용기를 더 내야 합니다. 어려움들은 당신이 원하는 그 지도를 얻기 합당한 자로 만듭니다. 내면의 현자는 준비된 사람과 지혜를 진지하게 갈구하는 사람을 만났을 때 가장 기뻐합니다.

석판을 지난 당신은 이제 젊음의 골짜기가 내려다보이는 바위 위에 있습니다. 당신의 시력과 청력은 아주 좋고, 당신이 어린 시절 느꼈던 감정을 되새기며 연민을 느낍니다. 마음의 동요 없이, 어린 시절의 공포와 결핍감, 혼란과 축복들을 생각하세요. 통로를 걸어가는 당신은 물리 법칙에 지배받지 않습니다. 주춤하거나 비난하지 마세요. 지금은 이 모든 것 가운데서 살아남은 당신의 힘을 확인하고 있는 것입니다.

계속 앞으로, 천천히 한 발씩 내딛으세요. 잃어버린 환상의 묘지에 닿을 때까지 계속 앞으로 걸으세요. 여기에 도착하면 당신이 인생에서 배운 쓰고 고통스러운 가르침들의 상징물이 흩어져 있습니다. 당신의 오른쪽에는 고장 난 양팔 저울이 있습니다. 이는 세상이 공평하다고 믿었던 당신의 순진함을 상징합니다. 잃어버린 인간관계와 기회, 지위, 꿈을 표현하는 다른 상징들도 있습니다. 깊이 호흡하며 당신이 극복한 모든 것을 하나씩 기억하세요. 당신은 승리했습니다.

잃어버린 환영의 묘지를 떠나, 이제 자신의 존재에 숨겨진 장소들로 더욱 깊이 들어갈 수 있습니다. 이 어려움들은 당신이 원하는 지도를 얻기에 합당한 자라는 것을 증명했습니다. 이제 곧 통로 끝에서 빛을 볼 수 있게 됩니다. 빛에 다가갈수록 내면의 현자의 신성한 집에 가까워지고 있다는 것을 느낍니다. 이 통로는 숲 속의 빈터로 이어집니다. 이 빈터에는 당신을 기이한 고대 숲으로 이끄는 길이 있습니다. 당신은 이 길을 따라가며 나무와 하늘과 덤불 들을 답사하기 시작합니다. 가까운 곳에 강도 흐릅니다. 숨을 한번 쉬세요. 당신은 이곳에 완전하게 존재합니다. 이곳을 걸으면서, 무성한 녹음의 경이로움과 아름다움에 친숙해질 것입니다.

여러분 앞에 거대한 두 그루 나무의 가지들이 서로 맞닿아 아치형의 길을 형성하고 있습니다. 당신은 이 아치 길의 반대편 끝에 내면의 현자가 살고 있다는 것을 압니다. 당신의 의지를 끌어 모으며, 당신과 내면의 현자가 만날 이 중요한 순간을 위해 마음을 준비합니다. 앞으로 나아가면서, 아치 길을 통과해 발을 내딛습니다. 보십시오. 눈앞에 내면의 현자가 서 있습니다.

이 현명하고 연민어린 존재에게 존중을 담아 인사하세요. 당신의 감각들을 이용해 이 신비로운 존재의 모습과 특성을 발견하세요. 현자의 신체, 피부색, 키, 나이를 자세히 보세요. 항상 그곳에 있었지만, 거의 보이지 않았던 이 내면의 존재가 어떤 특성을 지녔는지 깊이 느껴보세요.

내면의 현자에게 만나주어서 고맙다는 감사 인사를 합니다. 말이나 손짓, 혹은 무언의 직관적인 의사소통을 사용해도 좋습니다. 당신에 대한 내면의 현자의 한없는 애정과 당신의 가치에 대한 믿음을 기억하세요. 내면의 현자는 여러분의 인생을 이해합니다. 또 어떤 용기가 필요했는지도 알고 있습니다. 살아남았기 때문에 지혜를 받을 자격이 있는 것입니다.

내면의 현자에게 물어볼 질문이 있다는 것을 기억하세요. 이 질문은 당신의 관심을 기다리고 있는 개인 신화의 영역을 인식하는 것을 도와줄 것입니다. 질문을 생각해내면서, 만약 답이 있다면 곧 그 답을 받게 될 것이라는 걸 기억하고, 경건한 마음으로 존경심을 담아 질문하겠다고 되새기십시오.

이제 곧 존경심을 담아 다음 질문을 할 것입니다: "나에게 상처를 주거나 인생에 문제를 일으키는 나의 신념이나 희망, 습관은 무엇인가요?" 지금 이 질문을 하십시오. 내면의 현자의 대답을 받을 준비를 하십시오. 말로 들을 수도 있고, 무언의 직관적 의사소통으로 들을 수도 있습니다. 이제 답을 받으세요. 내면의 현자에게 답을 받았다고 대답하거나, 다른 질문을 던지세요. 대화가 끝나면 내면의 현자와 함께 서서 조용하고 경건하게 명상하십시오.

이제 곧 현자와 헤어져야 할 시간입니다. 떠나기 전에 현자께서 재회 의례와 방법을 알려줄 텐데, 그것대로 하면 다음에도 쉽게 현자를 만날 수 있습니다. 재회 의례는 당신이 쉽게 배울 수 있는 방식으로 설명될 텐데, 아마도 말이나 동작, 혹은 이미지로 제시될 것입니다. 이곳에서는 일반적인 물리 법칙이 적용되지 않는다는 것을 잊지 마십시오. 처음 왔던 길을 다시 보어주는 말이나 혹은 다른 길이, 악기 소리나 의례 동작, 혹은 몇 가지 단어의 반복으로 제시될 수 있습니다. 현자에게 다시 돌아올 수 있는 방법을 잘 받으십시오.

이제 평상시 상태로 돌아갈 시간이 거의 다 되었습니다. 작별해야 한다는 것을 기억하세요. 떠난다는 표시를 하고 이별 인사를 하세요. 아치 길을 지나 고대의 숲으로 돌아옵니다. 숲과 무성한 녹음, 강과 샤먼의 거처, 이 모든 풍경이 당신 안에 존재한다는 것을 깨닫습니다. 자 이제 당신이 이 길에 들어서게 된 입구를 생각하세요. 그 입구를 통해 되돌아가세요. 자연스럽고 편안하게 당신의 몸에 다시 집중하세요.

평소에 깨어 있는 의식 상태로 돌아올 준비를 하십시오. 이 경험에서 당신에게 필요한 것들은 모두 기억하게 될 것입니다. 아주 부드럽게 몸을 일으켜 세우세요. 손가락과 발가락을 움직이고, 손과 발을 움직이세요. 혈액 순환을 느끼세요. 어깨와 팔, 다리, 목, 얼굴 근육을 스트레칭합니다. 깊이 숨을 한번 쉬세요. 다시 방으로 주의를 불러옵니다. 눈을 뜨세요. 낮잠을 푹 자고 일어난 것처럼 상쾌하고, 창의적으로 오늘 할 일들을 해낼 수 있게 정신이 맑고 자신감이 넘칠 것입니다.

앞으로 내면의 현자를 여러 번 만나러 가면, 그 여정은 점점 더 쉬워질 것이다. 이 유도 상상은 학습해서 익숙해져야 하는 면이 있다. 모든 지시 사항을 따르지 못했다고 낙심하지 마라. 내면의 현자를 발견하기 위해 세 번, 네 번 여정을 반복해야 하는 사람도 있다. 하지만 첫 번째 여정에서 내면의 현자를 만나지 못했다면, 대부분 두 번째에 성공한다. 만약 내면의 현자를 만났다면 기록지에 그 경험을 상세히 적으라. 내면의 현자를 만나지 못했다면, 일주일이나 이주일 안에 내면의 현자를 만나기 위한 여정을 한번 더 떠나는 것에 대해 스스로에게 동의를 구하기를 제안한다. 앤은 내면의 현자를 만나는 여정을 차례로 기록했다.

석판의 계명 : 친절이 늘 최선이다. 이 세상에서 자기 자신 외에는 아무도 믿을 수 없는데, 심지어 자신마저도 불안하다. 이 세상에서 너는 혼자다. 네가 그들을 사랑하는 것만큼 너를 사랑해주는 사람은 없다. 우정의 결말은 대부분 배신이다.

어린 시절의 골짜기 : 어른들과 이야기하고 있는 나를 보았다. 그런데 그들이 내게 뭐라고 이야기하는지는 잘 모르겠다. 자연 속에서 혼자 시간 보내기를 좋아하는 내 자신을 보았다. 또 모기장에 손가락으로 구멍을 뚫고 있는 나를 보았다. 그 소리가 듣기 좋아서 구멍을 뚫었는데 그 일로 엉덩이를 맞았다.

잃어버린 환영의 무덤 : 상징들은 십자가였다. 이는 이해할 수 있는 신에 대한 나의 기본적인 생각을 나타낸다. 지나간 많은 친구들과 연인들을 의미하는 우정 반지 하나, 나의 젊음을 상징하는 갈색 머리 한 타래 그리고 잃어버린 나의 순수함을 의미하는 흰 드레스.

통로를 지나면서 나는 아프리카 사바나와 같은 드넓은 초원에 도착했다. 하지만 건조하고 메마르기보다는 동물들이 물을 마시러 오는 호수가 있고 초록으로 우거진 땅이었다.

아치형으로 굽은 나무 사이를 지나 동굴에 도착했는데, 동굴 안의 나는 몸매가 아름답고 강한 늙은 흑인 여성과 함께 있었다. 그 여성은 사심 없고 공평한 힘을 내뿜었다. 나는 그녀를 이전에 만난 적이 있으며 그녀가 나의 성장에 깊이 관여했다는 것을 확실히 알 수 있었다. 우리가 서로를 강렬하게 응시하자 주변 모든 게 바뀌었다. 나는 동굴 안이 아닌 스테인드글라스 창문이 있는 방 안에 있었다. 엄청나게 깊은 사랑의 물결을 내보내는 온화한 한 여자가 내 두 눈을 바라보고 있었다. 그녀는 마돈나의 동정심을 가졌으며 나는 그녀 또한 나를 보살피고 있었음을 알 수 있었다. 갑자기 그녀가 사라지고 좀 전의 흑인 여성이 그 자리에 있었다. 내가 그 둘이 같은 존재의 서로 다른 측면이라는 것을 깨달을 때까지, 암사자처럼 거친 여성과 비둘기 같이 온화한 여성, 이 두 이미지 사이를 계속해서 오갔다.

내가 물었다. "내 인생에서 무슨 일이 일어나려는 거죠?" 그녀가 대답했다. "평화, 수용, 기쁨, 강제된 의무로부터의 자유, 또한 당신의 선함을 증명하는 것으로부터의 자유." 내가 물었다. "어떻게 하면 그것들을 받을 수 있나요?" 그녀가 대답했다. "당신의 몸의 요구에 귀 기울임으로써. 당신이 진정으로 하기 원하는 것만 함으로써. 기쁨이 당신의 스승이 되게 함으로써." 내가 물었다. "이제 나는 어디로 가야 하나요? 이제 무얼 해야 하나요?" 그녀는 마치 내가 그런 당연한 질문을 하는 것을 믿을 수 없다는 듯 강한 애정을 담아 고개를 저었다. "찾는 걸 멈춰라. 당신이 물어왔던 그 일을 이미 당신은 하고 있고, 이미 찾던 그곳에 도착했다. 당신은 그걸 깨닫기만 하면 된다." 하지만 나는 이해할 수 없었고, 이 답변에 짜증이 나고 불만스러웠다.

세션 3 : 신화를 만드는 정신 살펴보기

목적 : 개인의 신화가 무엇인지 기본 개념 탐색하기

여러분의 조상을 방문하는 것과 내면의 현자를 방문하는 것은 매우 다른 방식으로 각각 개인적 신화의 영역을 인식하게 한다. 앞으로 남은 프로그램에서는 그 영역 안에서 탐색하고 활동할 것이다. 첫 장에서처럼 남은 10개 장은 각각 3개의 의례 세션과 1개의 '꿈에 집중하기Dream focus'로 구성되어 있다. 이번 세션만을 제외하고 모든 세션은 개인 의례를 중심으로 구성되어 있다. 이번 세션은 특별히, 개인의 신화가 무엇인지 개념 골격을 설명한다. 이는 이 책 전반에 흐르는 내용, 즉 개인의 신화가 어떤 방식으로 진화하는지에 대한 것이다.

개인의 신화 인식하기

어떻게 자신의 개인 신화를 알아내는가? 이미지로 보이는가? 무엇을 할지 생각으로 떠오르는가? 만약 도전한다면 심장이 뛰는가? 이야기로 펼쳐지는가? 소년의 내면을 상상하면 개인의 신화가 어떻게 형성됐는지 감을 잡을 수 있다.

소년은 충동이나 적성, 불확실성, 아이디어, 기억, 필요, 두려움, 갈망 등을 담고 있는 보따리다. 소년은 이 격정적인 내면의 질서를 정리하고 방향을 설정하기 위해 바깥 세계의 역할 모델의 도움에 기댄다. 소년을 감동시킨 문화적 영웅들은 그가 내면세계를 정돈하는 데 엄청난 영향력을 행사한다. 이 소년은 가장 끌리는 영웅들을 의식적, 무의식적으로 모방한다.

그에게 특정한 영웅이 다른 영웅들에 비해 더 매력적인 이유는 무엇일까? 또래들이 우상화하고 문화가 숭배하는 대상은 강하게 마음을 끈다. 만약 소년이 남성은 용감하고 강해야 한다는 문화적 메시지를 내면화했다면, 람보 같은 인물이 그의 상상 속에 드러날 것이며, 소년은 람보 이미지를 전형으로 삼아 용맹과 힘의 이상을 실현하려 할 것이다. 가정에서 그는 무력한 아버지에 분개하며 그의 아버지와는 거리가 먼 존경할 만한 인물을 필사적으로 찾고 있을지도 모른다. 그가 누군가를 본보기로 삼음으로써 그 인물은 그의 행동을 이끌고 그는 스스로를 그에 비교하여 평가하게 된다.

그는 부지불식간에 람보로 묘사되는 이미지를 자신의 삶과 비교한다.

그는 그 이미지처럼 행동할 기회를 발견하거나 스스로 만들어낼 것이다. 그가 거칠고 용감하게 혹은 독립적으로 행동할 때, 그는 그 이상에 맞춰 살았다는 확인을 받는 듯한 느낌을 받을 것이다. 그가 람보와 연관시키는 자질들과 행동들은 그가 자신의 세계를 구축해나가는 데에 기준이 된다.

하지만 그 이미지를 삶에 받아들임으로써 그는 이미지의 지배를 받게 된다. 그가 위협적으로 느끼는 상황, 예를 들면 반의 불량 학생들을 마주하는 경우를 생각해보자. 그는 두렵고 불안하겠지만 그가 모델로 삼은 이미지는 그러한 감정들을 너무나 강하게 금지하기에 그는 감정을 억누르거나 부인하게 된다. 그는 심지어 두려움을 이겨내려고 충동적으로 무자비한 공격성을 보일 수도 있다. 다른 소년에게 돌로 상해를 입힌 죄로 벌을 받으면서도 그는 이렇게 반항할 것이다. "이제 아무도 나한테 덤비지 못할 거야!" 그는 의식적으로 이미지처럼 살아가려고 노력하는 것이 아니라, 이렇게 행동하도록 강요당하는 것이며 이에 있어 의식적 사고 과정은 부재한다. 사람들은 보통 매일의 경험을 형성하는 개인적 신화를 의식하지 못한 채 살아가지만, 이 무명의 신화들은 끊임없이 우리에게 영향을 미친다.

당신은 완벽하게 짜인 문화 신화를 단순히 받아들이기만 하는 것이 아니다. 그뿐만 아니라 그렇게 받아들이는 기존의 신화도 시간이 지남에 따라 진화한다. 어린 소년의 신화는 그가 람보 이미지처럼 행동함으로써 그에게 일어나는 사건들에 따라 계속해서 모양을 갖춰나간다. 어떤 부분은 인정되고, 어떤 부분은 거부될 것이다. 그의 거친 페르소나 때문에 싸움에 말려들지도 모른다. 만약 이긴다면 그는 이미지를 더욱 열광적으로 받아들일 것이다. 그러나 진다면 더 이상 그렇게 거칠게 행동하지는 않을지 모른다. 하지만 그가 되어야만 한다고 느끼는 이상과 실제 그의 현실 간의 간극을 조화시켜야 하기 때문에 내적 갈등을 경험하게 될 것이다. 우리 모두는 인생에서 그러한 갈등을 여러 번 경험한다.

이렇게 각 개인은 고유한 개인의 신화를 갖게 된다. 실제 개인 신화의 중심에 있는 이미지는 예로 든 람보 이미지보다 보통 더 복잡하다. 언론에 비춰지는 인물들에 대한 맹공격이 매일같이 쏟아지고, 다양성이 존중되는 오늘날에, 개인의 신화가 단 하나의 이미지를 중심으로 구성되는 일은 거의 없다. 또 만약 기질적으로 더 부드럽고 감수성이 예민한 소년이라면 어떨까? 아마 그는 허세와 가식에 몸서리칠 것이다. 람보 이미지는 이 소년에게 그다지 어필하지 못한다. 소년은 다른 본보기를 발견하거나 만들어낼 때까지 허우적댈 것이다. 이때, 문화가 건설적인 대안들을 풍부하게 제공하는 것이 이상적이라 할 수 있다. 오늘날 문화가 아이들에게 제공하는 영웅적 이미지들은 매우 제한적이고 단기적이며, 궁극적으로 아이들을 무기력하게 만든다.

개인의 신화 발달 단계

사람들은 감정과 정신, 영적 영역에서 의식하든 못 하든, 그들의 전 생애에 걸쳐 자연스럽게 5단계의 개인의 신화 발달 단계를 반복하며 거쳐 간다. 다음은 개인의 신화를 탐구하기 위한 모임에 매주 참여했던 한 여성의 경험담으로, 각 단계를 잘 묘사한다.

아델Adele[7]은 그녀의 자녀들이 아직 어릴 때는 어머니로서 그리고 가정주부의 삶에 만족하며 살았다. 그녀의 딸과 두 아들이 사춘기가 되었을 때 그녀는 다시 대학에 들어갔고 언론학 석사 학위를 취득했다. 결혼 생활은 원만했지만 열성적이기보다는 본분을 다하는 정도였다. 그리고 자녀들이 집을 떠나자 남편과 아내 둘 중 누구도 결혼 생활을 이어나가기 위해 크게 노력하지 않은 채 결혼 생활은 자연스럽게 끝났다.

아델은 중형 신문사에서 특집 기사를 쓰는 일을 시작했다. 그녀는 부모로서의 역할이 끝나고 자유를 만끽할 것을 기대했지만, 정작 자신이 깨어 있는 모든 순간 기사를 생각하고 자료 조사를 하며, 일에 사로잡혀 있다는 것을 깨달았다. 그녀는 특별히 직업적 야망이 큰 것도 아니었기에 더 큰 신문사의 이직 제안을 두 번이나 거절했다. 그럼에도 그녀는 허락된 즐거움의 대부분을 희생한 채 일에 열중했고, 때때로 알 수 없는 공허함에 휩싸였다. 쉬지 않고 일하느라 공허함을 느낄 새도 별로 없었지만 바빠지면 바빠질수록 이런 감정이 가끔 깊게 들어올 때면 그 느낌은 이전보다 훨씬 더 강렬해지고 무시무시했다.

그녀가 마침내 정신과 치료를 받기로 했을 때, 그녀는 표준 몸무게에서 15파운드 미달이었고, 불면증에 시달리며 그녀가 하는 모든 일의 정당성에 대해 회의를 품고 있었다. 석 달간의 치료 후에 그녀의 우울증은 호전되었고, 먹고 자는 것도 나아졌다. 하지만 공적인 역할을 마주할 때면 여전히 외로웠고 갇힌 듯한 느낌을 받았다. 그녀의 칼럼은 폭넓은 찬사를 받았지만, 그녀에 대한 기대 또한 멈추지 않았다. 그녀는 유도 신화를 주제로 하는 집중적인 주간 모임에 참여할 것을 권유받았다.

모임을 안식처 삼아 그녀를 너무나 두렵게 만드는 그 공허함에 대한 탐색을 시작할 수 있었다. 이 감정들은 그녀의 어린 시절과 바로 연결되었다. 그녀가 일곱 살 때 아버지가 돌아가셨는데 세 아이 중 첫째였던 그녀의 어린 시절 대부분은 아버지의 죽음과 함께 죽었다고 할 수 있었다. 그 경험으로 되돌아감으로써 어린 시절과 대학 시절을 지나 자녀들까지 성공적으로 양육하게 했던 신화, 하지만 이제는 무너져 내리고 있는 그 신화를 성인의 시각으로 이름 지을 수 있었다. "해야 할 일이 있다면 죽는 한이 있어도 잘 해낼 거야." 이것을 깨닫자 비통한 느낌이 사라졌다. 그녀는 아버지의 죽음은 애도했지만, 자신의 어린 시절의 죽음에 대해서는 한 번도 애도하지 않았다. 그녀는 또한 유도 신화가 어떠한 방식으로 자신을 지치게 하고 의무적인 결혼 생활로 이끌었으며, 그 신화를 따라 사는 것이 현재 일에 대한 열정을 짜내게 했다는 것을 자각했다. 이 과정을 통해 그녀는 자신의 낡은 신화가 역기능적이라는 사실을 분명히 알게 됐지만, 만족스러운 대안, 그녀의 방향성을 설정할 더 나은 방식은 나타나지 않았다.

아델은 네 달에 걸쳐 6개의 꿈을 기록했다. 꿈에서 그녀는 다친 동물을 보살폈다. 첫 번째 꿈에 나타난 동물은 검정 토끼였고, 5, 6번째 동물은 암늑대였다. 꿈을 꿀 때마다 동물들은 더 건강해지고 강해졌고, 마지막 꿈에서는 늑대가 숲 가장자리에 있는 그녀의 집까지 그녀와 동행했다. 늑대는 무언가를 기다리듯 숲 속을 응시했다가 그녀를 쳐다보고, 다시 숲으로 눈길을 돌렸다가 그녀 쪽으로 돌아서서는 그녀의 볼을 핥고 종종걸음으로 떠났다. 아델은 숲으로 사라지는 늑대를 보며 슬펐으나 슬픔을 드러내지 않았다. 그 꿈은 그녀가 슬픔을 감추고 미소를 지었던 지난 삶이 자신의 원시적, 야생적 본능을 유리시켰다는 자각을 주었다. 그녀는 꿈속에서 동물들이 점점 더 강해지는 것을 긍정적인 신호로 보았다.

이후 아델은 이전에 알지 못했던 충동들을 자각했다. 하나는 오랜 직장 동료에게 이성적인 호감을 느꼈고, 또 하나는 강 래프팅에 끌린 것이었다. 그녀는 이혼하고 치료 모임에 참여하기 시작한 지난 3년 동안 한 번도 데이트를 하지 않았다고 했다. 그녀는 자신은 이미 "책임을 다했다"라고 말했다. 그녀가 관심 있어 하던 직장 동료도 그녀에게 관심을 보였고 둘의 관계가 로맨틱하게 진전되자, 그 남자는 그녀가 관계를 더 진전시킬 시간이 없다고 불평했다. 이와 유사하게 친구들과 래프팅을 가기로 약속을 하고 함께 장비까지 샀지만 일 때문에 결국 취소했다. 여기서 우리는 기존 신화와 새로 떠오르는 신화 간의 갈등을 볼 수 있다. 과거 신화는 그녀를 직장에 묶어둔다. 죽는 한이 있어도 그녀의 칼럼은 최고여야만 하는 것이다. 그러나 새로운 신화가 떠오르기 시작했다. 바로 늑대가 상징하는 사랑과 흰 물결에 대한 자신감 있고 활달한 열정이 그것이다.

모임 인도자에 따라 유도 이미지를 떠올리는 과정에서, 두 개의 이미지가 떠올랐다. 아델은 이것이 그녀가 가진 열정의 두 가지 면을 상징한다고 해석했다. 첫 번째 이미지는 짙은 보라색 기운으로 그녀의 머리가 불룩해지는 것이었다. 그녀는 자신의 문제는 열정이 부족한 것이 아니라, 모든 열정이 좁게 일만을 향한다는 것이라는 걸 깨달았다. 일의 효율성을 높이려고 그녀는 머리로 열정을 끊임없이 걸러내고 규제했다. 그녀의 머리를 가득 채운 빽빽한 보라색 에너지는 이것을 나타내준다. 두 번째 이미지에서는 이 보라색 에너지가 더 유동적이다. 그녀의 몸 전체를 돌며 춤추고, 자유로움과 황홀감을 선사한다. 그녀는 한곳에 집중되어 있고 통제되었으며, 고리타분한 낡은 신화를 '이성의 열정', 새로이 떠오르는 즉흥적이고 장난기 어린, 기뻐하는 신화를 '몸의 열정'이라고 부르기 시작했다.

이 두 자아는 서로에 대해 매우 비판적이었다. '이성의 열정'은 집중적인 생산성과 어려운 상황에 맞서 성공하는 능력을 앞세워 자신이 더 낫다고 주장했다. 하지만 아델은 이 유도 신화의 효과가 점점 감소하고 있다는 것도 알았다. 이는 그녀가 일곱 살이었을 때 두 동생을 보살펴야 했을 때는 엄청나게 효과적인 전략이었다. 또한 자녀를 키우며 뿌듯해 하던 일에 적당한 방법이었다. 하지만 가까운 사람도 없고 일 외에 관심이 가는 것도 없는 지금 '이성의 열정'은 그녀를 끌어내릴 뿐이었다.

반면, '몸의 열정'은 예상이 불가능하고 통제가 어려웠다. 그룹 세션에서 그녀가 몸의 열정에 귀를 기울이면 이성이 먼저 거칠게 비판했다. 쓸데없는 일로 시간을 낭비하지 말고 스스로를 통제하라고 말이다. 모임 인도자는 머리에 모여 있는 보라색 에너지를 들이마셔 보라고 했다. 그러자 놀랍게도 속박당하는 느낌과 공허한 기운이 변하기 시작했다. 그녀는 따뜻한 느낌이 몸 전체를 감싸는 것을 느꼈다. 거의 항상 '이성의 열정'이 작동하고 있었는데, 그때는 무언가 잘못되지 않는 이상 그녀는 자신의 몸이 인식조차 되지 않는 상태였다. 몸은 기쁨의 원천이 아니었다. 하지만 이 보라색 에너지를 들이마셨을 때, 그녀는 몸 안의 생기가 공허함을 녹이는 걸 느꼈다. 이는 그녀가 거의 느껴보지 못했던 '몸의 열정'이었다.

모임은 그녀가 '몸의 열정'을 깨우는 데 사용할 의례를 고안해내도록 도왔다. 그녀는 매주 금요일과 화요일 저녁 이 의례를 행했다. 금요일에는 주중의 일에서 멀어지고 주말을 위한 '몸의 열정'을 깨우기 위해 그리고 화요일에는 주중에도 '몸의 열정'을 불러오기 위해서였다. 그녀는 전화기의 전원을 끄고 침실과 욕실에 초를 켜 의례를 준비했다. 그녀는 초를 켠 채 욕조에서 길고 편안한 목욕을 즐기는 것으로 의례를 시작했다. 목욕을 하고는 에너지를 깨우기 위해 고안된 간단한 요가를 했다. 그러고는 침대에 누워 심리적인 과정을 일깨워줄 클래식 음악을 들으며 음악이 몸 안에 흐르게 놔두었다.[8] 이 명상을 하는 동안 풍부한 이미지들이 춤을 추듯 떠올랐다.

그룹 세션의 과제로 아델은 이 열정의 두 얼굴을 주제로 한 동화를 만들었다. 그녀는 '이성의 열정'을 나타내는 등장인물로 정형화된 사서의 이미지를 과장하여 중년의 여성 사서를 선택했다. 그리고 '몸의 열정'을 나타내는 등장인물로는 아름다운 소녀를 설정했다. 그런데

이 소녀는 수년간 동굴에 갇혀 있어서 매우 수척했다. 이야기 속에서 사서는 처음에는 소녀를 업신여기지만 결국 소녀가 건강을 되찾는 것을 도우며, 그 과정에서 오히려 자신이 더 생기를 얻는다. 이런 방식으로 자신이 가진 두 가지 면을 인격화하면서 아델은 내면의 갈등에 대해 생각하고 이에 대한 해결책들을 상상이라는 안전한 공간 속에서 시도해볼 수 있었다. 사서와의 열정적인 교류로 건강을 되찾는 소녀 이야기는 아델의 새로운 신화의 상징이 되었으며, 그녀는 이를 '춤의 열정'이라 불렀다.

아델은 '춤의 열정'을 가지고 살아갈 때는 사뭇 다른 선택을 했다. 그녀는 기자로서 자신을 불편하게 하는 것들을 많이 보았다. 그녀는 '이성의 열정'을 작동시켜 그녀의 이야기를 글로 옮겨 사람들의 마음에 동요를 일으켜왔다. 하지만 '춤의 열정'을 통해 이 세상을 바라보았을 때 그녀는 사람들에 대한 새로운 통찰을 얻었다. 그녀의 글은 변화했다. 이전에 그녀의 글이 자신의 생각을 열렬히 전파하는 식이었다면, 이제 그녀는 인간의 고통·불의·용기·동정·승리에 대해 단순하지만 가슴을 저미는 글을 쓴다. 대중은 이러한 변화를 좋아했고, 많은 독자가 그녀의 글을 읽고 영감을 받아 건설적인 행동을 했다.

한편 아델은 한 번에 하나의 글에만 집중했다. 필요할 때는 쉬었고, 매일 저녁식사 전 20분간 이웃과 함께 에어로빅을 했다. 그녀에게 자양분이 되는 새로운 연인관계를 시작했다. 2년간 주간 모임에 참여하고 가끔씩 정신과 치료를 받으며 그녀는 새로운 신화를 삶에 성공적으로 적용하게 되었고, 모임을 떠났다. 그녀는 '춤의 열정'을 따르는 새로운 의례들을 계속해서 만들어냈고, 계속해서 일기를 쓰며 꿈과 진화하는 신화에 대해 깊이 생각했다.

아델의 삶의 전반부를 지배했던 신화는 그녀의 삶을 끊임없는 일로 가득 채웠고, 실수 없이, 어떤 개인적 손해도 감수하고, 그 모든 과제를 완수하도록 지시했다. 그녀의 신화는 일들이 계속해서 튀어나오게 하는 특수한 렌즈와도 같아서 그녀를 쉴 새 없이 압박했다. 다른 방식으로 삶을 살 수도 있었지만 그 방식들은 그녀를 그냥 지나쳐갔다. 아델이 보여준 새로운 유도 신화로의 전환은 이번 프로그램에서 당신이 탐색할 5단계를 잘 나타낸다. 각 단계는 특수한 과제를 중심으로 짜여 있다.

1. 개인적 문제, 유형, 걱정거리 밑에 깔린 신화적 갈등 자각하기

아델은 자신이 왜 불행한지, 어떻게 하면 행복해질 수 있는지 몰랐다. 그녀는 결국 내면에 두 가지 서로 반대되는 힘이 작용하고 있다는 것을 깨달았다. 이 둘이 바로 '이성의 열정'과 '몸의 열정'이다. 이 둘은 각각 신화를 가지고, 각각의 방식대로 그녀에게 어디에 집중해야 하고, 무엇을 가치 있게 생각해야 하며, 어떻게 행동해야 하는지 주장했다. 둘 중 '이성의 열정'이 그녀의 삶을 지배했고, 균형이 완전히 깨질 정도로 그 영향력을 확대해갔다. 이 불균형이 불행의 뿌리였다. 아델처럼 개인적 문제를 신화적 갈등으로 개념화할 수 있다면 더욱 깊은 수준의 이해를 바탕으로 해결책을 찾을 수 있게 된다.

2. 갈등의 양 측면 이해하기

아델이 두 동생을 보살피기 위해 짜내야만 했던 투지와 체력을 인식했을 때 그녀는 작은 소녀로서의 자기 자신에 대한 동정심에 사로잡혔다. 그녀는 '이성의 열정'을 이제 포기하려 하고 있었지만 그럼에도 소녀에 대한 동정심은 이 신화를 존중할 수 있게 해주었다. 동시에 그녀는 물리적 신체와 개인적 필요와 욕망에 더 귀를 기울이는 또 다른 신화가 '이성의 열정'에 도전하는 것을 목도했고, 이는 결코 편안하지만은 않았다. 내면 신화의 이 불협화음에 이름을 붙이면서, 서로 반대되거나 많은 경우 혼란스러운 내면의 일부가 이해되는 것을 느낄 것이다. 또한 이제 새로운 수준으로 이를 해결할 기회는 더욱 커졌다.

3. 과거 신화와 부상하는 신화의 가장 생명력 있는 부분을 통합하는 새로운 신화 비전 상상하기

아델은 인생의 어려움들을 깊은 신화적 갈등을 풀어나갈 수 있는 영역으로 바라보게 되었다. 두 신화의 갈등은 일과 래프팅, 일과 데이트, 일과 다른 모든 것의 양상으로 실체를 드러냈다. 이는 또한 그녀의 두 가지 다른 글쓰기 방식에서도 나타났다. 하나는 복음주의적인 반면, 다른 하나는 독자를 설득하는 대신 사실에 기반하여 독자 스스로 본능적인 결론에 도달하게 하는 것이다. 아델은 '이성의 열정'과 '몸의 열정'을 모두 능가한 새로운 이미지를 발견했다. 바로 빛나는 소녀가 사서와 함께 즐거운 조화를 이루는 이미지다. '춤의 열정'은 갈등의 양 측면의 가장 생명력 있는 부분들은 간직하면서, 두 측면을 모두 초월한 협력이라는 새로운 자질을 더했다.

4. 새로운 신화 비전을 정교하게 다듬고 그것에 의식적으로 헌신하기

아델은 '춤의 열정'에 외면과 내면이 벌이는 갈등을 해결해줄 잠재력이 있다는 것을 깨달았다. 그녀가 이미지를 다듬고 숙고할수록 이에 대한 헌신은 더욱 깊어졌다. 신화적 갈등의 양 측면에 각각 나름의 장점이 있다는 것을 충분히 이해하고, 갈등 해결을 향해 노력해간다면 새로운 신화 비전의 길이 열릴 것이다. 이러한 비전들은 변화에 대한 헌신을 고무시킨다.

5. 새로운 신화로 살기

아델이 자동적으로 '춤의 열정'에 따라 살게 된 것은 아니다. 그녀의 의례들은 이 새로운 신화를 강화하고 이를 그녀의 삶으로 끌어오기 위해 구조화된 활동들이다. 충분히 쉬겠다는 다짐, 평정심을 유지하며 다룰 수 있는 만큼의 업무만 맡겠다는 결심 그리고 꾸준히 운동하겠다는 다짐들 또한 이 새로운 신화 비전을 돕기 위한 방법들이다. 세심하게 만들어진 새로운 신화에 스스로를 헌신하면 각각의 활동은 상징적 의미뿐 아니라 실질적인 의미도 갖게 된다. 새로운 신화는 당신의 활동과 인간관계를 변화시킬 뿐 아니라, 더 넓은 관점으로 당신의 의식을 일깨울 것이다.

문화 맥락에서 바라보는 개인의 신화

당신의 모든 행동과 생각 속에는 당신이 나고 자란 사회의 독특한 모양과 특징이 담겨 있다. 아기들은 양육자의 모국어를 배우도록 유전자에 아로새겨져 있는데, 그 부분적인 이유는 언어가 신화를 전달하기 때문이다. 그뿐만 아니라 아기들은 가족과 문화의 신화에 쉽게 동화될 수 있는 경향성을 지니고 태어난다. 학교와 종교 기관, 텔레비전, 영화, 신문, 광고 그리고 강한 인상을 남기는 다른 모든 문화적 요소가 아이의 신화 발달에 지울 수 없는 이미지를 남긴다.

자연스럽거나 일반적으로 보이는 모든 행동이 사실은 문화가 허용하는 기본 전제와 이미지들에 지배받는다. 무엇을 먹고 어떻게 먹는지, 무엇을 입고 어떻게 입는지, 현실 지향적인지 미래 지향적인지, 생각과 감정에서 현재 경험을 중시하는지, 낯선 이를 어떻게 대하는지, 친구를 어떻게 사귀는지, 물질적 소유물을 어떻게 얻고 어떻게 축적하며 어떻게 과시하는지 등 이 모든 것은 문화 신화의 영향을 받으며 빚어진다. 하지만 색안경을 끼고 있을 때와 같이 문화 신화의 안경을 끼고 있는 동안에는 안경의 존재를 알아차리기 어렵다.

외부인들에게는 이상하게 보이는 전통들이 한 문화 안에서는 의심의 여지없이 수용된다. 전통들은 그 지역 신화의 논리 구조에서 완벽하게 말이 되는 메시지를 담고 있다. 중국이 신해혁명으로 황제를 폐위시키기 전, 귀족 집안에 태어난 여자들은 전족 전통으로 발을 묶어야만 했다. 이는 발의 성장을 멈추게 하고 결국에 여성들을 걷지 못하게 만든다. 일부러 걸을 수 없게 만든다는 것은 가고 싶은 곳으로 들어 옮겨줄 시종을 둔다는 것을 의미한다. 따라서 전족은 높은 사회적 지위를 상징하는 것이다. 물론 이는 여자 혼자 밖에 돌아다니지 못하게 하는 역할도 했다. 미국에서는 시중을 받는 자리에 갈 때면 높은 구두를 신고 턱시도를 입어야 한다. 또한 홀라후프에서 시작하여 애완 돌pet rocks에 이르기까지 수많은 유행이 반짝 하고 지나갔고, 그때마다 수많은 사람은 지갑을 열었다. 캘리포니아주 멘도시노의 한 화장실 벽에는 이런 낙서가 쓰여 있다. "문화는 어디에나 있기에, 어디서나 인간 행동은 터무니없다."

현대 문화의 유도 신화는 많은 경우 뒤틀려 있고 단편적이며 혼란스럽다. 유도 신화는 정교한 이야기나 부족민이나 고대인들의 이국적인 의례들에 비해 뚜렷하게 구별되지 않으며 숨어 있다. 문화 내에서 독보적인 권위를 지녔던 영성과 신성은 대부분 고대 유물이 되어버렸다. 이제 우리는 현실에서, 또는 상상이나 소설, 만화나 드라마에서 수많은 인간 영웅을 만난다. 텔레비전 속 매혹적인 등장인물들은 아이의 정체성 형성에 큰 부분을 차지한다. 하지만 이런 이미지들은 바람직하지 않다. 이런 인물들은 여러 세대에 걸쳐 전해진 것이 아니라 갑자기 등장했다 어느 순간 사라져버리기 때문이다. 그럼에도 이들은 여전히 강력한 미디어를 통해 전파되고, 강한 이상을 남긴다.

신화는 현대 삶의 모든 영역에 침투해 있다. 신화는 무대와 스크린, 음악, 교육, 종교, 정치, 문학, 예술, 건축, 광고, 패션, 디자인 속에 반영되어 있으며 이것들을 통해 전달된다. 신화는 우리의 자녀 양육 방식, 성역할, 사회 시스템 전 영역과 뒤얽혀 있다. 신화는 역사책과 뉴스의 관점에 따라 유지되고, 훌륭한 학교 교사와 스타 야구 선수의 연봉 차로 드러난다. 현대 사회에서 작동하는 신화는 전통적인 신화가 강조하는 자연적 주기와의 조화보다는 물질적 진보와 자연에 대한 통제를 지지한다. 한 자동차 범퍼에 붙은 스티커는 이렇게 풍자한다. "결국 갖고 놀 물건을 가장 많이 소유하고 죽는 자가 승자다."

타냐Tanya는 아프리카계 미국인 십대로, 여러 인종이 어울려 사는 동네에서 자랐다. 그녀의 아버지는 회계사로 어머니는 은행원으로 일했다. 그 부모는 딸에게 직간접적으로 백인 중심의 권력 구조에 순응하지 않았다면 이렇게 성공할 수 없었을 것이라고 말했다. 타냐는 백인 친구들과 함께 자라며 그들의 관심사를 공유했다. 타냐가 자라는 동안, 대화 속에서 아프리카의 민족적 유산에 대한 이야기는 찾아볼 수 없었다.

타냐는 중학생이 되면서 새로운 또래 그룹을 만나게 되고, 그녀의 신화는 처음으로 어려움을 마주했다. 또래들은 "마치 백인처럼 생각하고 행동한다"며 타냐를 놀렸다. 그들은 타냐의 노력과 우수한 성적, 옷차림과 외모를 비판했다. 타냐는 두 상반되는 강력한 신화 사이에서 반으로 쪼개진 채 많은 밤을 울며 지새웠다. 그녀는 부모가 보여주었던 삶, 즉 사회적 신분 상승을 향한 갈망과 또래 그룹에 받아들여지고 싶은 열망 사이에서 끊임없이 타협하고 망설였다.

고등학생이 된 타냐는 아프리카계 미국인 영어 선생님과 친구가 되었다. 이 선생님은 흑인 작가들의 소설과 에세이, 시 들을 수업 시간에 다뤘다. 타냐가 예술에 흥미를 보이며 역할 모델을 갈망하고 있다는 것을 알아챈 선생님은 흑인 배우들이 셰익스피어나 다른 극작들의 작품을 공연하는 비디오들을 타냐에게 빌려줬다. 타냐는 이 창의적인 배우들에게 깊은 감명을 받았다. 그들은 '백인처럼' 생각하거나 행동하지 않았다. 그들은 자신의 생각을 표현하고 있었고, 민족 정체성이 더 넓은 문화와 연결되는 자신의 인생 경험을 말하고 있었다. 앨리스 워커, 토니 모리슨, 마야 엔젤로 같은 작가들은 타냐에게 본보기가 되었다. 그리고 그녀는 대학에서 영문학을 전공하게 되었다. 그러나 부모 신화와 또래 문화 신화 간의 갈등은 타냐가 계속해서 해결해나가야 할 문제였다.

신화의 주된 역할은 과거를 현재로 전달하는 것이다. 시간 속에서 문화에 축적된 지식과 지혜가 새로운 세대에게 전달된다. 하지만 변화 속도가 너무나 빠른 오늘날에 신화가 가르침을 주어야 하는 상황들은 모두 이전에 없던 새로운 상황들이다. 장 휴스턴Jean Houston은 현대인들이 우리의 증조부 세대보다 감정적으로 큰 영향을 미치는 정보를 여덟 배나 더 많이 처리한다고 말한다.

이전 세대가 소중히 여겼던 신념과 그들이 주는 가르침은 많은 경우 현대 사회의 문제를 다루는 데 무용지물이다. 부모에게는 원하는 만큼 많은 아이를 낳을 수 있는 권리가 있다는 것은 오랫동안 전해 내려온 신화이다. 하지만 이러한 신화는 인구 과잉 같은 사회 기반의 빠른 변화에 의해 깨지고 있다. 신분 상승을 계속 추구해야 한다고 말하는 신화는 자원이 감소하는 현대 사회와 충돌할 수밖에 없다. 나중은 어떻게든 될 거라고 말하는 신화는 황폐화된 생태계를 물려받아야만 하는 미래 세대에게 맞지 않는다. 자신을 남편의 부속품으로 여기는 순종적인 여성을 찬미했던 문화적 이미지들, 국력을 과시하기 위해 항상 서로의 목에 칼을 겨누었던 호전적인 외교 정책들…… 문화 신화는 특히 제2차 세계대전 이후 역사상 그 어느 때보다도 빠르게 유용성을 상실하고 있다.

우리가 전자 기기나 미디어를 통해 마주하는 다양한 신화적 이미지도 압도적일 수 있다. 대부분의 문명에서 한 사회 안의 각 개인들의 신화는 서로 크게 다르지 않았다. 문화를 지배하는 신화에 도전하는 것은 비난이나 심지어는 죽음까지도 각오해야 하는 일이었다. 고대 신화는 전통의 제약을 받거나, 가끔은 샤먼의 영적인 환상으로 조금 수정되기도 했다. 하지만 복잡다단한 오늘날 문명세계에서 사람들이 일상적으로 마주하는 신화들은 너무나 다양하고 또 서로 상충하기도 한다. 그리고 이 신화들을 통합할 단 하나의 강력한 힘은 존재하지 않는다. 조금 전 추앙받던 유도 신화도 눈 깜짝할 사이 구닥다리가 되어버린다. 소련을 '악의 제국'이라고 불렀던 미국 대통령은 불과 몇 년 후에 소련과 동맹 협상을 벌였다. 이 정도로 빠르게 신화가 그 수명을 다하던 시절이 없었고, 요즘처럼 죽어가는 신화에서 벗어나는 것이 중요한 때도 없었다. 역사가 더욱 빠르게 진보함에 따라 우리를 이끄는 신화를 능숙하고 빠르게 개정할 필요성도 더불어 커졌다.

아마 당신과 이웃의 가치관과 태도는 서로 많이 다를 것이다. 이는 부족 문화에서는 상상도 할 수 없는 일이었다. 좋은 이미지든 나쁜 이미지든 대중의 이목을 끌기 위해 경쟁하고, 미디어는 이미지들을 사람들 눈앞에 화려하게 광고하는 데 너무나 효과적이다. 이제 더 이상 성장은 수 세대 동안 같은 길을 걸었고, 비슷한 종교적 신념을 지니며, 남녀의 구분된 전통적 성 역할을 자연 질서라고 믿었던 선조들이 잘 닦아놓은 길을 그대로 따라가기만 하면 이룰 수 있는 것이 아니다. 우리는 기존의 믿음들, 가족 전통, 구식이 된 문화 이미지를 따라가도록 강요받기보다는, 우리가 따를 신화를 스스로 고르고, 재배열하고, 갱신하도록 요청받는다. 이제 우리는 과거의 문화 이미지에서 벗어나야 한다는 것을 깨달았다. 이에 더해 우리는 현재와 사실을 넘어서 비상할 수 있는 상상력을 지니고 있다. 그렇기 때문에 각 개인은 벅찬 미래에 대한 가능성을 꿈꿀 수 있다.

개인의 신화를 바꾸기

살아 있는 개인 신화의 특질 중 하나는 변하는 능력이다. 하지만 변화는 무에서 일어나지 않는다. 그 누구의 신화나 행동도 사회, 경제, 정치의 맥락에서 자유로울 수 없다. 개인의 신화를 변화시키는 것이 인간 영혼을 옥죄는 모든 상황을 극복하게 한다고 말하는 것은 지나칠 것이다. 하지만 개인의 신화를 바꾸면 전에 느끼지 못했던 자유로움을 느낄 수 있다. 자유란 "선택지가 있다는 것과 선택할 수 있는 힘이 있다는 것을 알고 기뻐하는 상태"[9]이다. 만약 습관적이고 은밀한 유도 신화에 의해 삶에 나타나는 원치 않는 패턴들을 당신이 인식하게 되면, 선택지에 대한 인식과 선택할 힘이 모두 증가할 것이다.

당신의 신화는 상충하는 정보를 수용하라는, 새로운 상황들에 적응하라는 그리고 당신이 성숙하고 경험을 축적함에 따라 확장하라는 도전을 주기적으로 받게 된다. 당신은 의식적으로 신화 발전에 참여하고 이를 경작할 수 있다. 그러나 어떤 사람들은 자신에게 결코 맞지 않는 문화적 이미지에 맞춰 살기 위해 일생을 바친다. 조지프 캠벨은 이 딜레마를 다음과 같이 묘사한다. "성배를 든 기사는 다른 사람이 만들어놓은 길을 따라가려 할 때마다 길을 잃었다. 만약 길이 있다면 다른 사람이 그 길을 이미 지났다는 것이다. 우리 각자는 모두 자신의 길을 찾아야 한다. … 그 누구도 당신에게 신화를 줄 수는 없다."[10]

이 프로그램의 목표는 내면과 외면으로의 표출 두 가지 면에서 당신이 개인 신화 발전에 더욱 효과적으로 참여하는 법을 알려주는 것이다. 당신의 개인 신화를 완전히 이해할 수 있다거나, 통제할 수 있을 것이라는 의미가 아니다. 융에 따르면 그러한 노력들은 교착 상태에 빠질 수밖에 없다. 그는 "지성 하나만으로는 절대로 정신을 완전히 이해할 수 없다"[11]라고 말했다. 융의 심층심리학의 중심 목표는 매일의 의식을 그 의식을 뒷받침하고 있는 더 깊은 힘과 일치시키는 것이었다. 상상력을 동원하여 끈질기게 내면의 가장 깊은 곳에 닿음으로써 당신은 일상의 고민들에 대한 새로운 관점을 얻을 수 있고, 자아에 대한 지식을 넓히며, 당신을 변화시킬 수 있는 힘에 가닿을 수 있다.

하지만 여전히 개인의 신화를 바꾸는 것에는 딜레마가 있다. 16세기에 스페인 사람들이 멕시코를 점령했을 때 아즈텍인들은 자신들이 신을 예우하지 못했기 때문이라고 생각하고 인간 제물을 더 많이 바쳤다. 이와 비슷하게 사람들이 정신 치료를 받기 시작하면 현재의 문제들은 낡은 신화가 짜놓은 이야기에 맞춰 형성되곤 한다. 이때 많은 사람이 낡은 신화가 맞지 않을지 모른다고 생각하기보다, 낡은 신화를 충분히 따르지 않고 있다고 여긴다.

한 여성의 지배 신화prevailing mythology는 항상 친근하고 활기찬 성격을 유지하라고 가르칠지 모른다. 합당한 짜증과 분개, 작은 눈엣가시들과 불의를 향해 항의하는 태도들을 모두 파묻고, 진짜 그녀의 모습이 아닌 풍자화의 모델 같은 모습만 보여주라고 말이다. 만약 사람들이 이런 그녀를 존중하지 않으면 그녀는 자신이 낡은 신화를 충분히 따르고 있지 않다고 결론지을지도 모른다. 그녀의 자아비판과 자기 개선에 대한 동기는 낡은 신화가 제안하는 이미지에 맞춘 완벽한 이미지를 추구하는 것일 수도 있다. 그녀는 개인적으로 희생하면서도, 심지어 더욱 원만하고 수동적이고 가식적으로 활기차게 행동할 수도 있다. 옛날 아즈텍인들처럼 그녀는 낡은 신화가 무너지고 있다는 것을 알아차리지 못하고, 심리적 안정감을 위해 필요한 일들과 할 수 있는 모든 희생을 감내하며 종종걸음 칠 것이다.

개인의 신화는 많은 경우 갈등 상황에 놓인다. 신념이 행동과 일치하지 않을 때, 이 갈등은 특히 눈에 잘 띈다. 많은 사람이 자주 스스로를 지칠 때까지 밀어 붙이는 삶을 살면서도 자신이 게으르다고 생각한다. 사실 이런 생각은 오래전 학교나 집에서 열심히 일하지 않아 좌절했던 부모의 말을 반영하는 것일지도 모른다. 아버지나 어머니의 감정 섞인 발언들이 암시하는 힘은 엄청나서 자녀에게 지우기 힘든 이미지를 남긴다. 아버지가 지나치게 들들 볶는 성격이었기 때문에 그 아들은 성실하게 일하고, 성인이 되어 기대했던 것보다 더 많은 것을 성취할지도 모른다. 하지만 내면화해버린 아버지의 채찍이 항상 그의 뒤에 있을 것이다. 스스로를 게으르다고 여기는 것은 의식 밖의 또 다른 이미지에 의해 기각될 수 있다. 이 이미지는 그의 넘치는 생산성에 뿌리를 두고 있다. 그가 계속해서 스스로 게으르다고 생각한다면 이를 알아차릴 수는 없지만, 이 이미지는 무의식중에 그의 인생을 관장하며, 그가 엄청난 책임들을 수용하고 성공적으로 감당해낼 수 있게 한다. 즉, 우리가 의식적으로 인식한 개인의 신화만이 우리에게 영향을 미치고 있는 것은 아니다.

이미 바뀐 개인의 신화를 반추하기

개인의 신화가 어떻게 전개되는지 이해하면, 더욱 쉽게 낡은 신화를 인식하고 이제는 버려야 한다는 사실을 받아들일 수 있다. 기존 경험과 성인으로서의 생활 패턴의 관계를 이해하면, 기존의 생활 패턴을 따르는 것에서 주동적으로 벗어나 이를 인식하고 변화할 수 있게 된다. 채워지지 않은 아버지의 사랑에 대한 갈망을 지닌 많은 여성들은 자신이 감성적인 남성에게 한없이 약하다고 고백한다. 한편 많은 남성들은 문화가 제공하는 모델들이 자신들로 하여금 여린 감정을 외면하고 억누르게 만든다고 말한다. 많은 아동 학대 생존자들은 학대에 대한 충동을 통제하기 위해 여러 방법으로 노력한다. 알코올 중독자의 자녀로 자란 많은 성인이 흔하게, 서먹서먹하거나 가학적인 파트너를 기쁘게 해야 한다는 비이성적인 압박을 느낀다고 고백한다. 이러한 생활 패턴들을 고전적인 신화에 대입하는 방법과는 달리, 이 프로그램은 마음속 이미지를 통해 내면을 발견하고 해결해나가도록 돕는다. 개인에 초점을 맞췄다고 해서 덜 신화적인 것이 아니다. 당신은 고전적인 주제와 당신 마음속에 떠오르는 이미지가 놀라울 정도로 유사하다는 것을 발견하게 될 것이다.

잠시 시간을 갖고 당신의 개인 신화가 어린 시절과 달라진 점이 있는지 생각해보라. 초등학교 2학년 때로 돌아가 성인이 된다면 어떤 느낌일지 상상해보라. 남자 혹은 여자, 남편 혹은 아내가 되는 것의 의미를 말해주는 내면의 신화가 바뀌었는가? 일이 인생에서 차지하는 의미가 한때 생각했던 것과는 다른가? 일과 가족 간의 균형을 어떻게 맞춰야 할지 보여주는 신화가 변했는가? 지난 10년간 동기는 줄었는가, 늘었는가? 나이 든 당신의 모습에 대해 창의적이고 희망적인 이미지를 꿈꾸고 있는가? 어떤 부분에서 현재 신화가 도전을 받고 있는가?

기록지에 '변화하는 나의 신화'라고 제목을 달아라. 그 밑에 당신의 유도 신화가 변한 적이 있다면 그것에 대해 써라. 현재 문제가 되고 있는 듯한 신화에 대해 써도 좋고, 변화가 성공적으로 이루어진 신화에 대해 써도 좋다. 유년시절 이후로 개인의 신화가 바뀐 개인적인 일들을 최대한 많이 기억하여 기록해보아라. 다음은 앤Ann이 쓴 것이다.

내가 다른 사람의 일을 도와줄 때 나는 더 이상 그를 위해 봉사한다고 느끼지 않는다.

나는 더 우월한 위치에서 그 사람을 구하고 있는 것이다.

나는 더 이상 받는 것보다 주는 것이 더 큰 축복이라고 생각하지 않는다.

나는 더 이상 아들이 원하는 것을 모두 제공해주는 것이 그를 위한 일이라고 생각하지 않는다.

그보다 그를 훈육하고, 한계를 정하는 것이 세상에 대해 그가 알아야 할 것들을 더 많이 가르치는 길이라고 생각하다.

나는 여성으로 산다는 것이 내 자아를 찾기 위해 싸우거나 내 파트너의 필요를 위해 자신을 포기하는 일이 아니라는 걸 깨달았다. 여성으로 산다는 것은 어떤 반응에도 개의치 않고 내 행동의 중심을 찾는 일이다.

당신은 프로그램 초반에 당신의 유도 신화에서 문제가 되는 지점들을 발견할 것이다. 이 지점들을 분별하게 되면, 하나의 신화적 갈등을 어떻게 해결할 수 있을지 차례차례 배우게 될 것이다. 개인의 신화를 다시 보고 개정하면서, 당신은 또한 개인의 신화가 어떻게 작동하고 당신이 어떻게 그 진화에 발전적으로 참여할 수 있을지에 대한 기본적인 이해를 얻게 될 것이다.

꿈에 집중하기 : 꿈 품기

목적 : 관심 주제를 꿈과 연결하는 방법 배우기

각 장마다 개인 의례를 마친 뒤에, 꿈 품기dream incubation의 도움을 받을 수 있다. 꿈 품기를 통해 특별한 관심사나 주요한 질문이 반영된 꿈을 일깨울 수 있다. 꿈 기록지와 필기구를 침대 머리맡에 준비하고, 깨자마자 기록하면 꿈을 기억하는 능력이 향상될 것이다. 꿈이 없거나 기억나지 않으면 이른 아침의 기분이나 생각이라도 기록하라. 꿈 품기의 중요한 목표는 마음속 깊은 영역에서 새로운 이해를 이끌어내는 것이다. 환상이나 갑작스러운 통찰, 이른 아침의 생각과 감정, 밤의 꿈 등 어떠한 형태로든지 나타날 수 있으니 주의를 기울여라.

꿈 품기 방법

꿈을 기록할 도구를 침대 맡에 두고, 다짐하듯 꿈 기록지에 정성스럽게 쓴다. 다음 주 작업을 위한 질문으로 꿈 품기를 한다.

"나는 편안하게 푹 자면서 꿈에서 내 질문의 답을 현자에게 들을 것이다.

'제 삶을 힘들게 했던 저 자신의 습관이나 신념, 희망은 무엇인가요?'

내가 깼을 때 꿈이 기억날 것이다."

그리고 잠들기 전에 집중해서 잠에 떨어질 때까지 읊조린다.

"나는 의미 있는 꿈을 꿀 것이고, 기억할 것이다."

깨어나서 꿈이 기억나지 않더라도 매일 반복한다. 연습 효과가 나타날 것이다. 꿈이 당신의 질문과 명확한 관련이 없는 것처럼 보여도 걱정하지 마라. 많은 경우 꿈을 면밀히 관찰하다 보면 처음에는 보이지 않았던 방식으로 그 꿈이 질문에 맞닿아 있는 걸 알게 된다. 또한 이 책 후반부에 실은 보조 안내 2 : '꿈으로 작업하기'가 꿈의 구조를 파악하고 해석하여 꿈을 더욱 깊이 이해하는 데 도움을 줄 것이다. 그뿐만 아니라 한 가지 관심사에 집중해 며칠 밤 연속으로 꿈 품기를 하면 개인적 관심사에 대해 점점 더 깊은 통찰을 얻을 수 있다. 다음은 앤이 기록한 꿈이다.

현실 같은 꿈이었다. 사람들이 오고가는데, 나는 아무 감정 없이 단지 이 사람들이 누구이고, 여기 머물 것인지 갈 길을 갈 것인지 궁금해서 쳐다본다. 사람들의 움직임은 마치 해변의 조수처럼 밀려오고 밀려간다. 이 꿈은 인생이 일관적이고 안정적이며, 이해가능하길 바라는 나에게, 삶의 간만을 받아들여야 한다고 샤먼이 말하는 것 같았다. 조수와 같이 오고가는 사람들은, 이것이 바로 내가 받아들여야만 하는 인생에 대한 현실임을 보여주고 있었다. 인생에 안정적인 일관성이란 없다. 인생은 마치 파도와 오고가는 사람들처럼, 높아졌다가도 낮아지며 끊임없이 변화한다.

꿈 품기는 선택사항이지만 실행한다면 아주 큰 도움이 될 것이다. 보조 안내 2를 보고, 가능하다면 이 작업을 병행하길 권유한다.

2주

자신의 과거 만나기

이카로스처럼 포도주 날개로 태양을 향해 솟구친 나는,
그렇게 높이 날다 결국 바다에 깊이 처박힌다는 것을 몰랐다.
이카로스와 내 앞선 알코올 중독 아버지가 그랬던 것처럼.
— 린다 시어스 레너드Linda Schierse Leonard[1]

우리가 인식하든 못하든 과거에서 부는 바람은 끊임없이 현재로 이어진다. 부모와 조부모의 삶을 돌아보면서 그들이 지닌 삶의 태도가 나에게 어떤 영향을 미쳤는지 살펴보았다. 조상의 신화가 우리 자신의 유도 신화를 직조했고, 또한 내 신화가 내 현재 경험들을 엮고 있음을 알 수 있다.

개인의 신화가 심리적이고 영적인 발달 과정에서 현재 환경과 연관되어 끊임없이 영향을 미치고 있기에, 그 영향을 주기적으로 점검하여 필요하면 변환시켜야 한다. 심리학자 댄 맥애덤스Dan McAdams가 말한 대로, 인간은 사춘기에 자아정체성에 혼란을 겪으면서 차츰 "자의식에 기반한 신화 창조자"[2]가 되어 사춘기 후반에는 안정적인 심리 기반을 형성한다. 그런 성장 과정에서 청소년기에 활발했던 독특한 공상의 나래는 초기 성년이 되면서 현실적이 된다. 이렇게 새롭게 형성되는 정신 구조에는 과거가 정밀하게 녹아들어 있다. 이렇게 개인 정체성이 형성되고 또 재형성되는 과정이 성년 심리 발달의 중심 과제라 할 수 있다.[3]

이 장에서는 '개인 방패Personal Shield'를 만들 것이다. 그 상징들은 어린 시절의 궤적들, 즉 과거의 희망과 기대, 실망과 야망 들을 나타낸다. 방패를 만든 뒤에는 그 상징들의 의미를 분석할 것이다. 사회 문화 자체가 창조와 자기 자신의 근원에 대한 이야기를 품고 있는 것처럼, 무의식과 의식에서 솟구치는 내면의 소리로 방패를 정교하게 만들어서 우리의 과거를 해석하고, 현재를 재구성하며, 새로운 미래를 도출할 것이다. 개인 방패에 자신의 과거를 묘사할 때, 새롭고 호기심 있고 활력 있는 유리한 관점을 취함으로써, 암울한 미래가 아닌 신취적이고 잠재력 있는 인생 이야기를 전개할 기반이 마련된다.

세션 1 : 개인 방패 만들기

목적 : 자신의 고유한 신화와 그것의 근원을 상징하는 의례용품 만들기

고전 신화의 많은 주제, 예를 들어 영웅 오디세우스의 여행, 지하 세계로 하강하는 페르세포네, 성배를 찾아서, 프시케와 에로스의 이야기, 크리슈나와 아르주나의 대화 모두가 현대 정신과 밀접한 연관을 지니고 있다. 새로운 신화가 붕괴된 21세기에도 이들 경이로운 이야기들의 그 어떤 것이라도 자신의 삶을 성찰하는 대부분의 독자에게 여전히 의미

있는 정신 구조를 제공한다.[4] 이 프로그램의 전 과정에서 각자의 정신이 은유로 빚어내는 내면 이야기를 찾아갈 것이다. 여기서 방패는, 서구 문명 발달의 모퉁잇돌이라 할 수 있는 성경의 창조 이야기에 따라 구성한다. 창세기의 낙원, 실낙원, 복락원의 순서를 개인 인생사의 신화 틀로 삼아 방패를 묘사한다.[5]

에덴 신화는 인간 개인의식이 나타나기 전에 자연과 육체적 삶이 구분되지 않았을 시기를 인간성 발달 단계에서 우화적으로 낙원Paradise이라 표현한다. 천진무구한 상태에서 떨어져 나와 자의식이 발생하고, 대신 자연의 질서에서 분리되어 수고와 근심을 대가로 치르고 사는 상태가 낙원 상실Paradise Lost이다. 이것의 발달 전개는 많은 유사한 변종이 있다.[6]

어린 시절 자기와 주위 환경과 분리를 자각하면서 성장하는 것이, 신화적으로는 "아담의 타락"[7]과 연결된다. 인간 태아는 모든 필요가 충족되는 따뜻하고 안전하고 양분이 공급되는 환경에서 성장한다. 유아와 어린이 또한 축복받은 시간을 보낼 수 있다. 목가적인 환경이 아닌 사회경제적 환경에서 자라는 소년 소녀들도 텔레비전과 영화 속에 잠재되어 있는 이미지의 영향을 받아 비밀스럽고 희망적이며, 위엄 있는 환상 세계를 경험한다. 그러다 점진적으로 어린 시절의 환상과 순진무구한 세계에서 불안한 현실로 빠져나오는 것은 피할 수 없다. 이러한 낙원에서 분리가 어떤 때는 독립의 성취로 환희와 만족이 되기도 하면서, 다른 한편 이러한 단절이 근심과 슬픔의 근원이 되기도 한다.[8] 심리학적으로 창세기는 어린이가 순진무구한 상태에서 잠차 타락하는(의식이 분화하는) 것을 낙원 상실로 묘사한다.

낙원 상실은 실망과 배반, 상처라는 말로 회상된다. 어떤 사람은 자신의 이른 불행을 한탄하는데, 자주 볼 수 있는 현실이다. 한편 역경은 인간성장의 필수 요소이기도 하다. 상담가를 찾는 사람 중에는 부모가 모든 것을 보호해주고 제공해주는 특권 속에서 어린 시절을 응석받이로 보내, 결국 냉소적이고 이기적이며, 따분하고 개념 없는 풍요신경증psychopa-thology of affluence에 걸린 사람도 있다.[9] 부모가 자식을 사랑으로 키운다고 한 행위가, 자식이 난관에 대처하고 도전하는 자기 훈련 기회를 박탈한 것이다. 부모는 '해줘서 저주받고, 해주지 않아서 저주받는' 딜레마를 안고 사는 존재다. 낙원 상실은 아이러니하게도 미래를 향한 지혜의 씨앗을 품고 있다.

낙원 상실은 낙원 복귀 비전으로 연결된다. 대부분의 사람은 펼치길 바라는 자신만의 비전을 마음 깊이 간직하고 있다. 비전은 생생하기도 하고 희미하기도 한데, 돛을 올리고 바람을 품어 일정한 방향으로 몰아간다. 이러한 유도 비전을 드러내고 탐색하고 다시 세울 가치가 있다. 이것은 낙원 상실 때 고통과 치료의 형태로 나타나기도 하고, 어둑한 낙원 같은 내면의 평온을 회복하기 원하는 열정으로 무의식 속에 잠재해 있기도 하다. 그러한 낙원 복귀의 비전은 기대하지 않은 그리고 언제나 환영받는 것은 아닌 어떤 목표로 인도한다. 개인 방패를 만듦으로써 각자 신화적 자서전을 탐색하는 것이고, 각자의 낙원, 낙원 상실, 낙원 복귀 비전과 인생 목표 전체를 조망하는 연극을 연출하는 것이다.

지난 의례에서는 자신의 부모와 선조의 삶을 돌아보는 상상 여행을 통해 믿을 만한 사실과 있을 법한 추측으로 그들의 과거를 재구성했다. 이번 의례에서는 다시 한번 자신의 과거를 재구축하는데, 밝혀진 사실이든 불명확한 추정이든 주요 사건의 기억과 상상에 기반하여 재구성할 것이다.

준비 : 우리 프로그램에 참여했던 사람들 대부분은 개인 방패를 만들기 위해 종이 접시 뒷면을 사용하거나, 두꺼운 판지를 둥글게 잘라 사용했다. 개인 방패는 최소한 지름이 30cm인 둥근 형태면서 그림을 그릴 수 있어야 한다. 더욱 정교한 개인 방패를 만들려면 무스린포를 둥근 자수틀에 고정하여 섬유 페인트로 그린다. 때로는 참가자 중에 동물 가죽을 사용하는 사람도 있다. 방패를 만들 재료를 준비하고, 아울러 크레용, 색연필, 물감 같은 그릴 도구를 준비한다.

준비한 방패를 중심에서 방사상으로 5등분하여, 각각 영역의 가장자리에, 낙원Paradise, 낙원 상실Paradise Lost, 낙원 복귀 비전Paradise Regained Vision, 내 목표My Quest, 재창조 비전A Renewed Vision이라고 적는다.

아래 방식대로 따라하면 개인 방패에 그릴 이미지가 떠오를 것이다. 유도 상상 세션의 대부분과 마찬가지로, 이 방식을 의례처럼 경건한 시간과 장소에서 신령한 마음과 사랑으로 내면의 현자를 불러 일으켜서 진행한다.

마찬가지로, 진행 방식을 인도해줄 사람과 같이 하거나, 녹음 테이프로 듣거나, 도움 없이 스스로 익혀서 할 수 있다. 편안하게 긴장을 풀수 있는 장소에서, 기록장과 개인 방패와 그릴 것을 가까이에 둔다. 앉거나 기대고, 심호흡하면서 눈을 감는다.

안락하고 안전한 장소에서 호흡에 집중합니다. 이번과 앞으로의 내면 여정에서, 가슴을 열고 내면의 현자를 초대하는 명상을 합니다. 또한 가슴을 여는 물리적인 행동을 합니다.

두 손을 가슴 위에 얹고 명상합니다. 호흡을 관찰하고, 배를 부드럽게 하고, 가슴을 엽니다.[10] 가슴이 점차 열리는 것을 느끼거나 상상하면서, 마치 꽃이 피어나는 것처럼 손을 펼치고, 꽃이 옆에 안락하게 자리 잡게 합니다. 호흡을 관찰하고, 배를 부드럽게 하고, 가슴을 엽니다. 숨을 깊이 들이쉬며 인생 전체를 들이쉽니다. 숨을 깊이 내쉬며 긴장을 풀고 더욱 이완합니다. 들이쉬고 내쉬고, 가슴이 부드럽게 열립니다. 내면에 집중하고, 내면의 현자를 초청하여 "내 가슴은 당신을 향해 열려 있습니다. 이 여행에 함께해주십시오"라고 청합니다.

낙원 : 이제 어린 시절의 가장 행복한 기억을 떠올립니다. 어린이 눈높이로, 호기심 어린 눈으로, 귀를 쫑긋 세우고 얼마나 경이롭게 세상을 보았는지 떠올립니다. 코를 킁킁거려 좋은 냄새를 맡고, 움직이고 훑고 춤추고 구르면서 마음껏 활개 치던 어린 시절입니다. 무의식의 위험을 무릅쓰고 내면세계를 탐험합니다. 먼 옛날 행복했던 이 순간에 몸을 맡기고, 그 느낌을 생생히 느껴보세요. 누가 옆에 있는지,

무슨 일이 일어나는지 느껴보세요. 감각을 생생하게 되살리고, 상상으로 세부 묘사를 확대하세요. 만일 아무 기억도 떠오르지 않는다면 상상을 현재로 확대하여 언젠가 경험했던 안락한 감각이나, 경이롭거나 기뻤던 기억을 포함하세요.

여전히 기억이나 이미지가 떠오르지 않으면, 편안하게 호흡을 계속하세요. 어떤 장면이 나타납니다. 과거에서 어떤 장면이 떠오르면, 현재 이 순간에 집중하고, 장면을 계속 상상하면서 몸이 평화롭게 변하는 것을 느끼세요. 이 느낌에 직접 숨을 불어넣고, 그것이 온몸을 가득 채우도록 하세요. 세포 하나하나가 활기를 띠고 감정이 더욱 생생해집니다. 몸의 기쁜 감각이 제일 강한 부위에 집중하세요. 감각의 색깔에 주목하고, 손가락으로 추적하거나 형체가 어떤지 상상하세요. 표면 감촉을 느껴보세요.

잠시 뒤에, 이들 색깔과 모양과 질감에서 어떤 상징이 떠오릅니다. 행복한 시간을 표현하는 상징입니다. 간과하지 마시고 그것이 무엇이든 주시하면서 상징을 지켜보세요. 상징을 형태로 볼 수도 있고, 감정으로 느끼거나, 내면의 언어로 묘사하거나, 직관으로 알거나 여러 방식으로 감지할 수 있습니다. 상징이 점차 분명해지는데, 편안히 더 명확해지기를 기다립니다.

잠시 뒤에, 상징을 그릴 겁니다. 상징은 마치 자신이 창조하는 것처럼 변하기도 하고, 하나 이상이기도 합니다. 그리는 도중에 새로운 이미지가 나타날 수도 있는데, 모두 그릴 것입니다.

이 방식이 끝나도록 어린 시절의 행복한 순간의 감각이 없는 경우 개인 방패의 낙원 부위를 공백으로 놔두는데, 그것 자체로 강력한 의미를 지닙니다. 또한 그릴 때 아름답게 그리거나 정확하거나 정답을 찾아 그리려 할 필요가 없습니다. 그리는 것 자체가 의미 있고 중요합니다.

이제 눈을 뜨고 낙원 영역에 떠오른 상징을 그립니다.

낙원 상실 : 낙원 상징이나 상징을 그린 뒤에, 낙원 상실 영역을 바라보세요. 다시 눈을 감고, 깊이 숨을 들이쉬고 이완하세요. 행복했던 낙원 시기에서 나와 나이에 따라 생을 되짚으며 낙원이 중단된 시기를 떠올립니다. 아마 환경이 바뀌거나 배신을 맛봤고, 비극을 맞았거나 실패했던 미묘한 경험들이 떠오를 것입니다.

그 장면이 점차 생생하게 떠오르도록 지켜봅니다. 누가 같이 있고 어떤 일이 일어났는지 느껴보세요. 그 사건을 몸으로 느껴보세요.

상실을 떠올릴 때 몸의 감정과 감각에 주목하세요. 이들 감각의 색깔에 주목하고, 감정이 강하게 반응하는 곳이 몸의 어디인지 탐색하고, 손가락으로 더듬어 찾거나, 몸속에서 어떤 형체인지를 상상하세요. 질감을 확인하고, 잠시 후 색깔과 모양과 질감에서 어떤 상징을 볼 것입니다.

당시 삶을 표현하는 상징이 떠오르면 눈을 뜨고 낙원 상실 영역에 그립니다. 불쑥 떠오른 상징이 무엇이 됐든 간과하지 마시고 찬찬히 살펴보세요. 생생한 이미지가 떠오르지 않으면 상상으로 창조하여 완성하십시오.

그림을 다 그리고 나선, 불쾌한 감정이나 감각을 숨을 크게 내쉬어 의식적으로 떨어내십시오.

낙원 복귀 비전 : 좌절을 겪은 뒤에는 행복하고 충만했던 과거로 돌아가고 싶은, 지금보다 더 나아진 삶을 꿈꿉니다.

낙원 복귀 비전 영역을 바라보며 내 삶을 개선하기 위해 다짐했던 각오나 행동들을 반추합니다. 그 생각이나 이미지가 떠오를 때, 느껴지는 감정이나 감각을 따라가십시오.

젊은 시절의 희망과 포부를 떠올릴 때, 그와 연관된 감정과 감각에 주목합니다. 이러한 감정이 몸의 어느 부분에서 강한지 살펴봅니다.

손가락으로 탐색하거나, 마음속으로 몸의 어느 부분인지 분별합니다. 질감을 탐색합니다. 잠시 후 그것의 색깔과 모양, 질감을 나타내는 상징을 볼 것입니다. 형체로 보거나 다른 방식으로 나타난 그것이 잠시 뒤에는 더 분명해질 것입니다.

초기의 희망과 포부를 표현하는 상징이 떠오르면 눈을 뜨고 낙원 복귀 비전 영역에 그립니다.

내 목표 : 지금까지 그린 낙원, 낙원 상실, 낙원 복귀 비전 영역을 차례로 보고, 내 목표 영역을 응시합니다.

눈을 감고 심호흡하며 이완합니다. 낙원 복귀 시점에서 더 나아가 이를 실현하기 위해 무슨 일을 했는지 떠올립니다. 자신의 생을 더 낫게 하기 위해 추구했던 것—그래서 성취했던 경력, 자격, 업적 등을 생각합니다.

그러면서 직면한 딜레마와 그것을 극복하려 노력했던 것을 떠올리고, 그래서 생긴 결과를 회상합니다.

낙원 복귀를 향한 목표를 생각할 때 솟구치는 감정과 감각에 주목합니다. 색깔을 관찰하고, 몸의 어느 부위가 강하게 느껴지는지 탐색하고, 손가락으로 추적하고, 마음속으로 찾아갑니다.

질감을 탐색하고, 잠시 후 색과 모양과 질감으로 구성된 상징이 떠오릅니다. 형체로 보거나 다른 방식으로 나타난 그것이 잠시 뒤에는 더 분명해질 것입니다. 점차 명확해지도록 긴장을 풉니다.

내 목표에 대한 상징이 떠오르면 눈을 뜨고 그 상징을 그립니다.

이것이 오늘의 마지막 여정입니다.

기록지에 '개인 방패'라 제목을 쓰고, 창작 과정을 간단히 반추하라. 감정이 강해진 곳이 어디인가? 놀란 곳이 있는가? 중요한 통찰을 기술하라. 앤은 방패의 상징들을 다음과 같이 묘사했다.

낙원 상징 : 나는 물결치듯 들고 나는 원을 그렸다. 원은 주위를 신뢰하던 내 어린 소녀를 표현한다. 선은 자유와 믿음과 감각의 막힘없는 운동, 구애받지 않는 호기심을 나타낸다.

낙원 상실 : 나는 하나의 원(나 자신)이 다른 원(언니)에서 점차 나이 들수록 여러 방향으로 끊어버리는 검은 선(파괴)에 의해 분리되는 것을 그렸다. 검은 선은 그 모든 말과 감각과 감정인데, 더 이상 부드럽지도 않고 믿을

수도 없는 것들이다.

낙원 복귀 비전 : 나는 위쪽에 원(나)을 그리고 그 주위에 또 다른 많은 원(다른 사람들)을 그렸다. 위의 원에서 물결선이 흘러나온다. 그것은 다른 사람들에게 끊임없이 주는 내 말과 행위들이다. 그러나 나에게 되돌아오는 것은 없다.

내 목표 : 나는 점점 커지는 5개의 원을 그리고, 물결선이 원들과 중앙의 원구들에 흘러 들어가는 것을 그렸다. 원들은 인간성인데, 내 안에 있고, 서로 공유되어 연결되는 비전이다.

세션 2 : 자서전과 같은 개인 방패

목적 : 방패의 상징들이 개인 신화의 발달에서 표현하고 있는 중요 메시지 탐색하기

어린 시절에서 길어 올린 기억들이 "실제 일어난 일인지 어떻게 아느냐?"고 의문을 품을 수 있다. '회복된' 기억에 대한 많은 복잡한 논의가 있다.[11] 한때는 기억의 작동 원리를 모든 것이 어딘가에 저장되어 있는 컴퓨터의 원리와 같다고 생각했다. 요즈음의 연구는 기억이 (그대로 저장된) 컴퓨터 같다기보다는 흐르는 강물과 유사하다고 밝힌다. 기억의 흐름은 일정치 않다. 그것은 왜곡되고 사건에 따라 들고나며, 공포와 욕구 같은 감정의 폭포에 따라 변형되고, 조수의 흐름처럼 움츠려 물러나기도

한다. 기억은 파편화되고 변형되며, 재구성되거나 재결합되며, 정확히 재현되기도 한다.

때때로 오래 잊었던 어린 시절 기억이 되살아나기도 하는데, 일기나 신문 스크랩을 보고 확인할 수도 있고, 함께 지냈던 사람들을 통해 확증받을 수도 있다. 그와 달리, 강력하고 생생한 사건의 이미지가 떠오르고 그것을 실제 벌어진 일이라고 확신할 때라도 다른 가족들은 그런 기억이 없고, 결국 오래된 기록이 그런 사건이 없었다는 것을 실증해주기도 한다. 아마 여러 믿을 만한 사람이 "죠 삼촌은 그해 여름에 우리와 함께 있지 않았다"고 말해줄지도 모른다. 상반된 증거들이 있을 때, '잃어버린' 기억들은 실제로 '잘못된' 기억으로 판명될 때가 있다.

기억은 실제 사건에 기초하지 않을 수 있고, 오히려 꿈이나 환상, 우연히 들은 대화, 소설에서 읽은 것, 텔레비전이나 영화에서 본 것, 그럴듯하게 꾸며지는 무의식적 연상들로 메꿔질 수 있다.[12] 그러한 변형의 심리학적 이유는 그것이 만들어지는 상황만큼 복잡한데, 개인이 겪은 불행을 뚫고 살아갈 힘을 주는 유도 신화를 안정시킬 목적이 있는 것 같다.

실제 사건은 '은폐 기억screen memory' 뒤로 억압되고 감춰질 수 있다. 프로이트는 어떤 사건이 일련의 이미지에서 은폐 기억이 생기는 것은, 그 사건이 너무 고통스러워 기억할 수 없게 되는 현상이라고 말했다. 예를 들어, 자기 동생이 죠 삼촌에게 학대받았다고 그녀의 언니가 명확히 말했는데, 정작 동생은 오두막에서 죠와 함께 수십 년간 같이 살았다면서, 가족도 함께 있었고 학대는 언니에게 일어났다고 기억했다. 동생의 이 순진한 기억은 자기 고통을 되살리지 않으려는 은폐 기억인 것이다.

만약 새롭게 '기억된' 사건이 가족 구성원의 학대로 추정된다면, 복잡한 문제가 수없이 발생한다. 따라서 그런 기억이 비교적 정확할 때라도 신중한 회의론이 바람직하고,[13] 특히 그것이 최면이나 유도 상상, 일종의 광기어린 책이나 지지 그룹, 혹은 상담가에 의해 촉발되었을 때 더욱 신중할 필요가 있다.

개인의 신화 작업 중에 증명할 수 없는 새로운 기억이 떠오를 수 있다. 그 기억을 정확히 묘사할 수 있을 때도 있고, 환상으로 재구성하는 은폐 기억일 수도 있으며, 혹은 실제 사건과 어린 시절 읽은 동화책이나 영화, 텔레비전에 영향을 받은 장면이 혼합된 기억일 수도 있다. 증명할 수 있든 증명할 수 없든, 되살아난 어떤 기억도 내면생활의 중요한 단서를 포함하고 있고, 새로이 자각되는 개인의 신화에 대한 귀중한 정보 조각을 제공할 것이다.

새로 떠오른 기억을 소중히 다룰 때 이 프로그램의 목적을 이룰 수 있다. 더 나아가 실제로 일어난 일에 어떤 격차가 존재할 때, 훌륭한 역사 소설을 쓰듯 최대한 추측하여 상상으로 그 격차를 메꾸면서 다루길 제안한다. 최소한 그 기억들은 어느 한 면에서 각자의 깊은 상처나 공포, 혹은 욕망을 상징하는 은유이다. 이 프로그램에서 도출된 기억이 실제 사건에 기반하든 환상의 은유이든, 내면의 존재를 반영하지 않는다고 확정할 수는 없다. 그 기억들은 어느 정도 어린 시절의 정서적 갈등을 상징하고, 또한 현재 난관을 극복할 통찰을 제공할 수 있다.

개인 방패를 완성하고, 앞서 나눈 4개 과정의 상징에 맞춰 자신의 인생사를 이야기한다. 이렇게 하면 신화 자서전이 만들어진다. 파트너나 그룹으로 작업한다면 개인 방패의 상징과 연관된 심리적 발달 과정의 주요한 사건을 이야기하라. 만약 혼자 작업할 때라도 이러한 경험을 다른 사람과 나누는 것이 도움이 된다. 큰 사건을 최소한 10분 정도로 압축하라. 녹음기를 사용하면 나중에 편안히 다시 들을 수 있다. 들어주는 사람이 없는 상황이라면 혼자 녹음기에 이야기하고 나중에 기록하는 식으로 응용할 수 있다. 개인 방패와 연관된 사고와 사건에 대해 이야기한 뒤에, 앤은 그것을 기록지에 요약했다.

낙원 : 줄루랜드 농장의 이른 아침이었다(앤은 남아프리카에서 태어나 열 살까지 살다 가족과 함께 캐나다로 이주했다). 태양이 떠오르고, 새가 노래하고, 땅과 젖소들 냄새, 따듯한 기운이 가득하다. 우유가 들통을 때리는 소리가 들리고, 핑크빛으로 부어오른 젖소 젖꼭지가 보인다. 젖 짜던 소년이 나와 언니 얼굴에 젖을 뿌려 한바탕 웃음이 왁자하다. 모든 것이 생생하고 친밀하다. 기쁘고 단순하며, 감각적이고 진실하다. 나는 벅찬 환희와 깊은 슬픔을 간직한 열정적인 아이였고, 내 몸의 즐거움과 아픔을 잘 느꼈으며, 내 감정에 정직하게 반응했고 순수했다. 내 감각을 의심할 이유가 없었다.

낙원 상실 : 나는 두엄 더미에 숨어 있다. 언니와 친구들을 오래 기다리다 결국 숨바꼭질 놀이를 끝내고 그들이 날 두고 가버렸다는 것을 깨달았다. 날 두고 달아나고 놀리다니 믿을 수가 없었다. 이런 잔인한 일을 하는 그들을 상상조차 할 수 없었다. 사람을 골리는 게 재밌어? 혼란스럽다. 사람의 속마음을 의심하고 추측해야 한다면 내가 확정할 수 있는 건 아무것도 없다. 사람을 믿을 수도, 놀 수도 없다. 찬바람이 내 얼굴을 스치고, 나는 나

자신에게 말했다. "나는 혼자야. 나는 다른 사람과 달라. 나는 결코 그들처럼 불친절한 사람이 되지 않겠어." 그날 사건 이후 내게 실망을 준 사람들을 사랑하기로 결심했다. 에너지를 끊임없이 다른 사람을 위해 쏟으며 고통이 날 침습하지 못하게 했다. 보살핌이 그런 식으로 되지 않는다는 것을 깨닫지 못했다. 신뢰 없는 보살핌은 학대 상황, 양육되지 않은 관계, 친밀감에 대한 근원적 불신 같은 여러 문제를 야기했다.

낙원 복귀 비전 : 나는 슬픔의 무게를 온전히 느끼지 못한 채로, 주는 것으로 대체했다. 내 자신이 슬픈 사람이나 두려운 사람이 머리를 뉠 수 있는 안전한 장소가 되려 했다. 내 자신의 몫은 아무것도 없다는 것을 알기에, 다른 사람의 감사 없이 기쁨과 충족감을 얻으려 노력했다. 심지어 다른 사람이 나에게 관대할 때라도, 내가 너무 주기에만 치우쳐 그들의 몸짓을 알아챌 수 없었다. 결국 나는 다른 사람의 자연스러운 솔직함을 거부하는 꼭 그런 사람이 되어 있었다.

내 목표 : 내 목표는 모든 사람이 환영받고, 모두가 치유를 선물로 받으며, 아름다움과 친절이 넘치는 세상을 만드는 것이다. 그 결과 헐벗고 가난한 사람을 위해 일하고, 건강과 인권을 추구하는 여러 단체에 소속되어 활동해왔다. 내 예술은 조화와 사랑의 가능성을 제시하는 것이 목표였다. 이 모든 일 속에서 내가 깨닫지 못한 것은 굶주리고 치유가 필요한 사람은 나 자신이었다는 것이다. 혼자 외롭고 진실로 사랑이 필요한 사람은 바로 나 자신이었다.

세션 3 : 개인 방패의 상징 탐색하기

목적 : 방패가 담고 있는 상징의 의미를 더 깊게 이해하는 기법 배우기. 다른 상징에도 응용할 수 있다.

개인 방패에 그려진 상징은 내면 삶의 이정표라 할 수 있다. 여기서는 "창조적 투사"[14]라는 새로운 방식으로 상징들을 탐색한다.

창조적 투사 Creative projection : 자신이 상징이 되어 목소리를 부여한다. 상징을 자신이라고 상상하고 말한다. "나는 ⋯⋯이다." 그리고 상징을 자신이라고 기술하고, 무엇보다 사람인 듯이 현재 시제로 능동적으로 말한다. 예를 들어 개인 방패에 그린 상징이 작은 푸른색 로봇이라면 "나는 작은 로봇이다. 나는 푸르다"라고 할 수 있다. 상상을 확대할 수도 있다. "나는 폭풍우 치는 바다다." 그리고 로봇의 정체성을 지닌 자신과 함께 대화할 수 있다. 이 방법은 꿈의 상징이나 예술적 창작물, 상상의 환상물에도 사용할 수 있다. 상징에서 불편함이나 슬픔, 분노, 혼란 같은 감정들이 느껴질 수도 있다.

각 영역에서 상징을 하나 선택해 창조적 투사를 하고 그것을 요약해 기술한다. 상징을 탐색할 때 사전에 연습하지 말고 나오는 대로 말하며 상상력에 전권을 위임하라. 혼자 작업할 때 녹음기에 생각나는 대로 녹음하거나 기록지에 곧바로 쓴다. 파트너가 있다면 파트너는 단지 들어주고, 상징의 첫 번째 의인화된 사람의 역할에서 너무 멀리 벗어날 때 가볍게 주의를 환기시키고, 연습하려 하면 제지한다. 가능한 한 상징 자체의 목소리를 내기 전까지는 토론하는 것을 자제하라.

몇 번 심호흡한 후에 시작하는데, 상징 중 하나를 골라 탐색하고, 자신이 그 상징이 된 것처럼 말하라. 개인 방패에 있는 상징들을 하나하나 탐색한 후 기록지에 상징의 의미로 떠오른 것들을 정리하라. 앤은 다음과 같이 정리했다.

　　낙원 상징 : 나는 막힘없는 흐름의 중심이다. 나는 내가 사는 세상과 내 주위 사람을 믿는다. 나는 충만하고 기쁜 존재다.

　　낙원 상실 상징 : 나는 의심의 벽으로 다른 사람과 분리된 원이다. 나는 내 감각이 전해주는 정보를 신뢰할 수 없다. 나는 혼자고 슬픔에 가득 차 있다.

　　낙원 복귀 상징 : 내가 비록 다른 사람들과 떨어져 있지만, 세상 속으로 내 사랑을 펼치기로 결정했다. 나는 오직 주기만 하고 받을 수는 없다. 나는 책임에 철저하고, 혼자다.

　　목표 상징 : 나는 조화로운 세상을 만들려는 원이다. 나는 충격에 빠져 있다.

다른 예로, 여러 다양한 개인 의례의 참가자 기록을 제시하겠다. 35세에 프로그램에 참가했던 투자상담가인 프랭크Frank는 개인 방패에 그린 주먹으로 상징의 의미를 탐색했다.

낙원 상실 영역에 그린 상징은 아무 죄 없는 네 살 반의 내 배를 강타한 주먹이다. 좋다. 나는 주먹이다. 주먹을 꼭 쥐고, 빠르게 돌진한다. 나는 화를 품고 있다. 내 속에 있다고는 믿기 힘든 화다. 화는 스스로 폭발하길 원할 뿐이다. 치길 원한다. 화는 강력하다. 그래, 여기 내 장난감을 갖고 노는 어린놈이 있군. 나는 망설임 없이 그의 배에 내 화를 폭발시킨다. 내가 한 것이 그거다. 힘! 기분 좋군. 평소의 무기력이 아닌 강력한 힘을 느낀다. 고립감 대신 연결된 느낌이다. 지배받기보다는 우쭐한 느낌이다.

프랭크는 더 나아가,

안락한 집을 떠나 유치원에 가서는 혼란이 극에 달했다. 우아스런 녀석이 놀다 두고 간 기차 장난감을 가지고 놀았기로서니, 그 녀석이 되돌아와 내 배를 주먹으로 칠 줄은, 배를 맞아 숨이 턱 막히고 눈에 불이 번쩍일 줄은 전혀 몰랐다.

그가 내 배를 때린 것이 잘못된 일이라는 생각은 들지 않았다. 그가 돌아올 것을 모른 게 잘못이고, 그가 사용했던 것을 내가 망쳐놓은 것이 잘못이라고 생각했다. 나에게 주먹은 이해할 수 없는 모호한 힘이고 권위였다. 주먹의 다른 측면은 생각할 수 없었다.

주먹이 '되는' 것은 나에게 진짜 사람처럼 느껴졌다. 주먹과 연관 관계는 어린 시절 상황과 유사했고, 내가 수십 년간 그 주먹을 떠올리지 못하는 동안 나는 지나치게 소심하고 의기소침하게 지냈다. 그 결과 규칙을 어기지 않고, 심지어 암묵적인 규율조차도 철저히 준수하는 도덕적 규제 속에 살았다. 따라서 내가 남을 불쾌하게 하지는 않는지, 화나게 하지는 않는지에 너무 촉각을 곤두세우느라 모든 에너지를 소비하여, 내 자연스러움은 질식하고, 불안해서 주위 사람들과 어울리기 어려웠다.

나는 정말로 지도자나 우두머리가 되지 않으려 뒤로 뺏고, 급우들을 화나게 하지 않으려 노력했다. 뭔가 잘못해서 다른 사람이 나를 비난할 빌미를 주지 않으려 기를 썼다. 얼마나 큰 짐이었던가! 나를 때린 소년에게 나를 심판할 권위를 부여하다니 참으로 충격이다. 이 사건은 내게 내 주위를 둘러싼 그리고 사회에 통용되는 억압된 힘에 대한 큰 깨달음을 주었다. 주먹 상징은 내게 이 모든 것에 대한 객관적 시각을 갖게 했다.

프랭크가 개인 방패 상징 하나에서 집요하게 자신을 한계 지었던 개인의 신화를 자각하는 과정을 볼 수 있었다. 여러분 각자도 창조적 투사를 사용하여 개인 방패의 상징이 담고 있는 의미를 통찰하라.

감정 동요를 제어하기 위해 개인 방패를 사용하기

꿈을 요청하거나 환상을 시작할 때, 혹은 다른 방식으로 깊은 내면을 탐색할 때, 가끔 감정 동요를 경험할 수 있다. 여기서는 개인 방패를 사용하는 법을 설명할 것인데, 이 책 말미에 나오는 보조 안내 3 : '프로그램 진행이 마음을 어지럽힌다면'을 참고하면 도움이 될 것이다.

개인 방패 만들기에서 낙원 상실 부분을 유도 상상할 때, 한 여성은 억압됐던 열두 살 때 겪은 성폭행 기억에 동요되어 워크숍에 참여할 수 없었다. 워크숍을 진행하면서 다른 요원이 그를 따로 도와주었다.

그는 깊게 이완하라는 지시에 잘 따랐고, 개인 방패가 그가 원하는 모든 것을 담을 수 있는 강력한 저장고라고 상상하라는 요구를 잘 받아들였다. 성폭력 기억을 나타내는 상징을 찾는 도움을 받아, 그것을 개인 방패의 낙원 상실 부분에 봉인했다. 강한 감정 동요를 시각화해 상징에 투영하여 상상하고 호흡하면서, 자신의 몸에서 느끼는 감정을 방패로 옮기는 데 성공했다. 그가 다시 다룰 수 있을 때까지 감정을 안전하게 '저장'함으로써 그는 과거 경험을 부정하는 것도 아니면서, 준비되기 전에 그것을 맞닥뜨려 영향받을 필요도 없게 되었다. 그는 워크숍에 다시 참여할 수 있었다.

여러분도 꿈이나 의례에서 집중하고 싶지 않은 기억이나 감정이 촉발되어 동요될 때, 같은 방식으로 개인 방패를 사용할 수 있다. 새로운 상징을 그려야 할 때도 있는데, 개인 방패에 이미 그려진 상징이 대개 적절하므로, 감정을 즉시 상징에 옮길 수 있다. 먼저 다시 작업할 수 있을 때까지 불쾌한 감정을 저장할 상징을 그리거나 선택한다. 그 다음에 감정이 몸에서 개인 방패로 옮겨가는 것을 생생하게 상상하라. 상징에 숨을 내뿜으면서, 감정이 마치 음파처럼 진동으로 상징에 성공적으로 들어가는 것을 주시하라. 마음이 가라앉을 때까지 반복한다. 원치 않는 감정의 잔재들을 숨을 내쉬거나 손을 털어 내보낸다. 마지막으로 여러 번 깊고 편안하게 숨을 들이쉬고 내쉰다.

개인 방패를 옆에 두고 기록지를 작성하라. 내면의 현자와 경험을 의논할 수 있다. 감정이 계속되면 보조 안내 3 : '프로그램 진행이 마음을 어지럽힌다면'에서 제안하는 한두 가지 방법을 더 사용할 수 있다.

이 프로그램을 진행하는 동안 개인 방패를 옆에 두고 감정 동요에 대비하고, 영적 지지를 받아라. 유도 상상 의례에서도 상상하여 사용할 수 있다.

꿈에 집중하기
: 자신의 관심 문제를 드러내주는 개인 신화의 특정 영역

목적 : 관심이 집중되는 문제를 꿈의 도움을 받아 식별하기. 과거 내 생을 지배했던 신화가 꿈을 통해 어떤 이미지로 나타나는지 탐색해보기

꿈을 기록할 녹음기나 꿈 기록지를 침대 맡에 두고, 오늘 밤 꿈에 대한 꿈 품기를 한다. 꿈 기록지에 온 정성을 다해 천천히 쓴다. "나는 편안하게 푹 자면서 내 갈등 신화에 대한 새로운 조망을 꿈에서 볼 것이다. 내가 깼을 때 꿈이 기억날 것이다." 그리고 잠들 때까지 신중하게 반복해 읊조린다. "나는 의미 있는 꿈을 꿀 것이고, 기억할 것이다." 잠에서 깨어나서 꿈이 기억나지 않더라도 꿈이 올 때까지 매일 반복한다. 꿈이 기억나면 보조 안내 2 : '꿈으로 작업하기'를 참고하여 꿈의 깊은 의미를 탐색한다. 앤은 다음 꿈을 기록했다.

나는 중세 성서 시대에 가족과 함께 어떤 산을 오르고 있었다. 급히 산을 오르는데, 뒤에서는 사나운 바람 소리가 들렸다. 가장이 뒤돌아보지 말라고

했는데, 부인이 참지 못하고 뒤돌아보자 즉시 굳어 소금 기둥이 되었다. 나는 이것이 롯과 그의 가족이라는 것을 안다.

장면이 바뀌어 수백 명의 사람이 있는 넓고 먼지 이는 광장이다. 다시 사나운 바람 소리가 들리고, 이번에는 불타는 소리까지 더해진다. 갑자기 하늘에서 불의 혀가 날름거리며 사람들 머리에 닿자 그들이 경악한다. 어떤 사람은 견뎌내기도 하는데, 대부분의 사람들은 상해를 입는다. 나는 이것이 오순절 성령의 불임을 안다.

장면이 다시 바뀌어 나 혼자 너른 광장에 서 있다. 가까이에서 다시 사나운 바람 소리가 들리는데 이전보다 미세하다. 나에게 가까이 접근하는데, 진동하는 강력한 소리 벽이다. 그것이 내 몸속으로 들어오기 시작하자 두려웠다. 그 벽이 내 몸속에서 자체 힘으로 감당할 수 없는 영역을 발견하자, 그 저항이 있는 곳에서 내가 작업할 수 있도록 뒤로 물러섰다. 나는 내 손을 몸속에 넣어 무언가 어둡고 음습한 것을 꺼낸다. 일단 그것을 제거하자 소리 벽이 내 몸의 더 깊은 곳으로 한번 더 들어간다. 이 과정이 여러 번 반복되고 나는 갑자기 깨달았다. 인간은 성령의 불을 견뎌낼 강한 몸체를 만들어 왔고, 영혼은 자신의 폭발적인 힘으로 몸을 파괴하지 않으면서 조화롭게 공존하는 방법을 배워왔던 것이다.

앤은 창조적 투사를 사용하여 이 꿈을 더 탐색했다. 여러분 모두 이 방식을 사용할 수 있다. 앤은 각각의 상징으로 작업했다.

롯의 아내 : 나는 롯의 아내다. 나는 소금 기둥이다. 내 호기심과 모험심과

용기 때문에 벌을 받았다. 내 영혼은 기꺼이 나아가려 했으나 내 몸이 너무 약했다. 나는 남편의 요청에 따랐어야 했다. 남성은 언제나 옳다. 나는 내 올바른 장소에 나를 위치시켜왔는데, 소금 기둥으로서, 가족의 음식에 유용한 소금간의 역할이 그것이다.

예배자 : 나는 성령의 오순절 시기의 예배자다. 나는 미쳐간다. 힘에 취하고, 과도하게 균형을 잃고, 힘을 감내할 수 없고, 나와 다른 사람에게 쓸모없는 사람이 된다. 다음 단계를 받아들일 준비가 되어 있지 않다.

내 몸에서 꺼낸 어떤 물질 : 나는 검은 오물이고, 저항이고, 치유받지 않으려는 무의식 영역이다. 인생을 우울하게 보내고, 인간성이 자라는 것을 막는 것이 내 역할이다. 나는 네가 과거로 돌아가기보다는 차라리 미치거나 죽기를 바란다. 나는 너를 포로로 잡은 공포다.

진동하는 소리 벽 : 나는 소리 벽이고, 옴인데, "태초에 말씀이 있도다"의 그 소리다. 나는 너와 하나 되길 원한다. 인간의 딜레마를 정확히 알기 위해서, 또한 너의 경험을 통해 내 자신을 알기 위해서 그렇다. 나는 영겁의 세월 동안 너와 교감해왔다. 이제 때가 되지 않았는가?

이 꿈을 통해 내 생을 조정해왔던 신화를 알려면 무엇에 주목해야 하는지 깨달았다. 나는 내 자유로운 의식을 위해, 너무 큰 대가를 지불하게 하는 공포에 매인 지금의 관계를 청산해야 한다. 내 뒤꼭지를 잡고 있는 미칠 지경의 생각과 죄책감을 기꺼이 떨쳐버리고, 애쓰고 실패한 사람들의 고통도 뒤로 한 채, 내 존재를 넘어서는 에너지가 나를 감싸도록 허용할 필요가 있다.

3주

유도 신화가 더 이상 내 편이 아닐 때를 자각하기

실수는 진실만큼이나 중요한 인생의 필요조건이다.
— 카를 융·Carl Jung[1]

1960년 이래로 심리학에서 가장 중요한 발견 중 하나는, 마틴 셀리그 만Martin Seligman이 말한 "사람은 저마다 자신이 생각하는 방식을 선택할 수 있다"[2]는 것이다. 개인의 신화를 전환할 수 있다는 게 이 책의 기본 가정이고, 그렇기에 유도 신화를 바꾸는 것은 생각하는 방식을 바꾸는 것이다. 프로그램을 진행하며, 자기 패배 방식으로 생각하는 근원이 된 어떤 경험의 감정적 잔재를 인식하고 보듬어서 방출할 수 있다. 이 장의 개인 의례는 개인의 신화가 더 이상 기능하지 않는 상황을 식별하게 하고, 과거 사건의 근원을 추적하여 새로운 치유 과정을 시작할 수 있도록 도와줄 것이다.

개인 신화의 갈등과 결함은 심리 영성 발달이 새롭게 일어나는 이행 부위에서 나타난다. 새로운 성숙 단계에서 그리고 새로운 환경에서, 지금까지 나를 이끌었던 신화는 더 이상 작동하지 않고 심지어 파괴적이기도 하다. 지금까지 잘 작동하던 유도 신화 중 일부가, 필연적으로 습관적인 사고와 행동을 반복하면서 변화를 방해하고 힘을 빼며, 곤란한 상황을 반복해서 야기한다.

결정 곤란, 자기 침체, 어지러운 꿈, 지속적인 공포나 불안, 끊임없는 혼란, 떨칠 수 없는 모순 감정, 신체적 이상 같은 것이 신화 갈등의 내면 신호이면서 동시에 해결을 구하는 실마리이기도 하다.

낸시Nancy는 19세 때 집중 주말 치료 그룹에 참가했다. 그녀는 사춘기 때 성적 혼란을 겪으며 다른 여성과 사랑에 빠져 만족스러운 관계를 맺고 있었다. 그룹에 참여할 무렵 레즈비언의 정체성을 가지고 안락하게 지내면서, 다른 한편 자신의 내적 불안과 자신을 냉랭하게 거부하는 부모에 대한 화를 다스리길 원했다. 하지만 지금 최우선 과제는 오른쪽 난소 주위의 극심한 통증과 며칠 전 진찰에서 발견된 신생물의 수술에 대한 두려움이었다.

낸시는 공포심를 느꼈고, 신체 이상으로 야기되는 불쾌감을 완화해주길 기대했다. 안내자는 종양 자체에 주의를 기울이기보다는 통증으로 촉발된 두려움을 완화해주려고 시도했다. 신체 이상과 몸 반응에 기반한 치료 방식이 적용되었다. 일련의 두 시간 반 동안의 흐름 속에 종양 생성과 연관된 신화 갈등이 뚜렷하게 반전처럼 나타났다.

그녀는 매트에 누어서 깊게 숨쉬고, 들이마시는 숨이 통증 부위를 순환하는 것을 상상하라고 요청받았다. 그리고 숨을 내쉬는 동안 치료사가 손으로 횡격막을 지그시 눌렀다. 신체 기반 심리요법에서 흔히 쓰이는 방법이고, 몸의 접촉으로 긴장이 완화되고 감정 동요가 진정된다. 그녀는 숨을 내쉴 때마다 소리를 내도록 격려받으면서 과도한 감정을 방출하기 시작했다. 여러 다양한 악령에 쫓기는 것처럼 괴성을 지르며 마치 출산하는 산모 같았다.

낸시는 점차 강하고 발작적인 괴성을 지르며 배의 주기적인 경련으로 고통스러워했다. 상당한 에너지를 방출한 후 진정되면서 얼굴이 저절로 뒤틀어졌다. 머리와 목, 등을 들고는 크게 고함치듯 "너는 아기를 가질 거야! 너는 아기를 가질 거야"를 반복해 외쳐댔다. 그녀의 신체 반응은 마치 악령에 사로잡힌 사람이 나오는 영화 〈엑소시스트〉의 한 장면 같았다. 이처럼 자신의 인격이 아닌 다른 것에 사로잡히는 현상은 집중 프로그램에서 드물지 않은 일이다. 이것은 낸시가 해결하지 못한 채로 지니고 있던 문제가 표출된 것이다. 해결되지 않은 갈등을 외부에 전가하자 생식기 이상으로 나타난 것이고, 포효하는 목소리는 이것을 대변한다. 이 강력한 외부 방출은 낸시의 몸이 감당할 최고조까지 밀어붙였고, 마침내 절정에 이르러 감정 에너지가 터지듯 방출되었다.

깊은 흐느낌 뒤에 점차 감각이 다리와 골반에 집중되면서 발바닥으로 바닥을 밀며 아기 낳는 자세를 취했다. 한참 애를 쓰고는 절정의 순간을 지나 의기양양하게 머리 위로 상상의 아기를 들어올렸다. 이 상황이 어떤지 이야기하기를 요청받자, 그녀는 아기와 동화되어 손을 내려놓고 아기가 되어 태아 자세를 취하더니 오줌을 흥건하게 누었다. 잠시 후 평화로운 기운이 감돌더니 낸시는 어른으로 되돌아왔다.

그녀는 종양과 이야기하길 요청받고는, 종양에게도 발언권을 주어 종양과 이야기를 나눴다. 이것은 낸시 스스로 새로운 관점을 확립하는 역동적인 과정이었다. 즉 그녀가 레즈비언의 정체성으로 살면서 어머니가 되고 싶다는 욕망은 내부로 숨었고, 이 억눌린 내부 욕망이 종양으로 발현된 것이라는 관점을 터득하는 길고 긴 과정이었다. 그녀는 종양이 하는 말, "나는 태어나야 해!" 그리고 "너는 내 엄마야!"라는 말을 듣게 되었다. 그러자 종양에 대한 분노가 수용으로 바뀌었고, 그녀 자신의 깊은 갈망을 알게 되고 감사했다. 비로소 의식적인 수준에서 갈등을 균형 있게 다룰 수 있게 되었다.[3]

통증은 세션의 끝에서 현저하게 줄었고 재발하지 않았다. 흥미롭게도 세션을 마치고 며칠 뒤 초음파 검사에서 난소 근처에서 3~4cm의 신생물을 발견했고, 내과의사는 그것을 보고 자궁외 임신이라고 진단했다. 그녀가 자신은 임신 가능성이 전혀 없다고 확인해주기 전까지 내과의사는 자궁외 임신이라고 확신했다. 몇 주 후에 신생물은 완전히 소멸했고, 5년 동안 재발하지 않았다.

낸시는 성적으로 남성에게 흥미가 없었기 때문에 아기를 가질 수 없을 것이라고 믿었다. 반면 그녀의 깊은 내면에서는 아기를 갖는 것이 진정한 여성이 되는 것이라는 또 다른 개인 신화가 자리 잡았다. 의식적으로 자리 잡은 한 신화가 새로운 유도 신화와 상충할 때, 그러한 갈등은 여러 상반된 행동을 야기할 수 있고, 명확히 이로울 수 있는 행동까지 방해하며 이상 신체 증상으로 나타나는 것을 낸시의 예에서 볼 수 있다.

융 분석가 매리온 우드만Marion Woodman은 "우리가 가장 높고 고귀한 목적을 추구할 때라도 끊임없이 우리를 파괴하는 신화에 매여 있을 수 있는"[4] 사라지지 않는 위험을 강조했다. 유도 신화가 역기능 신화라는 것을 인식하거나 혹은 내면의 두 신화가 상충하는 것을 인식하면 삶의 모습을 의식적으로 더 빨리 바꿀 수 있다. 낸시의 예에서 볼 수 있듯이, 아기를 갖고 싶은 여성의 욕망과 같은 원초적 충동이 신화에 의해 체계적으로 억압되었을 때, 우리는 결국 터져 나오는 잠재적 힘을 보게 된다.

개인 방패와 그 속의 상징은 유도 신화를 결정한 사건들을 개괄한다. 여기서 관점을 바꾸어 개인 신화가 더 이상 개인의 발전에 도움이 되지 않는 부분에 초점을 맞춘다. 개인이 성장하고 주위 환경이 바뀜에 따라 신화도 계속 도전받으면서 옛 방식이 더 이상 "마음의 길"[5]이 되지 못한다는 것을 깨닫게 된다. 제롬 브루너Jerome Bruner는 이것이 얼마나 어려운 과정인지 기술했다. "신화가 더 이상 내부 곤경을 해결할 수 없을 때, 새로운 신화의 창조는 내면으로 향한 혼란스런 항해와 같아서 외적 확신은 내면 항해의 고통으로 바뀐다."[6] 이 프로그램은 항해의 괴로움을 감내할 심리학적 지지를 주고, 항해할 길을 안내한다. 이 장의 마지막에서는 어려움을 야기한 최소한 하나 이상의 개인 신화를 식별할 수 있게 하고, 또한 의욕을 가지고 프로그램의 나머지 부분에 집중할 수 있게 도와줄 것이다.

세션 1 : 신화 갈등을 조사하기

목적 : 지금까지의 인생과 신화가 갈등하는 관점을 폭넓게 탐색하기

심리학자들은 사고와 감정, 행동이 다양하게 배열된 정신구조를 콤플렉스complex라고 부른다. 그것들은 사람들의 일상생활에서 문제를 일으키는 경향이 있다. 예를 들어 알프레드 아들러Alfred Adler는 사람들이 자신의 단점에 과민하게 반응하는 상황을 묘사하는 말로 열등 콤플렉스라는 개념을 만들었다. 콤플렉스의 핵심 주제는 고전 신화와 일치하는데, 심리학적 콤플렉스는 신화에서 이름을 가져온 것이다.

프로이트Freud는 오이디푸스 콤플렉스를 설명하며, 어머니의 성적인 사랑을 두고 아버지와 경쟁하는 아들의 경우 어른으로 성장하면서 이 문제를 해결해야 다른 여성이나 남성들과 건강한 관계를 형성할 수 있다고 말했다. 헨리 머레이Henry Murray는 이카로스Icarus 콤플렉스[7]를 언급했다. 그리스 신화에서 이카로스는, 다이달로스Daedalus의 아들로 자기 능력을 과대평가해 촛농으로 이어붙인 날개로 너무 높이 태양을 향해 날다, 촛농이 녹아 결국 바다에 빠져 죽는다. 이카로스 콤플렉스는 능력 이상으로 너무 멀리 가고 너무 많이 기대하면 결국 추락하여 심리학적으로 극복할 수 없는 공포나 과도한 무감정에 빠진다는 것을 일러준다. 이와 반대로 아브라함 매슬로Abraham Maslow가 말한 요나 콤플렉스는 "성취 두려움"[8]을 묘사한다. 성서 기사의 요나가 하나님의 부르심을 거절하여 결국 고래 뱃속에 갇히듯이, 사람들은 내부 소명을 피하다 마침내 자

신들의 삶이 오도가도 못 하는 한계 상황에 봉착하게 된다. 분석 심리학에 콤플렉스 개념을 접맥한 카를 융은, 원형적이고 우주적인 주제들이 서로 상충하고 타협하며 형성된 여러 콤플렉스가 모여 저장된 곳이 인간 개인의 정신이라 믿었다.

바뀔 준비가 되어 있는 신화의 영역은 개인 갈등이 표출되는 지점을 보면 알 수 있다. 자기 파괴적인 행동 패턴, 비이성적인 공포, 혼란스러운 꿈, 말과 행동의 불일치 등이 개인의 신화가 한계 상황에 도달했고, 이제 바뀔 기회가 무르익었다는 표징이 된다. 드물게는 우리 워크숍에서 내면 불화를 드러내는 초기 개인 의례를 하고도 아무런 개인 갈등이 없다고 말하는 사람들이 있다. 그들이 축복받은 사람이든 부정하는 사람이든, 그들조차도 자신의 신화와 가족의 신화 사이의 갈등이나, 사회 문화적 신화와의 갈등을 식별할 수는 있고, 이것에 집중하여 프로그램을 진행할 수 있다.

갈등 조사표

기록지의 빈 면 상단에 '갈등 조사표Conflict Survey'라 쓰고, 그 면을 세 칸으로 나눈다(워드프로세서를 사용해서 세 칸을 나눈다. 어려우면, 간단히 3개 목록을 작성한다). 각 칸 위에 이름을 붙인다.

1) 신화 갈등과 연관된 자기 패배적 행위
2) 신화 갈등에서 초래된 비이성적 느낌
3) 신화 갈등을 드러내는 신체 증상, 상징, 은유

첫 번째 칸을 응시하면서 자신을 상처 입히거나 필요한 것을 얻는 데 실패하게 하는 행동 패턴들을 생각한다. 바꿀 수 없을 것 같은 한계 행동들, 운명처럼 되풀이하는 실수들, 함정에 걸려 넘어지는 선택들을 식별하라. 이런 자멸적 행동 패턴을 묘사하라.

앤은 40대 중반에 이 프로그램에 참여했다. 그녀는 작곡가이자 극작가, 연주자로, 특히 의식을 고양하는 작품 활동에서 엄청난 성공을 거뒀고, 여섯 살 난 아들의 엄마였다. 최근에는 '공연과 치유 예술에서 나라를 빛낸 공로로' 캐나다 훈장을 받았다. 그 시기에 뮤지컬 2개, 앨범 7장, 발레 3편, 오페라 1편을 작곡하는 등 활발히 활동했다. 그녀의 기록지를 예문으로 사용할 수 있도록 허락을 요청하면서, 동시에 익명이 아닌 실명으로 사용하길 희망한다고 말했다. 그녀가 공적인 인물이기에 그녀의 흠이 광고로 이용되는 것을 원하지 않는다고 거절해도 충분히 이해한다는 우리의 뜻을 알렸다. 그녀는 자신이 이야기가 공유되어 다른 사람에게 도움이 되길 바란다고 고귀한 정신을 담아 말했다.

세상에서 강력한 페르소나를 지니고 있는 사람들이 초래할 수 있는 위험의 하나는, 그들을 우러러보는 사람들에게 그들은 업적을 이루는 데 아무런 어려움도 없었을 것이라는 환상을 심어주는 것이다. 내 삶의 여정은 내 본성의 패러독스—힘과 불안, 강함과 약함—를 그대로 보여주면서, 우리가 인간임을 알게 해주는 양면성을 드러낸다. '내가 당신보다 낫거나, 못하거나' 아무 상관이 없다. '나는 당신과 다를 뿐이며' 동시에 '나는 당신과 다를 바 없는' 사람이다.

갈등 조사표 작업을 하면서, 앤은 자신의 신화 갈등과 연결된 여러 가지 자기 패배적 행동을 구별했다.

- 나나 내 일을 지지하지 않는 사람이나 내 신뢰를 이용하는 사람들을 내 품에 안으려고 노력했다.
- 나는 내게 필요한 운동, 창조 행위나 휴식 들을 우선순위의 상위에 두지 못했다.
- 나는 다른 사람들을 불편하게 하는 갈등들을 야기하지 않으려 노력했다.
- 나는 내 자신의 집에서 달걀 위를 걷듯 걸었다. 마치 나를 완전히 표현하면 사랑스런 무엇이 다치기라도 할까봐.
- 나는 실제로 그런 것보다 더 사람들을 친근하게 대하는 사람이라고 믿게끔 행동했다.

갈등 조사표의 두 번째 칸으로 가서 자신을 힘들게 하는 감정 패턴에 대해 생각하라. 예를 들어 비현실적 공포, 설명할 수 없는 불안, 부적절한 불만족, 끊임없는 양가감정 같은 것들이다. 이런 감정들에 대해 아무것도 할 수 없다고 믿어 너무 오랫동안 뒷마당에 방치했기 때문에 이것들을 떠올리는 것이 어려울 수 있다. 더 이상 거기에 주목할 수 없을지도 모른다. 하지만 기꺼이 이러한 감정에 집중한다면 그것을 다룰 기회를 얻게 되고 치유할 수 있으며, 그것들이 결정했던 에너지에서 풀려날 수 있다. 이러한 잡기 어려운 감정들을 이 영역에 기록하라.

다음은 앤이 식별한 신화 갈등에서 초래된 감정들이다.

- 나는 그렇지 않은데 내게 깊은 우정을 표현하는 사람을 대하는 것이 불편하다.
- 나는 내가 느끼는 것을 단정하는 사람이 싫다. 그들의 주장을 참고 듣기보다는 대화를 중단하는 편이다.
- 누군가 내게 가까이 다가오면 불편하고 걱정이 되는데, 마치 내가 뭘 또 잘못했나, 하는 생각 때문에 그렇다.
- 내가 뭔가 잘할 때마다, 내가 사랑하는 사람에게 주목받는 게 불편한데, 마치 내 성공이 그들이 누릴 정당한 무언가를 강탈한 느낌이다.
- 내가 너무 많은 영역을 차지한 건 아닌지, 그들 삶에 내 존재가 해를 끼치는 건 아닌지 두려움이 크다.
- 내 삶에 안식이 부족한 것은 '사악한 사람을 위한 안식은 없어'라는 말을 계속 반추하기 때문이다.

갈등 조사표의 세 번째 칸에 개인의 신화 갈등을 드러낸다고 여겨지는 이미지들을 꿈이나 환상, 예술 창작물, 개인 방패의 상징들에서 찾아 기술하거나 그림을 그려라. 앤은 낙원 상실 영역에 있던 불안하게 연결된 둥근 원과 자신이 창작한 노래의 가사, "더 이상 침묵할 수는 없어요"를 떠올렸다.

때때로 내면의 갈등은 신체 증상으로 나타나는데, 낸시가 그랬던 것처럼 갈등의 자연적 상징이라 할 수 있다. 목과 어깨의 통증은 세계의 짐을 지려는 신화가 초래한 불청객이다. 이런 맥락에서 통증은 신화가 지시하는 것과 몸이 지시하는 것이 서로 상충되어 발생한 인체 기관의 상징이다. 소화기 장애는 오래 지속된 '먹기를 꺼려하는' 신화의 결과라 할 수 있다. 궤양이나 두통, 고혈압은 때때로 심리적 스트레스와 기저에 깔린 신화 갈등의 반영이고, 이러한 심리적 요인이 보통 생각했던 자연 상태의 '심신' 연관 정도보다 더욱 광범위하게 질병에 관여한다는 증거가 많이 밝혀졌다.[9] 앤은 자신의 반복되는 두통에 대해 반추했다.

내 자신의 시간을 가지려 할 때, 다른 사람이 나를 필요로 할 때뿐만 아니라 거부하고 싶을 때에도 자주 두통을 앓았다. 두통은 언제나 머리의 오른쪽 부위에 생긴다. 그것은 마치 왼쪽 뇌의 이성으로 오른쪽 뇌의 본성적 직관을 대체하는 것에 대한 경고 같았다.

신체 상태가 신화 영역의 갈등을 은유하는 것처럼, 인생의 외부 환경 또한 마찬가지다. 친절한 구혼자와 막돼먹고 난폭한 구혼자 사이에서 갈팡질팡하는 여성이 있을 수 있다. 어떻게 이런 결정이 어려울 수 있을까? 그 여성의 유도 신화는 자기를 버리고, 부재했고, 나빴던 아버지를 대체할 상징적 존재를 찾아 헤매게 한다. 신화가 지시하는 기준에 맞는 사람이 구혼자로 나타났을 때, 그 구혼자는 신화 연극에 발탁된 것이고, 신화 수준의 드라마가 시작된다. 현실의 아버지에게 결코 받은 적이 없는 사랑을 이 상징적 아버지에게 받을 수 있을 것인가? 그녀는 구혼자가 자신의 신화 드라마의 한 역을 담당하고 있다는 사실을 자각하지 못한다면, 초기 딜레마(아버지의 사랑을 원하나 받지 못한다)가 재현되는 것을 막을 수 없고, 큰 감정적 대가를 치를 것이다.

앤은 내면 갈등이 표출된 상황으로 다음 사건을 발견했다.

심리치료사 친구가 방문해 나와 내 파트너와 같이 어울린다. 그녀는 몸에 대한 지식에 깊은 관심이 있고, 세상을 정신과 몸의 관계로 설명하는 관점을 지니고 있다. 그녀는 생각이 매우 확고하고 단정적이다. 내 파트너는 좀더 영적이고 폭넓은 관점을 지니고 있다. 그는 자신의 의견을 신중하게 긴 안목에서 표현한다. 이들 두 사람 사이의 긴장 속에서 어느 하나를 받아들여 조화롭게 하는 것이 힘든 지금 상황이 내 자신의 상황과 같다는 것을 알 수 있었다.

개인 방패의 상징을 첨가하거나, 다른 표현 작업들의 도움을 받을 수 있는데, 이 프로그램에서 집중하기 원하는 내면 갈등을 나타내주는 자연적인 증상, 상징과 은유 들을 찾아 몸과 주위 상황을 탐색하라. 드러나는 것을 조사표의 세 번째 칸에 묘사하거나 그려라. 명상하고 깊게 반추하라. 잠재된 갈등 영역을 인식할 때마다, 그것의 의식적인 해결을 향해 한발 더 내딛게 되는 것이다.

며칠 동안은 기록지를 지니고 다니다 새로운 갈등이 등장하면 갈등 조사표에 첨가하라. 대부분의 사람은 여러 가지 갈등이나 관심 분야를 식별할 수 있다. 만약 탐색할 만한 가치가 있는 단 하나의 갈등도 발견하기 어렵다면 꿈 품기를 하여 주의할 만한 갈등이 풍부하게 떠오르게 해달라고 요청하라. 깨어서 꿈이 기억나지 않는다 해도, 깨자마자 발생 가능한 갈등이라 생각되는 것을 떠올려 기록지에 기록하라. 갈등 리스트가 완성되면 특별히 문제가 되는 갈등 옆에 별표를 하라. 이 장이 끝 무렵에는 개인 의례의 도움을 받아 특별히 주의를 기울일 영역 하나를 선택하게 될 것이다.

세션 2 : 갈등의 심장부로 들어가기

목적 : 유도 신화의 중심 갈등 찾기

갈등 조사에서 내면의 갈등에 상응하는 행동과 감정과 상징을 묘사했고, 여기서는 내면의 현자를 만나 조사한 갈등 중 이 프로그램에서 집중할 중심 갈등을 찾는다. 이미 중심 갈등을 어느 정도 찾았으면 현자에게 확답을 받고 그 갈등에 대한 이해를 증가시킬 수 있다. 만일 아직 분명하지 않으면 내면 지혜의 도움을 받아 선택하라.

몇몇 사람은 이 시점에서 '정확한' 중심 갈등을 찾아야 한다는 압박을 받는다. 하지만 우리는 그 어느 것도 '잘못된' 길로 이끌지 않는다고 확신한다. 우리는 이 프로그램을 진행하면서 사람들이 무엇을 선택했든지 간에 그 안에 특별히 녹아 있는 신화적 쟁점을 결국 직면하게 되는 것을 관찰해왔다.

홀로그래픽 원리를 적용하면, 단편적인 상징이나 쟁점 하나도 그 안에는 이미 모든 신화를 담고 있기 때문이다. 하나의 영역을 집중적으로 작업하면 신화 전체의 영향을 파악할 수 있다. 따라서 논리적으로 정확한 갈등을 찾으려는 노력은 크게 중요하지 않고, 감정적 충격이 풍부한 영역을 선택하는 것이 더 중요하다. 갈등과 작업하면 필요한 길에 들어서게 된다.

준비 : 이 의례는 내면의 현자를 만나는 또 다른 길로 인도할 것이다. 충분히 이완할 수 있는 편안한 장소를 선택한다. 이전에 내면의 현자를 만나지 못했더라도 시도할 때마다 이런 연습이 점차 효과를 낼 것이고, 이완할수록 현자를 만나게 될 것이다. 긍정적인 마음으로 시작한다. 설혹 생생하게 현자를 만나지 못하더라도 여정에서 돌아올 때 분명히 새로운 통찰을 얻게 될 것이다. 앉거나 기대고, 심호흡을 하면서 눈을 감는다.

편안하고 안전한 장소에서 호흡에 집중합니다. 주먹 쥔 손을 가슴 위에 얹고 호흡을 관찰합니다. 마음을 엽니다. 마음이 열리는 감각과 상상 속에서 마치 꽃이 피듯 천천히 손을 펼치고, 그것들을 양 옆에 편안하게 쉬게 합니다. 계속 들이쉬고 내쉬며 호흡에 집중하고 배를 부드럽게 합니다. 마음을 엽니다. 매번 들이쉴 때마다, 인생 전체를 들이킵니다. 내쉴 때마다, 긴장을 내뿜어 점점 편안해집니다. 숨을 들이쉬고 내쉬고, 내면에 집중하고 자신의 내면의 지혜인 내면의 현자를 초청합니다. "제 가슴을 열어 당신을 맞이합니다. 이 여정에 저와 동행해주세요."

내면의 현자와 점점 가까워지는 것이 느껴집니다. 곧 만날 것입니다. 매우 가까이 있습니다. 현자의 존재가 느껴집니다. 현자가 나타났을 때, 깊이 숨을 들이킵니다. 두 손을 모으고 고개를 숙여 존중과 환영의 인사를 드립니다. 이 현명한 내면의 친구의 존재를 깊게 느낍니다. 현자는 내 안에 있는 자기 파멸적인 생각과 행동 패턴 모두를 잘 알고 있습니다. 그것의 이 프로그램에서 집중해 다루려는 핵심 과제입니다. 자신이 보고 싶은 영역이 무엇인지 현자가 일러주는 것을 주의 깊게 듣습니다. 잠시 동안 이 영역에 대해 현자와 대화를 나눕니다. 이제 현자와 작별할 시간입니다. 인사를 드리고 깨어 있는 현실 의식으로 돌아옵니다.

이 모든 경험을 기억할 수 있습니다. 매우 부드럽게 자신을 깨웁니다. 얼굴 근육을 실룩이고, 손가락을 움직이고 발가락을 움직이고, 손과 발을 움직입니다. 몸의 기운이 순환하는 것을 느낍니다. 몸을 스트레칭합니다. 어깨, 팔, 다리, 목과 얼굴 근육을 차례로 풀어줍니다. 숨을 크게 들이쉬고, 방으로 돌아옵니다. 눈을 뜨면 잠깐 한숨 자고 난 것처럼 몸이 가뿐합니다. 오늘 필요한 것이 모두 충족된 느낌을 만끽합니다.

기록지에 현자와 만난 경험을 기록하고, 듣고 대화 나눴던 갈등 영역을 특정하라. 앤은 이렇게 기록했다.

처음에 나는 아무것도 집중할 수 없었다. 마치 제각기 수영하듯 활개

치며 흩어졌다. 현자에게 집중하게 해달라고 요청했다. 마지막에 받은 말은, 내 중심 갈등은 내게 꼭 필요한 것을 위해 차분히 머무르지 못하는 것이다, 라는 말이다. 나는 물었다. "내가 차분히 머무르는 걸 방해하는 것이 뭔가요?" 그녀가 대답했다. "그것은 자아 존중감 문제다. 너는 다른 사람의 반응과 만족에서 자신의 가치를 찾는다. 그들이 행복할 때 너는 가치 있고, 그들이 불행하면 너는 가치 없다고 느낀다. 따라서 너의 모든 에너지는 자신보다도 그들의 감정에 우선한다. 온 힘을 다해, 자신의 육체적 힘을 자신의 인생을 위해 되돌려서 아껴 써야 하고, 그럴 때 네 자신을 위한 바른 행위를 할 수 있다."

지금 현자와 만남이 중심 갈등을 조명하는 데 도움이 됐든 되지 않았든, 다음 의례에서 이것을 다른 각도로 접근할 것이다. 현재 문제를 일으키는 갈등의 원인이 되었던 과거 초기 경험으로 들어가는 의례를 할 것이다. 현재와 과거 경험이 연결되면서 개인 신화의 갈등 영역을 식별할 뿐만 아니라 그것의 근원까지도 탐색할 것이다.

세션 3 : 자신의 과거에서 신화 갈등의 근원 사건 발견하기

목적 : 이미 탐색한 신화 갈등과 어린 시절 사건과의 연관 관계 찾기

자신의 필요나 잠재력 혹은 효율적인 유도 신화와 갈등을 빚는 과거

신화는, 대개 어린 시절의 상처나 수치심, 다른 고통스런 사건들을 보상하기 위한 초기 시도에 뿌리가 닿아 있다. 사람들은 종종 이제는 한계 상황에 이르거나 오히려 해를 주는 과거 신화나 역기능 신화의 영향을 지속적으로 받는데, 이것은 정서적 상처를 처음 받았을 때 자신을 고통으로부터 보호하던 신화를 지속하려는 무의식적 속박이다. "내가 열심히 하면 가치 있는 존재로 인정받을 거야." 내면 갈등의 정서적 뿌리를 찾는 것은 갈등과 그것을 유지하는 갈등 신화의 문제를 해결하는 데 한걸음 다가가는 것이다.

준비 : 이 의례에서, 현재 갈등 영역에서 오는 감정에 침잠하고, 그 다음 자신의 생에서 그것을 경험한 시절로 돌아간다. 깊고 안전하게 이완되는 방식으로 시작한다. 아주 어린 시기의 상실감, 깊은 실망, 완전히 치유가 덜 된 다른 트라우마가 등장할 수 있다. 개인 방패를 옆에 두고 지지와 보호를 받는다. 앉거나 기대고, 깊이 심호흡하며 눈을 감는다.

안락하고 안전한 장소에 자리 잡고 호흡에 집중합니다. 가슴 위에 두 손을 얹고 숨을 관찰하면서 배를 부드럽게 하고 가슴을 엽니다. 가슴이 열리는 느낌에 따라, 팔을 밖으로 펼치며 마치 꽃이 피어나듯 손가락을 펴서 몸의 양 옆에 편안히 둡니다. 숨을 들이쉬고, 내쉬고 계속 관찰하며 배를 부드럽게 하고 가슴을 엽니다. 숨을 들이마시며 삶의 충만함을 들여오고, 내쉬면서 긴장을 방출합니다. 들이쉬고 내쉬며 완전히 이완합니다. 내면에 집중하고 내면의 현자를 초청합니다. "제 마음을 열어 당신을 맞아들입니다. 이 여정에 동행해주세요."

내면의 갈등 어느 하나에 초점을 맞출 것입니다. 아마도 이전 의례에서 내면의 현자가 확인해줬을 그 갈등입니다. 아마도 갈등 조사표에 있는 내용 중 하나이거나, 꿈 품기로 드러난 주의를 기울여야 할 개인 신화의 영역 중 하나일 것입니다. 만약 집중할 갈등 영역이 아무것도 드러나지 않는 경우에는 간단히 현재 내 삶을 제대로 작동하지 않게 하는 자기 파괴 행동, 비이성적 감정, 지속되는 혼란이나 좌절감 등을 떠올립니다. 이제 여러 번 심호흡하면서 갈등 하나에 집중합니다. 내면의 갈등이든, 현재 외부 생활의 갈등이든 무언가 하나가 분명히 떠오를 것입니다.

이 갈등을 떠올릴 때 갈등으로 촉발된 몸의 감정에 주목합니다. 감정을 가장 강하게 느끼는 곳이 몸의 어느 부분입니까? 감정이 애매하면 그 자리에 호흡을 불어넣어 감정을 증폭시킵니다. 만일 감정이 너무 커서 감당이 안 되면 숨을 내쉬며 일부를 방출합니다. 손가락이나 마음의 눈으로 감정이 가장 강하게 돋아나는 자리를 더듬어 찾습니다.

이 감정에 몰입이 되면 몸이 어떻게 반응하나 지켜봅니다. 호흡으로, 근육 움직임으로, 체온으로 이 감정을 온전히 느낍니다. 이 감정을 묘사할 적절한 단어를 찾습니다.

이 감정을 가지고 어린 시절로 돌아갑니다. 이 감정이나 이와 비슷한 감정을 맨 처음 느꼈던 시기로 돌아갑니다. 감정을 일으키는 감각의 흐름에 주목합니다. 이 감각이 어린 시절로 이어주는 다리라고 상상합니다. 이 다리에 올라서는 순간 어린 시절로 가는 길이 선명해지며, 감정을 따라 어린 시절 기억으로 들어갑니다. 다리를 건널 때 안전하고 편안합니다. 다리를 건너 시간을 거슬러 오르자 어린 시절 장면이 나타납니다. 호흡을 세 번 하는 동안 장면이 더욱 선명하고 생생해집니다.

만약 아무 이미지가 나오지 않아도 긴장하지 마십시오. 깊이 심호흡하며 이미지를 기다립니다. 그것은 단순히 한 장의 사진이나, 한 마디 단어, 혹은 그냥 무언가 아는 어떤 것으로 나타나기도 합니다. 기다려도 이미지가 떠오르지 않으면 상상력을 이용합니다.

이 장면에서 그 시절 아이의 눈으로 보고 귀로 듣습니다. 장면이 선명해지면 그때가 몇 살인지 헤아려봅니다. 사람이 있다면 누구랑 같이 있습니까. 기억이 떠오르지 않으면 상상력으로 빈 공간을 채우십시오. 이 나이의 사진이나 감각을 활용하고, 배경에 주목합니다. 입은 옷을 떠올립니다. 감정과 동반된 사건에 초점을 맞춥니다. 가능한 한 자세히, 장면·소리·맛·냄새 등을 회상하거나 상상합니다.

이 경험으로 어떤 결심을 했는지 되새깁니다. 자신에 대해 어떤 결론을 내렸나요? 어떤 규칙이나 행동 지침에 적응하게 됐나요? 타인에 대한 태도가 어떻게 만들어지기 시작했나요? 세상에 대해 어떤 시각을 가지게 됐나요? 삶에 대한 철학은? 이 삶의 철학을 한 문장으로 요약합니다. 예를 들어, "내가 말한 대로 하면 나는 안전할거야." 혹은 "뭘 해도 위험하니, 나는 위험에 빠질 거고 나는 스스로를 보호해야 해."

현재 나이의 내가 어린 시절의 나를 만나는 것을 상상합니다. 성인으로서 그 장면으로 들어갑니다. 아이에게 다가가 몸을 어루만집니다. 어리고 불확실했던 그 당시 필요했던 위로와 애정을 줍니다. 계속해서 위로하고 애정을 주며, 앞으로 펼쳐질 일에 대해 조언하고 정보를 귀띔해줍니다. 현재의 나와 어린 시절의 나 사이에 성장을 위한 대화를 합니다.

이제 부드럽게 아이 손을 잡고 사랑스럽게 평안한 치유의 기운을 보내며 작은 아이를 다독입니다. 이 시기부터 계속되었던 감정적 상처가 치유되기 시작합니다. 그것을 느끼십시오.

이제 어린 시절의 나와 헤어질 시간입니다. 이 과거의 내면 아이를 앞으로 의례에서 다시 만날 것입니다. 이제 자연스럽게 안아주고, 잠시 같이 머물고, 작별 인사를 합니다. 깨어 있는 의식으로 돌아올 시간이 거의 다 됐습니다. 다리를 되돌아 건너기 시작해서, 현재 시간으로 향합니다.

일상의 깨어 있는 의식으로 돌아올 준비를 합니다. 이 경험에서 얻은 것들을 모두 기억할 수 있습니다. 매우 부드럽게 자신을 일깨웁니다. 손가락과 발가락을 움직이고, 손과 발을 움직입니다. 기운이 순환하는 것을 느끼면서, 어깨와 팔과 다리, 목과 얼굴 근육을 차례로 스트레칭합니다. 숨을 크게 들이쉬고 내쉽니다. 방으로 돌아옵니다. 눈을 뜨면 잠깐 한숨 자고 난 것처럼 몸이 가뿐합니다. 오늘 필요한 것이 모두 충족된 느낌을 만끽합니다.

우리는 과거로 여행하는 이 방식(정서 연결 가교affect bridge[10]라고 부르는 최면 요법을 적용한 방식)이 초기 경험과 연관된 현재 문제를 연결하는 효과적인 방법임을 발견했다. 이 연결을 통해 유도 신화를 형성하게 된 자신의 결심에 주목할 수 있다. 사람들은 신뢰를 갖고 현재 벌어지는 갈등의 원인이 되는 태도와 가치, 행동 지침 등이 형성됐을 시기로 되돌아간다. 이 의례에서 떠오른 기억들은 대부분, 이제는 역할을 다한 낡은 신화를 만들었거나 최소한 그 신화에 포함된 상징 몇 가지를 형성했던 원인이다.

만약 이 연결이 곧바로 이뤄지지 않더라도 이 작업을 반복해서 하길 권유한다. 여러 번 반복 사용하더라도 '정서 연결 가교'는 변함없이 심리적 갈등의 신화적 뿌리를 드러내주는 강력한 도구가 될 것이다. 여기서 올라온 문제를 다룰 준비가 되어 있지 않다면 이것을 개인 방패에 저장할 수 있다는 것을 잊지 마라. 아니면 보조 안내 3에 있는 다른 방식들을 사용할 수 있다. 자신의 여정에서 되돌아온 뒤에 앤은 다음과 같이 썼다.

시작할 때 감정은 공포였는데, 내가 사람들의 요구를 들어주지 않으면 그들이 죽을지도 모른다는 공포감이었다. 과거 아프리카 농장으로 되돌아갔다. 나는 트럭을 타고 가며, 옆에서 걷고 있는 흑인 남녀를 보며 불편해한다. 우리 집은 농장 인부들의 오두막에 비해 매우 크다. 그것이 내가 백인으로 태어나 노력 없이 받은 특권임을 막연히 느낄 수 있었다. 그것이 오히려 걱정스러웠고 두려웠다. 행운이 행운이 아니었다. 거저 받은 선물이 부끄러웠고 무가치했다. 이런 것이 나를 불안하게 만들었다.

지금은 엄마와 함께 침실에 있다. 예닐곱 살쯤이다. 엄마가 내 편을 들어주고 여자 가정교사를 쫓아내리라 생각하고, 결국 용기를 내어 가정교사가 나를 때렸고, 변기에 머리를 처박았다고 말을 꺼냈다. 그러나 엄마는 "말도 안 되는 소리. 얘야, 네가 헛것을 본 모양이구나. 선생님께 가서 사과하거라. 그러면 모든 것이 좋아질 거야"라고 말했다. 나는 무방비 상태로 산산이 부서졌다. 도대체 누구를 믿어야 할지 몰랐다.

이 여정에서 되돌아와서, 자신의 결심, 자신이나 주위 세계에 대해 도달한 결론, 이 같은 경험에서 채택하게 된 태도, 행동 지침, 행동 규칙과 신념들을 식별하여 기술하라. 앤은 쓰기를,

> **결심**(어머니가 나를 믿지 않은 결과로 빚어진) : 아무도 들으려 하지 않기에 진실할 필요가 없다. 어렵고 고통스러운 무언가에 대해 진실을 말하는 것은 그 고통을 들어주는 사람이 없는 한 아무 가치가 없다.
> **결론** : 세상에 내가 믿을 사람은 아무도 없다. 다른 사람들도 자기중심적이고, 아무도 그 어떤 것도 안전하지 않다. 나는 보호받을 가치가 없다.
> **태도** : 내 주위 사람들에게 진실을 들이대기보다는 당장의 즐거움을 유지하는 것이 더 중요하다.
> **행동 방침** : 진실을 말하지 않는 것에 대해 걱정하지 말자. 다른 사람들은 화를 내지도 불편해 하지도 않는다. 나 혼자만 고통 받을 뿐이다.
> **행동 규범** : 나는 불공평을 해소하려 노력할 것이다. 나는 내 특권의 열매를 향유하지 않을 것이다. 나는 다른 사람을 우선해 돌볼 것이다. 나는 많이 가졌으니까.

신념 : 내 특권은 다른 사람보다 높은 위치에 나를 올려놓았다. 나는 이 우월한 지위를 부끄러워해야 한다. 나는 내 지위와 우월한 생각에 대해 대가를 지불해야 한다.

그 장면에서 아이 적 자신과 어른이 된 자신 사이에 나눈 대화를 기술하라. 앤은 쓰기를,

어린 나 : 하지만 그것은 공평하지 않아. 내가 그렇게 많이 갖지 않았다면 골고루 나눠가졌을 거야.

성인 나 : 그렇긴 하지. 그렇다고 죄책감을 갖는다고 공평해지는 것도 아니고, 그것이 네가 찾는 지혜도 아니야.

어린 나 : 나는 그들이 더 나은 상태가 되는 방법을 알아. 나는 내가 더 많이 가진, 성공과 행복, 통찰이나 기회를 그들 앞에 드러내서는 안 돼. 그리고 평생 내가 가진 것을 그들도 가질 수 있도록 전해줄 거야.

성인 나 : 너는 너 자신이고, 너는 네가 가진 것을 줄 수 있어. 나는 네가 그 생각을 유지하며 고통스럽지만 계속 배워나가는 과정을 참을성 있게 지켜볼 거야.

다른 참가자 매그Meg(Margaret)는 프리랜서 작가이며 이 프로그램에 참가했을 때 45세였다. 개인 방패의 낙원 상실 영역에 그린 피하 주사기로 작업을 시작했을 때, 그녀는 아래 장면을 떠올렸다.

내가 어릴 때의 주사기가 떠오른다. 엄마는 불쌍한 아버지에게 "제발 벤, 주사 한 방만"이라고 울부짖으며 애걸한다. 처방된 모르핀이 떨어진 것이다. 끝없이 반복되는 일상이었다. 천식으로 숨이 막혀 의식을 잃고, 아드레날린으로 살아나고, 너무 고통스러우면 모르핀으로 진정시키다 결국 중독되었다.

나는 감성이 풍부한 아이로, 몇 년 몇 개월을 침대에 웅크리고 불편한 마음으로 이 소리를 들어왔다. 나는 아홉 살 때 주사 놓는 법을 배워야 하는 아이 마음을 잘 안다. 최악의 공포는, 아홉 살 때 학교에서 돌아온 오후, 부엌 식탁에 팔다리를 늘어뜨리고 식은 커피를 손에 쥔 엄마를 발견했을 때였다. 나는 배운 대로 했다. 주사기에 아드레날린 5cc를 채우고, 뒤를 조심스럽게 밀어 공기 방울을 빼고, 기억하는 대로 주사를 놓는 것이다. 제일 어려운 순간이다. 엄마는 의식이 없고, 어른스러운 여성의 풍모는 온데간데 없으며, 나는 고작 아홉 살이었다.

나는 엄마 등을 의자에 기대고, 옷을 벗겨 가슴을 열었다. 이전에는 엄마의 가슴을 한 번도 본 적이 없었다. 응급 상황을 대비해 교육받았을 때, 그들은 내 가슴 뼈를 세어 흉골 옆에 주사 찌를 곳을 알려주었고, 레몬을 찔러보게 한 게 전부다. 나는 바늘이 엄마 몸에 들어갈 때 명확히 레몬보다 단단하다는 것을 느꼈고, 바늘이 휘어지거나 부러지지 않을까 겁먹었다. 그러나 들은 대로 해냈다. 한 시간이 안 돼 아빠가 왔고, 의사를 불러 엄마를 잘 돌보았다.

후에 아빠는 나를 '용감한 어린 병사'라 부르며 잘했다고 칭찬했다. 나는 이 사건 이후로 어른이 될 때까지 결코 울지 않았다고 생각했다. 나는 의식하지 못했지만, 습관적으로 아프다고 하는 사람을 은근히 경멸했고, 다른 사람을 부려먹고 속이는 사람이라 여겼다. 나는 내 아이들을 헌신적으로 잘 돌보면서 내가 아픈 건 숨겼다. 열두 살 때 엄마가 돌아가실 때까지 지속적으로 보살펴야 했던 나는, 내가 아픈 것을 증오하고 용납하지 못한 것이다.

나는 내 존재를 증명하기 위해 역겨운 것도 감내하는 의젓한 사람이어야 한다는 것을 배웠다. 내가 감당할 역량 이상의 일을 한 것이 이 세상에서 가장 중요한 사람, 아빠의 칭찬을 끌어냈다는 것을 알았다. 나는 그 일을 공포 속에서 해냈다는 것을 잊고, 공포는 '용감한 어린 병사'의 역할에 맞지 않기 때문에 그것을 숨기기로 결정했다.

나는 성과가 존재를 정당화한다는 것을 배웠고, 내가 한 일은 언제나 잘해봐야 의심스러운 일이고, 최악의 경우에는 위선적인 일이라고 결론지었다. 지옥에 갈지도 모른다고 겁내는 연약한 소녀가 마음속에 숨 죽여 있으면서도, 사람들이 나를 용감하게 여기는 것을 그대로 두었다. 이것은 공정하지 않은 일인데도, 어린 소녀는 '용감한 어린 병사'라 불리는 기쁨을 포기할 수 없어 자신의 공포심을 인정할 수 없었다.

내 마음의 한 부분은, 사람들이 내 눈에서 선함을 보고, 내 본질이 아닌 내 말과 행동으로 보여지는 외양을 본다고 믿는다. 그와 달리 다른 한 부분에서는 내가 멋지고 선하고 꽤 괜찮은 여성이라는 것을 극렬하게 반대한다. 내 인생 목표는 보살피는 사람이 되는 것인데, 하나님은 내 이타적인 선행에 감사하지 않는 다른 사람들도 돕는다. 만약 사람들이 나를 '용감한 어린 병사'로 인정하지 않는다면, 나는 그들을 가깝고 친밀한 사람이라 생각하지 않는다.

매그의 '용감한 어린 병사' 주제는 친절함과 친밀함을 위해 값비싼 대가를 치른 것에 주의를 기울이게 하고, 그녀 자신의 취약한 부분과 지지가 필요하다는 것을 자각하게 한다. 그녀가 엄마를 도왔을 때, 그녀는 어쩔 수 없이 그런 보살핌을 떠맡았다. 그러나 그녀 마음 한구석에는 보살핌을 받기 원하는 '화난 어린 소녀'가 있었고, 동시에 '용감한 어린 병사'로 보여지기도 했다.

더 이상 자신의 편이 아닌 신화 영역을 알게 되고, 자신의 과거에서 그것의 근원을 탐색하면서 이 프로그램의 중요 지점에 도달했다. 어떤 사람들은 이 지점에서, 자신이 발견한 부정적인 행동 패턴을 바꾸는 것은 거의 불가능하다고 생각하며 낙담하기도 한다. 그런 감정이 들거든 여러분은 이미 신화의 갈등 영역에 초대되어 그것을 드러내는 어려움을 극복하는 교육을 제공받았다는 것을 상기하라. 자신의 어두운 측면을 알아채는 것은 매우 어려운 일인데, 이 교육은 그 신화를 긍정적으로 다룰 수 있을 정도로 끌어내는 데 큰 도움을 준 것이다. 이 프로그램은 앞으로도 당신을 계속 지원할 것이다. 과정이 진행될수록 자신의 영혼을 억압했던 신화에서 힘찬 발걸음으로 벗어나면서, 점차 내면의 빛이 풍부한 영역에 도달할 것이다.

이 다음 여정에서는, 비록 낡은 신화면서 아직 힘을 발휘하는 신화와 그것에 대항하여 부상하는 신화 그리고 이 둘의 여전한 갈등에 대해 더욱 정교하게 자각하게 될 것이다. 다른 영역에 가려진 통찰을 얻기 위해 최근의 꿈을 살펴보라. 다음에 제안하는 꿈 품기가 다가올 작업에 도움이 될 것이다.

꿈에 집중하기 : 갈등 신화에 대한 새로운 조명

목적 : 대항하는 신화의 힘을 더 깊게 이해하기

꿈 품기를 한다. 꿈을 기록할 도구를 침대 맡에 두고, 다짐하듯 꿈 기록지에 쓴다. "나는 편안하게 푹 자면서 내 갈등 신화에 대한 새로운 조망을 꿈에서 볼 것이다. 깨어났을 때 꿈을 기억할 것이다." 그리고 잠들기 전에 신중하게 반복해 읊조린다. "나는 의미 있는 꿈을 꿀 것이고, 기억할 것이다." 깨어나서 꿈이 기억나지 않더라도 매일 반복한다. 꿈이 기억나면 보조 안내 2의 방식대로 꿈의 의미를 깊게 탐색한다.

앤은 아래 꿈을 기록하고 성찰했다.

나는 커다란 집에서 내 친한 친구와 놀려고 하는데 그는 전혀 관심 없다. 이런 일은 흔한데, 나는 속으로 화가 치밀어 오른다. 나는 얕게 그 주위를 날며 계속 그가 필요한 것이 무언지 알아내려 한다. 그는 계속 나를 무시한다. 나는 누가 나를 필요로 하는지, 누가 나를 떠나는지 계속 신경 쓴다. 내가 아는 심리학자가 보낸 새로운 사람이 나타나고 내가 그들의 문제를 도우리라고 기대하고 있다. 그는 물건을 파는데, 12달러 50센트이고, 세상 모든 물고기를 먹이도록 바다 속에 던져 넣을 물고기 먹이가 든 가방을 판다. 그는 이 일에 들떠 있다. 나는 헛된 일이라고 생각하면서도 그에게 중요한 일이라 그 가방을 산다.

내 친구를 보며, 그 집을 떠날 준비를 하는데, 큰 슬픔이 밀어닥친다.

무언가 그와 접촉할 어떤 일이 있을 것 같다. 나는 급강하한다. 나 없이도 모든 일이 잘 되고 있다. 내가 있는지 없는지 아무도 신경 쓰지 않는다. 나는 창문 밖으로 날아간다. 합창하는 사람들이 나를 지켜보고 고무하는 느낌이다. 조금 가다 되돌아와 뭔가를 찾아 다시 시도한다. 이 순간 친구에게 접근할 바른 방식을 찾을 것 같은 예감이 든다. 꿈이 끝난다.

내가 조명하길 원하는 딜레마는 왜 나는 나 자신을 중심으로 삼지 않는가이다. 나는 항상 불필요하게 내가 아닌 다른 사람이 원하는 것을 찾아주려 한다. 다른 사람과의 관계에서 가장 중요한 나의 암묵적인 언약은 과도할 정도로, 내 필요는 무시하면서 다른 사람을 위해 행동한다는 것이다. 물고기 먹이를 파는 사람은 나를 상징하는데, 모든 물고기를 먹이는 불가능한 일을 하려 한다. 물고기를 위해 돈을 지불하는 것은 헛된 일이라는 걸 나는 알고 있다. 이 꿈은 세상을 구원하려는 어리석고 헛된 내 욕망을 여실히 보여준다. 다른 사람의 요구에 초점을 맞추는 한 내 자신의 꿈을 이룰 수 없는 것이다.

갈등의 양 측면 이해하기

4주

신화 갈등의 근원에 집중하기

> 심리학이 추구하는 온전함은 대극의 합일에 이르는 것이다.
> — 진 시노다 볼렌Jean Shinoda Bolen[1]

한 나라의 역사도 서술 내용이 지속적으로 바뀐다. 그 역사에는 새로 발견된 사실뿐만 아니라 새로 전개된 신화까지 포함된다. 심지어 특정 문화를 대표하는 창조 신화라도 새롭게 개편된다. 많은 문화에서 신화는 이야기로 표현되어 사람들에게 도덕관과 영감의 원천이 된다. 성서의 우화와, 수피 이야기 같은 많은 지혜 문학은 전통적인 신화적 통찰에 기반한다. 유대교 하시디즘Hasidism에는 "사람에게 생각이나 사실을 알려 주면 그 사람의 지성(mind)을 밝힐 수 있고, 사람에게 이야기를 들려주면 그 사람의 영혼(soul)에 접촉할 수 있다"[2]는 격언이 있다.

현대의 남성과 여성은 어떻게 민족과 국가에서 분리되어 개인의 정체성을 확립하는가? 앤시어 프랜신Anthea Francine은 "자신만의 삶의 이야기"를 통해 신화와 동화에서 받는 것 같은 영혼의 인도를 받아야 한다고 주장한다.[3] 복잡한 현대 사회를 살며 경험한 다양한 역할과, 과거의 의미 있는 기억을 바탕으로 자신만의 대하소설을 쓰는 것은 의미 있는 일이다. 이번 장에서는 세 부분으로 이루어진 동화 중 첫 번째 부분을 창작하여, 개인의 동화 속에 담긴 신화적 요소를 탐색하면서 동시에 수긍되는 미래 지침을 도출할 것이다.

심리학자인 리처드 가드너Richard Gardner는, 스토리텔링의 힘을 적용해 문제 아동을 쉽게 돕는 방법을 계발했다.[4] 그는 아동에게 처음과 중간과 끝이 있으면서 교훈이 있는 이야기를 들려달라고 요청한다. 가드너는 이야기가 전개되는 동안 심리학적 관점으로, 해결 안 된 갈등이 드러나는 요소를 주의 깊게 듣는다. 차례를 바꿔 이제 가드너가 아동에게 들은 이야기의 처음과 중간과 끝을 교훈적 요소를 넣어 다시 들려준다. 그의 이야기는 아동의 이야기를 묘사하면서 심리학적 긴장을 포함해 구성된다. 가드너는 중심 갈등을 효과적으로 다룰 수 있는 인물을 포함하여 이야기를 구성한다. 아동은 신화적 수준의 이야기를 들으며, 개인 작업에 비해 더 효과적으로 새로운 개인 신화를 정립할 기회를 얻게 된다.

가드너는 마틴Martin의 이야기를 예로 들어 설명한다. 마틴은 내성적인 일곱 살 아이 때, 혹독하고 제멋대로인 엄마, 가끔은 따뜻하게 보살피기도 하지만 어떤 때는 공개적으로 아이를 싫어한다고 표현했던 엄마 밑에서 자랐다. 마틴은 벌에 쏘이지 않고 꿀을 얻으려는 헛된 노력을 하는 곰 이야기를 지었다. 이에 대한 응답으로 가드너도 꿀을 얻으려는 곰 이야기를 재편해주었다. 가드너의 곰은 벌들이 우호적일 때는 꿀을 조금 먹게 해줄 때도 있고, 어떤 때는 불친절해서 쏘기도 한다는 것을 깨달았다. 그럴 때면 가드너의 곰은 숲의 다른 곳으로 가서 단풍나무에서 시럽을 얻는다. 가드너의 이야기는 마틴에게 이제까지 삶과는 다른 새로운 신화를 제공할 수 있는데, 엄마의 적대 행위를 유발하지 않고도 사랑을 얻는 방식이 있을 수 있다는 것이 하나고, 또한 결핍을 보상하는 또 다른 방식을 선택할 수 있다는 것을 포함하고 있다.

동화에서 주인공으로 묘사된 자기 자신을 살펴봄으로써 자신의 본성을 자세히 들여다보고, 독특한 이야기에서 발현되는 인간 여정의 경이로움을 인식할 수 있을 것이다. 다음 의례에서는 개인의 역사를 이야기로 표현할 것이다. 이 과정에서 신화 발달의 극적인 지점을 더욱 잘 분별할 수 있을 것이다. 새롭게 떠오르는 신화의 방향을 예견할 수 있는데, 이는 상처를 완전히 이해하고 치유를 시작하는 계기가 될 것이다.

세션 1 : 자신의 동화 1부

목적 : 자신의 유도 신화가 처음 만들어진 과정을 드러내는 동화 창작

우리는 동화를 창작할 재료를 이미 많이 가지고 있다. 개인 방패의 상징들, 낙원과 낙원 추방 그리고 낙원에 복귀하기 위해 적용한 비전, 목표들을 소재로 사용한다. 그리고 개인 의례에서 도출된 세상을 살아가는 자신의 방식과 결심들, 혹은 꿈에서 보인 갈등들을 포함한다. 여기서 잠시 쉬며, 이제까지 작업한 개인 방패와 꿈 기록지, 신화 갈등의 근원을 탐색한 기록들을 되짚어볼 수 있다.

동화의 배경은, 고대 왕국, 미래 도시, 먼 은하계, 원시 문화, 역사 시대, 요정과 난장이의 나라, 동물 가족—사슴, 얼룩다람쥐, 침팬지, 바다 수달—등 원하는 모든 것을 사용할 수 있다. 첫 페이지에 '동화 - 1부'라 쓰고 아래 순서에 따라 구성해본다.

편안한 환경을 찾아 상상 속에서 이야기가 스스로 떠오르도록 한다. 이야기가 떠오르는 대로 다른 사람에게 말로 전달해도 좋고, 스스로 녹음해도 좋다. 그 후 기록지에 이 이야기를 적으라. 시작하기 전에 동화 1부의 목적에 다시 한번 집중하라. 동화 1부의 목적은 1) 순수하고 희망에 가득 찬 여러분의 어린 시절, 2) 그 어린 시절의 상실, 3) 그 상실에 대처하기 위해 여러분이 발달시킨 철학과 신념, 행동 양식을 은유적으로 묘사하는 것이다. 이러한 신념과 규칙은 전 단계 의례인 신화적 갈등의 뿌리를 찾는 여정에서 발견한 신념 및 규칙과 매우 유사할 것이다.

"옛날 옛적에"와 같은 어구로 시작하여 이야기가 풀리는 대로 따라가도록 하라. 주인공에서부터 시작하라. 주인공은 옛날 옛적 상상 세계에 사는 여러분을 상징한다. 이 남성 혹은 여성 주인공은 여러분이 어린 시절 실제로 마주했던 문제나 갈등과 비슷한 문제나 갈등과 씨름한다. 주인공이 겪는 이 갈등에 기여하는 다른 등장인물과 상황이 이야기에 포함된다. 결말에서는 주인공이 어떻게 이 갈등을 해결할 수 있다고 느끼는지와 이를 위해 받아들인 철학과 신념, 행동 양식이 무엇인지 묘사한다. 미리 연습할 필요는 없다. 편집과 해석은 나중에도 할 수 있으니 자연스럽게 즉흥적으로 창작한다. 지금은 떠오르는 이야기를 판단하지 마라.

예상치 못한 반전이 나타날 수도 있고, 새로운 인물이 등장할 수도 있다. 또한 상상의 기준을 도입하여 여러분 동화의 문학적 가치를 평가하려 하거나, 이 책에 예시로 등장할 동화와 행여 비교하지 않기를 바란다. 다음 예문은 글 솜씨가 특별히 뛰어난 사람의 동화이기 때문이다. 다음은 앤의 동화 1부이다.

멀고 먼 옛날에 사랑스러운 소녀가 살고 있었어요. 그녀의 눈은 오디처럼 새까맸고, 그녀의 목소리는 시냇물처럼 맑았으며, 그녀의 마음은 언덕에 핀 야생 장미처럼 부드럽고 착했어요. 그녀는 자기가 태어나기도 전에 빛의 존재가 그녀를 찾아와, 그녀의 가슴 속에 작고 둥근 황금 조약돌을 심어두고 갔다는 것을 몰랐지요. 물론 아무도 그걸 몰랐는데, 사람들은 그녀 가까이 가면 어떤 낯선 광채가 빛나는 걸 느꼈어요.

소녀는 자기가 보는 세상과 사람들이 아는 세상이 다르다는 것을 몰랐어요. 그녀는 오랫동안 그녀가 가는 곳마다, 사람들이 그녀 주위를 감싸고 있는 황금빛을 기억했다는 것을 몰랐어요. 왜냐 하면 그녀는 만나는 모든 것이 광채로 빛났기 때문에 다른 사람들도 똑같이 그러는 줄 알았으니까요. 그러나 그렇지는 않았죠. 그녀는 사람들이 즐겁고 행복하길 바라는 것 이외에는 생각한 적이 없었기에, 다른 사람들이 소녀와 똑같이 느끼지 않을 수 있다는 것을 상상할 수 없었어요. 그러나 사람들은 달랐지요. 그녀가 가져온 빛을 조롱하는 사람들 앞에서는 그녀도 볼 수 없었고, 빛은 사라졌어요.

어느 날 아침, 그녀가 정원에서 꽃을 돌볼 때 마을 친구들이 지나갔어요. 소녀의 가슴이 물결치고, 가슴 속 조약돌이 밝게 빛나기 시작했지요. 그런

데 그녀의 인사에 아랑곳없이 마을 아이들은 그녀를 놀리고 조롱하고 비웃는게 아니겠어요. 그들 중 하나가 돌을 던져서 소녀 뺨을 맞췄어요. 마을 아이들은 돌아서서 멀어져갔고, 남겨져 넋 놓고 쳐다보는 소녀의 오디 같은 눈에는 눈물이 가득차고, 뺨에는 붉은 피가 흘렀지 뭐예요. 오랫동안 그 자리에 서서, 소녀는 무슨 일이 일어났는지도 모른 채, 도무지 깜깜하기만 했어요. 그녀는 오후 내내 그렇게 서 있었고, 밤이 어두워지는 것처럼 그녀 가슴 속 조약돌도 점차 광채를 잃고 희미해졌지요.

그일 이후로 해가 지나면서 소녀는 자랄수록 점점 더 자신을 못 믿게 됐어요. 자기에게 뭔가 잘못되어 자기가 보지 못하는 걸 사람들이 본다는 것이 공포스러웠어요. 그래서 스스로 변하려고 노력했는데, 아무 소용없었어요. 소녀는 점점 더 수줍어지고, 소심해지고, 매우매우 슬퍼졌어요. 뭔가 잘못되고 있었지요. 소녀도 느낄 수 있었어요. 가슴 속에 돌이 얹힌 듯 커다란 압박감을 느꼈어요.

읽은 대로 앤의 동화 1부는 자신의 과거 경험과 개인 방패, 두 가지와 밀접한 관련이 있다. 파라다이스를 배경으로 시작하여, 단일한 사건으로 낙원 상실을 표현하고, 낙원 복귀를 목표했지만 실패하게 했던 행동 방식을 드러낸다. 각자의 동화에도 주인공이 경험한 어두운 상처와 배반, 혹은 실망 들이 명확히 묘사되고, 이러한 어려운 상황을 극복한 결심들이 반영될 것이다. 매그는 과거 경험과 개인 방패를 먼저 살펴보고, 이야기를 시작했다.

옛날 옛날에 대륙과 멀리 떨어진 섬이 있었는데, 거친 해협이 가로 막아 보트나 수영으로는 건널 수가 없었지요. 작은 소녀, 주아니타 마가렛Juanita Magaret이 섬에 살았어요. 그녀는 새벽부터 밤까지 할 일이 많았지요. 하루에 두 번 절벽 아래로 가서 조수가 바뀌는 걸 살폈고, 메추라기 둥지의 알과 새끼들을 보살폈으며, 올챙이들이 마술처럼 개구리로 변하는 걸 관찰했고, 나비가 고치에서 나와 날개를 펴는 것을 경이롭게 지켜보았어요. 소아그라스 꽃다발을 모으고, 떠다니는 식물을 건지며 시간을 보냈어요. 나무에서 자라는 작은 오렌지 열매와 오디를 먹었고, 바닷가 바위에는 해초와 펄조개가 지천이었어요.

그녀는 자기 동굴에서 고아가 된 얼룩다람쥐와 절름발이 코요테, 둥지 속 제비를 키웠어요. 다람쥐는 씨앗, 절약, 근면, 미래, 나무 심기를 알려주고 코요테는 끈기, 숨기, 유연성의 가치를 알려줬어요. 제비에게는 기쁨과 알 품기, 자유를 배웠어요. 밤에는 절벽의 옴폭한 곳에 만든 구멍에서 노을을 보며 바다 곁에서 잤어요. 달과 바람이 잠자리 친구였죠.

주아니타 마가렛은 본토 사람들이 자기를 추방당한 아이로, 동정 받는 이상한 존재로, 난처한 상황에 처한 아이로 취급하는 걸 몰랐어요. 그들은 매우 바빴는데, 여기저기 정신없이 오가고, 재산이 늘어난 것을 떠벌리고, 옷과 외모에 신경 쓰고, 사람들과 대립하면서도 끊임없이 부산하게 만나고, 유혹과 기만, 거부, 고통, 환상 속에서 사느라 그랬지요. 그들은 그녀의 건전함이 불쾌했어요.

주아니타 마가렛을 누가 섬에 가뒀는지 정확히 아는 사람은 아무도 없었는데, 모두가 그녀가 없어진 걸 반긴 건 틀림없어요. 그들은 그녀가 새 옷을 입기보다는 사이프러스 나무에 오르길 좋아하는 게 못마땅했어요. 그녀가 소리 지르고, 이것저것 요구하고, 괴상하고 제멋대로인 것에 점차 화가 났어요. 거칠고 동물적인 행동에 짜증이 났죠. 그들은 그녀를 밖에서 놀게 두었는데, 그러지 않으면 차분하게 신문과 잡지를 읽을 수 없었기 때문이에요. 어느 날 아침 그녀는 낡은 보트를 타고 놀려다가 그만 태풍이 몰아쳐 섬의 해안으로 쓸려가버렸어요. 그녀가 돌아오지 않자 모든 사람이 안도했어요.

하루는 한 남자가 망원경으로 주아니타 마가렛의 섬을 봤어요. 섬에 진귀한 과일 나무가 많은 것을 보고, 또 절벽 아래 좁은 모래사장에 맑은 물을 보고 감탄했어요. "저기에 리조트를 지으면 큰돈을 벌겠는걸!" 곧바로 엔지니어들이 본토와 섬 사이의 해협을 연구했어요. 다리와 도로를 만들고, 과수원 호텔을 만들기 위해 오렌지와 뽕나무를 모두 잘랐어요. 오렌지 나무 한 그루와 뽕나무 한 그루를 외롭게 로비 화분에 심었을 뿐이에요. 절벽을 잘라 콘크리트와 철 손잡이로 계단을 견고하게 만들었죠. 쓰레기가 넘쳐났어요.

사람들은 주아니타 마가렛이 주차장 뒤편 수풀에 앉아 차에서 버려진 종이봉지 속의 부스러기 음식을 먹는 것을 보았어요. 소녀는 처음에는 사람들과 같이 가는 것을 꺼리다가 따뜻한 양말과 시나몬롤을 받고는 본토로 다시 돌아가기로 고개를 끄덕였지요.

주아니타 마가렛은 학교에 갔고, 다람쥐와 코요테와 제비 친구들을 두고 가서 그들은 스스로 살아가야 했는데, 그녀가 너무 어려 뭘 어떻게 해야 할지 몰랐기 때문이지요. 새로운 생활이 마음을 매우 혼란스럽게 했는데,

사람들은 그녀 의견은 묻지도 않고 명령했어요. 이제 소녀는 침대에서 자야 했고, 바다 대신 욕조에서 씻어야 했으며, 부드럽게 말하고, 존중하고, 사람들을 섬기고, 잠재력을 발휘해야 했어요. 그녀는 "해서는 안 될 말이 있어", "네 성질이 너를 망칠거야"라는 말을 들었어요. 일을 망칠 때나 솜씨가 없을 때면 "여자들이란" 말을 들으며 모욕감을 느꼈어요. 그녀는 정숙한 아가씨가 되는 법을 배워나갔어요.

동화 1부를 기록지에 쓰고(혹은 구술한 것을 옮겨 쓰고), 그것을 다시 읽어라. 그러고는 그것이 담고 있는 의미를 성찰하는데, 꿈처럼 다루거나, 창조적 투사 방식을 사용하거나, 이야기 속에서 가장 생생한 반응을 되살리는 집중요법focusing[5]을 사용한다. 집중요법의 진수는 경험과 연관된 몸의 반응에 직접 주의를 기울여, 의미를 담은 '절실한 감각felt sense'을 찾는 것이다. 몸의 반응에 무어라 이름 붙일지 묻고, 몸의 반응이 과거 어떤 기억을 떠오르게 하는지 찾고, '절실한 감각'에서 무언가를 알 수 있을 것이다. 안 것을 확신하기 위해, 또는 결과가 같은지 확인하거나 답을 얻기 위해 같은 과정을 반복할 수 있다. 몸의 긴장이 완화되는 것이 '절실한 감각'에서 어떤 중요한 정보를 얻었다는 표시다. 앤은 동화에서 소녀가 돌로 뺨을 맞은 사건을 집중요법을 사용하여 탐색했다.

내 몸이 겪은 감정은 '충격'이다. 내 안에 무언가가 마비되었다. 그 무엇이 움직이지 않는다. 나는 충격에 빠졌다. 나는 인간사 딜레마의 비극, 우리가 자초한 선택들, 잔인함과 폭력, 고독, 돌아갈 곳을 모르는 길 잃은 혼란

등으로 얼어붙었다. 그 거대함에 압도당했다. 충격 상태에서 길고 긴 시간을 그 자리에 붙박여 있었다. 무언가 심각하게 잘못됐다는 두려움이 밀려왔다.

매그는 자기 이야기의 여러 다양한 장면에 대한 반응을 집중요법을 사용하여 탐색했다. 주아니타 마가렛이 본토 사람들에게 동정 받고, 추방당하고, 난처한 상황에 몰릴 때 나타나는 몸의 반응을 탐색하여 기록했다.

내 얼굴이 붉어지고, 무언가 부적절한 느낌이 든다. 내 눈은 반항적이고 도전적이다. 입이 분노를 담고 있다. 입술을 앙다물고, 이금니를 꽉 깨물고, 숨을 고른다. 또한 자부심, 일종의 우월감도 느낀다. 그것은 윗입술에서 감지되는데, 일종의 냉소가 입꼬리를 당긴다.

나는 언제나 조롱하거나 생색내는 낌새에 심하게 화를 냈다. 놀림 받았다는 생각에 쉽게 빠져들고 그러면 가차 없이 방어적이 되었다. 나는 언제나 희생양을 만들고, 일반화하고, 나를 업신여기는 사람이나 집단을 멀리하는 경향이 있었다. 그런 집단에게 결코 약해 보이지 않으려 했다.

나는 허락을 구하거나, 부당한 타격을 주고, 스스로 얄보고, 혹은 바보 같은 관료적인 규칙, 규약과 규범을 따르는 행위들을 정치적으로 결정하는 상황에서 언제나 참담한 실패를 거듭했던 것이다.

주아니타 마가렛이 소리 지르고, 괴상하고 제멋대로였기에, 언제나 '밖으로 내보내 놀게 했던' 상태를 주목할 때, 그녀는 달라지는 몸의 반응을 알아차렸다.

위가 긴장되고, 뒤집어진 건 아닌데, 근육이 단단하다. 호흡이 느껴지고, 조절되고, 느리다. 바위같이 단단하고, 움직이지 않고, 딱딱하고, 굳어 있고 그리고 내 근거를 확보하기 위해 필사적이다. "안 할게"가 목과 턱, 눈에 느껴진다.

나는 한 번도 기품 있게 주는 법을 배우지 못했다. 살인과 공공질서 파괴, 자해를 상상했다. 나는 붕괴되었다. 싸움에 빠졌다. 문을 꽝 닫았다. 거의 자살 직전이었다. 나는 진심으로 "미안해요"라고 말하는 법을 배웠으나, 원칙에서 한 걸음 물러서는 법은 배우지 못했다. 나는 타협할 수 있고, 팀원이나 파트너로 협력할 수 있는데, 무시당하지 않거나 원칙에 위배되지 않을 때만 그렇다. 나는 모욕에 매우 민감했고, 그것을 기대하고 부추겼다. 얼마나 끔찍한 깨달음인지! 얼마나 업무에 파괴적인지!

우리는 이러한 매그의 고백과 동화 1부를 통해, 그녀가 고도로 개인주의적인 여로에 있음을 알 수 있다. 동화 1부에서 그려진 낙원의 최초 비전에서 그녀는 혼자였다(그리고 그녀는 진실로 어린아이였다). 앞으로 매그의 동화 2부에서도 그녀의 낙원 복귀 비전이 고립된 여정임을 볼 수 있다. 그녀가 자연과 사랑을 원할 때, 그것은 그녀 자신의 언어가 되어야 한다. 그녀의 변경된 자아인 주아니타 마가렛은 상처받은 동물과 집 없는 새를 매우 잘 돌보았다. 그러나 사회 문화와 맞닿자, 호텔의 쓰레기통을 뒤지고 동료와 놀 친구 없이 배회했다. 섬을 일단 떠나자, 자연의 피조물들과 친구인 '땅의 아이'와 화합하지 못하는 반항적인 주아니타 마가렛이 된다.

동화의 1부를 반추하거나 혹은 다른 개인 의례로 작업할 때, 강한 감정을 겪은 경험에 집중해서 시작할 것과, 몸의 반응에서 단서를 찾을 것을 권한다.

세션 2 : 과거 상처 치유하기

목적 : 역기능 신화에 얽매여 있는 정서적 상처를 보살피기

개인 방패의 낙원 상실 영역의 상징, 신화 갈등의 근원을 찾는 과거 여행 그리고 동화 1부까지, 이 모든 것은 제각각 치유를 기다리는 정서적 상처를 포함하고 있을 것이다. 어떤 꿈은 그러한 상처를 바라보는 창이 되면서 자연스럽게 치유 과정을 촉발한다. 일단 해결되지 않은 정서적 트라우마를 자각했으면 자신의 에너지를 치유에 바로 사용할 수 있다. 물론 치유 과정은 연속된 시간의 변화가 필요한데, 의식적인 과정 속에서 즉각적으로 마음의 평화를 얻고, 한계에 이른 신화를 변화시키는 에너지와 창조성이 상처에서 탄생하여 방출되는 것을 경험할 수 있다.

농부면서 유명한 갤러리에서 전시회를 연 아마추어 사진작가인 스튜어트Stuart는 이른 청소년기에 부모 모두를 잃었다. 그는 무의식적으로 그리

고 때로는 너무도 의식적으로, 자기는 아이들이 다 자라면 바로 죽을 운명이라는 신화에 사로잡혔다. 부모의 때 이른 죽음이 충격이 되어, 그 자신의 이른 죽음을 상상하는 것이 죽음의 불확실성과 소화되지 않은 슬픔을 견디는 데 도움을 주었다. 그가 (자녀가 자라면) 일찍 죽는다는 것을 받아들이면 미래의 불확실한 죽음에 대해 걱정하지 않아도 되는 것이다. 그렇게 일단 자신의 아이가 생기자 그들이 성장하는 것을 보기 전에는 죽지 않게 해달라고 신께 간청했다. 대신 아이들이 성장하면 그때는 기꺼이 운명대로 죽겠다고 서약했다. 자녀들이 자신의 부모가 죽었던 자기 어린 시절 나이에 이르자 그는 이 계약이 공포스러워졌다. 왜냐하면 고작 40대 중반인 그가 아이를 갖기를 원하는 여성과 재혼을 했기 때문이다. 새로 태어난 아기가 채 자라기 전에 자신의 오만한 계약대로 죽어야 하는 공포를 견뎌낼 수 없었다.

이 거대한 신화, 정체성과 미래 감각에 깊이 뿌리박힌 신화를 바꾸는 것은, 심리치료사가 말하는 방식처럼 아직 치유되지 않은 정서적 상처를 '전이working through'로 촉진할 수 있다. 다음 의례는 당신이 과거에서 전이할 준비가 된 영역을 발견하는 데 도움을 줄 것이며, 거기에서부터 시작할 것이다. 스튜어트의 경우는 부모의 죽음에 따른 격정을 전이했을 뿐만 아니라, 그가 어린 시절 겪었던 신체적·성적 학대 같은 상처에도 아울러 주의를 기울여야 했다. 심리적으로 과거의 상처를 전이하여 치유에 이를 수 있다. 이로써 새로운 미래를 여는 신화의 변환이 가능하다. 상황이 다루기 어렵고 고통이 극심하면 외부 도움을 받는 것이 현명하다. 스튜어트는 형성된 유도 신화가 너무 완강했고 그에 따른 날것의 정서 상처가 생생해 심리 치료의 도움을 받았다. 남편이 자신과 아이를 갖고 싶어 한다고 그의 아내가 말해준 것이 신화 변환의 이정표가 되었다.

외부 개입 없이도, 정신은 끊임없는 방해 속에서도 스스로 계속 과거 상처를 다루고 치유하려 노력한다. 전이되지 않은 정서적 상처는 강력한 에너지 파장을 가진다. 특히 초기 상처와 유사한 환경 자극을 받는 경우에는 지각을 왜곡하는 경향이 있다. 위험에 노출되고, 기회를 상실하고, 상처로 야기된 감정적 무게에 짓눌릴 수 있다. 또한 치유되지 않은 상처는 상처받을 만한 곳을 멀리해서 더 이상의 정서적 위험을 방지하기도 한다.

아직 시도해보지 않은 부상하는 신화를 위해, 실패했으나 친숙한 신화를 포기하는 것은 불안한 일이다. 그러나 정서적 상처는 영적으로 갱신할 기회가 되기도 한다. 장 휴스턴은 "고통은 견딜 만하다고 생각하는 그 경계를 쪼개는 반면" 또한 치유와 변형의 씨앗을 품고 있다고 말한다. 이 진실은 인류가 오래전부터 알고 있었다. 휴스턴은 계속 말하기를 "그리스 비극에서 신은 스스로 인간 의식에 들어오는데" 그들 영혼이 상처받았을 때다. 그리고 "주인공이 인생의 큰 깨달음으로 성장하고 제 역할을 할 수 있는 것이 오직 이 상처를 받은 때"라고 말한다. 영혼의 성장은 "과장된 이야기로 손상된 정신"의 회복을 포함한다.[6] 우리의 삶은 과거 이야기에 영향을 받기 때문에, 과장된 이야기로 손상된 정신은 거대한 위기를 품고 있다. 따라서 이 과장된 현실을 자각하지 못하면, 과거 이야기를 계속 반복하는 무덤에 갇히게 된다. 휴스턴이 확신하듯이, 상처는 "우리가 기꺼이 과거 이야기를 청산할 때 신성하게 되고, 미래의 새로운 이야기로 실어 나르는 탈 것이 된다."[7]

이번 의례에서는 신화 갈등의 해결을 방해하는 과거의 정서적 상처를 자각하여, 깨어 있는 의식 상태에서 정서적 치유 과정을 시작할 것이다. 의례에 들어가기 전에 다음 질문을 염두에 둔다. 과거 신화가 분명 결함이 있는데도, 그 신화를 바꾸기 어렵다고 믿는 지점은 어디인가? 앤은 쓰기를,

나는 매우 축복받은 사람이다. 내겐 열 개의 달란트가 주어졌다. 나는 내 인생을 쉽게 시작할 선물을 받았고 다른 사람들이 아는 것보다 훨씬 많은 가능성을 안고 태어났다. 나는 내가 작아짐으로써 공평한 세상을 만들려 했는데, 그것은 삶을 낭비하는 헛된 노력이었다. 한편 나를 작게 하려고 노력했기에 내 안에 있는 빛으로 아름다운 어떤 것을 만들 수도 있었다.

이 과거 신화의 한 부분을 포기하는 것은 내가 온전해져야 하는 것이고, 전적으로 혼자인 나를 견뎌야 하는 것이라 매우 어렵고 두려운 일이다. 내가 공허함의 덫에 갇히거나 연민을 잃으면 어쩌지? 내가 가진 힘은 헛된 것이 되고, 균형을 잃고 기반이 무너지면 어쩌지? 모든 걸 잃고 집으로 가는 길을 찾지 못하면 어쩌지?

준비 : 과거 신화에서 바꾸기 어렵다고 믿는 지점을 반추한 후에 그것을 기록지에 기술한다. 이 의례는 심각한 상처가 발생한 주위 환경에 초점을 맞춰 시작한다. 바꾸기 어렵다고 여긴 지점과 상처가 연관관계가 없어 보여도 이 단계에서는 신경 쓰지 마라.

이 의례에서는 베개를 준비한다. 베개 하나를 가지고, 완전히 편안할 수 있는 장소를 선택한다. 이전처럼 개인 방패를 지지와 방어를 위해 몸 가까이에 둔다. 베개를 끌어안고 앉거나 기대어서 심호흡을 하며 눈을 감는다.

안전하고 보호된 장소에서 호흡에 집중합니다. 주먹 쥔 손을 가슴 위에 두고, 호흡을 관찰하고, 배에 힘을 빼고 마음을 엽니다. 가슴이 열리는 느낌에 따라 손을 밖으로 꽃이 피듯 펼치고 몸 옆에 편안히 내려놓습니다. 호흡을 관찰하고 배에 힘을 뺍니다. 마음을 엽니다. 숨을 들이쉴 때마다 삶의 풍요를 들이미시고, 내쉴 때 긴장을 방출하고 더욱 편안히 이완합니다. 들이쉬고 내쉬면서 내면에 집중하여 내면의 현자를 초청합니다. "제 가슴을 당신을 향해 엽니다. 이 여정에 동행해 주세요."

동화 1부와, 동화가 표현한 개인 경험을 되새깁니다. 이 경험에서 마음의 상처로 고통 받고, 존엄성이 훼손당하고, 행복이 깨졌습니다. 깊이 숨을 쉬고 그 상처가 몸의 어디에 자리 잡고 있는지 느껴보십시오.

베개를 집어 가까이 끌어당겨 몸의 상처 부위에 대십시오. 상처에 주의를 기울이고 접촉함에 따라 상처의 감각이 변하는 것이 느껴집니다. 이제 이 베개가 과거 상처를 받아들인 어린 자기 자신이 된 것을 상상합니다. 베개를 끌어안고 편안하게 안아줍니다.

베개로 표현된 어린 자기를 안고 있는 동안 내면의 현자가 내 고통을 알아주고 도와줄 것입니다. 내면 현자의 치유 손길이 나를 감쌉니다. 빛을 발하며 한 손은 고통이 심한 어린 나에게, 다른 한 손은 상처가 있는 내 몸에 댑니다. 내면의 현자는 우주의 치유 에너지를 상처에 바로 주입합니다. 내면의 현자가 나 자신의 호흡에 맞춰 숨을 쉬며 치유의 기운을 불어넣음에 따라 내 몸이 따뜻해집니다. 숨을 들이쉴 때마다 신선한 기운이 들어와 내 몸을 치유합니다. 숨을 내쉴 때마다 오래되고 퀴퀴한 잔재들이 빠져나갑니다. 현자의 손이 상처 부위에 있는 동안 치유가 계속 진행되는 것을 주시합니다.

이제 현자의 지혜를 구합니다. 어떻게 하면 나를 더 잘 보호할 수 있고, 과거 상처가 불거지는 것을 피할 수 있습니까? 묻고는 대답을 기다립니다. 한번 더 현자가 손을 어린 자기의 상처에 얹고 치유의 힘을 불어넣어줍니다. 다른 질문이 있으면 더 묻고, 대답을 기다립니다. 대답을 듣고 떠날 준비가 되면 인사를 드립니다.

이제 안고 있는 어린 자기, 베개에 주의를 기울여 사랑스럽게 쓰다듬고 용기를 북돋아줍니다. 과거 상처가 경험이 되어 새로 배운 생각을 부드럽게 들려줍니다. 어른인 당신이 거기에 함께 있습니다.

사랑의 빛으로 이 아이를 감쌉니다. 더욱 꼭 힘주어 안아줍니다. 둘이 서로 울고 있는 나를 봅니다. 꼭 안고 있는 동안, 어린 내가 점차 내 몸에 스며들어 나와 한 몸, 한 마음이 됩니다. 상처가 아문 자리를 보면서 어린 내가 나에게 준 선물을 느껴봅니다. 순수함, 열정, 창조성, 희망의 감정들입니다. 상처 부위가 깨끗이 나아 생생해진 것을 느낍니다.

깊게 숨을 들이쉬며 현재의 나이, 현재의 순간으로 돌아옵니다. 감각이 변하는 것을 지켜봅니다. 이 치유 의례를 여러 번 반복할 수 있습니다. 부분 부분 나누어 할 수 있고, 어린 나에게 다시 올 것을 약속하고 필요한 만큼 치유 에너지를 수시로 줍니다.

이제 일상의 깨어 있는 의식으로 돌아올 준비를 합니다. 이 경험에서 필요한 모든 것을 기억할 것입니다. 매우 부드럽게 자신을 깨웁니다. 손가락과 발가락을 움직이고, 손과 발을 움직이고, 기가 순환하는 것을 느낍니다. 어깨를 스트레칭합니다. 팔과 다리, 목과 얼굴 근육을 차례로 스트레칭합니다. 깊게 숨 쉬고 이제 방으로 돌아옵니다. 눈을 뜨면 방금 개운하게 한잠 자고 난 듯 산뜻합니다. 일상의 활력을 되찾습니다.

이 경험을 기록지에 쓰고, 그것의 의미를 반추하라. 앤은 이렇게 썼다.

낙원 상실을 야기한 깊은 상처가 자리 잡은 몸의 장소는 현자의 세계에 들어갔던 때와 동일하다. 현자가 앞으로 와서는, 내 힘과 내 지혜는 내 상처에서 나왔다는 것을 내게 분명히 알려줬다. 현자가 내 심장에 손을 대 치유하려 하자 그녀가 두 여성으로 쪼개진다. 현자가 내게 말하길 자신의 마돈나 같은 부위는 내 안에서 활발히 활동하며 무조건적인 사랑을 주는 부분인데, 이 부분이 다른 부분 '검은 식별자'와 연합하지 않으면 위험하다고 일러줬다.

치유는 상처를 제거하는 게 아니라 포함하는 것이고, 그것에 의해 완화되고, 그것이 가져온 선물을 증류해 뽑아내는 것이라는 게 명확해졌다. 내가 어린 소녀가 되었을 때 받은 선물은 마돈나와 같은 부드러운 달콤함과 자비였고, 내가 성인 여성으로 계속 육성한 선물은 '검은 식별자'의 힘과 능력이었다.

이 의례를 여러 다양한 방법으로 시도할 수 있다. 원하는 대로 여러 번 반복할 수도 있고, 다양한 방식을 적용할 수도 있다. 때로는 작업 중에 다른 힘든 기억이 떠오르면, 그 사건과 연관된 상처를 같은 방식으로 치유할 수 있다.

만약 이 의례를 마치고도 감정의 앙금이 남는 옛 상처가 드러나면, 2주차에서 배웠던 방식대로 개인 방패를 이용해 방어하라. 또는 보조 안내 3에 있는 다른 방식으로 처리되지 않은 감정을 다스려라.

세션 3 : 낡은 신화와 작별하기

목적 : 낡은 신화와 연결된 정서적 상징의 고리 끊기

개인 방패와 과거로 여행, 동화 1부를 통해 지금의 사고방식과 행동 방침이 이제 더는 도움이 되지 않는다는 것을 알게 됐다. 그러면서 여전히 감정은 과거와, 초기 환상과 존재 방식에 묶여 있는데, 세계를 이해하고 문제를 해결하려고 노력했던 초기 시도에서 비롯된 것들이다. 창조적

인 새로운 해결책과 새로운 존재 방식을 도출하기 위해서는 과거 패턴에 묶여 있는 감정의 사슬에서 분리될 필요가 있다. 이 의례를 통해 과거에 고착된 감정의 매듭을 자르고, 고름을 짜듯 감정을 뽑아낼 것이다.

과거 신화와 결별하는 이 의례를 5단계로 정형화했는데, 페그 엘리어엇 메이오Peg Elliott Mayo가 개발한 사별 의례를 모형으로 삼았다.[8]

1. 사별 의례는 죽어서 애도할 사람을 떠올려 맞은 편 의자에 앉힌다. 상상 속의 상대편은 마술처럼 사람의 감정과 냄새, 모양과 소리를 내는 실제 사람이 된다. 사별한 사람에게 말을 거는 일련의 여러 단계 말 중에, 처음은 "나는 기억해"로 시작한다. 예를 들어, "테드, 나는 기억해, 네가 프러포즈했을 때를." "테드, 나는 기억해, 차가 길 밖으로 튕겨나갔을 때를." "테드, 나는 기억해, 네가 아이스 스케이트장에 데려갔을 때를."

2. 그 다음, 사별한 사람에게 과거에 화났거나 실망했거나, 다른 힘들었던 감정을 토로한다. 일련의 말 중 이 단계에서 처음은 "나는 화가 나"로 시작한다. "테드, 나는 화가 나는데, 네가 외출할 때마다 귀가가 늦은 것이 화가 나." "테드, 나는 화가 나는데, 네게 해준 그 많은 일을 거의 인정하지 않아서 화가 나."

3. 사별한 사람에게 말할 때, 이 단계에서는 "나는 감사해"로 시작한다. "테드, 나는 감사해. 내가 아팠을 때 많은 꽃을 가져다줘서." "테드, 나는 감사해. 내가 죄책감이 들지 않도록 네가 감당할 몫 이상으로 가족의 재정을 책임져줘서 감사해." (2단계와 3단계는 1단계의 기억

난 사건에 따라 서로 뒤바뀔 수 있다.)

4. 사별한 사람에게 축복의 말을 완성하는데, 서로의 관계에서 망자가 주길 원했던 선물을 자각하여 찬사의 말을 건넨다. "테드, 네가 나에게 준 사랑을 깊이 간직할게." "테드, 네가 컴퓨터를 가르쳐준 것과, 집 주위에 날아든 새들의 습성에 대해 가르쳐준 것을 깊이 간직할게."

5. 마지막 단계는 작별 인사를 한다. "Good-bye안녕"은 고대 영어에서 "God be with ye신의 가호가 있기를"라는 말의 축약형이라는 것을 기억하라. 남은 사람이 스스로에게 묻는다. "[떠날 사람의 이름]을 보낼 준비가 됐니?" 그렇다면, 떠나는 사람을 축복하고, 헤어지는 것이 단지 포기가 아니라 긍정의 과정임을 고백한다.

우리는 이 사별 의례를 옛 신화를 넘어서려는 사람을 돕기 위해 채택했다. 과거 신화는 명확히 부정적이면서 상실감과 슬픈 감정으로 사람을 분리시킨다. 이 의례를 사용하여 과거 신화를 사람처럼 다룬다. 과거 신화를 떠나보내고 새로운 신화를 방으로 맞는다. 의례를 진행하기 전에 앤의 경험을 참고하라. 앤은 자신의 과거 신화를 이렇게 표현했다. "내자신의 이익에 대해서는 말하지 못하고, 그들이 원한다고 생각하는 것은 무엇이든 주려했던 나와 작별한다." 이 의례에서 그녀는 과거 신화를 직접 이야기했다.

나는 기억한다 : 나는 하나도 안 들리던 막막함을, 혼자 무방비였던 불안

을, 고양이 한 마리만 원했는데 열두 마리를 보살펴야 했을 때를, 다른 사람을 돌보느라 목욕할 시간조차 낼 수 없었던 날들을, 손님들에게 방을 내주고 정원에 텐트를 치고 자야 했던 때를, 내 파트너가 나를 가볍게 취급하도록 자초한 일을 기억합니다.

나는 후회한다 : 나는 특별히 감사하지도 않는 사람을 위해 헌신한 것을 후회하고, 나 스스로를 돌보지 않고 몸을 혹사한 것에 화나고, 받은 돈을 고귀하게 사용하지 않는 사람들에게 많은 돈을 준 것이 화나고, 나를 밟고 넘어서게 허용한 바보 같은 행위에 화가 납니다.

나는 감사한다 : 나는 당신께 내 안에 친절과 연민을 일깨워주고, 강한 독립심을, 다른 사람의 감정과 필요를 예측할 수 있는 깊은 직관력을, 다른 사람에게 쉽게 다가갈 수 있는 개방적인 인간성을 키워줘서 고맙습니다.

나는 간직한다 : 나는 다른 사람의 외로움을 아는 연민을, 독립성을, 다른 사람의 욕구를 읽는 능력을, 다른 사람을 향한 관심의 마음을 내 것으로 간직합니다.

안녕 : 나는 수많은 사람과 과거 신화의 줄로 연결되어 있는 것을 느낍니다. 나는 그것을 고무줄처럼 늘리고 늘려 사람들로부터 멀리 떨어져서 이제 더 이상 강박적인 방식으로 그들을 보살피지 않아도 됩니다. 내 인생을 좌우했던 다른 사람들과의 관계로 얽힌 여러 다른 굵은 줄들도 늘려서, 멀리 뒤로 떠내려 보내 나와 그것들 사이에 공간을 마련합니다. 그 줄들은 자를 필요도 없이 녹아 없어집니다. 멀리서 안녕이라 인사합니다. 적당한 때에 적절하게 이뤄진 일입니다.

준비 : 개인 방패와 과거로 여행, 동화의 1부를 다시 본다. 과거 신화에 기반한, 이제는 분리하길 원하는 문제가 되는 신념과 행동에 주의를 기울인다. 나아가 이 의례에서 집중하고 싶은 유도 신화의 영역을 선정하고, 앞선 의례에서 사용한 베개를 준비한다. 이 방식은 과거 신화를 인격화하여 대화한다는 것을 유념한다.

준비됐으면, 선 상태로 베개를 집어 듭니다. 앞서 베개는 상처 받은 시기의 어린 나를 나타냈습니다. 이 상처는 과거 신화를 잉태한 씨앗이었습니다. 이번에는 베개가 영혼을 가진 인격상으로 과거 신화 자체입니다. 보고 말할 수 있도록 베개를 앞으로 세웁니다. 과거 신화의 에너지를 베개 안에 불어넣습니다. 과거 신화와 연관된 행동 패턴, 사고, 감정을 베개에 불어넣습니다.

1. 그리고 일련의 단계에 따라 대화를 시작합니다. "나는 ……를 기억합니다." 예를 들어, "나는 여섯 살 때 아빠의 승낙을 받으려고 매달렸던 때를 기억합니다. 그리고 바로 어제, 어떻게든 내 아내에게 결사적으로 승낙을 받으려 하는 나를 기억합니다." 몸에서 올라오는 기억 전부를 느껴봅니다. 이 의례를 하는 동안 방안을 자유롭게 걸어 다닐 수 있습니다.

2. 과거 신화와 연관된 후회로 넘어갑니다. "나는 기억해"가 이미 과거 상처와 분노, 후회의 감정을 촉발시켰을 것입니다. 이 감정을 "나는 분해" 혹은 "나는 후회해"로 표현합니다. 예를 들어, "나

는 네가 준 굴욕감 때문에 화가 나." "나는 내 모든 에너지를 허락을 받는 데 허비한 것을 후회해." 감정의 강도에 따라 여러 번 반복할 수 있고, 화나 후회의 감정에 맞게 목소리의 톤과 크기를 그대로 내뱉습니다.

3. 이제 과거 신화가 나를 강하게 하고 지혜롭게 하며, 가치 있게 한 것에 감사하는 시간입니다. 문장의 처음을 "나는 감사한다"로 시작합니다. 예를 들어, "나는 당신이 다른 사람이 느끼는 감정을 알 수 있도록 가르쳐주어서 행복한 시간을 보낼 수 있었습니다. 감사합니다." "나는 당신 때문에 마지막에는 아빠에 대해 긍정적인 생각을 갖게 되었습니다. 감사합니다." 과거 신화가 나에게 공헌한 것을 깊이 자각합니다. 또한 먼 옛날 어린 시절에 이 딜레마에서 해결책을 구한 나의 창조성에 대해서도 감사합니다. 다시 시작합니다. "나는 감사합니다. ⋯"

4. 이제 과거 신화가 준 전략에 대해 찬사를 보냅니다. 특히 과거 신화 배후에 있던 내가 받고 싶었던 것을 강조합니다. "나는 간직해"로 시작하는데, 예를 들어, "나는 다른 사람의 마음을 알게 된 것을 간직해." "나는 아버지의 사랑을 간직해."

5. 의례의 마지막은 과거 신화와 이별하는 것입니다. 아직도 과거 신화의 기억, 배운 것, 그것이 가져다준 능력들이 존재합니다. 그러면서 이제는 과거 감정들은 개운해서 새로운 신화를 받아들일 준비가 됐습니다. 과거 신화를 나타내는 베개와 가장 강하게 연결된 곳이 몸의 어느 부위인지 감지합니다. 튜브든 빛이든

끈이든 서로 연결되어 있는 어떤 물질을 상상합니다. 어떻게 하면 가장 잘 분리될지, 자르거나 풀거나 잡아당기거나 사라지게 합니다. 지금 완전히 떠나보낼 준비가 되지 않았으면 다른 시간에 다시 반복하거나 여러 번 되풀이할 수 있습니다. 이제 나와 과거 신화가 연결되어 있는 것이 점차 사라지는 것을 시각화하고, 감각으로 느낍니다. 충분히 되었으면, 안녕! 인사를 하고 온 마음을 다해 베개를 풉니다.

잠시 고요히 머물고 성찰한 다음 기록지에 적습니다. 그리고 산책을 하거나 음악을 들으며 이완합니다.

꿈에 집중하기 : 낙원 복귀의 새로운 이미지

목적 : 깊은 무의식의 도움을 받아 유도 신화에서 새로운 방향을 향한 상징이나 통찰을 제공받기

개인 방패에서 낙원 복귀 이미지를 다시 떠올리고 확인한다. 어떤 일이 일어날지 보여달라고 꿈에 물어볼 수 있다. 실제적인 일이 아니더라도 좀더 만족스런 미래상을 힐끗 보는 것일 수 있다. 해왔던 친숙한 꿈 품기 방식으로, 침대 맡에 녹음기나 꿈 기록지와 필기구를 놓고 꿈 기록지에 천천히 온 마음을 다해 쓴다. "나는 오늘밤 편안하고 평화롭게 자면

서 낙원 복귀 이미지가 드러나는 꿈을 꿀 것이다. 내가 깨났을 때 꿈을 기억할 것이다." 개인 방패의 낙원 복귀 상징을 마음에 품거나 다른 긍정적 이미지를 품고, 잠들 때까지 앞의 말을 되뇐다. 첫날에 꿈을 기억하지 못하더라도 매일 밤 반복한다. 꿈이 아니더라도 아침에 떠오르는 생각이나 감정, 혹은 낮의 백일몽 역시 이 문제에 대한 통찰을 제공할 수 있다는 것을 기억하라. 꿈을 기록한 후에는 보조 안내 2를 참조하여 더 깊게 꿈의 의미를 탐색할 수 있다.

앤은 다음 꿈을 기록하고 성찰했다.

나는 부모님과 함께 남아프리카의 바닷가 여름 별장에 왔다. 작고 아름다운 집인데, 서까래 밑으로 먼지가 떨어지자 엄마가 "쥐다! 역겨워, 덫이 필요해"라고 말했다. 나는 "쥐가 싫어하는 소리를 내는 기구가 있어서 그들을 해치지 않고 내보낼 수 있다"고 말했다.

나는 창 너머로 다른 별장을 발견했는데, 그것은 내 소유고 그런 멋진 집을 가진 것에 흥분됐다. 부모님 별장을 떠나 아름다운 그 오두막으로 가는 길에 바다 밑으로 펼쳐진 전망을 보며 "나는 오두막이 전혀 필요 없어. 하늘이 저렇게 넓으니 바깥에서 달빛을 맞으며 여름 내내 잘 수 있겠어"라는 생각이 들었다.

부모님의 별장에서 잃어버린 낙원이 연상된다. 나는 더 이상 가족 속에서 역기능과 학대를 겪고 싶지 않았고, 집의 구조와 안정성을 파괴하는 '쥐'도 보고 싶지 않았다. 나는 "쥐를 죽이지 말고 (비효율적이더라도) 문제를 해결하는 부드러운 방법을 찾아보자"고 말했다. 음악으로 도망쳤던 내가 음향

기기를 도구로 선택했다는 것이 흥미롭다. 별장이 아름다웠지만, 피난처조
차 필요 없다는 느낌은 자연스럽게 나를 흥분시키는 낙원 복귀 이미지다.

신화 재건을 위한 근원 만나기

정신은 수천 년간 우리 대부분이 살아온 삶의 시간을 넘어
완전히 다른 존재를 향해 엄청난 속도로 움직이고 있다.
— 장 휴스턴 Jean Houston[1]

그리스 신화에 등장하는 바다의 신 프로테우스Proteus는 위기 상황에
서 모양을 바꾸는 능력을 지녔다. 로버트 제이 리프턴Robert Jay Lifton이
라는 한 정신과 의사는, 나치 의사와 히로시마 생존자, 베트남전 참전 용
사 그리고 조직적인 고문과 세뇌를 당했던 정치범들 및 군사 포로들과
심층 인터뷰를 했다. 그는 이를 기반으로 한 연구에서 인간의 악뿐 아니
라 강한 정신력을 차갑고도 사실적으로 묘사했다. 그는 위기 상황에 대
처하는 인간의 융통성을 프로테우스 신화에 빗대어 설명한다.[2] 오랫동
안 끈기 있게 인간의 파멸적 속성을 연구한 리프턴은 인간이 '프로테우스
적 자아'를 선천적으로 타고 난다고 결론지었다. 그에 따르면 이 '프로테
우스적 자아'는 프로테우스 신처럼 의지에 따라 다양한 모양과 형태를
띠며, 다양한 목적에 맞게 이 능력을 활용할 수 있다. 따라서 이 자아는
특히 어려움과 위기 상황을 맞이했을 때 높은 회복 탄력성과 창의력을

드러낸다.

현재 우리가 살고 있는 세상의 조건에서는 그 어느 때보다 이런 능력이 절실히 요구된다. 리프턴이 역설한 것처럼, "알게 모르게 우리는 쉼 없이 흐르는 시간 속에 우리를 적응시켜왔다." 개인으로든 집단으로든, 혹은 국가적으로 우리 모두는 "불변성과 안정을 미덕으로 교육받아"왔다. 하지만 우리의 세계와 삶은 불안정하고 예측 불가능해졌다. 그 결과 우리는 스스로를 "불안정하고 신경증적이거나, 그보다도 못하다"고 평가한다. 하지만 이러한 평가는 자아 정체성에 대한 과거의 정의에서 기인한 것이다. 과거에 내적 안정성은 강한 전통과 상대적으로 변하지 않는 문화적 상징과 관습과의 관계 속에서 형성된다.[3]

정체성에 대한 이러한 인식은 인간의 프로테우스적 잠재력을 일깨워준 세 가지 역사적 힘을 마주하며 구시대적 유물이 되었다.[4] 이들 세 가지 역사적 힘은 인간 멸종의 위기, 대중 매체 혁명 그리고 안정적인 결혼이나 예측 가능한 직업 사다리와 같이 인간의 삶의 기준이 되는 사회적 합의의 붕괴이다. 집단 생존을 위협하는 사회 혼란과 미디어가 쏟아내는 이미지의 폭격은 우리의 자아를 가차 없이 조각조각 부숴버렸다. 예를 들어, 어떤 이는 "현재 삶의 압박들과 문제들을 모두 고려할 때 안정적인 인간관계를 유지하는 것은 불가능하니 시도하는 것조차 무의미하다"라고 결론짓는다. 혹자는 또, "너무나 혼란스러워서 이제 나도 내가 진짜로 믿는 게 무언지 모르겠다"라고 말한다. 그러나 역설적이게도 이러한 역경들은 새로운 자아 정체성을 탄생시키기도 한다. 결혼이나 인간관계, 직업 관련성이 복잡해질수록 우리의 가치관과 우선순위를 진지하게 다시 생각하게 된다. 리프턴은 끊임없이 경험을 받아들이고 재창조하고 확장할 수 있는 자아의 능력을 상징적으로 "위대한 인간 진화의 성취"[5]라고 표현했다.

프로테우스적 능력을 발달시키면, 여러 사고와 사고 체계는 이제 수용되고 변화되고 기각되며, 재수용될 수 있다. 이는 "과거 사람들이 비슷한 변화를 겪으면서 견뎌야 했던 내적 갈등과는 뚜렷이 대비되는 새로운 편안함으로 진행될 것"[6]이다. 리프턴은 새로운 수준의 복잡성과 모호함에 대처할 수 있는 프로테우스적 능력이 자아의 진화에서 엄청난 도약이라고 말한다. 당신의 개인 신화는 과거 그 어떤 세대의 신화보다 프로테우스적이어서 다양한 형태로 모습을 바꿀 수 있다. 하지만 당신의 신화는 동시에 놀랍도록 단순한 논리에 따라 진화한다. 오랜 시간 유지되어 왔던 신화가 새롭게 떠오르는 신화의 도전을 받는 것이다. 두 신화는 개인을 동시에 끌어당긴다. 당신은 무의식적으로, 또 때로는 의식적으로 둘 사이의 갈등을 해소하려 한다. 이때 위험부담은 매우 크다. 이 갈등 때문에 당신이 두 쪽으로 갈라질 수도 있고, 더 넓은 지혜와 공감 능력을 얻게 될 수도 있다.

새로운 신화의 이미지는 어떻게 나타나는가? 언제나 그렇듯이 꿈은 정신의 깊은 영역에 대한 단서를 제공한다. 꿈속에서 소망을 이뤘다면, 즐거움과 즉각적인 만족감에 대한 충동이 당신을 지배하게 된다. 새로운 신화가 떠오르면 이는 대개 당신의 필요나 소망을 충족시키거나 기존의 신화가 효과적이지 않았던 가능성들에 닿는 등 즉각적인 만족감을 주는 날것의 형태로 나타난다. 그러나 이런 꿈들과 마찬가지로 새로운 신화가 처음 인도하는 길은 실제 세상의 요구들과 잘 들어맞지 않는다.

이렇듯 새롭게 나타나는 구조는 주로 현존하는 신화와 대비되는 경험을 기반으로 하기 때문에 대항 신화counter-myths라고 부른다. 새로운 대항 신화의 최초 비행은 당신의 인지 밖에서 시험된다. 당신의 심리적인 내면세계에서 기존 신화와 갈등이 고조되면서, 대항 신화는 꿈이나 환상, 낯선 충동이나 새로운 아이디어, 혹은 이전에 나타나지 않았던 성격 등을 통해 의식의 영역으로 표출된다. 그런데 자신의 대항 신화가 의식될 때는 한 가지 위험이 뒤따른다. 새롭게 표출된 대항 신화에 매료되어 낡은 신화를 무비판적으로 버리고 새로운 신화를 중심으로 삶을 재조직하는 위험이다. 이러한 급격한 도약은 많은 경우 실패와 실망으로 끝난다. 그러면 역설적으로 기존의 신화는 더욱 강화된다. 시간을 두고 대항 신화를 여러 방향으로 시험해보면, 결국 숙고와 현실 세계의 경험으로 부드럽게 단련될 것이다. 이렇게 대항 신화를 형성하고 시험하고 다듬을 수 있는 능력이 당신의 프로테우스적 능력이라고 할 수 있다.

세션 1 : 과거에서 신화 회복의 근원 발견하기

목적 : 건설적 대항 신화의 원형을 제공하는 어린 시절 경험과 만나기

과거 신화의 망령은 자기 영역이 위협당할 때 분노의 고개를 든다. 매우 역기능적 신화에서 아주 건설적인 유도 신화로 옮겨갈 때라도 이 과

정은 엄청난 불안과 극심한 공포, 당황스러운 자기 회의감을 동반할 수 있다. 이러한 혼란 속에서는 새롭게 품은 큰 희망과 변화에 대한 열정적 확신이 흔들릴 수 있다. 어찌됐든, 과거 신화는 한때 당신이 상실이나 분리, 배반이나 다른 종류의 트라우마에 적응하도록 도와주었기 때문이다.

이러한 내적 갈등 상황에서도, 특정한 어린 시절의 기억들은 더욱 확고한 자기 확신의 기반을 제공해줄 수 있다. 가슴이 미어지는 몹시 슬픈 어린 시절을 보낸 사람들도 대부분 할머니나 할아버지, 선생님, 목사님, 특별한 장소, 특별한 시간, 혹은 승리나 성취의 순간을 기억해내는데, 이러한 기억들은 어려운 일들을 겪을 때 영감의 원천이 된다.

준비 : 기록을 다시 읽어나 과거를 회상하며, 과거 신화적 갈등의 뿌리를 발견했던 개인 의례를 떠올려보라(3주차 세션 3). 이번 의례에서는 그 감정의 반대쪽에 초점을 맞출 것이다. 그 감정을 가지고 당신이 그리는 밝은 미래에 대한 모델이 되는 과거 사건을 향해 나아갈 것이다. 교본을 읽어줄 사람을 구하거나, 테이프에 녹음해 재생하거나, 스스로 충분히 숙지하여 다음 과정을 진행할 수 있다. 편안하게 이완할 수 있는 장소를 찾아라. 전과 마찬가지로 개인 방패를 가까운 곳에 두라. 앉거나 기댄 상태에서, 깊게 심호흡하고 눈을 감는다.

안락하고 안전한 장소에 자리를 잡고 호흡에 집중합니다. 가슴 위에 두 손을 얹습니다. 호흡을 의식합니다. 배를 부드럽게 이완합니다. 가슴을 엽니다. 가슴이 열리는 모습을 상상하고 느끼며, 꽃이 피어나듯 두 팔과 손가락을 모두 바깥으로 펼치며 천천히 몸의 양 옆에 편안히 둡니다. 숨을 들이쉴 때는 풍부한 생명력을 호흡한다고 생각하십시오. 숨을 내쉴 때는 모든 긴장을 풀고 더욱 완전히 이완합니다. 숨을 들이쉬고 이완합니다. 내면에 집중하고 내면의 현자, 내면의 지혜를 부르세요. "제 마음을 열어 당신을 맞아들입니다. 이 여정에 저와 동행해주세요."

신화적 갈등에 대해 탐사했던 이전 방문에서, 당신은 갈등을 인식하고 그와 관련한 주된 감정이 무엇인지 알았습니다. 그 감정을 다시 떠올려보십시오. 그 감정을 묘사하는 단어나 어구는 무엇입니까? 자 이제, 그 감정의 반대 감정을 불러일으킬 것입니다. 그리고 이 반대 감정을 묘사하는 단어나 어구가 무엇인지 생각해보세요. 두 개 이상의 표현이 떠오르면, 그중 가장 희망적이고 건설이라고 생각되는 것 하나만을 고릅니다. 예를 들어 '화'의 반대는 '차분함'이 될 수도 있고 '평화로움'이 될 수도 있습니다. 처음 감정의 정반대에 위치한 감정을 찾으세요. 마치 배우가 감정을 마음대로 품어내듯이 그 감정을 내 몸으로 가져옵니다. 그 감정을 들이마시며 내 안에서 확장하고 강화합니다. 내 안에 이 감정이 들어왔으면 이를 온전히 느낍니다. 내 몸 안에서 이 감정의 질감은 어떤지, 모양이나 색깔은 있는지 살핍니다.

이 감정이 어린 시절로 가는 길로 인도할 것입니다. 이 감정이나 이와 비슷한 감정을 처음 느꼈던 그때로 말이지요. 이 감정을 구성하는 여러 느낌들과 감각들을 생각하세요. 이 감각들과 느낌들이 당신을 과거로 이어주는 다리를 이룬다고 상상해보십시오. 이 다리에 한 발짝 내딛으면, 어린 시절로 향하는 길은 명확해집니다. 그리고 당신은 이 감정을 따라 초기 기억을 향해 나아갑니다. 이 다리를 건너는 당신은 아주 안전하고 편안합니다. 시간을 거슬러 이 다리를 건너면 당신은 어린 시절의 한 장면을 마주하게 됩니다. 앞으로 세 번 심호흡하는 동안 이 장면은 점점 더 명확하고 선명해집니다.

만약 아직 장면이 떠오르지 않았다면 긴장을 더욱 푸세요. 다시 한 번 깊게 심호흡하며 장면이 떠오르도록 두세요. 이 장면은 사진으로 나타날 수도 있고 단어로 나타날 수도 있으며, 뚜렷한 형태 없이 그저 느낌으로 알게 될 수도 있습니다. 기다려도 아무 장면도 떠오르지 않는다면 이 감정에 걸맞은 장면 하나를 상상해서 만들어도 좋습니다.

당신은 어린아이의 눈과 귀로 이 장면을 보고 듣는 것입니다. 이 장면이 더욱 생생해지면, 당신이 지금 몇 살인지 생각해보세요. 혹시 다른 사람과 함께 있지는 않은지 확인합니다. 기억이 완전하지 않다면 상상으로 그 간극을 메워도 좋습니다. 이 나이대에 당신이 어떤 모습이었는지 마음속으로 그리거나 느껴봅니다. 주변 배경은 어떤지, 무슨 옷을 입고 있는지 떠올립니다. 이제 이 감정을 불러일으킨 사건에 주목합니다. 장면, 소리, 맛, 냄새 등 최대한 세세하게 기억해내거나 상상합니다.

이 초기 경험이나 이와 유사한 일들로 당신이 결심한 것은 무엇인지 깊이 생각해봅니다. 어떤 결론을 내리게 되었나요? 어떤 규칙이나 행동 강령을 따르게 되었나요? 타인에 대해 어떤 특정한 태도를 보이게 되었나요? 세계관이나 인생관은요? 이 새로운 관점을 한 문장으로 요약해보세요. 예를 들어 "상황이 어려워지면, 나는 재치를 통해 위기를 모면할 수 있다"라든지, "나는 타인을 진심으로 대하기 때문에, 사람들은 본능적으로 나를 신뢰한다"와 같은 문장으로 요약해보십시오. 아이인 자신을 바라보면 당신의 연민을 일깨우세요. 이 아이에게 사랑의 에너지를 듬뿍 주고, "잘 있어"라고 속삭입니다.

일상으로 깨어날 준비를 하십시오. 당신은 이 경험에서 필요한 모든 것을 기억할 수 있습니다. 아주 부드럽게 자신을 깨웁니다. 손가락과 발가락, 손과 발을 움직입니다. 몸의 순환을 느끼십시오. 양 어깨를 스트레칭하고, 팔과 다리, 목과 얼굴 근육까지 스트레칭하십시오. 깊이 숨을 들이마시고 지금 있는 방으로 되돌아옵니다. 개운하게 낮잠을 자고 일어난 것처럼 맑은 정신으로 눈을 뜹니다. 당신은 자신감 있게 창조적으로 하루의 남은 일과를 마칠 것입니다.

기록지에 방금 경험한 느낌과 장면을 기록한다. 이 경험이 일깨워준 나의 자아 개념, 행동 강령, 인생관을 반추하라. 이번 의식에서 경험한 것과 신화적 갈등의 기원을 확인했던 이전 의식을 비교해보면, 어떤 사건들은 자기 제한적인 신화를 지지하는 반면, 어떤 사건들은 좀더 자기 확신적인 신화의 기반을 제공한다는 것을 알 수 있다. 앤은 이렇게 기록했다.

이전에 내가 기록한 '겁에 질린' 감정의 반대는 아주 밝고 환한 내 가슴의 황금별과 같았다. 이것을 따라 과거로 돌아가자, 나는 가족과 함께 케이프

타운에 있었다. 우리는 크리스마스트리를 함께 장식하며, 안전하게 촛불을 놓을 위치들을 신중하게 고르고 있었다. 초들을 모두 자리 잡아 놓고 불을 붙였다. 우리는 각자 나무의 한 부분을 맡아 조심스럽게 지켜보았다. 나는 내가 나무의 안전을 지키도록 신뢰받았다는 것에 신이 나고 자랑스러웠던 걸 기억한다. 촛불이 모두 켜졌을 때, 아기 예수의 탄생을 기리려고 우리가 만든 이 신비로운 아름다움에 나는 환희를 느꼈다.

이 경험으로 나는 다른 사람들과 협력하여 아름다움을 창조해내는 것이 얼마나 기쁜 일인지, 또 경험을 함께 나누는 것이 얼마나 멋진 일인지 배웠다. 또 나는 안전을 책임지는 일을 할 때 스스로를 쓸모 있게 여기고 자부심을 느낀다는 걸 알게 되었다. 그리고 나보다 더 키가 크고, 더 유능한 사람의 도움을 받는 것이 일의 재미 중 하나이며, 이것이 성공을 가능하게 했다는 것 또한 배웠다.

나는 이 기억으로 바로 그 순간 내 안에 창조적인 예술가가 깨어났으며, 그 예술가는 보이지 않는 힘의 신비함을 찬미하는 아름다움과 깊이 연결되어 있음을 운명적으로 느꼈다. 지금까지도 나는 혼자 혹은 함께 아름다움을 창조하는 일을 사랑한다. 나는 다른 사람들과 공동으로 작업하는 것을 좋아하고, 특히 나보다 더 재능 있는 사람들과 함께 일하는 것을 즐긴다. 또 내가 하는 일에 어떤 영적 신비로움이 깃드는 것을 사랑한다.

세션 2 : 나의 동화 2부

목적 : 창조적인 상상 속에서 나의 동화를 확장하여, 내 방식대로 유도 신화의 새로운 가능성 느끼기

    동화 1부에 이어, 2부에서 주인공은 황홀한 여정을 이어나간다. 여기서 대항 신화의 창조적 가능성이 드러날 것이다. 2부는 새로운 방향을 열어줄 것이다. 또 동화 2부는 대항 신화를 시험하는 데 '현실 원칙'들에 구애받지 않는다. 이 동화의 두 번째 부분은 첫 번째 부분에서 나타났던 어려움들에 대한 이상적인 해결책을 제시하고, 이를 실현하는 데 필요한 단서들을 제공할 것이다. 1부는 삶에서 실제로 일어난 일을 기반으로 전개됐지만, 2부는 실제 과거사를 따르지 않는다. 그보다는 기발한 독창성을 발휘해 문제에 대한 창의적인 해결책을 발견하게 될 것이다. 조금 전 마친 과거로의 여행을 통해 당신은 삶의 새로운 가능성을 직감했을 것이다. 2부에서 제시되는 해결책들은 그 가능성과 비전을 기반으로 엄청나게 확장된 모습일 것이다. 1부에서 직면한 딜레마에 대한 해결책을 찾기 위해 당신의 창의성을 마음껏 발휘하라. 이것이 2부에서는 매우 중요하다.

    2부의 중심인물은 1부와 같다. 이 중심인물은 1부에 제시되었던 문제들을 해결하기 위해 노력한다. 그렇지만 2부의 극은 액자 구조 혹은 극 속의 극 형태로 전개된다. 다시 말해, 주인공이 직접적으로 경험하는 삶보다는 그의 꿈, 공상, 환상 극의 배우가 되거나 이야기책을 읽으며 스승

이나 내면의 현자를 만나거나 동물이나 식물, 혹은 물건과의 대화가 주된 이야기이다. 이러한 장치를 통해 마음껏 시적 능력을 발휘할 수 있다. 앞으로 볼 앤의 동화 2부는 한때 빛났던 앤의 황금 조약돌처럼 빛나는 나무와의 서사적 대화 속에서 전개된다. 매그는 작은 돌고래 등에 올라타는 황홀한 경험을 한다.

기록지에서 어느 부분이든지 되새기고 싶은 부분을 읽어라. 동화의 1부를 떠올려라. 주인공은 딜레마에 빠졌다. 이 딜레마를 해결하기 위해 주인공이 알아야 할 것은 무엇인가? 첫 과거 여행에서 인식한 태도와 신념, 행동 규칙 들에 대해 깊이 생각해보라. 이것들이 주인공에게 어떤 도움을 줄 수 있는가? 딜레마를 해결할 수 있을 만큼 주인공을 지혜롭게 만들 수 있다면, 어떤 식으로 지혜롭게 하겠는가? 어떤 관점이나 태도가 필요한가? 이게 대한 대답은 언어나 이미지, 혹은 다른 방식으로 떠오를 것이다.

답이 느껴지기 시작하면, 점점 이완하며 이들이 더욱 선명해지는 것을 느껴라. 준비가 되면, 기록지를 펼쳐 '동화 제2부'라는 제목하에 주인공이 배워야 할 점이 무엇인지 적는다. 앤은 이렇게 적었다. "그녀는 혼자가 아니라는 것을 알아야 한다. 또 그녀가 찾는 아름다움은 그녀 안에 있다는 것을 알아야 한다."

동화 2부에서 주인공은 이 기록지에 묘사된 교훈을 배워나가는 경험을 할 것이다. 꿈속에서나 마법사를 만나 마법 같은 여정 속에서, 혹은 그 어떤 창의적인 문학적 장치를 통해서든 주인공은 1부에 묘사된 딜레마에 더욱더 효과적으로 맞설 방법을 발견할 것이다. 2부는 현실의 제약을 받을 필요가 없다. 그렇지만 2부에서 주인공이 문제를 해결하지는 않는다. 단지 더 지혜롭게 성장할 뿐이다. 당신의 상상 속에서, 당신이 작성한 교훈을 주인공이 배울 수 있도록 돕는 장치를 만들어내라.

잠시 시간을 갖고 2부의 목표를 분명히 가슴에 새겨라. 1부에 나타난 딜레마에 대한 신선한 해결책을 주인공에게 제시하고, 그 해결책을 실행에 옮기는 방법을 알려주는 것이 목표다. 이제 동화 2부를 써보자. 편안한 장소를 찾아 상상 속에서 이야기가 떠오르게 하라. 이야기를 만들어내면서 다른 사람에게 이야기를 들려주거나 녹음하라. 녹음한 것을 기록지에 요약하라. 앤은 이렇게 썼다.

여러 해 동안 소녀는 자신에게 무슨 문제가 있는지 알아내어 이전에 경험한 기쁨을 되살리려 애썼어요. 소녀는 긴 여행을 떠났죠. 이곳저곳을 돌아다녔어요. 여러 바다를 건너고 많은 산에 올랐지요. 잃어버린 것을 찾으러 떠난 여행에서 소녀는 다양한 신비로운 경험을 했고, 여러 교훈을 얻었어요. 하지만 어딜 가든, 무얼 하든, 갈망하는 것은 가까워지지 않았어요.

그러던 어느 날, 오래된 숲 속을 걷던 소녀는 가슴이 너무나 무거워져더는 한 발짝도 움직일 수 없었어요. 몹시 지친 소녀는 거대한 떡갈나무의 몸에 머리를 기댔어요. 소녀는 나무껍질 틈새에 조용히 속삭였어요. "난 길을 잃었어. 난 슬프고 지쳤어. 제발 나 좀 도와줘." 나뭇잎의 바스락거림 외에는 아무 소리도 들리지 않았어요. 그래서 소녀는 다시 속삭였어요. "나는 길을 잃었어. 나는 슬프고 지쳤어. 제발 나 좀 도와줘." 하지만 여전히 아무 대답도 들리지 않았어요. 소녀는 천천히 두 무릎을 나무 밑동에 파묻었어요. 소녀는 얼굴을 양손에 묻고 흐느꼈어요. "나는 길을 잃었고, 슬프고, 지쳤어. 제발 나 좀 도와줘."

　세 번째 간청을 들은 나무가 마침내 빛을 내기 시작했어요. 나무껍질 사이사이에서 쏟아지는 빛은 점점 더 밝아지며 소녀를 일렁이는 광채로 완전히 감쌌어요. 빛 가운데서 아주 부드러운 목소리가 말을 하기 시작했어요. 그 목소리는 먼 옛날의 조약돌과 금과 빛에 대해 이야기했어요. 그런데 나무가 내뿜는 환한 빛은 이상하게도 친숙했어요. 그 목소리는 소녀가 아침 해처럼 빛나던 시절에 대해 이야기했어요. 하지만 소녀는 두려워졌죠. 바로 이 빛 때문에 과거에 소외당했던 것이 아닌가. 바로 이 빛이 소녀에게 외로움을 안겨주었던 것이 아닌가.

　그러자 나무가 소녀에게 부드럽게 말했어요. 이 빛은 과거에 너를 해쳤던 빛과는 다른 빛이라고, 또 상처는 스스로 만들어내는 거라고요. 따돌림을 당했던 소녀는 황금 조약돌을 돌로 바꿔버린 채, 스스로를 짓누르고 절망으로 가슴을 어둡게 칠했어요. 소녀는 나무가 진실을 이야기하고 있다는 것을 알았기 때문에 부끄러워졌어요. 빛은 실로 저주가 아닌 축복이었죠. 용기가 있다면, 이것은 선물이고, 선하고 아름다운 것이었어요. 소녀는 가슴속 황금 조약돌이 다시 빛나는 걸 느꼈어요. 소녀의 마음은 가벼워졌고 어둠은 사라졌으며, 소녀는 크게 기뻐했어요.

　저녁이 다 되어가고 떠날 시간이 가까워오자, 나무를 떠나야 한다는 생각에 소녀는 다시 두려워졌어요. 소녀가 가장 두려워하는 것은 선물과 함께 왔던 외로움이었어요. 결심이 약해지자 다시 마음이 무거워지고, 조약돌은 빛을 잃어갔어요. 그러나 떡갈나무는 굳건히 서서 말했어요. "네가 빛을 숨기든 드러내든, 조약돌들은 계속 네 안에 남아 있을 거야. 불빛을 꺼트리고 외로움과 슬픔 속에서 살든, 빛을 밝혀 찬란한 고독에게 기쁨을 배우든, 선택권은 너에게 있단다."

이번에는 매그의 동화 2부를 함께 보자.

주아니타 마가렛은 본토 해안가에 앉아 폐허가 돼버린 그녀의 섬을 바라보고 있었어요. 격랑이 몰아치는 해협이 섬과 그녀를 갈라놓고 있었죠. 그녀는 철과 아스팔트로 만들어진 거친 다리를 보고 있었어요. 다리 위에 가득 찬 차들은 언덕을 바삐 올라가는 개미들 같았죠. 주아니타가 입고 있던 사랑스러운 핑크색 주름 드레스는 강아지와 노느라 흙 범벅이 되었어요. 주름 위에는 강아지 발자국이 잔뜩 묻어 있었죠. 그러니 돌고래가 작은 파도를 타고 수면 위로 올라와 주아니타를 불렀을 때, 주아니타가 얼마나 놀랐겠어요. "주아니타 마가렛! 널 구하러 왔어! 내 등에 올라타렴. 내가 아주 멋진 여행에 데려갈게."

돌고래는 주아니타를 향해 미소를 지었어요. 돌고래의 목소리는 루비같은 벌새의 지저귐처럼 생기가 넘쳤어요. 주아니타는 주저 없이 돌고래를 따라나섰어요. 푸른 회색빛 등에 올라타, 떨어지지 않으려 두 다리로는 돌고래의 갈비뼈를, 또 등지느러미를 꼭 잡았어요. 돌고래는 아치형 등을 만들고 즐겁게 노래하며 경쾌하게 물 위를 경중경중 헤엄쳐 나갔어요. 주아니타 마가렛은 앙증맞은 핑크색 드레스를 입고 돌고래 등에 타 바다를 건너는 모습이 낯설고 이상한 광경이라는 사실을 잊었어요.

"주아니타 마가렛, 너는 지금 엄청난 교훈을 배우고 있는 거야. 배울 수 있는 최고의 방법, 행동으로 말이야. 이 교훈을 잊지 마. 자연 속에 자연스럽게 스며들 수 있도록 시간을 갖도록 해. 어떤 의무나 시간 제약도 없이. 그러면 너의 그 불평들에서 벗어날 수 있을 거야. 지금은 다른 스승들을 만나러 가는 길이야. 이제 물속으로 들어갈 건데, 두려워 할 필요는 전혀 없단다. 너는 생존할 수 있도록 무장되어 있고, 너의 믿음이 낯선 환경에서도 너를 보호해줄 거야."

그렇게 말하고 돌고래는 아치형으로 한번 높이 뛰어오른 뒤 물속으로 다이빙했어요. 주아니타 마가렛은 돌고래의 등 위에서 안전했죠. 바다 아래 세계는 초록빛과 금빛으로 빛나고 있었고, 하얀 모래가 부드러운 언덕을 만들고 있었어요. 또 까만 돌 사이에서는 키 큰 해초들이 숲을 이루고 있었죠. 돌고래는 물결에 따라 각자 흔들리는 해초들이 이루는 숲 속으로 들어갔어요.

"여기 물결에 따라 유연하게 움직이는 줄기와 잎들이 보이지? 이곳에 강력한 폭풍이 몰아치면 해초들은 이쪽저쪽으로 마구 채찍질을 당해. 몰려온 모래를 맞으며 한계를 시험당하지. 지치고 늙거나, 얕은 뿌리를 가진 해초들만 뽑혀 해안가로 밀려가. 하지만 뿌리로 돌을 움켜쥐고, 튼튼한 줄기를 길러낸 해초들은 단단히 박혀 있을 뿐 아니라 더욱 강해져. 아주 견고하면서도 해류를 따라 힘차게도, 부드럽게도 움직일 수 있는 거야." 주아니타는 돌고래가 하는 말을 이해할 것 같았어요.

돌고래는 그녀를 바다 밑 암초로 데려갔어요. 암초는 전복으로 덮여 있었어요. 껍데기는 암초만큼 검었고, 타원형의 돔 모양이었어요. 껍데기는 따개비와 소라게, 파래로 뒤덮여 있었죠. 그녀가 오래전 섬에서 살 때 그것들을 본 적이 없었다면, 그저 울퉁불퉁한 돌인 줄 알았을 거예요. 돌고래는 가장 큰 전복에게 말을 걸어보라고 했어요. "안녕." 그녀가 주저하며 말했어요.

"그래 안녕." 전복은 느릿느릿한 목소리로 대답했어요. "무슨 일로 왔니?"

"음…… 네가 나한테 뭘 가르쳐줘야 하는 것 같은데……."

"그게 뭔지 너는 아니?" 전복은 약간 화가 나고 어리둥절해 하는 것 같았어요.

"네가 자기소개를 하고, 너의 삶에 대해 좀 이야기를 해주면 단서를 찾을 수도 있겠다. 지금 너는 그저 재미없고 무례하게 보이는걸." 주아니타 마가렛은 속마음을 생각 없이 내뱉는 버릇이 있었어요.

전복은 아무 말이 없었어요. 그리고 숨구멍에서 올라오는 방울이 거의 멈췄어요. 마침내 그가 입을 열었을 때, 그는 의무감에 겨우 억지로 대답하는 듯했어요. "맞아. 네 말대로 나는 재미없는 전복이야. 나는 수 년 동안 이 자리에 있었어. 이 자리는 해류에 플랑크톤이 많이 흘러오는 곳이고, 덕분에 나는 잘 자랐지. 내가 아주 재미있는 성격이 아닌 건 맞아. 정치적으로 소외되었고, 지루하고, 번뜩이는 재치도 없어. 나는 상을 받아본 적도, 전쟁에 나가본 적도 없어. 내 몸은 근육질이고, 성격은 하품이 나오고, 내 태도는 결연해. 내가 유일하게 두려워하는 건 불가사리의 습격이야. 불가사리들은 집요하게 움직여서 바위에서 나를 비틀어 떼어내고 먹어버릴 수 있어.

그런데 말이야, 나에게는 비밀이 있어. 겉으로 지루하고 매력 없을지 몰라도, 난 훌륭한 예술가야. 나는 아무데도 가지 않고, 사회 활동도 안 해.

가족 모임에도 안 가. 왜냐하면 난 지금 상상할 수 있는 가장 아름다운 조각, 그림, 건축물 작업을 하고 있거든. 난 아무도 보지 못하는 내 껍데기 안에, 신을 기리는 영원한 기념물을 만들고 있어. 나에게 무언가 배울 수 있다면 바로 이거야. 넌 껍데기 바깥에서 일어나는 일상에 대한 걱정을 좀 덜 해야만 해. 그리고 내면을 최대한 아름답게 만드는 데 온 신경을 써야 하지. 내 비밀스런 아름다움은 내가 죽을 때까지 감춰져 있을 거야. 너의 경우는……글쎄 누가 알겠어?" 이렇게 말하고 전복은 길게 물방울을 내뿜었어요. 주아니타 마가렛은 전복이 해줄 말을 다 했다는 걸 알았어요.

마치 무아지경에 빠진 것처럼, 주아니타 마가렛은 돌고래와 해초, 전복에게 배운 것들을 곰곰이 생각했어요. 그녀는 돌고래처럼 일상의 의무에서 벗어나 자연 속에서 시간을 갖기로 다짐했어요. 또 해초처럼 강한 뿌리를 가지면서 동시에 인생의 흐름에 몸을 맡기기로 결심했어요. 그리고 전복처럼 보잘것없는 외모에 신경 쓰지 않고, 은밀하게, 화려한 축하포 없이, 내면을 풍요롭게 가꾸기로 스스로 약속했어요. 돌고래는 그녀를 다시 해안가에 데려다주었고, 그녀는 생각거리가 아주 많다는 것을 그리고 해야 할 일은 더 많다는 것을 느꼈어요.

동화 2부를 완성하면, 몰입해서 천천히 다시 읽으면서 그 의미를 되새긴다. 어느 부분에서 가장 강렬한 반응이 느껴지는지 찾고, 4주차 세션 1에 나온 집중 기술을 사용해 그때의 신체 감각이나 느낌을 인식한다. 이 감각의 의미에 대해 생각하고, 기록지에 감상을 적어라.

세션 3 : 갈등을 나타내는 신체적 은유

목적 : 신체 반응으로 과거 신화와 대항 신화의 관계 더 깊이 알아보기

동화 제2부는 당신의 대항 신화를 묘사하는 우화이다. 이는 당신이 한 번도 완전히 이해하지 못한 대항 신화를 소개해줄 수도 있다. 대항 신화는 지배 신화의 단점에 대응하여 형성되기 때문에, 이 역시 필연적으로 일그러진 모습을 담으며, 새로운 신화와 기존 신화 간의 갈등은 불가피하다.

이번 의례에서는 이 갈등을 신체 반응으로 표현할 것이다. 신화적 갈등은 생각이나 느낌이나 행동으로도 표현되지만, 많은 경우 신체 반응으로도 나타난다. 방금 사랑에 빠졌다면 온몸이 열정으로 가득 찰 것이고, 몸살감기에 걸리거나 더 심한 경우 사별이나 큰 실망을 경험하면 시름시름 앓기도 한다. 이번 의례를 통해, 신체 감각을 사용해 이전에 정의한 갈등을 더 잘 이해하는 법을 배울 것이다.

준비 : 동화 1부과 2부를 다시 숙지하라. 기록지를 꺼내 '해결에 대한 신체적 은유'라는 제목 아래에, 동화 1부에 표현된 과거 신화와 동화 2부에 암시된 대항 신화를 각각 한 문장으로 묘사하라.

마지막으로 다시 한번 상기하면, 유도 상상법을 포함한 모든 개인 의례에서 미리 녹음된 교본을 사용하거나, 스스로 교본을 녹음해 재생하거나, 읽어줄 사람을 구하거나, 스스로 충분히 숙지하여 다른 사람이나 도

구의 도움 없이 의례를 진행할 수도 있다.

편안하게 이완할 수 있는 장소를 찾아라. 이번에도 개인 방패를 옆에 두어라. 편안히 앉거나 기대어 크게 심호흡하고 두 눈을 감는다.

편안하고 안전한 장소에서 호흡에 집중합니다. 가슴 위에 두 손을 얹고 호흡을 느낍니다. 배를 이완하고 가슴을 엽니다. 가슴이 열리는 것을 느끼며, 꽃이 피듯 양 팔과 두 손을 바깥으로 뻗습니다. 두 팔을 천천히 몸 양 옆에 편안히 놓습니다. 호흡을 느끼세요. 배를 이완하고 가슴을 엽니다. 숨을 들이쉴 때 생명력을 가득히 들이쉬세요. 숨을 내쉴 때는 긴장을 더욱 완전히 푸세요. 들이쉬고, 내쉽니다. 내면에 집중하고 내면의 현자를 초대하세요. "제 가슴은 당신에게 열려 있습니다. 이 여정에 저와 동행해주세요."

팔을 들어 올려 손바닥이 서로 마주 보게 합니다. 두 손 사이 간격은 어깨 넓이보다 조금 더 넓게 유지합니다. 팔꿈치를 굽혀 바닥에 닿게 하여 편안하게 지지하세요. 손바닥이 서로 마주 보게 유지한 채로, 1부에서 주인공을 이끌었던 신화를 잠시 생각하세요. 이 신화가 한쪽 손에 들어온다고 상상합니다. 어느 쪽 손이 이 신화를 더 잘 표현합니까? 그 손에 이 신화가 안착할 때 어떤 느낌입니까? 차갑습니까, 혹은 뜨겁습니까? 무겁습니까, 혹은 가볍습니까? 거칩니까, 아니면 부드럽습니까? 색깔은 어떤가요? 느껴지는 어떤 다른 감각이 있나요? 잠시 동안 이 1부의 신화를 느껴봅니다.

이제 2부의 주인공을 이끌었던 신화를 생각하세요. 이 신화가 다른

쪽 손에 놓인다고 상상하세요. 어떤 느낌입니까? 차갑습니까, 혹은 뜨겁습니까? 무겁습니까, 혹은 가볍습니까? 거칩니까, 아니면 부드럽습니까? 색깔은 어떤가요? 느껴지는 어떤 다른 감각이 있나요? 잠시 동안 이 신화를 느껴봅니다.

두 손의 느낌에 차이가 있을 것입니다. 각 손의 피부와 근육에 집중하여 차이를 느껴보세요. 들고 있기 더 쉽거나 어려운 신화는 어느 쪽인가요? 더 기분 좋은 신화는 어느 쪽인가요? 한쪽은 모서리가 더 뾰족한가요? 한쪽이 다른 쪽보다 더 부드럽나요? 무게 차이는요? 한쪽이 더 붕 뜨는 느낌입니까? 손을 얼굴에 더 가까이 대어 냄새를 맡거나 맛을 본다고 상상해도 좋습니다.

두 손 사이 공간을 탐색합니다. 어떤 끌림이나, 미는 느낌이나, 긴장감이 느껴지나요? 두 신화 사이의 공간에서 무엇이 느껴지나요?

자, 이제 동화 1부와 동화 2부 그리고 그 사이 공간에서 느꼈던 감각들을 다시 떠올려 생각해봅니다. 이 감각들이 내 안에서 충돌하는 두 신화에 대해 상징하는 것은 뭘까요?

아주 부드럽게 자신을 깨우기 시작합니다. 손가락과 발가락, 손과 발을 움직이세요. 몸의 순환을 느끼세요. 어깨를 스트레칭하고, 팔과 다리, 목과 얼굴 근육도 스트레칭합니다. 숨을 크게 쉬고, 방으로 돌아옵니다. 두 눈을 뜨면 깊은 낮잠에서 깬 것처럼 상쾌합니다. 맑은 정신과 활력으로 당신의 남은 하루 일과를 해낼 것입니다.

기록지에 경험한 감각들을 정리하고 그 의미를 성찰한다. 한쪽 신화가 더 들고 있기 어려웠다면 더 다루기 어렵다는 뜻인가? 아니면 새로운 것이라 익숙해질 때까지 시간이 걸린다는 의미인가? 한쪽 신화가 더 거칠었다면 그것이 문제를 일으키고 있다는 말인가? 혹은 부드럽고 나약한 태도를 버리라는 뜻인가? 한쪽 신화가 더 무거웠다면 더 많은 문제를 안고 있다는 것인가? 아니면 더 중요하다는 뜻인가? 한쪽 신화가 더 잘 떠올랐다면 영감을 더 불러일으킨다는 의미인가? 혹은 성취하는 것이 불가능하다는 뜻인가?

이제 다음으로 두 신화 사이의 공간에 대한 느낌을 생각하라. 서로 밀어냈는가? 서로 끌어당겼는가? 한쪽이 힘이나 무게로 다른 한쪽을 압도했는가? 두 신화 사이에 갈등이 있을 때, 한쪽의 힘이 너무나 세 무적처럼 느껴질 때도 있고, 두 신화의 힘이 비슷해서 아주 세게 부딪히며 서로를 밀어낼 때도 있다. 또 각자에게 서로가 필요로 하는 자질이 있어 서로 끌어당기기도 한다. 앤은 이렇게 적었다.

두 손 사이의 에너지는 매우 뚜렷했다. 왼손은 동화 1부의 소녀를 상징했다. 이는 나약했고 무능력했다. 위기 상황에서 나에게 전혀 도움이 되지 않고, 압박을 지탱할 수 없을 것 같았다.

오른손은 동화 2부를 상징했다. 오른손은 더 자신감이 넘치고 유능했다. 그러나 정도가 지나친 것처럼 느꼈다. 오른손의 힘은 마치 필요 이상으로 강한 것 같았다. 그래서 오른손의 넘치는 에너지를 왼손에 나눠주어 왼손을 강화하고 싶었다. 다시 말해, 둘의 균형을 맞추고 싶었다.

프랭크는 이렇게 기록했다.

　내 왼팔이 과거 신화가 되었다. 이 과거 신화는 나를 제한하고 약하게 유지시켰는데, 새로운 지평으로 나아갈 자신감이나 추동력을 전혀 제공하지 않았기 때문이다. 내가 주로 사용하지 않는 왼손이 발전을 저해하는 과거 신화를 상징한다는 걸 깨달았을 때 이 통찰을 얻었다. 내 왼팔은 오른팔에 비해 훨씬 덜 발달했다. 왜냐하면 선택권이 있어도 나는 왼쪽을 사용하지 않았기 때문이다. 그리고 이것이 내 과거 신화가 작동하는 방식이었다. 과거 신화는 내가 가진 전부를 사용하지 않게 만들거나, 이미 잘하는 일만을 더 부추기고, 새로 배워야 하는 일은 피하게 만들어 나를 약하게 했다. 나는 감정적인 위험을 주로 회피하는데, 왜 나의 열정이 이렇게 약화됐는지 의문이 들었다.

　반면에 내 오른팔은, 말하자면 강하고 자신감에 넘쳤다. 경쟁자가 없었다. 하지만 내가 대항 신화를 오른손에 놨을 때, 뭔가 맞지 않는 느낌이었다. 오른손의 자신감과 힘은 대항 신화의 열정을 정확히 반영했지만, 이 대항 신화가 내 오른팔만큼 잘 발달되지 않았다는 것을 알아차렸다. 과거 신화는 약한 내 왼팔에 완벽하게 어울렸지만, 대항 신화는 오른팔만큼 자신감이 있거나 잘 발달되지 않은 것이다. 그래서 나는 대항 신화를 표현하는 방식에 대해 서로 대립하는 혼란스러움을 느꼈다. 대항 신화의 성질은 내 오른팔처럼 강했지만, 그 발달 정도는 약하고 미숙했다.

　이것의 핵심은 역설이다. 과거 신화는 내 안에서는 강하지만, 실제로는 나를 약하게 만든다. 대항 신화는 반대로 내 안에서는 약하지만, 더 강한 나를 약속한다. 나는 두 손을 모아 두 신화를 합쳐보려 했지만 잘 되지 않았다. 과거 신화는 왼손에 안정적으로 머물러 있었지만, 대항 신화는 두 손이 가까워질 때마다 튀어 도망갔다. 아직 주저하는 내 안의 열정은 장기집권하고 있는 내 안의 제한적인 부분과 협력하고 싶지 않은가보다.

꿈에 집중하기 : 해결을 방해하는 장애물 식별하기

목적 : 과거 신화와 대항 신화의 장점을 아우르는 새로운 신화를 만들 때 마주할 수 있는 장애물 인식하기

이전 주에 특정한 꿈 주제에 집중했던 것과 같은 방식으로, 갈등을 해결하는 길에 놓일 수 있는 장애물에 대한 통찰을 찾을 것이다. 기록지를 훑어보며, 과거 신화와 대항 신화 사이의 통합을 방해하는 장애물에 대한 단서가 있는지 찾아보라. 침대 맡에 녹음기나 기록지와 필기구를 두고, 천천히 온 마음을 다해 다음과 같이 적는다. "나는 오늘밤 편안하고 평화롭게 자면서 나의 신화적 갈등 해결에 방해물을 드러내는 꿈을 꿀 것이다. 내가 잠에서 깨어났을 때 나는 꿈을 기억할 것이다." 그리고 의지를 담아 잠들기 전 몇 차례 이렇게 반복해 말한다. "나는 의미 있는 꿈을 꿀 것이고, 그 꿈을 기억할 것이다." 첫날 밤에 꿈을 기억하지 못했다면 기억이 날 때까지 매일 밤 반복한다. 꿈을 기록한 후에는 보조 안내 2를 참조하여 더 깊이 꿈의 의미를 탐색하라. 앤은 다음 꿈을 기록하고 성찰

했다.

꿈에서 나는 전쟁 상황에서 첩자, 혹은 기자인 듯한 강하고 능력 있는 여성의 보조였다. 그녀는 모든 임무에 나를 데리고 다녔다. 나는 우리가 항상 발각될 위험에 처해 있다는 것을 알았다. 그녀는 전화를 통해 지령을 받았는데 앞으로 어떤 일이 일어날 것이고, 그녀가 그곳에 가야 한다는 것이었다. 우리는 빠르게 컨버터블 차에 뛰어올랐다. 나는 아주 긴 전화선이 달린 전화기를 갖고 있었는데, 그녀는 우리가 가는 곳에서 그 줄이 엉킬 수도 있기 때문에 전화기를 가져갈 수 없다고 말했다. 하지만 나는 전화기가 없다면 임무를 수행할 수 없을 거라고 말했다. 내가 도로 옆에 전화기를 두고 차에 올라탔을 때 나는 매우 불안해서 차에서 내리고 싶었지만 결국 내리지 않았다.

이 꿈을 신체 은유와 연관 지어 보면, 꿈의 여성은 덜 겁내는 성격의 내 모습인 것 같다. 그녀는 아주 유능하고 겁이 없으며, 나를 보호했다. 나는 약했고 그녀는 강했지만, 그녀가 하는 일이 완전히 안전하거나, 완전히 옳은 일은 아니라는 느낌을 받았다. 매우 강렬했지만, 무언가 옳지 않았다. 그녀는 우리 둘 모두의 생명에 불필요한 위험을 가하고 있었다.

이 꿈이 내 갈등 해결의 장애물에 대해 무얼 말하는지 생각해보면, 꿈속의 유선 전화기는 낡고 구시대적인 의사소통 방식을 나타내는 것 같다. 무선 전화가 존재함에도 불구하고 나는 유선 전화를 버릴 수 없다고 생각하는 것이다. 그리고 또 말장난 같은 굉장히 흥미로운 해석도 보인다. 'cellular phone'(무선 전화)에는 cell(세포)이라는 단어가 들어 있는데, 이는 내 신체의 세포들 간 의사소통을 상징하는 것 같다. 내 몸과 그 안의 세포들에 깃든 깊은 정보를 듣는 법을 배워야 하는 것이다. 예를 들어, 내 몸이 차에 타지 말라 말할 때 그 말을 듣는 것처럼 말이다. 아마도 몸이 알려주는 그런 정보를 무시하는 것이 내 갈등 해결의 걸림돌이라 생각한다.

세 번째 단계

새로운 신화 떠올리기

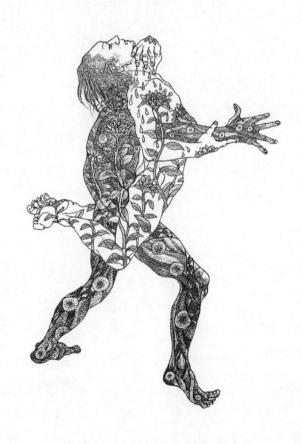

6주

신화 갈등으로 작업하기

> 지상세계에서는 모든 것을 득실의 관점에서 이해한다.
> 지하세계에서는 모든 것을 진실의 신비, 바른 행위,
> 그리고 내면의 힘과 앎에 진지한 사람 되기라는 관점에서 바라본다.
> — 클라리사 핀콜라 에스테스Clarissa Pinkola Estés[1]

악이 인간 정신에 내재된 것인지, 혹은 불완전한 양육이나 은밀한 문화의 영향을 받아 생성되는 것인지에 대한 논쟁은 지금도 계속되고 있는데, 롤로 메이는 다이몬daimon이라는 그리스어를 사용하여 생명력을 묘사했다. "스스로 확신하고, 주장하고, 영속화를 진전시키는"[2] 모든 존재가 다이몬이다. 다이몬은 파괴하며 동시에 구축하는 충동의 근원이다. 전체적으로 통합된 인격이라면 삶의 창조적 생명력을 막힘없이 펼칠 것이다. 반면 통합되지 않은 부분에서는, 이것은 인간 발달이 단계적으로 도약하는 과정에서 필연적으로 겪는 과정이기도 한데, 왜곡되고, 파괴하고, 때때로 과도한 양상으로 표출된다.[3] 평소에는 얌전하고 고분고분하던 사람이 주기적으로 화를 폭발시키든지, 비이성적인 과도한 편견에 사로잡힌 열렬한 애국주의자가 되든지, 멋진 사람이라고 인식되던 사람이 가혹한 행동을 보이든지 하는 양태로 나타나기도 한다.

이러한 성질은 개인의 삶에 침투하여 생명력을 왜곡한다. 그것은 생명력을 억압되고, 해리되고, 나와 유리된 다른 것으로 치부하는 성향을 보인다. 유리된 정신적 요소는 강력하게 밖으로 표출되면서 정신적 균형을 붕괴시킨다. 카를 융은 이러한 정신의 유리된 요소를 그림자라고 불렀다. 그림자는 자아 정체성의 확장이라는 방식으로 정신에 포함되면서, 개인이 겪는 곤경의 가려진 원인이 된다. 에리히 노이만Erich Neuman은 인간 본성의 한 부분으로서 그림자와 의식적 정신 사이에 창조적 관계가 필요하다고 주장했다. 그는 근원적 변형을 가능케 하는 그림자의 역설적 비밀을 발견했다. 인격 발달의 '연금술'은 그림자 안에서 그리고 그림자를 통해서 일어나는데,[4] 배제된 개인 자질이라는 납이 창조성이라는 황금으로 변환하는 곳이다. 노이만은 "처음에, 그림자의 형상은 외계인이나 적이라는 외부 요소로 표현되는데, 의식적인 자각이 진전되면서, 그것이… 자기 자신의 인격 일부로 인식된다"[5]라고 말한다. 이러한 일련의 과정을 아래 연속된 꿈에서 볼 수 있다.

메리 베스Mary Beth는 46세 때 남편이 갑자기 비극적으로 죽었습니다. 그들의 막내는 남편이 죽기 1년 전에 독립했고, 그들은 평화로운 노후를 예상했습니다. 메리 베스는 모범적인 엄마이자 가정주부였지만 돈벌이 재주가 없었습니다. 그녀는 저축과 보험으로 1년간은 그럭저럭 버틸 수 있었지만 그 후에 어떻게 생활할지 궁리해야 했습니다. 남편이 세상을 떠난 지 6개월여 만에 경제적 어려움에 대한 공포를 느꼈을 때, 그녀는 세 가지 꿈 중 첫 번째 꿈을 꾸었습니다.

그녀는 꿈에서 자기 집의 침대에서 자고 있었습니다. 실제 집은 아니었지만 자기 집이라 느꼈습니다. 꿈속에서 그녀는 쿵 하는 소리에 잠이 깨어 겁에 질렸습니다. 복면을 한 남자가 창문으로 갑자기 뛰어들어 왔습니다. 그는 자루를 멘 도둑이었습니다. 그는 침대에 누워 있는 그녀를 향해 험악하게 다가왔습니다. 그녀를 무자비하게 강간하기 시작하자 그녀는 비명을 지르며 깨났습니다.

메리 베스는 이 꿈을 꾼 뒤 불면증에 시달려서 심리 치료를 받았습니다. 그 무렵, 먹고살기 위해 10주간의 기초 비서교육 과정에 등록하여 좋은 성적으로 수료했습니다. 작은 로펌에 쉽게 취직했고, 다행히도 수습 기간 동안 일을 잘했습니다. 사실 그녀는 자신이 호감을 받는 존재라고 느꼈습니다. 그리고 급여로 현금을 받는 것이 행복했습니다.

메리 베스는 두 번째 꿈을 꾸었습니다. 그녀는 다시 같은 방 같은 침대에서 자고 있었습니다. 이번에는 문을 두드리는 소리에 잠이 깼고, 조심스럽게 문을 열었습니다. 복면을 쓴 이전 남자가 밀고 들어왔는데, 이번에는 그가 자신을 해칠 수 있다는 생각은 들지 않았습니다. 그는 그러지 않았고, 오히려 그녀를 유혹했습니다. 그녀는 흥분한 채 잠에서 깼습니다.

약 4개월 후, 그녀는 이 시리즈의 마지막 꿈을 꾸었습니다. 그녀는 직장에서 승승장구했습니다. 그녀의 비서직을 수준 이상으로 잘 해냈고, 수줍은 성격 아래 겉모습에 가려진 성향은 재치 있고 사람을 잘 이해하여, 공감과 조언을 잘 해내는 여성이었습니다. 놀랍게도 그녀는 매니저가 됐습니다. 그 자리에서 전혀 상상하지 않았던 일종의 권력도 얻었고, 직원들에게도 존경을 받았습니다. 세 번째 꿈에서, 그녀는 같은 침대 같은 방에 있었습니다.

그러나 이번에는 그녀가 연인을 위해 문을 조금 열어두었습니다. 그가 들어오고…… 복면을 쓴 같은 남자가 지금은 꽃을 든 매력적인 남자입니다. 그를 꼭 껴안고 열정적인 사랑을 나누면서, 그녀는 그의 복면을 잡아서 벗깁니다. 거기서 그녀는 자신을 돌아보는 자신의 얼굴을 봅니다.

메리 베스의 일련의 꿈들은 분리된 정신이 어떻게 표현되는지, 특히 현실 상황이 어떻게 그것을 불러오는지를 보여준다. 여러분의 발휘되지 않은 잠재력은 인식되지 않는 한, 그것들은 도움은커녕 파괴적인 모습으로, 강하게 거부하는 감정을 불러일으켜 대개 내적 혼란을 야기한다. 메리 베스는 현실 상황을 타개할 능력과 자립심이 자신에게 없는 것처럼 그림자 영역에 던져버리고 살았고, 따라서 내적 잠재력을 인식하게 하는 과격한 방식의 꿈들에 내몰린 것이다. 인격의 그림자 요소와 만나는 것이 얼마나 어렵고 끔찍한 일인지 다음 사례에서 볼 수 있다.

스티브는 47세의 베트남전 참전 용사였고 전쟁 중에 용감한 의사 덕에 목숨을 건졌습니다. 해병대에서 6년간 복무한 후, 25세에 대학에 들어가 의사가 되기로 결심했습니다. 이동형 재난 구조 의사가 되려는 포부를 품고, 인간의 마음과 고통에 대한 학구열을 불태웠습니다. 의과대학과 정신과 레지던트 과정을 마친 뒤, 뉴욕 주의 북부에 있는 병원에서 참전 용사들을 치료했습니다. 스티브는 12년 동안 참전 용사와 그들의 외상후스트레스장애(PTSD)를 치료한 후, 그 상태에 대해 자기 자신이 정신과적 도움을 구했을 때, 외상후스트레스장애에 대한 통용되는 이론과 치료 전략을 철저히 알고 있었습니다. "나는 PTSD에 관한 책을 썼습니다"가 치료실에 들어왔을 때 첫 마디였습니다. 그의 부인은 주기적으로 폭발하는 남편의 분노, 과도한 경계심, 잠을 설치는 악몽 때문에 몹시 지쳐 있었습니다.

"그는 소리 지르고 고함치는 것에 대해 절대 사과하지 않고, 정당하다고 여겨요." 그녀가 호소했습니다. "한번은 아이와 제가 탄 차를 미친 듯이 운전한 때도 있고요. 어느 날 저녁에는 제가 아직 직장에 있을 때, 사무실에 난입해서 경비원을 호되게 몰아세웠어요. 제가 화장실에 있느라 전화를 못 받았을 때였죠."

그들의 말에 따르면 스티브는 평소에는 헌신적인 부모이자 남편이었고, 독실한 가톨릭 신자였습니다. 그의 PTSD는 그가 놀라거나 버림받거나 그가 사랑하는 사람들이 위험하다고 느낄 때 촉발됐습니다. 피로도 한 요인입니다.

PTSD 일화를 자세히 설명해달라고 요청하자, 그는 정신과 의사에게 자신의 통제력을 벗어나는 파괴적인 힘에 사로잡힌 자신의 공포와 감각을 표현할 적당한 말이 없다고 말했습니다. 이 말에 따라, 정신과 의사와 협력 관계인 미술 치료사는 스티브에게 말할 필요 없이 진흙으로 그 '사로잡는 자' 형상을 빚어보라고 권했습니다. 그는 작업하면서 흐느끼기 시작했고 진흙을 후벼 파기도 했으며, 마침내 악마 같은 얼굴이 나타났습니다. 그는 불타는 전장에서 목이 잘려 죽은 지 4일된 해병대원의 기억이 되살아나며 격한 감정에 휩싸였습니다. 그 자리에는 그가 싫어하는 병장의 도움이 유일했는데, 어느 순간 스티브는 그 병장이 마지막 몇 구의 사망자를 사체 백에 모으는 것을 거부했을 때의 분노를 다시 느꼈습니다. 갑자기 이전에 억눌렸던 기억이 홍수처럼 밀려들었습니다. 그는 치료사의 사무실에서, "오 맙소사! 내가 그 개자식을 쐈어요. 내가 해병을 죽였어! 루시퍼는 내 안에 있었어!"라고 눈물범벅으로 울부짖으며 꼬꾸라졌습니다. 27년간 억압했던 공포와 죄책감이 그를 덮쳤습니다.

이 끔찍한 충격은 치료 작업의 시작일 뿐이었습니다. 마침내 정신과 의사는 신부에게 고해성사를 통해 그의 죄를 고백하라고 설득했습니다. 신부는 그에게 PTSD로 고통 받은 27년으로 속죄되었다고 선언했습니다. 용서를 받은 스티브는 멍하고 혼란스러워 보였습니다. 정신과 의사와 몇 주 동안 전쟁 경험을 이야기하며, 몇 가지 더 강력하지만 덜 파괴적인 기억이 떠오르자, 그는 다시 진흙 작업을 하도록 요청받았습니다. 이번에 그는 얼굴 없는 흐릿한 사람 형체를 만들었습니다. 그는 그것을 '공허한 자신'이라고 불렀습니다. 그는 "악마(루시퍼) 없이는, 내가 누군지 모르겠어"라고 말하는 자신에 깜짝 놀랐습니다. 몇 달이 지나면서 그의 얼굴 조각들은 점점 더 사실적이 되었습니다. 하나는 큰 눈을 가진 소년의 얼굴이었습니다. "열일곱 살의 접니다. 믿기 어렵겠지만 그때는 제가 그곳에 도착하기도 전에 전쟁이 끝날까봐 걱정했죠." 또 다른 조각은 같은 얼굴에, 조금 더 나이 먹은 비극적인 얼굴이었습니다.

스티브는 치열하게 치료받은 결과 PTSD 증상이 완화되고 삶의 활력과 일의 능률이 높아졌습니다. 루시퍼Lucifer가 라틴어로 '빛의 전달자'라는 뜻을 가졌다는 것에서 정신과 의사는 아이러니를 느꼈습니다. 스티브는 지난 12년 동안 정신과 의사로서 참전 군인들에게 빛을 전달하면서, 정작 자신의 그림자는 구석 곳곳에 숨어 그를 공격하는 악마가 되었던 것입니다.

세 번째 단계 : 새로운 신화 떠올리기

스티브의 사례는 정신에서 분리된 부분이 아내와 아이들의 목숨을 위태롭게 했을 때처럼, 죄책감과 후회로 가득한, 매우 악하고 파괴적인 악마처럼 변할 수 있다는 것을 잘 보여준다. 그러한 잠재적인 힘을 인식하기 전에는, 그것들은 유해하고 강하게 거부하는 감정을 불러일으켜서 대개 개인의 내적 혼란을 야기한다. 그러나 그것을 인식하고 직면하여 변형하면, 전체 인격은 그들의 건설적인 힘을 통합하여 재구성될 수 있다.

융은 "우리는 밝은 빛만을 상상해서는 깨달음을 얻을 수 없고, 어둠을 의식화할 때 깨달음을 얻을 수 있다"[6]라고 말했다. 삶에서 가장 기이한 역설 중 하나는, 부정적인 것을 멀리하는 게 자연스러워 보이지만 그것은 오히려 부정성을 먹여 키우게 되고, 반대로 부정적인 것을 수용할 때 그것의 긍정적인 힘을 내 것으로 만들 기회가 증가한다는 것이다. 자기 내면의 신화적 갈등을 성찰함에 따라, 억압되고 유리된 자신의 그림자적 요소들이 점차 의식 범위에 들어오게 된다.

메리 베스와 스티브가 증명한 것처럼, 이러한 작업은 인간 본성의 뒤틀리고 파괴적인 측면을 외면하거나 격렬하게 억누르기보다는, 균형 잡힌 통제력으로 변화시킬 기회다. 가능한 한 열린 태도로 내면의 두려움을 직면하고 악몽을 마주 볼 때, 인격의 일부인 이 사악한 요소는 무력화된다. 이 프로그램은 이미 여러분의 그림자를 휘저었고, 과정이 진행될 때 우리는 이 여정을 통해 여러분이 더욱 강해지고 현명해질 수 있도록 지원할 것이다. 웬델 베리Wendell Berry의 시가 영혼의 어두운 밤을 향한 용기 있는 항해에 초대한다.

빛을 들고 어둠으로 가면 빛 말고 무엇이 있으랴

어둠을 아는 것은, 어둠 속으로 그저 가는 것이니,

눈을 감고 가서, 어둠을 발견하라. 역시,

꽃과 징조가……[7]

그림자는 대항 신화를 이루는 하나의 근원으로, 우세한 신화에 의해 부정되면서도 여전히 성격의 한 부분으로 은밀히 드러난다. 그러나 그림 자가 무의식의 유일한 요소는 아니다. 대항 신화는 다른 형태로, 중요한 변화를 일으킬 수 있는 잠재력을 가지고 새롭게 떠오르는 개인 성향으로 표현된다. 사랑을 위해 굴욕을 감내하고, 높은 성과를 위해 사람 관계에 매달리고, 예술적이나 영적 표현을 갈망하는 성향들이 그렇다. 대항 신화 는 새로운 변형으로 밀어 넣는 반면, 우세한 신화는 이미 잘 알려져 있고 이미 만들어진 보수적인 방법을 고수하려 든다. 이 둘 사이의 내부 갈등 은 사회적 관점에서 보수주의와 자유주의 사이에서 벌어지는 영원한 긴 장과 거울상을 이룬다.

보수주의는 과거의 가치를 강조하고 유지하는 신화 관점을 지지하는 경향이 있는데, 심지어 미래를 향해 사회를 변화시킬 때라도 그렇다. 자 유주의는 변혁과 급진적인 사고에 중점을 두는 경향이 있는데, 때로는 이전 세대가 어렵게 이룬 성과를 평가절하하기도 한다. 양쪽 힘이 우리 내부에서 모두 작용한다. 윈스턴 처칠은, 20세에 자유주의자가 아닌 사 람은 심장이 없고, 40세에 보수주의자가 아닌 사람은 머리가 없다고 말 했다. 우리 본성에 보수주의와 진보주의 성향이 모두 있다는 걸 감사하는 것이, 과거 신화와 부상하는 신화의 긴장을 명상하는 데 도움이 된다.

대항 신화가 의식에 침투할 때, 그 힘에 압도당하고 기존 생활이 전복될 수 있다. 대학생이 되어 종교 생활을 청산하기도 하고, 반면 비신자가 정통 교리에 입문하기도 한다. 사춘기 반항, 성적 부정, 충동적 이혼 같은 것이 대항 신화의 폭발적 양상일 수 있다. 한 성실한 가장이 자기 나이보다 절반이나 어린 여성과 열애에 빠졌다. 그가 자초한 엉망이 된 삶을 복원하기 위해 상담실에 와서 약간의 자각을 회복했을 때, 비로소 그는 지난 일이 활력 없는 순종적이고 답답한 삶을 벗어나 활력을 찾으려는 대항 신화의 분출이었다는 것을 깨달았다. 고등학교 성적이 우수했던 한 젊은 여성은 조직과 지도자에게 완전한 복종과 헌신을 요구하는 종교 집단에 빠져 장학생으로 선발된 대학을 포기했다.

우리는 여러분을 이 프로그램의 남은 과정에서, 과거 신화와 대항 신화 둘 다에 있는 강점과 약점을 인식하도록 안내할 것이다. 그리고 가장 활력 있는 삶을 방해하는 그것들의 한계를 초월하는 제3의, 새로운 신화 비전을 끈기 있게 창출해나갈 것이다. 대항 신화가 쉽게 자각되지 않을 때라도, 그것들은 꿈과 환상, 예술, 말실수 그리고 신화 기저가 표현되는 다양한 방식으로 의식으로 뚫고 나온다. 대항 신화는 자주 실제 현실과 동떨어진 상상, 직관, 예지의 방식으로 나타난다. 대항 신화에 주의를 집중할 때, 그것의 영향을 더욱 신속하게 알아차릴 수 있고, 의식적으로 발달시키고 정련할 수 있다.

세션 1 : 갈등하는 두 신화의 영향력을 도표로 만들기

목적 : 신화 갈등이 내면의 삶과 세상 경험에 영향을 미치는 방식 파악하기

개인 갈등을 주의 깊게 살펴보면 신화의 새로운 방향이 드러난다. 이번 의례에서는 과거 신화를 구성하는 사고와 감정과 행동을 도표로 만들고, 대항 신화의 그것들을 역시 찾아내고, 각 신화가 작동하는 모토를 명확히 표현할 것이다. 과거 신화와 대항 신화가 어떻게 작동하는지 조사함으로써, 각 신화가 어떤 상황에서 두드러지는지 자각할 수 있을 것이다. 이 갈등 도표가 문제 해결을 위한 작업에 도움을 줄 것이다.

1. 지배 신화와 대항 신화에 대한 이해를 분명히 하기 위해 지금까지 쓴 기록지를 다시 보세요.
2. 빈 공책 가운데에 줄을 그어 두 칸으로 나누고 각 칸 위에 '과거 신화', '대항 신화'라고 쓰세요.
3. 이 두 신화를 더 잘 이해하는 새로운 빛이 조명되도록 내면의 현자를 초대하세요. 이제 자기만의 초대 방법을 가지고 있을 것이라 생각합니다. 탐색할 주제를 분명히 염두에 두세요.
4. 과거 신화 칸 맨 윗줄에 이 신화를 규정하는 모토를 한 문장으로 쓰세요. 다른 칸에 부상하는 대항 신화의 특색을 담는 모토를 쓰세요. 모토가 선명하게 떠오르지 않는 경우에는 우선 넘어가고 프로

그램을 진행하는 동안에도 모토가 뭔지 염두에 두면서, 새롭게 떠오를 때를 주목하세요.

5. 과거 몇 시간 동안의 행동·사고·감정을 떠올립니다. 위에서 만든 칸에 이를 기록하세요. 그 다음 지난 며칠간의 행위·감정·사고를 떠올리고 그 밑에 기록하세요. 마지막으로 지난 한두 해의 사고나 정서, 감정이나 행위를 회상하고 기록합니다.

자신의 경험과 신화 사이에 어떤 관계가 있는지 뚜렷하지 않으면 너무 쥐어짜지 말고 여러 날 기록지를 가지고 다니면서 새로운 것이 발생할 때 첨가하거나, 혹은 하루의 저녁에 그날 행동을 반추하며 찾아본다. 갈등 도표가 오래 지속된 것뿐 아니라, 새로 부상하는 생활 방식과 연결되는 어떤 특별한 생각, 감정, 행동을 드러낼 것이다.

매그의 과거 신화 모토는 "성인의 삶은 무거운 짐이다"였다. 그녀의 대항 신화 모토는 "삶은 모든 면에서 즐겁다"였다. 프랭크의 과거 신화 모토는 "조심해, 열심히 해, 잘 살펴봐"였는데, 두려워하고 불확실해 하며, 살얼음판 위를 걷듯 삶을 대하는 태도가 드러난다. 그의 대항 신화는 "육감을 따르라"였고, 야생 표범의 본능적 정열과 연관됐다. 앤의 과거 신화 모토는 "친절이 최우선이다. 힘은 죽음을 부른다"였다. 그녀가 갈등 도표의 과거 신화 칸에 묘사한 감정과 생각, 행동은 다음과 같다.

지난 몇 시간

나는 내 친구의 일을 도왔다.

나는 내가 하는 일이 다른 사람에게 유용하기를 꿈꾼다.

나는 다른 사람을 사랑하고 도와줄 때 기쁘다.

지난 며칠

나는 쉬는 대신 두통으로 혼미했다.

나는 가족이 필요한 모든 것을 준비해놓고 여행을 떠났다.

나는 전화로 친구들의 안부를 일일이 물어 챙긴다.

나는 친절을 받아들이지 않으면 죄책감을 느낀다.

나는 친구의 우정을 위해 기꺼이 눈물 흘린다.

나는 내 힘이 다른 사람에게 위협이 되는 것을 알았다.

나는 힘들게 성장하고 홀로 되는 것이 두려웠다.

지난 몇 해

나는 나를 힘들게 했던 사람과의 관계를 개선할 유연한 방식을 찾으려
노력했다.

나는 다른 사람을 돕는 일에 헌신했다.

나는 재정적 도움을 많이 주었다.

나는 상처주지 않는 방식으로 진실을 말하는 새로운 방법을 배웠다.

나는 내 표정에 힘이 붙을수록 부끄러웠다.

나는 친구가 과도하다고 느낄 만큼 우정에 신실했다.

나는 거부하고 싶은데 거부하지 못했다.

나는 내가 원하지 않는 일을 하느라 많은 시간을 할애했다.

세 번째 단계 : 새로운 신화 떠올리기

나는 홀로 있는 시간이 필요하다는 것을 알지 못했다.

나는 비통해하는 사람을 보며 슬펐고, 그를 위로했다.

앤의 대항 신화 모토는 '분별에서, 힘 ; 맹목적 친절에서, 잔인'이었고, 대항 신화 칸에 아래와 같이 썼다.

지난 몇 시간

나는 내게 맞는 속도로 일했다.

나는 필요할 때 '그만'이라고 말했다.

나는 내 사고의 정밀함에 탄복했다.

나는 내게 찾아온 새로운 명징함에 탄복하면서도 한편으로 걱정했다.

나는 진실은 불편할 수 있다는 것을 안다. 하지만 헛된 환상을 주는 것보다는 필요한 일이다.

지난 며칠

나는 친구에게 명확하고 정직하게 말했고, 그녀는 받아들였다.

나는 오랫동안 옳지 않다고 느꼈던 관계를 끝내자는 편지를 썼는데, 평가하지 않고 사랑을 담아 썼다.

나는 내가 원하는 여행을 결정했고, 가족도 행복해했다.

나는 내가 느끼는 대로 말하자 힘의 균형이 어긋나는 것을 느꼈다.

나는 해로운 이웃의 두려움에서 자유로워졌다고 생각했다.

나는 진실을 말해 친구를 괴롭혔다.

지난 몇 해

나는 어쨌든 내가 받은 상처에 대해 많은 사람에게 편지를 썼다.

나는 옳지 않은 관계를 지속할 수 없다고 말했다.

나는 관계 단절이 모두 내 잘못만은 아니라는 걸 깨달았다.

나는 수고의 열매를 즐기기로 마음먹었다.

나는 친구에게 돈을 돌려달라고 요청했다.

나는 내가 필요한 것을 말하지 않아서 인생이 엉망이 됐다는 걸 알았다.

나는 도움을 요청하는 사람들과 일정한 경계를 설정했다.

나는 나를 풍성하게 하는 사람들과 새로운 우정을 형성했다.

나는 더 많은 창조적인 시간을 가진나.

나는 가족에게 더욱더 모든 것 전체를 기꺼이 드러낸다.

나는 아들 교육에 점점 명확해진다.

기록지를 성찰하면서 앤은 두 가지 모습의 현자에게 문제를 가져가서 다음과 같이 썼다.

마돈나 같은 외양의 현자의 인도를 받을 때, 내 과거 신화는 자비심을 개발시켰다. 그러면서 그것은 다른 분야에서는 나를 약하고 비효율적이게 했다. 검은 식별자의 인도가 천천히 표면에 떠오를 때는 대항 신화에서 힘과 명확성, 분별력을 행사하는 방법을 배웠다. 새로운 신화는 내 자아의 두 측면인 마돈나의 친절한 자비와 검은 식별자의 힘을 가진 진실이 서로 결혼하여 형성될 것이다.

세션 2 : 갈등 신화를 대화로 드러내기

목적 : 갈등을 일으키는 신화를 의인화하여 성격과 태도, 목소리로 묘사하기

이 의례에서는 삶에서 나타나는 신화 갈등을 드라마 공연처럼 재연할 것이다. 앤은 '천사 소녀Angel girl'와 '표독이Slasher'를 서로 대립하는 신화를 표현하는 캐릭터로 등장시킨다. 여기 대화의 일부가 있다.

> **천사 소녀** : 너는 너무 공격적이야.
>
> **표독이** : 너는 너무 약해.
>
> **천사 소녀** : 너는 취약한 사람들을 고려 안 해.
>
> **표독이** : 너는 그들의 힘을 과소평가해.
>
> **천사 소녀** : 너는 인생을 냉소적으로 대해.
>
> **표독이** : 너는 나약한 감상주의에 빠져 있지.
>
> **천사 소녀** : 네가 사람을 무시하는 태도가 싫어.
>
> **표독이** : 네가 사람을 감싸는 게 나도 싫어.
>
> **천사 소녀** : 네 허풍선이 잘난 척은 밥맛이야.
>
> **표독이** : 네 거짓 겸손이 밥맛이야.

매그는 과거 신화를 대표하는 인물로 '정숙한 젊은 여성'을, 대항 신화를 대표하는 인물로 '다시 태어난 아이'를 내세웠다. 그들 주제는 그녀가

요약한 신화 갈등의 모토와 일치한다("성인의 삶은 무거운 짐이다" 대 "삶은 모든 면에서 즐겁다"). 그녀는 두 인물의 대화를 녹음하여 풀어 썼다.

정숙한 젊은 여성 : (꾸짖으며, 손가락을 흔들며) 너 자신을 잘 봐! 너는 나와 네 주위 모든 사람과 등을 돌리고 있어.

다시 태어난 아이 : (어리둥절하여) 무슨 소릴 하는 거야?

정숙한 젊은 여성 : (지적하며) 네 옷은 낡고 꼬질꼬질하고 단추는 풀어졌 잖아. 머리카락은 헝클어지고, (선고하고 비난하듯) 맨발이고.

다시 태어난 아이 : (방어적으로) 난 놀고 있어.

정숙한 젊은 여성 : (분노의 콧김을 뿜으며 머리를 흔들고, 입을 굳게 다물고) 좋아. 너무 많이 놀잖아. 인생은 만만치 않고 할 일이 있어. 그걸 넌 몰라.

다시 태어난 아이 : (공격하며) 당신은 내가 당신같이… 단정하고, 깔끔하 고, 경직되길 원해. 머리카락 한 올도 흐트러지거나 원래 생각에서 벗어 나면 안 되고. 모험이라고는 고작 시내버스를 타는 거고. 너무 많은 규칙, 너무 많은 화나는 의무, 쥐꼬리만 한 상상력. 당신은 실패를 두려워해.

정숙한 젊은 여성 : (충격과 모욕감으로) 어떻게 감히! 너는 재미없는 일은 단 일 초도 못 하잖아. 책임감이라곤 찾아볼 수 없고, 과거나 미래는 안중 에도 없고. 그런 네가 감히 나를 조롱해? 나는 열심히 힘들게 살아왔어. 너보다 열 배는 인생에 대해 더 잘 알아. 내 말이 틀렸어?

다시 태어난 아이 : (긴 언덕을 굴러내려가며, 바지에 잔디물이 들며) 흥. 훈계 따윈 필요 없어.

정숙한 젊은 여성 : (좌절하여) 앉아서 들어봐. 네가 좋은 대로 말하는 건

공손하지 않아. 얼마나 네가 부스스한지 보란 말이야!

다시 태어난 아이 : (웃으며) 나는 예절 따윈 필요 없어. 나는 대신 정직하고 싶어. 내가 생각하고 느끼는 그대로 말할 거고, 하고 싶은 대로 할 거야. 지금처럼. (차려 입은 정숙한 젊은 여성에게 물풍선을 던지는 시늉을 한다.)

정숙한 젊은 여성 : (흠뻑 젖어 화내는 연기로) 이 못된 것! 제멋대로고, 경솔하고, 되먹지 못한 것! 본때를 보여주지. (아이에게 다가가나, 아이는 사라지고 잡지 못한다.)

기록지에 매그가 성찰하길,

이 작업이 즐거웠다. 사람들은 내가 '강하고', '자기 확신이 강한' 사람이라고 말해왔고, 어느 정도 정확하다. 그러나 나는 자주 부적합한 자세에 갇힌 아이처럼 느낀다. 마치 그 자세가 그 자체로 틀에 박힌, 진정으로 자유롭다는 느낌이 아니다. 그리고 나는 조심스럽게 전통적이고 보수적인 기득권 세력과 접촉할 사회적 관계를 회피하는 입장을 선택했는데, 왜냐하면 그런 차원에 대처할 능력이 없다고 느꼈기 때문이었다. 내가 원할 때 보통 사람으로 '통과'하길 바랐는데, 그것은 피부색이 밝은 흑인들이 백인으로 간주되어 '통과'되길 바라는 것과 같았다. 그러나 그것은 결코 잘 되지 않았고, 내게 효과가 있을 거라고 생각할 수 없었다. 어쩌면 내가 해야 할 일은 나 자신을 약간 빗겨난 사람으로 인정하고, 편향된 사람으로 사랑받는 것에 감사하며, 틀에 맞추려고 걱정하지 않는 것이다.

이러한 경험들로 매그의 독선은 약화됐고 반항심은 누그러졌다. 후에 이 두 성격을 기록지에 다음과 같이 성찰했다. "그것들은 자기 확신과 개인주의라는 내 개성의 두 가지 긍정적인 면을 내포하고 있었다."

프랭크는 그의 대화 인물들을 '성실이'와 '쾌활한 녹색 거인'이라 이름 지었다.

성실이 : 네가 조심하지 않으면 우리 둘 다 위험해.

쾌활한 녹색 거인 : 이런 겁쟁이! 너처럼 소심하면 침대 밖에도 못 나갈 거야. 바보 같은 일에 힘을 쏟느라 위험을 감수하지 않아서 즐길 기회가 없잖아. 죄책감에만 시달리고.

성실이 : 너는 문제만 일으켜. 부지런한 개미를 생각해봐. 그 조그만 몸으로 그 거대한 언덕을 만들잖아.

쾌활한 녹색 거인 : 개미집을 만드는 게 인생 목표라니 거창하시군. 들어봐, 그런 식으로 살면 4월에는 뻣뻣한 시체가 될 거야.

성실이 : 좋아, 뭘 하자는 거야?

쾌활한 녹색 거인 : 때로는 미소도 짓고, 웃기도 하고, 놀기도 해. 숨부터 크게 들이쉬고, 움츠린 벌레꼴이잖아.

성실이 : (거만하게) 웃기시네! 성숙한 사람에겐 그런 건 필요 없어.

쾌활한 녹색 거인 : 이거야말로 내가 들은 말 중 가장 웃기는 소리군! 너는 말라비틀어지고 겁먹은 늙은 황소개구리를 '성숙'하다고 하는 모양이군. 살아 있다는 게 뭔데? 열정과 활력과 환희야.

성실이 : 너처럼 천방지축 날뛰는 건 창피한 일이야.

쾌활한 녹색 거인 : 창피해? 응? 너야말로 무미건조한 존재라는 게 드러난 거지.

성실이 : 단지 창피의 문제가 아니야. 사람들이 중요하게 생각하는 데는 이유가 있어. 직업 없이 살 수 없잖아.

쾌활한 녹색 거인 : 직업이 걱정이야? 직업이 뭔지 말해줄까? 직업은 살아 있는 동안 죽음으로 이끌지. 은퇴 때까지 살아 있을 수나 있을까?

성실이 : (혼란스러워하며) 내가 창피한 걸 걱정하지 않으면 더 오래 살거라고?

쾌활한 녹색 거인 : 오호 친구, 이제야 내 말이 좀 먹히는 모양이군.

성실이 : 글쎄 너를 완전히 믿는 건 아닌데, 내가 요즘 약간 무감각하기는 했어. 네 말도 일리는 있어.

쾌활한 녹색 거인 : 뭐? 약간이라고? 자기를 속이지 마. 친구, 나랑 같이 가자. 내 방식대로 해보면 절대 옛날로 돌아가고 싶지 않을 거야.

성실이 : 네 방식대로 하자고? 선생님, 정신 차리세요. 넌 천박하고 교양 없는 야만인이야. 너의 저속한 방식에 빠져들면 순식간에 망신살이 뻗칠 거야. 게다가 난 무서워서 즐길 수도 없을 거야. 없던 일로 해!

본 대로, 성실이와 거인은 여전히 건설적인 해결책이 나오기 전에 먼저 다룰 간격이 있어 보인다. 과거 신화와 대항 신화를 표현하는 인물상에서, 내면화된 '하부 성격'[8]을 살펴볼 수 있다. 하부 성격이란 특정한 개인의 신화에 지배되는 정신의 한 측면으로 볼 수 있다. 과거 신화와 연관된 하부 성격을 나타내는 이름과 대항 신화와 연관된 이름을 선택하라.

예를 들어, 앤의 '천사 소녀 – 표독이', 매그의 '정숙한 젊은 여인 – 다시 태어난 아이', 프랭크의 '성실이 – 쾌활한 녹색 거인'이 그렇다. 44세의 지역 대학 강사는 과거 신화와 대항 신화를 '복사服事 – 선구자'로 이름을 붙였다. 28세의 컴퓨터 엔지니어는 '로봇 여성 – 눈부신 댄서'를 이름으로 사용했다.

적절한 몸짓과 전심으로 연극 공연하듯 대화를 구성하라. 경쟁하는 신화를 표현하기 위해 지적 능력뿐만 아니라 직관과 감정을 사용하라. 몸짓을 사용하며 대화하면, '신체 기억'과 다른 육체 반응에 들어 있는 신화 요소가 포함될 수 있다. 성격에서 강조되는 유머와 차이에 대한 감사 감각을 잃지 마라. 혼자 작업힌다면 녹음기를 사용하라. 새로운 통찰은 반대 입장에서 생각할 때 솟구치기도 한다.

처음에 과거 신화를 드러내는 육체적 자세를 먼저 상상한다. 어떤 얼굴 모습이 가장 적당한가? 웃는, 찡그린, 노려보는, 찌푸린, 응시하는, 썰룩거리는 얼굴인가? 이 성격에 가장 잘 어울리는 자세는 무엇인가? 어딜 향하나? 손을 주머니에 찌르고 있나? 팔짱을 끼고 있나? 신경질적으로 흔드는가? 춤추나? 박수치나? 점프하나? 기도하나? 기는가? 첫 번째 인물의 자세를 결정했으면 초점을 바꿔, 대항 신화를 표상하는 자세를 상상해보라. 과거 신화와 반대되는 자세와 태도를 가진 인물을 상상하는 것에서 시작할 수 있다. 충분한 시간을 두고 이 역할을 설정하라. 이 하부 성격을 드러내는 가장 적절한 하나를 찾기 위해 여러 자세를 시험해보라. 각 자세에 따른 근육과 균형감각에 주의를 기울여라.

각 성향을 드러내는 인물의 자세와 얼굴 표정을 결정했으면, 그들 사이를 몇 번 왔다갔다 하라. 어느 한쪽을 바라보면서 시작하고 다른 쪽을 비판하라. 각 인물의 성향은 처음에는 과도하다. 이것은 의미 있는 현상이고, 각 신화가 자연스레 표현되도록 성격을 계속 유지하라. 대화를 시작하라. 한쪽이 다른 쪽에게 말하고, 번갈아 얘기하라.

각 역할에서 인물의 자세를 취하고, 감정과 생각에 어울리는 말을 하라. 역할에 맡는 목소리를 일부러 지어내라. 말이 부드럽거나 거칠거나, 높거나 낮거나, 빠르거나 늦거나, 목에서 나거나 콧소리거나, 청산유수거나 더듬거나, 그 무엇이든 인물에 어울리게 하라. 한쪽 인물 입장에서 말을 던지고는, 관점을 바꿔 상대 입장의 인물이 되어서 답하라. 목소리를 인물에 맞게 유지하며 대화를 계속 진행하라. 의견이 부딪힐 때마다 그대로 터져 나오게 두라. 대화가 길게 멈추는 일이 없게 하고 미리 계획하지 마라. 자발적 움직임을 믿어라. 한 인물이 말할 때 그 동작에 들어가고, 다른 인물이 말할 때 다른 동작으로 빠져나와라. 인물에 맞는 얼굴 표정과 자세, 태도와 목소리를 유지하라.

양쪽 캐릭터를 설정하고 대화를 시작할 때나 중간에 토론이 막힐 때는, "내게 원하는 것이 뭔데?" 같은 질문을 하는 것이 좋다. 대화의 초반에는 갈등에 초점을 맞추고 양쪽의 차이점을 부각하라. 그러나 논쟁이 진행되며 둘의 대화가 저절로 나아지고 있다면 지켜보라. 상대의 관점에 주의를 기울이지 않고 존중하지 않더라도 지금은 놔둬라. 차이점을 통해 배울 기회가 있을 것이다.

대화를 완성한 후, 기록지에 옮기며 다시 손보거나 요약하라. 각 등장 인물을 그림으로 그릴 수도 있다. 과거 신화와 대항 신화가 인물에 어떻게 표현됐는지 살펴라. 몰랐던 감정이나 생각이 드러난 것이 있는가? 이 것은 목소리뿐만 아니라 몸동작으로도 표현됐기에 이전에 의식에서 알 지 못했던 갈등 관점이 드러날 수 있다.

이 프로그램을 진행해나가면서, 이따금 대화를 더 풍부하게 첨가하 라. 다른 의례가 끝나면 인물의 대화가 더 풍성해질 수 있다. 동작을 겸비 하면 대화가 더 확장된다. 기록지에 인상 깊은 것을 기록하라.

세션 3 : 장애를 기회로 바꾸기

목적 : 성장을 가로막는 개인 특질에 사로잡힌 에너지 풀어주기

비귀금속을 금으로 바꾸려는 중세 연금술의 방법을 카를 융이나 미르 체아 엘리아데Mircea Eliade 같은 지난 세기의 사상가가 연구하여, 연금 술의 심오한 비의를 밝혔다. 연금술 방법은 정교하게 변형되는 영적 훈 련의 결과가 물질세계로 표현된 것이라고 믿어진다. 랄프 메츠너Ralph Metzner에 따르면, "화학 실험은 탄트라 요가 의례와 비슷하다. 둘 다 상 태의 변화를 느리고, 섬세하고, 최대한의 감정 자각과 민감성으로 관찰 한다."⁹ 개인 신화 작업도 지금 단계에서는 어느 한 면에서 과거 신화가 지닌 기본 성질을 새로운 황금으로 바꾸는 것과 같은 도전을 포함한다.

과거 신화와 연관된 어떤 개인 성향들은 변화를 방해하기도 한다. 이 의례에서 신화 갈등의 건설적 해결을 방해하는 자신의 성질을 알아내고,

현자의 도움을 받아 그 장애를 기회로 바꾸는 방법을 탐색할 것이다. 갈등의 굴레를 반복하게 하는 개인 성향이 무엇인지 반추하라. 아마도 충동 욕구가 번영된 삶을 가로막고, 강박이 편안한 삶을 즐기는 것을 가로막으며, 두려움이 직업적 성공에 필요한 위험을 감수하는 능력을 방해하고, 혹은 불안감이 사람들과 관계에 목을 매게 하는 원인이 되기도 한다. 매그는 이 의례를 두 번 진행하면서, 처음은 정숙한 젊은 여인의 독선에 초점을 맞추고, 두 번째는 다시 태어난 아이의 반항심을 다뤘다. 프랭크는 강박적인 성취 욕구로 작업했다. 앤은 자신의 어려움으로, 다른 사람에게 상처를 줄 수도 있는 직언을 공개적으로 말하는 성향을 선택했다.

준비 : 바꾸고 싶은 성질을 분명히 선택하라. 내면의 현자와 춤을 출 것이다. 직접 춤을 추는 것이 좋은데, 아니면 머릿속으로 춤을 춰라. 해바라기 씨나 아몬드, 땅콩 같은 먹을 수 있는 씨앗 하나를 준비한다. 배경 음악으로 드럼 소리가 있는 음악을 마련하라.

움직일 공간이 있는 방에 자리를 잡고 서서, 깊게 숨을 쉬고, 두 발을 나무처럼 굳게 딛고, 일상 현실에서 사람을 만나듯 현자를 만날 준비를 하고, 초청합니다. 현자가 실제 앞에 있다고 상상합니다. 앞에 서 있는 현자를 보든 보지 못하든, 현자의 존재를 느낄 수 있습니다.

현자를 보면서, 바꾸고 싶은 성질을 진심으로 드러내고 느낍니다. 내 앞에 꾸러미가 하나 있다고 상상하고 양손으로 잡습니다. 변형하고 싶은 성질이 이 꾸러미 안에 있습니다. 꾸러미를 관찰합니다. 무슨 색인가요? 무거운가요? 냄새가 나나요? 안에서 울려나오는 소리가 있나요? 이 꾸러미를 내면의 현자에게 바칩니다.

현자에게 바꾸고 싶은 성질을 설명합니다. 스스로 자비심을 내어 설명하면서 자기 존중을 잃지 마십시오. (자학하거나 자기비하에 빠지지 않도록 주의하십시오.) 제대로 돌아가지 않게 하는 성질이 무엇인지 선명하게 설정합니다. 이제 그 성질이 어떤 다른 성질로 바뀔지 생각해봅니다. (모든 것은 양면성을 내포하고 있습니다. 예를 들어) 완고함은 균형 잡힌 결정력이 될 수 있습니다. 쉽게 화내는 성질은 일에 대한 열정이 될 수 있습니다. 게으름은 광분해서 어떤 일에 연루되는 것을 막는 안전판이 될 수 있습니다. 바꾸고 싶은, 발달시키고 싶은 성질의 알맹이, 핵심이 무엇인지 명확히 발견하세요. 일단 발견한 변화를 설명하고 요청하고는, 현자의 반응을 조용히 기다리세요.

현자가 얼굴을 맞대고 자기 손을 꾸러미에 올려놓습니다. 꾸러미를 사이에 두고 나와 현자가 꾸러미 양쪽 끝을 잡고 있습니다. 이제 현자가 움직이기 시작합니다. 양손으로 꾸러미를 잡은 채로 현자의 움직임과 동일하게 나도 움직이는 것을 느낍니다. 움직이기 시작하자, 현자와 나의 움직임이 조화롭게 유지됩니다.

움직임에 속도가 붙습니다. 리듬도 빠르게 변합니다. 곧 꾸러미와 함께 형식 없는 자유로운 춤이 됩니다. 현자가 외칩니다. "변해라!" 나도 따라 외칩니다.

꾸러미가 찬란한 빛으로 에워싸입니다. 밝은 빛이 꾸러미를 완전히 감싸고 있습니다. 변화가 일어나고 있습니다. 나는 계속 외칩니다.

움직임이 빛나는 꾸러미 중심을 향합니다. 높게 낮게, 가깝게 멀게 춤을 춥니다. 움직임이 더해질수록 빛도 밝아집니다. 춤이 계속되며 더욱 열광적으로 춥니다. 이제 빠르게 소리칩니다. "변한다!"

마침내 춤을 멈추고 현자의 눈을 바라봅니다. 둘 다 여전히 빛나는 꾸러미를 잡고 있습니다. 현자가 꾸러미 안의 성질이 내가 요청한 대로 변형되고 있다고 말합니다. 꾸러미를 아까 씨앗을 두었던 곳에 올려놓으라는 현자의 말에 따릅니다. 그렇게 하자마자, 꾸러미가 갑자기 사라지고 현자가 빛의 모든 에너지가 씨앗 속으로 들어갔다고 말해줍니다. 씨앗을 지그시 바라보자, 새로운 성질이 무엇인지, 그것이 내 속에서 완전히 발현되었을 때 느낌이 어떤지 오롯이 느껴집니다.

현자가 그 씨앗을 집어 천천히 씹어서 삼키라고 말하는 대로, 씨앗을 입에 넣고 씹습니다. 씹으면서 새로운 성질이 몸에 들어오는 것을 의식적으로 느낍니다.

이 신성한 작은 것을 씹어 삼키면서, 맛을 음미하고, 씨앗이 내 생에 중요한 변화를 초래할 나무로 심어진 사실을 음미합니다. 이 의례가 인생 경로의 큰 전환점이 될 것입니다. 변화가 즉시 나타나지 않고 현저하게 두드러지지 않더라도, 이 시점부터 변화된 방향은 길을 갈수록 그 차이는 점점 커질 것입니다. 현자에게 인사드리고, 내면세계로 사라지는 현자를 지켜봅니다.

기록지에 경험을 성찰한다. 매그와 같이 이 의례를 두 번 반복하고 싶으면, 또 다른 인물로 초점을 맞춰 시행할 수 있다. 앤은 그녀의 기록지에 이 경험을 기록했다.

이 경험으로 얻은 가장 중요한 것은 매몰차게 판단하는 내 성질은 단지 넓은 세상을 더 잘 보려고 내딛는 디딤돌일 뿐이라는 것이다. 진실을 공개 석상에서 말하는 것은 내 무능력과 약함을 드러내면서, 동시에 내 깊은 공감과 연민을 표현하는 것이다.

내가 열린 마음으로, 충분히 강하면서도 여전히 진실을 말할 수 있을까?

미래 어느 때든지, 씨앗을 사용하여 필요한 새로운 성질로 변환하도록 재활성할 수 있다. 상상으로나 또는 다른 씨앗을 입 안에 넣고 천천히 성심껏 씹기 시작하라. 씨앗이 소화되어 물리적 변환이 일어나는 것을 몸으로 완전히 느끼면서 새로운 성질이 내 존재의 일부가 되는 것을 자각하라.

꿈에 집중하기 : 통합을 향한 꿈

목적 : 과거 신화와 대항 신화의 부조화를 해결하는 꿈을 초청하기

꿈 품기를 통해 신화 갈등의 두 측면이 어디에서 서로 다른 힘을 미치는지, 서로 어떻게 더 효과적일 수 있는지 알고, 어떻게 협력하는지 발견할 수 있다. 기록지를 쭉 되돌아보면 신화의 두 측면에서 어려움을 극복

할 단서와 위대한 해결책을 얻을 방법을 발견할 수 있을 것이다. 침대 맡에 녹음기나 기록지와 필기구를 놓고, 기록지에 천천히 온 마음을 다해 말하거나 쓴다. "나는 오늘밤 편안하고 평화롭게 자면서 내부 갈등의 두 측면의 에너지가 하나로 통합되기 시작하는, 단일한 에너지가 되는 꿈을 꿀 것이다. 내가 깨어났을 때 꿈을 기억할 것이다." 그 다음 신중하게 잠들 때까지 반복한다. "나는 의미 있는 꿈을 꿀 것이고, 기억할 것이다." 첫날 밤에 꿈을 기억하지 못하더라도 기억날 때까지 매일 밤 반복한다. 꿈을 기록한 후에는 보조 안내 2를 참조하여 더 깊게 꿈의 의미를 탐색하라. 앤은 다음 꿈을 기록하고 성찰했다.

나는 극장에 있고, 마하리쉬를 추종하는 사람들이 저녁 공연을 보고 있다. 쇼가 시작되고 책임자 녀석이 무대를 떠나 내게 와서 그들과 합류하란다. 이런 식으로 나를 이용하는 것이 성가신데, 거절하면 괜히 일이 크게 될 것 같다. 무대에 올라, 무언가 심오하고 영적인 것을 하는 대신, 그들이 원하는 대로 이 상황과 꼭 맞는 노래를 만드는데, 그것은 가볍고 유쾌하다. 믿기 어려울 정도로 오페라 같은 클라이맥스로 몰아가, 극적으로 '갈색 토스트'라는 끝말로 노래를 마무리한다. 청중은 환호한다. 포크송 가수가 무대에 올라 기타를 치며 노래하는데, 내게 같이 부르자는 뜻이 명확해 같이 부르니 화음이 매우 아름답다. 청중이 박수치는 동안 가수가 자기 스타일로 청중을 이끌면 그 뒤에 "따라 부르라"고 말한다. 나에 대한 경쟁심이 느껴져 함께 할 생각이 사라졌다. "네가 원하는 대로 해"라고 말하고는 무대를 내려온다.

무대 뒤에서 마하리쉬의 오른팔인 사람과 옆에 앉아 있을 때 내 친구 두 명이 합류한다. 잡담하다 매리온Marion과 나는 마이크Mike를 비추는 아름다운 조명에 대해 이야기한다. 그러자 갑자기 매리온이 울며 마이크의 건강이 좋지 않다고 말한다. 내게 에이즈 바이러스가 암을 일으키는 걸 믿는냐고 묻는다. 나는 "그렇다. 연관이 있다"라고 말한다. 그녀는 내 팔에 매달려 울며 말한다. "그 없이 어떻게 사니?" 나는 "그와 함께 살아야지"라고 말한다. 이것이 꿈의 마지막이다. 나는 창조적 투사 방식을 사용해 이 꿈을 성찰할 것이다.

나는 '갈색 토스트'다 : 나는 갈색 토스트다. 나는 사람들에게 평범하고 소박한 기쁨을 준다. 나는 삶에 꼭 필요한 주식이다. 나는 불로 달궈져 강해졌으나, 내 역할에 잘난 체하지 않는다.

나는 '갈색 토스트'라는 가사다 : 나는 다른 사람의 신념을 위해 젠 체하는 거짓 몸짓을 강요하지 않을 것이다. 나는 영적인 체하는 목소리보다는 기본적이고 즐거운 방식으로 사람들을 즐겁게 할 것이다.

나는 '마이크'다 : 나는 목적을 가진 남자다. 지구를 변화시키려 한다. 나는 큰 변화를 일으킬 새로운 프로젝트에 언제나 매달려 있다. 나는 지치고, 죽어가고 있다.

나는 '매리온'이다 : 내 마음은 언제나 다른 사람을 돕는 일에 맞춰져 있다. 빠지는 곳 없이, 모든 요청에 응한다. 나는 걱정하고, 피곤해 하고, 쉽게 울며 두려움에 빠지는 등 감정 진폭이 심하다.

나는 포크 가수다 : 나는 잊히는 것이 두렵다. 주목받지 못하는 것이 두렵다. 나는 경쟁적인데, 다른 사람이 그것을 아는 것은 싫다.

나는 책임자 녀석이다 : 나는 내 신념을 위해 누구나 기용하고 어떤 일이든 한다. 다른 사람의 진실한 감정은 상관하지 않는다. 나는 별나고 방방 뜨고 기회주의적이다.

내게는 명성이나 재물에는 관심 없는 소박한 성질이 있으면서, '갈색 토스트' 같은 건강하고 소박한 세상을 원한다. 나는 다른 사람을 위해 살면서 내가 100% 몰두하지 않고 건성으로 했다는 것을 깨달았다. 마이크는 전체성을 위해 희생한 내 자신의 한 모습니다. 매리온은 무력하고 아무것도 할 수 없는 나를 반영한다. 이 꿈은, 치유가 절망적이고, 암은 죽을병이고, 해결책은 없는데, 할 수 있는 최선은 그와 함께 사는 것이라고 말한다. 꿈의 해결책! 그러나 변화될 수 없는 것을 강박적으로 변화시키려 하는 절망적인 내면도 보인다. 더 성찰하자 꿈의 새로운 요소를 깨달았는데, 절망스런 상황은 바뀔 수 있고, 혹은 적어도 마이크의 암처럼 잊힐 수 있다는 것을 알았다. 아마도 해결의 열쇠는 존재 자체에 주목하는 것이고, 내 노력의 가치와는 상관없을 것이다.

다음 주에, 내가 원하지 않더라도 해야 한다고 생각하는 것들 속에서 그것들을 진실되게 하는 방법을 발견할 것이다. 더 이상 나를 위해서가 아니고 서로의 관계 속에서 자연스레 진행되도록 안정되게 운영할 것이다. 나는 참여자 친구들과 경쟁하지 않고 의젓하게 뒤에서 지원할 것이다.

통합된 신화상을 마음에 품기

의식은 더욱 복잡하게, 더욱 체계 잡히고,
더욱 통합되면서 각개의 연속적인 고차원 구조를 이룬다.
— 켄 윌버Ken Wilber[1]

신화적 사고는 대체로 모순을 자각하고 이를 해결하려는 방향으로 움직인다.[2] 통합을 드러내는 상징들을 만들면서, 정신은 내면세계에 언제나 존재하는 반대 성향을 조화시켜나간다. 융은 이런 통합 상징들의 특질을 **초월적 기능**transcendent function이라 일컬었다. 앤의 빛나는 나무와 매그의 전복 조개는 내부 통합력을 제공하고, 이전에는 양립할 수 없었던 비전을 통합하는 큰 맥락을 제시한다. 예를 들면 매그의 전복 조개 상징은 조개의 단조로움으로 표현된 한 부분과 조개의 무지갯빛 내면으로 표현된 화려한 외부 성향을 조화시키는 데 도움을 주었다. 인생은 끊임없이 내면의 대극 사이에 균형을 도출하도록 도전하기 때문에, 통합된 상징은 더 큰 조화와 온전성을 향해 우리를 인도하는 별의 역할을 한다.

신화와 인식이 충돌할 때 : 인식은 일치–불일치를 판별하는 과정이다.[3]

세 번째 단계 : 새로운 신화 떠올리기

세상에서 보는 것이 유도 신화와 일치하는 경우에는, 기본적인 정신 균형 상태가 유지되는 경향이 있다. 그러나 신화와 경험이 일치하지 않으면 불일치하는 것을 맞도록 수정하기 위해 생각과 행동에 박차를 가한다. 한 남성이 고등학교 때 애인이 예기치 않게 임신해서 결혼해야 했다. 그런데 이 남성 내면에는 카사노바 신화가 은밀히 자리 잡고 있었고, 결혼으로 속박되었다. 결혼에 충실하려 애쓰면서도 뭔가 아내에게 화를 내고 신경을 쓰지 않게 되어, 마침내 30대 중반에 아내가 떠난다. '카사노바' 환상을 쫓아 제약 없이 자유롭게 살면서 끊임없이 여성을 유혹하지만 매번 거절당한다. 그의 신화와 인식이 전쟁에 돌입한다.

끊임없는 경험이 피드백의 고리 속에서 기존 신화와 상호 작용한다. 신화가 특정한 행동을 유도하고, 그 행동의 결과가 또 다시 유도 신화를 강화하거나 맞서게 된다. 경험과 신화가 일치하지 않을 때, 이 충돌을 해소하기 위해 두 가지 가능성이 떠오른다. 경험을 통해 자기 인식을 바꾸거나, 자기 신화를 바꿀 수 있다. 우리의 카사노바는 자신을 거절하는 첫 여성을 만났을 때 자기 신화를 고수하고, 그 이미지에 맞게 인식을 수정했다. 그는 자신의 매력이 너무 강력해서 그 여성이 자신을 감당할 수 없어 거절했다고 결론내린 것이다. 그들이 덜 남성적인 만만한 구혼자를 찾아 자신에게서 멀어졌다고 생각한다. 수많은 거절을 당한 뒤에야 그는 자신의 이미지를 수정하고 카사노바 정체성을 버려야 할 상황에 직면한다. 이와 유사하게 사람들은 무의식적으로 자기 신화에 맞춰 자기 정체성이나 인식을 왜곡하거나, 혹은 무의식적으로 새로운 경험과 인식에 맞게 유도 신화를 변경한다. 이전의 전제와 일치하지 않는 경험을 조정하면서 개인의 신화는 점차 진화한다.

신화와 대항 신화가 충돌할 때 : 오래 유지된 신화가 너무 경직되어 새로운 정보를 수용할 수 없을 때, 정신은 새로운 경험을 조직할 변경된 방법을 찾기 시작한다. 대항 신화는 기존 신화의 한계를 넘어 확장할 자극을 제공한다. 발달을 촉진하고 안정된 기반을 흔든다. 영향을 미친 다른 사람의 신화를 모델로 삼거나, 문화적으로 더욱 뛰어난 신화를 근원으로 삼거나, 새로운 가능성을 직관으로 받아들이면서 대항 신화가 형성된다. 인생의 중요한 결정들, 인간관계나 경력을 쌓는 일이나 여가 시간 활용에까지 어떤 영역에서도 친숙한 신화에 안주하려는 경향과 새로운 방법을 찾는 충동, 이 둘은 끊임없이 충돌한다.

윌리엄 블레이크William Blake는 우리에게 두 가지 선택, 정신적으로 우리 내면에서 싸우는 일과 육체적으로 우리 사회 안에서 싸우는 두 가지 길이 있다는 것을 알았다.[4] 사람들은 신화 갈등의 양 측면이 화를 불러 일으켜도, 그것을 자연스레 인식하지는 못한다. 대항 신화가 인식의 턱밑에 와서 물어뜯을 때라도 오래 유지된 신화로 세상을 보려는 경향이 뚜렷하다. 대항 신화가 인식에 침투할 때, 과거에 몸에 밴 적응과 새로운 전략을 위한 인식 사이에 전쟁이 일어난다. 과거 신화는 친숙하나 더는 세상과 맞지 않고, 앞날을 예견하지도 못한다. 대항 신화는 비옥한 땅을 약속하나, 실현되지 않은 미래다.

대항 신화가 주는 약속에 매료되어 사람들은—좋은 직업을 버리고, 결혼 생활을 내던지고, 새로운 곳으로 이사 가고, 광신 모임에 참여하는 등—급진적인 선택을 하기도 하는데 이러한 일들은 길게 보면 자멸해서 큰 재앙에 이르는 일이다. 많은 사람이 힘든 결혼 생활을 청산하고 새로운 파트너를 만나서는 똑같은 고통을 반복했다고 말한다. 파트너 관계에서 해결되지 않은 문제는 신화의 중심을 이룰 텐데, 정서적으로 균형 잡힌 상태에서 사람과 만나는 신화를 형성하지 못한 문제일 것이다. 첫 번째 결혼을 유지하기 어려울 정도로 대항 신화가 부상한 반면, 과거 신화가 새로운 파트너 선택에 여전히 힘을 발휘한 것이다.

대항 신화가 기존 신화에 도전할 때, 무의식적으로 갈등을 겪으며 같은 패턴을 되풀이하거나 아니면 의식화하고 넘어설 수 있다. 과거 신화의 가치와 대항 신화의 영감이 통합하여 이루어내는 변화는, 변화의 의미와 장기적 결과까지를 조화롭게 조율하는 더 큰 신화적 전망으로 성장하며 발전한다.

신화와 대항 신화의 조화 : 과거 신화와 대항 신화의 갈등이 표현되는 방식에 몇 가지 시나리오가 있다. 주로 과거 신화와 대항 신화를 의식적으로 자각하게 되면서 분열과 혼란이 가중되거나, 이와 달리 각 요소 중 몇 가지 바람직한 요소를 희생하는 타협을 하기도 하고, 혹은 더욱 완전한 내면 작업을 통해 그 신화들의 한계를 초월하여 양쪽 성질을 포함하는 새로운 신화를 도출할 수도 있다. 이번 장과 그 이후 장들에서는 갈등의 건설적 해결책을 적용·발전시키는 방법에 집중할 것이다.

성공한 젊은 영업과장인 필립은 지배 신화와 대항 신화 간의 갈등을 가슴 아프고도 뚜렷하게 겪고 있었다. 그는 "나는 실패한 남편이며 결혼 생활을 더 이상 이어갈 수 없을 것 같아 두렵다"며 상담소를 찾았다. 필립의 부모는 종교에 매우 독실했고, 가족에 충실할 것을 늘 강조했다. 그가 매우 존경한 그의 아버지는 1950년대 텔레비전에 나올 법한 '가정적인 남성family man'의 살아 있는 표본과도 같았다. 아버지는 가장으로서 가족에 헌신했고 신뢰할 수 있었으며, 조용히 자신을 희생하여 가족을 지탱했다. 필립은 자신의 가정을 꾸렸을 때 아버지를 닮으려 애썼다. 게다가 그는 정서적으로 상당히 불안정하고 무슨 일을 해도 도무지 만족시킬 수 없는 여성을 아내로 맞이함으로써 스스로 더욱 희생해야 할 상황을 만들어냈다. 아내는 그가 일을 하지 않을 때는 자신에게 무조건적인 관심을 주기를 바랐으며, 매일 오후 5시 1분에 곧장 차에 올라타 집으로 돌아오길 기대했다. 남편이 자신의 요구에 멈칫하기라도 하면 심리적인 병으로 인해 무기력해지곤 했다. 필립은 개인적 신화의 구조가 정의하는 남편으로서의 역할에 따라 아내의 병을 측은히 여기고, 그녀가 아플 때 특별히 더 잘 보살펴주며, 엄청난 죄책감과 자기 비난에 휩싸여서는 다음번에는 그녀가 실망하지 않도록 더 헌신하겠노라고 스스로 다짐할 수밖에 없었다. 하지만 물론 아내는 매번 실망했다. 이것이 바로 둘 간의 성문화하지 않는 계약이요 신화였다. 아내의 의존성은 그녀를 행복하게 해주려는 필립의 엄청난 노력과 맞물려 있었다.

다른 많은 사람과 마찬가지로, 필립은 처음 도움을 요청하러 왔을 때 과거 신화라는 렌즈를 통해 문제를 꼼꼼히 살펴보고 있었다. 자신의 아버지가 매우 인내심이 뛰어나고 너그러운 남편이었기에 그렇게만 하면 어떤 여성이든 행복하게 해줄 수 있을 것이라고 믿었고, 결혼 생활에서 문제를 겪는 이유는 자신이 아버지처럼 살지 못하기 때문이라고 믿었다. 하지만 필립의 인식 너머에서는 배우자 역할에 대한 새로운 이미지에 불이 붙기 시작했다. 그리고 그가 지인들의 삶에서 목격한 성공적인 '기브 앤 테이크' 관계는 이 불에 부채질을 했다. 자신은 주기만 하고 아내는 받기만 하는 관계에서도 아내가 언제나 불행해 하고 억울해 한다는 모순을 이해하려고 노력하며 그는 결혼 생활에 필요한 것이 무엇인지 새로운 관점을 갖기 시작했다. 이 대항 신화는 결혼과는 별개로 개인이 갖는 욕구가 존재한다는 걸 알게 해주었다. 그러나 그는 그런 충동은 극도로 이기적이라 여겼으며, 마치 야외 소풍에서 파리를 쫓듯 그런 생각들을 의식의 저편으로 날려버렸다.

하지만 자신의 욕구에 더욱 집중하려는 경향과 아내에게 더 많은 것을 기대하는 모습은 미묘하게 불쑥불쑥 나타났고, 점점 손쉽게 쫓아버리는 게 어려워졌다. 특히 그는 통제할 수 없는 화와 분노가 갈수록 커지는 것을 느꼈다. 때로는 결혼 생활에 만족감을 느끼다가도 갑자기 돌변하여 과도한 이기심에 휩싸이고 노골적으로 아내를 괴롭혔다. 그러고 난 뒤에는 회복된 과거 신화가 마치 개기일식처럼 대항 신화를 가려 다시 죄책감과 후회에 휩싸이게 했다. 치료 세션을 통해 자신의 분노를 분석하기 시작하면서 그는 훨씬 생동감 있는 개인의 삶과 더욱 현실감 있는 아내와의 관계를 지지하는 동시에 과거 신화로부터 유익한 가치는 유지할 수 있는, 이전보다 넓은 신화적 시야를 기르기 위해 노력해야 했다.

요약하면, 낡은 지배 신화와 연관된 친숙함, 자기 이해, 세계관을 희생하는 것은 매우 고통스러워서 새로 부상하는 신화를 거부하게 된다. 반면에 과거 신화가 만들어내는 문제 때문에 괴롭기도 하다. 한편 대항 신화도 과거 신화를 보상하여 발달하면서도 필연적으로 그 자체의 왜곡과 한계를 지니고 있다. 이들 대극을 이해하는 것이 과거 신화와 부상하는 신화 사이에서 시소를 타는 상황에서 균형점을 찾는 데 도움이 된다. 역설적이게도 과거 신화를 넘어 성장하려면 인생에 기여한 과거 신화의 역할을 인정하고, 그것이 필요했던 때를 이해해주며, 여전히 유용한 메시지가 있다는 것에 감사할 필요가 있다. 과거 신화와 대항 신화는 자연스럽게, 또한 자주, 의식을 벗어나 경쟁하며 인생에 영향을 미쳐왔다. 부분적인 도움과 외견상 양립할 수 없는 발전 방향이 공존하면서 갈등을 해결함으로써, 필연적으로 결국 자신이 누구인지 깨닫는 자각이 확대되고, 세계에 기여하는 폭을 넓히게 된다.

세션 1 : 대화를 확장하기

목적 : 갈등하는 두 신화의 인물상 사이에 협조와 이해를 증진하기

이 의례는 과거 신화와 대항 신화의 인물상이 대화하는 세 부분 중 두 번째다. 이전에 수행한 의례를 통해 장애를 기회로 바꾸는 새로운 대화 방향을 발견했을 것이다. 첫 번째 대화에서 양쪽의 차이를 확인한 것에 더해, 이번 대화에서는 상대 입장을 이해하고 수용하며, 혹은 최소한의 존중을 불러일으킬 수 있도록 용기를 북돋운다. 양 측면 모두 자신의 존

재를 반영하며, 이 둘이 조화를 이룰 때 각각이 지니는 장점을 취할 수 있다. 전에 한 것처럼 대화를 구성할 수 있고, 번갈아 각각의 자세를 체현하라. 이 시점에서 매그의 '정숙한 젊은 여성'과 '다시 태어난 아이'는 적대감이 증폭되었고 작은 변화만 있었다. 반면 앤의 '천사 소녀'와 '표독이'는 대화를 즐겁게 진행했다.

천사 소녀 : 내 속도를 존중해줘. 너무 밀어붙이지 말고.

표독이 : 좋아, 네가 앞으로 솔직하게 말한다면 그렇게 할게.

천사 소녀 : 내가 주저하더라도 인내심을 발휘해줘.

표독이 : 내 말을 듣는다고 약속하면 얼마든지 기다리지.

천사 소녀 : 약속할게. 때로 나는 사람들을 신중하게 대하는 것인지, 단지 배척하는 것인지 구분하기 어려워.

표독이 : 이해해. 만약 네가 몸의 변화를 잘 느낄 수 있고, 네가 말하는 것에 몸이 편안하면, 어떤 상황이든 관계없이 네가 완전한 진실을 말하고 있다는 걸 알게 될 거야.

천사 소녀 : 내가 진실을 곧이곧대로 말하기 어려워한다면, 말할 필요가 있는 것을 가능한 한 부드럽게 말하는 법을 같이 찾아볼래?

표독이 : 네가 사람들한테 언제나 진실을 말하려고 노력한다면 나도 부드럽게 말할 수 있어.

천사 소녀 : 나도 그럴 수 있어. 애쓰겠지만 가끔씩은 아주 어려울 때도 있을 거야. 그럴 때 유연할 수 있어?

표독이 : 그래 그렇게.

천사 소녀 : 고마워.

이 두 갈등 신화가 서서히 협조하는 것을 관찰할 수 있다. 프랭크의 다음 두 번째 대화를 읽은 뒤 각자 자신의 대화를 진전시켜보라.

쾌활한 녹색 거인 : (지난번에 거인의 길로 초청받고 성실이가 폭발한 반응에 대해) 진정해, 꼬마 씨. 네가 겁먹는 것도 이해해. 아마도 죽는 거 걱정 없이 우리가 살아 있다는 감각을 유지하면서 우리 페이스를 찾을 수 있을 거야.

성실이 : 좋아 너는 마치 내가 너하고 뭔가 하고 싶을 때라도 아무것도 같이 하자고 제안하지 않을 거라고 말하는 것 같네.

쾌활한 녹색 거인 : 어떻게 해야 하는지 알아야 할 하나는, 너 자신에 전념하는 거야……

성실이 : 예를 들면?

쾌활한 녹색 거인 : 나는 우리가 이번 달에 스키 활강을 시도해볼 수 있다고 생각해. 여름에는 급류 래프팅을 하고.

성실이 : 더 이상은 못 참아! 너는 네 식대로 해, 나는 내 맘대로 할 테니까. 나는 네가 제안하는 노력이 모두 다 끔찍해. 그리고 나는 네가, 예 주인님, 몰지각하고 무모한 놈팽이라 생각해.

쾌활한 녹색 거인 : 니 과잉반응이 내 둔감함에 균형을 잡게 해주는군. 그래 네 두려움을 이해할 수 있어. 때때로 크로스컨트리 스키를 하는 건 어떨까? 네가 마음먹는 게 어렵긴 하겠지만 그 정도는 즐길 수 있을

것 같은데.

성실이 : 그렇더라도 이 거칠고 무책임한 열정과 비행의 오디세이를 떠나기 전에 누가 이 모든 것을 감당할지 정해야 해.

쾌활한 녹색 거인 : 난 그런 책임자를 정할 필요가 없다고 생각하는데, … 우리는 어쨌든 시간이 거의 없어.

성실이 : 내 방식대로 일을 정밀하게 추진하지 않으면 두 가지 곤란한 일이 예상돼. 첫째, 네 계획이 훌륭하지 않으면 우리는 시간을 낭비하는 거야. 둘째, 올해의 '전국작물협회 최고 상점 관리상'을 받을 기회를 상실하는 거야. 내가 그 영예를 차지하지 못하면, 이런 표현을 용서해, 한 마디로 이 여행은 '더럽게' 좋은 거지.

쾌활한 녹색 거인 : 날 믿어 성실아. 숨을 깊게 쉬고, 등을 기대고, 신나게 타.

성실이 : 이건 미친 짓이지만, 네 바보 같은 생각을 믿고 한번 해볼게.

세션 2 : 해결을 나타내는 신체적 은유

목적 : 과거 신화와 대항 신화의 갈등을 해결하는 상징을 몸으로 경험하기

이번 개인 의례는 과거 신화와 대항 신화 사이에서 배양된 통합을 더욱 심화하도록 구성되었다. 이전 의례에서 개인 신화가 갈등의 전쟁터였

던 것처럼, 이번에는 그런 갈등이 해결되는 사원일 수 있을 것이다.

준비 : 이전 의례에서 이미 한 손을 과거 신화로, 다른 손을 대항 신화로 연결지었다. 5주차 세션 3 내용을 다시 살펴보고, 과거 신화를 묘사하는 문장과 새로운 신화를 집약하는 문장을 재확인한다. 여기서 다시 손으로 표현되는 갈등에서 시작한다. 이번에는 이 신화적 갈등을 확인하는 것에 머물지 않고 갈등 상황을 변형시키는 데 이 두 측면의 육체적 상호작용을 상상하고, 해결을 상징하는 문장을 찾아낸다. 편히 앉거나 기대어 깊이 숨을 내쉬고, 눈을 감는다.

호흡에 마음을 모으고 들숨 날숨을 바라봅니다. 배나 가슴이 어떻게 움직이는지 주목합니다. 몸과 마음의 긴장을 뱉어내고 점점 고요 속으로 침잠해 들어갑니다.

어느 손이 과거 신화를 더 잘 연상시키는지, 어느 손이 대항 신화와 더 잘 연관되는지 느낌으로 알아차립니다. 지난주에 하던 것과 같은 쪽인가요, 다른 쪽인가요? 과거 신화를 나타내는 손에 집중하세요. 그리고 이 손이 연결되는 쪽의 몸의 감각을 느껴보세요.

이제 다른 손으로 초점을 옮겨보세요. 양쪽의 느낌을 비교해보세요. 한 손이 더 따뜻한가요? 한쪽이 더 가벼운가요? 어두운가요?

이 두 쪽이 만나는 자리가 몸의 어디인가요? 이 지점이 직선인가요 아니면 왔다갔다 하나요? 경계면을 중심으로 양쪽 신화의 에너지들이 서로 반목하나요? 이 두 에너지가 잘 섞이나요? 한쪽이 다른 쪽 에너지를 침해합니까?

이제 의식적으로 양쪽의 대화를 시도하세요. 이 두 에너지를 단일 에너지로 합치거나 통합하려는 의도로 대화를 합니다.

양발을 좀 넓게 벌리고 양손 바닥이 가슴 높이에서 서로 마주보도록 하세요. 팔목을 약간 구부려 편하게 하세요. 기존 신화와 연관된 손의 감각, 새로운 신화와 연관된 손의 감각에 주목하고 이 양손 사이의 에너지의 느낌을 주시하세요.

느끼거나 아니면 상상으로 양손 사이에 에너지가 서로 끌어당기는 걸 느껴보세요. 대극은 서로 당깁니다. 호흡에 집중하며 이 에너지가 커지도록 하세요. 몸 양쪽에서 이 에너지를 느끼며 두 에너지가 서로 섞이는 것을 느껴보세요. 양손이 서로 닿는 순간 새로운 상징이 탄생할 것입니다. 동시에 양측 사이의 에너지가 모이는 걸 느끼며 단일하게 통합된 에너지가 손과 팔과 몸 전체에 느껴집니다.

그러면서 깊이 숨을 들이키며 더욱 이완합니다. 과거 신화와 대항 신화가 뒤섞이고 통합되며 단일 에너지가 되어 양 신화의 좋은 점들이 유지되는 걸 상상하세요. 숨을 깊이 들이쉬고 내쉬며 더 잘 조화를 이루도록 합니다.

이 두 신화 사이의 통합이 깊이 이루어지면서 삶이 새 방향으로 나아갑니다. 지금 몸에서 느껴지는 통합 신화를 하나의 문장으로 표현하세요. 숨에 집중하며 이 느낌의 에너지가 확고하게 자리 잡게 합니다. 만일 문장이 떠오르지 않으면 몸에 집중하며 하나를 지어내세요.

이 방식을 이용해 언제든 통합의 느낌으로 돌아갈 수 있습니다.

과거 신화와 대항 신화의 통합이 필요하다고 느낄 때마다 양손을 앞으로 뻗어 손바닥을 마주보게 하고 그 에너지와 느낌으로 몸을 채우고 깊이 느껴보세요. 새로운 신화의 모토를 상기하세요. 그런 다음 심호흡을 세 번 하면서 양손 사이의 에너지를 느끼고 천천히 손을 마주 잡고 단단히 거머쥡니다. 양쪽 에너지가 서로 섞이고 통합되고 조화롭게 되고 온전해짐을 느껴보세요.

심호흡을 세 번 하면서 이 에너지로 몸 전체를 샤워한다고 상상하세요. 필요하면 언제든 이 움직임을 다시 합니다.

준비되었으면 다시 심호흡을 하며 일상의 의식으로 돌아옵니다.

이 경험을 기록지에 적으라. 양쪽의 통합이 어떻게 느껴졌는가? 장애물은? 새로 부상한 방향은? 통합된 에너지의 모토는 무엇인가? 갈등하는 신화의 통합이 심화되는 것이나 해결 에너지가 분출하는 것을 단계별로 묘사하라(숨을 세 번 쉬고, 손을 모아 쥐고, 통합 모토를 회상하며 손을 쥐어짜라). 앤은 쓰기를,

내 손이 서로 가까이 끌릴 때 불안했고, 내 속의 무언가가 새로 태어나기 위해 죽어야 하는 것이 두려웠다. 내가 냉정해지고 무감각해지면 어쩌지? 텅 비어버리는 건 아닐까? 그러면서 이 여정을 지속하려는 갈망도 있었다. 마침내 두 손이 맞닿자 안도감이 들며 집에 온 듯 평안했다. 두 신화가 함께 모토를 외친다. "진실 없는 사랑은 혼돈이다. 사랑 없는 진실은 잔인하다."

세션 3 : 해결을 보여주는 환상

목적 : 신화 갈등의 더 깊은 해결책을 제시하는 환상에 들어가기

이 프로그램에서, 내면의 상징이 자라는 토양을 경작하여 기존 신화 이미지의 근원을 찾아 새로운 이미지를 창출하고, 새로운 조합으로 실험적으로 표현할 것이다. 이제 새롭고 더욱 충족된 방향의 단일 유도 비전을 배양하여 가장 가치 있는 잠재력을 일깨우고, 이 세상에 기여할 최적의 기회가 되도록 할 것이다.

꿈 품기로 '통합을 상징하는 꿈'을 요청했듯이, 환상으로 신화 갈등을 해결할 상징을 초대한다. 이전에 신화 갈등을 몸으로 표현하는 의례를 했다. 이번에는 환상으로 과거 신화와 부상하는 신화의 통합을 구하는 상징 여행을 떠나, 이들 신화의 불일치를 해결하는 데 도움이 되는 단일한 상징을 찾을 것이다.

준비 : 개인 방패와 기록지를 가까이 두고, 편안하게 앉거나 기대어 깊이 숨을 쉬면서 눈을 감는다.

안락하고 안전한 장소에서 호흡에 집중합니다. 가슴 위에 주먹 쥔 두 손을 얹고, 숨을 관찰하면서 배를 부드럽게 하고 가슴을 엽니다. 가슴이 열리는 느낌에 따라 팔을 밖으로 펼치며 마치 꽃이 피어나듯 손가락을 펴서 몸의 양 옆에 편안히 둡니다. 숨을 들이쉬고 내쉬고

계속 관찰하며 배를 부드럽게 하고 가슴을 엽니다. 숨을 들이마시며 삶의 충만함을 들여오고, 내쉬면서 긴장을 방출합니다. 들이쉬고 내쉬며 완전히 이완합니다. 내면에 집중하고 내면의 현자를 초청합니다. "제 마음을 열어 당신을 맞아들입니다. 이 여정에 동행해주세요."

양손에 느꼈던 이전의 감각을 탐색하십시오. 과거 신화를 나타내는 손에 먼저 주목하고, 이 신화의 느낌을 손으로 다시 감지하세요. 이 감각의 에너지와 느낌을 조율하세요. 이 과거 신화를 반영하는 에너지가 빚어내는 상징을 하나 찾으세요. 논리적으로 이 상징을 떠올려도 됩니다. 아마도 과거 신화를 나타내는 어떤 인물의 얼굴이나 그 당시 입었던 옷, 과거를 대표하는 물건이나 뭐든 떠올리세요. 개인 방패에서 작업했던 낙원의 상실에 그렸던 상징도 좋고, 직관적으로 지금 떠오르는 상징도 좋습니다. 꿈의 상징과 마찬가지로 처음에 이것이 무엇을 의미하는지 몰라도 괜찮습니다. 상징이 매우 추상적일 수 있고, 색이 있는 배경에 기하학적 무늬 비슷하거나, 혹은 아주 명확하고 친숙할 수도 있습니다. 호흡에 집중하면서 이 상징이 구체적인 형상이 되도록 상상합니다. 이 상징을 기억하세요. 여전히 상징이 떠오르지 않으면 하나 만들어내세요.

다른 손에 초점을 맞추세요. 대항 신화와 연관된 감각을 느껴보세요. 이 감각의 에너지와 느낌을 조율하세요. 대항 신화를 반영하는 에너지가 빚어내는 상징을 하나 찾으세요. 상징을 직관적으로 혹은 논리적으로 도출합니다. 추상적이거나 구체적일 수 있습니다. 심호흡하면서 이 상징이 구체적인 형상을 갖추도록 하세요. 이 상징을 기억하세요. 여전히 상징이 등장하지 않으면 하나 만드세요.

이제 아무도 없는 큰 공연장에 들어가는 상상을 하세요. 당신이 유일한 관중입니다. 넓은 극장에서 편한 자리를 찾아 앉습니다. 이제 자신의 갈등 드라마를 관람하게 됩니다. 이 연극은 2막으로 구성되어 있습니다. 1막의 제목은 '갈등'입니다. 막이 오르면 과거 신화의 상징이 대항 신화의 상징과 무대에서 만날 것을 압니다. 논리적이든 비논리적이든 이 무대는 갈등을 통합하는 맥락으로 전개됩니다. 관중석 조명이 어두워지고 커튼이 오르려 합니다. 커튼이 오르면, 두 상징이 무대에 있고 그들 사이의 갈등이 전개될 것입니다. 이야기가 전개되는 것에 주의를 기울이세요.

곧 갈등이 절정에 치닫습니다. 호흡을 천천히 깊게 하며 드라마를 받아들입니다. 1막의 커튼이 내려올 기세입니다. 호흡을 내쉬며 몸의 긴장을 방출하세요. 중간 휴식 시간입니다. 충분히 이완하세요.

2막의 제목은 '문제 해결'입니다. 두 상징이 둘 다 만족하는 방향의 해결책을 도출하려고 서로 도울 것입니다. 관계를 유지하고 이해하고 서로에 대한 이해가 증가할 것입니다. 내부 극작가가 이 극이 어떻게 종결될지 생각을 미리 전개해볼 수 있습니다. 이 두 상징이 서로를 이해하고 존중을 표현할 것인가? 해결책이 이 방향으로 움직일까? 어떻게 이 둘의 에너지를 조화시킬 것인가? 어떤 구성이 이 갈등을 해결로 전환할 수 있을까?

다시 2막이 오르고 집중합니다. 두 상징이 다시 무대에 있고 극이 펼쳐집니다. 점차 이들의 상호 작용이 조화를 이루고 상호 지지하는 방식으로 나아갑니다. 이 일이 어떻게 진행되는지 지켜보세요.

연극이 곧 끝날 것입니다. 서서히 그리고 깊게 호흡하며 두 상징의 차이가 어떻게 표현됐는지 주목하세요. 종결 장면을 세밀히 보세요. 커튼이 내려오면 이 극에 대한 당신의 반응을 조율하세요.

이제 일상으로 돌아올 때입니다. 이 경험에서 필요한 모든 것을 기억할 것입니다. 매우 부드럽게 자신을 깨웁니다. 손가락과 발가락을 움직이고, 손과 발을 움직이고, 에너지가 순환하는 것을 느낍니다. 어깨를 스트레칭합니다. 팔과 다리, 목과 얼굴 근육을 차례로 스트레칭합니다. 숨을 깊게 쉬고 지금 방으로 돌아옵니다. 눈을 뜨고, 방금 개운하게 한잠 자고 난 듯 산뜻합니다. 일상의 활력을 되찾습니다.

경험한 연극을 기록지에 기록하라. 보조 안내 2에 기술된 꿈 작업의 방식 중 두 가지를 이 연극 이해에 활용할 수 있다. 첫 번째 방법은 '생생한 장면 집중법vital focus'이다. 연극을 상상으로 재연하라. 먼저 1막을 그리고 2막. 중요 순간에, 예를 들어 장면이 바뀌거나 새로운 등장인물이 나타나거나, 혹은 감정적 기운이 바뀌거나 하는 장면의 동작을 얼어붙게 해서, 스틸 사진이나 짧은 삽입 필름 장면으로 마음에 정지시켜라. 심호흡을 하고, 장면을 세심히 살피고, 할 수 있는 대로 세부적인 것을 각인한다. 이전에 보지 못한 표현, 자세, 소품, 무대 배경 등에 주의를 집중하라. 무대 위의 등장인물의 감정을 느껴보라. 등장인물에게 질문할 수 있고, 나아가 무대 배경이나 소품의 역할에 대해서도 마치 그것이 배우인 양 질문하고, 대답하는 것을 상상으로 들어라. 이 방식으로 각 막에서 2~3장면을 탐색하라. 직관과 통찰을 이용하여 장면의 의미뿐만 아니라 연극 전체의 맥락을 파악하라. 앞으로도 기록지를 보며 이러한 통찰로 계속 탐색하라.

두 번째 방법은, '꿈을 확장하기'에서 하는 것처럼 연극을 다시 펼치고, 이번에는 2막의 끝에서 종결하지 말고 상상으로 더 확장한다. 연극이 진행되도록 마지막 장면을 연장하고, 두 상징 사이의 해결책을 더 밀고 나간다. 이 최종 장면을 깊게 각인하고 기록지에 기록하여 연관을 찾고 그 의미를 통찰하라. 여기에 매그의 성찰이 있다.

나는 내 왼손(다시 태어난 아이)이 개(착한 개가 이름인 골든 리트리버)와 함께 노는 것을 상상했다. 개는 주둥이가 우스꽝스럽고, 내 손을 물게 두는데, 턱과 이빨이 매우 부드럽고 가죽 장갑 같은 귀 감촉이 좋아 뺨 밑을 긁어준다. 우리 둘 사이에는 사랑스런 기운이 감돈다. 내 오른손(정숙한 젊은 여성)은 목에 걸린 가죽 끈을 붙잡고 있다. 끈은 부드러우면서 강하고, 손에 견고하게 감겨 있다. 내 손은 유용하나 쓰임이 한정된다. 지금 환상에서 보이는 상징들은 간단하면서 우습다. 착한 개는 완전히 믿을 만하고, 부드러운 힘을 갖고 있고, 전형적으로 순진하고 매혹덩이다. 개는 또한 세상 물정에 판단력이 부족해서 내가 통제하지 않으면 금방 다치거나 죽을 것이다. 나는 그를 사랑하고 여러 면에서 내 선생이기도 하지만, 나는 그를 세상에서 안전하게 지키기 위해 음식과 쉼터, 울타리를 제공해야 한다. 그 대신 그는 나에게 순수한 기쁨과 용서, 너그러운 마음과 고귀함을 보여준다. 목줄은 착한 개의 활동과 움직임을 제한한다. 그것이 생명 유지에 효과적이지만, 안전하다고 판단될 때면 풀어놓기도 한다. 숲에서는 자유롭게 뛰놀게 하고 도시에서는 조인다. 나는 목줄로 그를 벌주기도 하고, 그도 잘 따른다. 그렇게 할 때는 동기가 분명해야 한다. 그를 굴복시키려고 사용한다면 잘못된 일이고 그를 모욕하는 것이다. 그를 고통이나 혼란에서 구하려고 사용한다면, 그가 이해하든 이해하지 못하든 정당하다.

매그는 환상에서 해결책의 인물로 그녀 자신을 보았다.

나는 뛰어오르고 돌고, 반원의 해변을 달린다. 착한 개도 내 옆에서 신나게 함께 뛴다. 바람은 상쾌하면서도 차지 않고, 파도는 아름답고 사납지 않다. 개에게 가죽 끈을 묶어 당기고, 손에서 가죽 끈이 빠져나가지 않도록 잡아챈다. 나는 잘 잡고 있고, 개는 빠져나갈 수 없으며, 입에서 벗겨지지도 않는다. 우리 둘 다 즐겁게 대회를 치르고 있다. 내가 가죽 끈을 능숙하게 다루면 내 인생에서 가치 있는 부분이 되고, 끝없는 슬픔과 곤경에서 벗어날 것이다. 순진한 영역은 내가 경험할 필요가 있고, 반대로 전쟁 같은 영역은 이제 과거다.

앤의 과거 신화는 인사로 맞는 열려진 손으로 상징되었다. 그녀의 대항 신화는 검지가 위로 향하는, 마치 지적하는 것 같은 자세로 표현됐다. 그녀의 상상에서 두 상징은 서로 끌리고 또 반발했다. 그들 차이를 이해하는 데 양면성에 맞닥뜨렸다. 그녀는 "나는 두 신화를 혼합하려는 충동을 느꼈고, 동시에 대항 신화의 힘에 두려움을 느꼈다"라고 관찰했다.

프랭크는 그의 상징을 이렇게 성찰했다.

마치 내가 어떤 신화가 더 강한지 매우 혼란스러워 한다는 것을 보여주려는 듯, 이번에는 내 오른쪽 팔이 과거 신화가 되었다. 오른팔이 마치 거대하고 차가운 돌벽으로 보인다. 왼팔도 벽이다. 하지만 이 벽은 지극히 가볍고 연약하다. 이번에는 말을 탄 기사가 보인다. 이 기사는 마치 힘이 센 서커스 단원처럼 엄청나게 근육질이다. 기사는 양팔을 뻗어 양쪽 벽에 손을 대고, 두 벽을 동시에 끌어당기려고 한다. 기사는 두 벽을 더 가까워지게 하려하지만 주저한다. 연약한 벽과 돌벽이 만나면 연약한 벽은 바스러져버릴 것인데, 기사는 그걸 원치 않는다. 그래서 기사는 연약한 벽을 격자 구조로 둘러싸 벽이 무너지더라고 형태를 유지할 수 있게 만들었다. 그 후, 그가 주문을 외우자 돌벽이 뜨거워지더니 부드러워지기 시작했다. 돌벽은 차가운 벽돌에서 마음을 끄는 따뜻한 반죽 같은 물질로 변했다.

그리고 기사가 두 벽을 잡아끌자, 연약한 벽은 바스러졌지만 격자 구조 덕분에 그 지극히 가볍고 여린 속성은 남았다. 두 벽이 융합되었을 때, 격자 구조는 따뜻하고 부드러운 반죽에 장엄한 형태미를 더해주었다. 마치 나의 두 신화가 융합하는 모습 같았다. 과거 신화의 구조는 좀더 부드러워져야 하며 반대로 대항 신화는 더욱 뚜렷한 구조가 필요했다. 상상이 계속 이어지도록 했을 때, 새로운 벽이 생겨나 살아 움직이기 시작했다. 이 벽은 매머드처럼 생긴 만화 캐릭터였는데 격자 구조로 만들어진 뼈대와 반죽 물질로 만들어진 살로 이루어졌다. 이 캐릭터가 돌아다니며, 댄스 스텝을 밟고 노래하며 놀기 시작했다. 이 생명체는 우스꽝스럽게 절룩거리며 돌아다녔는

데, 나를 알아보고 내게 윙크를 했다. 그 순간 나는 이 거대하고 장난기 많은 생명체가 아주 지혜로운 존재라는 걸 깨달았다.

꿈에 집중하기 : 새 신화 꿈꾸기

목적 : 꿈을 통해 새 유도 신화의 형체와 관점을 엿보기

과거 신화와 대항 신화를 최상으로 결합한 새로운 신화의 단초를 엿볼 수 있는 최근의 꿈을 기록지에서 훑어보라. 자각하고 싶은 어떤 꿈을 보조 안내 2, '꿈으로 작업하기'에 있는 해석 방법 중 한두 개를 사용하여 해석하라. 그리고 '새로운 신화new myth' 꿈을 위한 꿈 품기로, 근원적인 갈등을 해결하는 새로운 신화를 요청하라. 잠들기 전에 몇 번 심호흡을 하고, 갈등에 대해 생각하고, 새로운 방향을 찾으려는 의지를 확고하게 세우고, 기록지에 천천히 온 마음을 다해 다음 문장을 쓴다. "나는 오늘밤 편안하고 평화롭게 자면서 새롭고 더욱 전체적인, 유도 이미지가 드러나는 꿈을 꿀 것이다. 깨어났을 때 꿈을 기억할 것이다." 그러고 나서 정성을 다해 잠들 때까지 여러 번 읊조린다. "나는 의미 있는 꿈을 꿀 것이고, 그것을 기억할 것이다." 아침에 깨어난 즉시 꿈을 기록하고 탐색하라. 첫날 밤에 꿈을 기억하지 못하더라도 될 때까지 매일 밤 반복한다. 여기 앤의 '새로운 신화' 꿈과 그녀 자신의 해석이 있다.

드웨인Dwayne(내 파트너)과 내가 전장에 있다. 그는 등을 찔려 내 팔에 안겨 있다. 땅에 부드럽게 누이고 그가 만들어준 핀을 상처에 고정시키고는 강하게 소리쳤다. "죽으면 안 돼! 나를 떠나지 마!" 나는 긴 의자를 돌려놓아 그 밑에 그를 보호했다. 그때 나는 강력한 칼을 발견했고, 그와 우릴 향해 오는 사람들 사이에 서 있다. 나는 맞서 싸워 40명의 기사를 죽였다. 나는 어마어마하게 잔혹했다. 상대가 모두 죽었을 때 드웨인을 긴 의자에서 급히 들어올렸다. 그는 창백했고 거의 죽어갔다. 그의 발을 잡고 싸움에 썼던 모든 에너지를 그에게 불어넣었다. 다시 말했다. "날 떠나선 안 돼!" 에너지가 그에게로 돌아갔다. 그는 똑바로 앉았고, 우리는 포옹했다.

나는 드웨인의 등이다 : 나는 무방비로 보호받지 못하고 있다. 나는 위험을 감지하지 못한다. 내 맹목성 때문에 다쳤다.

나는 핀이다 : 나는 남성적 사랑과 여성적 사랑이 균형 있게 합일했다는 증표다. 나는 내게 자유와 비전을 준 독수리의 깃털을, 나를 강하고 용감하게 만든 물수리의 발톱을 그리고 나에게 명확성과 통찰력을 준 크리스털을 지니고 있다. 나는 이러한 명확성과 힘, 통찰력 같은 성질을 맹목적인 드웨인의 등에 옮겼다.

나는 40명의 기사다 : 나는 세상의 경쟁자들이다. 나는 힘을 추구한다. 나는 적대적인 요소다.

나는 드웨인이다 : 나는 친절하다. 나는 열정적이고, 예술적이고, 순결하고, 기쁘다.

나는 앤이다 : 나는 능력 있고, 방어할 수 있고, 자원이 풍부하다.

나는 에너지다 : 나는 정의의 힘이고, 진실의 힘이고, 생존하는 생명력이다.

나는 포옹이다 : 나는 연합이고, 함께함이고, 안전이고, 사랑이다.

이 꿈은 나의 다른 요소인 힘과 명확성, 비전으로 보호될 필요가 있는 드웨인의 성질을 공유하라고 이야기하는 것 같다. 내게 새로 불러일으켜지는 새로운 신화는 방어하는 능력과 방어받아야 할 곳의 중간에 균형 있게 자리 잡아, 힘을 가져와 필요에 따라 수용하는 방식과 결부될 것이다.

자신의 상상과 대화, 꿈이 어떤 해결을 바로 이끌기보다는, 두 신화가 통합되기에는 아직 성숙하지 않았다고 말하는 것처럼 보이는 일이 흔하다. 그렇기 때문에 어떤 사람들은 자신이 아직 해결할 준비가 되지 않았다고 실망한다. 그러나 갈등 에너지가 성공적으로 통합된 단일하고 합일된 이미지조차도, 두 신화의 힘이 여전히 작용하는 것을 벗어날 수 없다. 각 신화는 각기 고유한 힘을 지니고 있기 때문에 어느 하나를 완전히 잃어버리는 것을 원치 않는다. 대부분의 경우에 경쟁하는 신화의 건설적인 해결은 어느 한쪽이 다른 쪽에 비해 두드러지기보다는 협력 작업에 가깝다. 그런 협력 작업에서는 양쪽 요소가 하나처럼 작동하고, 따라서 깊은 곳에서 분열된 것으로 느꼈던 문제에 대해 단일한 내면의 목소리를 듣게 된다. 이어지는 장에서는 처음 시작 의례에서 이러한 협력 작업 에너지를 더욱 확장하도록 이끌 것이다.

네 번째 단계

비전에서 실행으로

8주

재창조된 신화를 실행하기

미래는 우리 앞에 있는 것이 아니라, 우리 안에 있다.
— 조에나 메이시Joanna Macy[1]

사람의 일상생활에서 반복되는 지각과 사고, 감정과 행동 패턴은 신화 이미지에 따라 좌우된다. 신화 이미지는 이러한 것들을 형성하는 강력한 힘이다. 심리학자 데이비드 맥클랜드David McClelland와 동료들은 대중 문학 작품의 이미지와 일련의 사회적 사건, 즉 경제 성장, 정치적 급진성, 투쟁 가담 같은 사건들 사이의 관련성을 규명했다.[2] 예를 들어, 동화나 어린이 책에서 성공 이미지가 많으면, 20년 후 그들 세대가 노동력의 주역일 때 생산력이 높은 사회를 예견할 수 있다. 대중 작품에 공격적인 이미지가 많으면 분쟁이 증가할 것을 예견할 수 있다. 이러한 관계는 많은 기록된 역사를 통해 다양한 여러 문화에서 동일하게 발견됐다.

이 프로그램에서 창출한 새로운 신화적 이미지가 장기간 어떤 결과를 나타낼지 무엇으로 평가할 수 있을까? 삶을 풍요롭게 만들 유도 신화를 형성할 수 있는가? 개인 신화가 위험할 수 있는 요소는 무엇인가? 심리학자들은 행복과 충만감을 유지하거나 저해하는 인간의 사고 패턴에 대해 연구했다. 예를 들어, 행복은 한 사람의 나이·성별·인종·지역·교육 정도에 좌우되지 않고, 또한 잘살면서 물질적 부를 누리는 것보다는, 현실에 만족하는 능력, 받은 축복에 감사하고 일상의 소소한 기쁨을 느끼는 태도에 더욱 좌우된다고 조사되었다.[3] 지금의 유도 신화가 작은 기쁨을 주는가? 이번 장과 다음 장에서는 새롭게 부상한 신화 비전을 현대 심리학 지식으로 평가하고 다듬어서, 그 비전이 이 세상에서 발현되도록 실행할 것이다.

사람들은 누구나 습관적이고도 무의식적으로 자신의 내면 이미지를 일상적으로 존재하는 모호한 상황에 투사한다. 심리적 생활을 조직하는 신화 방식이 세상의 행복과 영향력을 크게 좌우한다. 새로운 신화가 당신 자신을 더 쉽게 좋아하게 만드는가? 연구 결과는 자부심이 강한 사람일수록 "궤양과 불면증에 잘 걸리지 않고, 약물 남용에 빠지지 않으며, 강한 압력에 독립적이고, 어려운 과제를 잘 참아낸다"[4]는 것을 보여준다. 여러분의 새로운 신화가 더욱 충만한 관계, 더 큰 보상을 받는 사회 활동, 큰 사회적 지지, 현재에 집중하는 생활, 육체적 적정성 그리고 충분한 휴식과 개인적 고독, 행복과 연관된 모든 것으로 이끄는가?[5] 당신의 새로운 신화가 미래를 결정할 힘을 현실적으로 제공하는가? 광범위한 사회과학 연구에서, "생의 객관적 조건이 풍족한 것보다 자신의 삶에 견실한 통제력을 지니는 것이 행복을 긍정적으로 느끼는 더욱 믿을 수 있는 지표라는 것"[6]을 발견했다.

심리학자 마틴 셀리그만Martin Seligman은 우울한 사람의 중심 역동을 표현하기 위해 '학습된 무기력'이라는 말과, 삶을 효과적으로 살아가는 사람의 두드러진 성향 중 하나를 표현하기 위해 '학습된 낙관론'이라는 말을 제안하면서, 경험에 따라 형성된 내면의 복제 모형이 인생의 행복에 중대한 영향을 미친다는 것을 설득력 있게 증명했다. 간단히 말해 그의 연구는 "무기력한 사람은 낙관적인 사람보다 세상에 효과적으로 대처하지 못한다"[7]는 것을 보여준다. '학습된 무기력'과 '학습된 낙관론' 사이의 연속된 스펙트럼에서, 생이 만족스럽게 살 만해지면서 우울과 실망은 점차 감소하고, 행복은 전반적으로 증가한다. 불행과 실망의 원인이 영구적이라고 오판하는 내부 확신-개인 신화를 지닌 사람들은, 다른 방향으로 (한정적으로) 잘못한 사람보다도 더 인생에 효과적으로 대처하지 못한다.[8]

개인적 효율성과 반대로 작동하는 편견은 실패의 원인이 특정한 이유가 아닌 일반적인 원인이라고 생각한다. 이것은 문제가 실제보다 더 광범위하게 존재한다고 오판하게 유도한다. 셀리그만의 연구는 또한 통제할 수 없는 결과에 너무 자신을 탓하면 개인의 효율성이 저하된다는 것을 보여준다. 게다가 셀리그만은 결국 "우울의 증가, 건강 상실, 의미 없는 [좋아요]"[9]의 근원이 되는 또 다른 책략적 사고로 공익에 대한 책임을 고려하지 않는 이 시대에 만연한 개인주의를 꼽는다.

댄 맥애덤스는 '개인의 신화'에 대한 설득력 있는 연구를 통해 현대 성인이 자신의 삶을 이해하기 위해 창조한 이야기를 비판적으로 평가하는 데 사용할 수 있는 6가지 표준 항목을 추려냈다.[10]

1. 일관성coherence : 확장되는 이야기의 인물 성격이 이야기 맥락, 문화, 인간 본성과 일관되게 일치하는가? 이야기에 논리 비약은 없는가? 상반되는 부분은 없는가? 당신의 개인 신화에 일관성이 없다면 생을 어떻게 바꿔야 할지 모호해질 것이다.

2. 개방성openness : 정신적 건강을 뒷받침하는 개방성이 있는가? 너무 경직된 일관성은 삶의 불안정성과 양면성을 고려하지 못한다. 특히 현대 생활에서 변경 가능한 미래에 대처하지 못하고, 또한 변화와 성장, 발달의 요구를 충족시킬 수 없다. 개인의 신화에서 개방성과 유연성이 일관성, 책임, 해결책과 균형을 이룰 필요가 있다.

3. 신뢰성credibility : 현대 성인은 역사상 그 어느 때보다 우리의 정체성 창조에 의식적으로 참여하는데, "시나 소설을 짓듯이 빈 허공에서 그것을 창조하는 것은 아니다."[11] 개인의 확고한 능력과 구체적인 환경을 토대로 적응 가능한 유도 신화가 만들어진다.

4. 계속적인 분화increasing differentiation : 성장하고 새로운 경험을 소화하며, 개인의 신화는 더욱 풍부해지고, 깊어지고, 복잡해진다.

5. 조화reconciliation : 효과적인 신화일수록 내면의 갈등, 반대되는 하부 성격, 반대 목표 및 비전과도 조화를 이룬다.

6. 자라나는 통합generative integration : 내면의 이야기는 "자기 울타리를 넘어 더 넓고 영속되는 사회를 향한 창조적 참여를 촉진한다."[12]

이 프로그램의 전반부에서 지배 신화와 부상하는 신화의 차이를 살펴보았고, 중반부에 그것들을 통합해왔다. 이제 이 둘 사이를 통합하여, 더욱 기능적이고 적용 가능하며, 긍정적인 요소를 지닌 새로운 신화가 위의 6가지 원리와도 조응하는지에 역점을 둔다. 이 프로그램은 그 방향으로 여러분을 한 걸음씩 인도할 것이다.

세션 1 : 내면의 현자의 도움을 받아 대화를 더욱 확장하기

목적 : 과거 신화와 대항 신화 사이에 남아 있는 불일치를 해소하기 위해 내면의 현자의 깊은 지혜를 만나기

다음 개인 의례에서 과거 신화와 대항 신화를 표현하는 인물 사이의 대화를 진전시키되, 이번에는 현자를 의인화하여 과정을 진행하라. 여기에 대화가 어떻게 전개되는지 매그의 예가 있다.

정숙한 젊은 여성 : (멀어져 가는 아이에게 소리 지르며) 그렇게 고집부리면 성숙하고 책임 있는 어른이 못 돼!

다시 태어난 아이 : '성숙하고 책임 있는' 사람은 지루할 뿐이야. 성숙하다고 말하는 이들은 모든 것이 완결되고 완성되어 더 이상 새롭거나 배울 것이 없다고 생각하지. 나는 언제나, 성장하고 새로운 것을 배우면서 행복해.

정숙한 젊은 여성 : 좋아, 나도 부모님과 유년 주일학교 선생에게서 알고 싶은 모든 것을 배웠어. 그러나 때때로 내가 되기로 한 완전한 사람이

된 것일까 의문이 들곤 해.

현자 : 좋은 질문이야. 인생의 모든 시기에 걸친 중대한 질문을 한 것을 축하한다.

다시 태어난 아이 : 이봐, 내가 궁금한 것도 똑같아. 나도 많은 게 의문이야.

정숙한 젊은 여성 : 나는 네가 방종한 것에 만족할 뿐인 줄 알았는데.

다시 태어난 아이 : …….

정숙한 젊은 여성 : 가망 없어.

현자 : 자, 자… 어떻게 하면 사랑하는 자매처럼 행동할 수 있을까. 그렇지 않으면 너희는 계속 불완전한 채로 있을 거야.

다시 태어난 아이 : 오 맙소사! 난 그러고 싶지 않아.

정숙한 젊은 여성 : 나 역시! 그래서 내가 더 어른이니까 내가 먼저 양보하지. 나는 네가 모래성 만드는 걸 가르쳐주면 좋겠어. 그거 예쁘던 걸.

다시 태어난 아이 : 온통 모래를 뒤집어쓰면 비참한 느낌이 들 텐데.

현자 : 너희는 서로에게 도움이 되는 것을 줄 수 있을 거야. 그렇게 하면 자신을 더 잘 믿게 될 거다.

다시 태어난 아이 : (들떠서) 정숙한 젊은 여성께서 내게 배우겠다고? 농담이지? 와우! 내가 동등하게 대접받을 때가 고장 난 기계 부품 취급받을 때보다는 기분 좋지.

정숙한 젊은 여성 : (늙고 피곤해 보인다) 네가 필요한데, 널 보면 생생하고, 활력 있고, 흥분된 느낌이 들어. 네가 없으면, 나는 경쟁심에 사로잡혀 영혼과 육체가 병들어. 나는 기진맥진하고 죽기 일보 직전이야. 내게 노

는 법을 좀 가르쳐줄래?

다시 태어난 아이 : 모래성과 댐 만드는 법을 알려줄게. 어때?

정숙한 젊은 여성 : 난 네게 레이스 칼라가 달린 핑크 드레스를 줄게. 전에 부러운 듯 쳐다봤잖아. 공단 리본은 덤으로 줄게. 근데 노는 법을 어떻게 가르칠 수 있어?

다시 태어난 아이 : (손을 잡으며) 이봐, 자전거 타는 것처럼 쉬워. 이리 와. 보면 좋아할 골든 리트리버 개가 있어.

현자 : 너희와 있으니 기쁘구나. 이제 어떻게 하면 서로 함께 살 수 있을지 생각해볼 시간인 것 같구나.

정숙한 젊은 여성 : 공부하고 일하는 시간에는 내가 책임질게. 공공장소에 있을 때도 말이야. 반대로 우리 자유 시간에는 네가 주도해. 느끼고, 소리치고, 묻고, 제약 없이 지내는 시간에는 말이야.

다시 태어난 아이 : 물론이지. 좋은 계획이야. 나도 역시 아이리스 속옷에 핑크 드레스를 입고 말이지?

내면의 현자의 도움은 여전히 갈등하는 두 측면의 문제에 대해 창조적인 해결책을 발견하는 데 특별한 가치가 있을 것이다. 이전 의례에서 현자의 지혜와 사랑을 봤다. 또한 내면의 현자는 시기적절한 어려운 결정, 타협, 희생이 필요하다는 것을 완전히 인식해서 단호하게 훈련시키기도 한다. 강인함 또한 개발되어야 하고, 이 힘은 창조적이어야 하며, 어떤 환경에서는 강력하게 적용된다. 현자가 다음 대화에서는 공평하거나 때에 따라 거칠게 중재할 수도 있다. 이전과 같이 녹음기로 녹음해도 좋다.

처음에는 과거 신화를 대변하는 인물의 입장과 자세, 얼굴 표정을 정한다. 그 다음 한 걸음 뒤로 물러나 대항 신화를 표현하는 인물의 입장과 자세, 얼굴 표정을 떠올려라. 그러고는 그 역할에서 빠져나와 현자의 위치로 옮겨서 다른 두 사람과 마주 보며 삼각형을 이룬다. 충분한 시간을 두고 현자와 어울리는 입장과 자세, 얼굴 표정이 된다. 다음으로, 현자로서 다른 두 사람에게 묻는다. "두 분은 어떤 부분이 일치하지 않습니까?" 두 사람은 이 질문에 대해 갈등을 대화로 드러낸다. 동의하거나 교착 상태에 이를 때까지 계속한다. 동의하게 되면, 현자의 위치로 가서 도달한 해결책에 대해 말해주고 다시 묻는다. "내가 도울 다른 문제가 있습니까?"

만약 교착 상태에 빠지면 현자의 위치로 돌아와서 각자의 욕망과 필요, 의도를 고려하여 한쪽이나 양쪽에게 말해준다. 다시 두 사람이 새로운 동의 단계에 이르거나 다른 도움이 필요할 때까지 대화를 재개하게 한다. 가장 중요한 문제가 언급될 때까지 필요한 대로 세 사람의 위치를 번갈아가면 자원과 연결된 높은 단계의 해결책이 도출될 것이다. 대화가 끝나면 현자의 위치에서 나오고, 현자의 도움이 필요할 때마다 상상이나 그와 비슷한 행위를 통해 두 인물을 초청할 수 있다. 이 여정에서 토론된 것을 요약하거나 재창조하라. 여기 앤의 대화가 있다.

> **현자** : 나는 너희 둘이 평화를 도출할 수 있는지 보려고 여기에 데려왔다.
> **천사 소녀** : 나는 평화만 원해요.

표독이 : 나는 진실을 원해.

현자 : 좋아 우리가 여기서 찾는 것은 평화와 진실 그리고 사랑이 모두 한 몸에서 사는 방식이군.

천사 소녀 : 나는 여전히 진실이 사랑과 결혼해 사는 것은 어렵다고 생각해요.

표독이 : 네가 두 가지를 아우를 수 없다면 우리는 끝없는 혼돈에 빠질 거야.

현자 : 아마도 여기서 너희 둘이 나의 두 가지 측면을 본다면, 너희 각자는 나의 한 부분과 일치할 수 있을 것 같구나. 천사 소녀야, 나의 마돈나 측면과 결합해보거라. 표독이, 너는 어두운 분별자와 결합하거라. 나 스스로가 새로운 너의 신화다.

천사 소녀 : 나는 내 힘을 포기하는 게 두려워요.

표독이 : 너의 감상주의가 내 힘을 악화시켜. 나는 그게 싫어!

천사 소녀 : 나는 진실이 많은 사람에게서 잔인했던 걸 봤어.

표독이 : 네가 내 방식으로 말하지 못하게 해서 우리가 반복해서 상처받았어.

현자 : 어렵지만 할 수 있겠니 ― 너희 둘은 서로 협력해야 해.

천사 소녀 : 나는 알아요, 할 수 있고요. 내가 누리는 왕국을 여기서 포기할 수 있어요.

표독이 : 나도 네 힘을 훔치지 않고도 내 힘으로 모든 것을 할 수 있어, 너와 왕좌를 공유하면서.

현자 : 의심스러울 때마다 잠시 멈춰서, 서두르지 말고 나와 같이 점검하

거라.

나는 여러 해 동안, 매년 상대에게 상처가 될까봐 진실을 말하는 것이 정말로 어려웠다. 나는 그 이유의 근원에 깊이 내려가는 내면 작업을 통해, 내 안의 위대한 아름다움을 보지 못하고 있었다는 것을 깨달았다. 내가 가진 친절을 아름다움으로 인식할 수 있다면 그리고 그것을 멀리하지 않고 내 특성으로 더하면, 거기서 큰 힘이 나올 것이다. 사람들에게 연민 어린 존재가 되는 것은, 또한 거기에 진실과 분별력을 더하는 것은, 인생에 더할 나위 없이 바람직한 일이다. 나는 갑자기 냉혹하고 잔인한 사람이 될까봐 걱정하지 않을 것이다. 나의 기본 욕구를 반영하는 분별 있는 친절이 진실한 친절이다.

프랭크의 마지막 대화 종결부에, 두 인물은 크로스컨트리 스키를 타기로 긴장된 합의에 도달했다. 이번 대화 단락은 성실이의 두 번째 생각으로 시작한다.

현자 : 어떤 갈등 때문에 그러니?

성실이 : (쾌활한 녹색 거인을 향해) 우리가 한 약속의 진실성에 대해 다시 생각해보고 있었어. 너는 내가 일과 책임감을 모두 던져버리길 원하지. 넌 모든 게 '올바른 상태'로 유지될 거라고 약속했지만, 그런 확신을 주기에는 넌 자세한 내용들을 하나도 살펴보지 않았잖아.

쾌활한 녹색 거인 : 네가 편한 시간까지 기다리면 절대 놀지 못할 거야. 10년 후 새해가 밝기 전날에도 밤 12시까지 사무실에서 일만 하고 있을

걸. 나도 널 기다리느라 지쳤어. 지금 당장 변화하지 않으면 너에게 다시는 협조하지 않을 거야. 너는 모르겠지만 넌 날 필요로 해. 네가 만들어낸 따분한 삶에 나라도 따라다니지 않았다면 넌 벌써 몇 년 전에 말라죽었을 거야.

성실이 : 넌 항상 너무 빨리 움직이길 원해! 우리가 노는 걸 좋아하는지 알아보기 위해서 올해는 한 번만 쉬어보는 건 어때? 실험을 해보는 거야. 노는 게 좋으면 내년에 또 쉬면 되잖아.

쾌활한 녹색 거인 : 올해는 한 번—내년에는 어쩌면이라니! 참 특이하기도 하지! 이 대화엔 진전이 없어. 네 특유의 강박과 따분한 성격이 우리 둘의 발목을 붙잡고 있을 뿐이야. 네가 우리 둘을 이 끝없는 쳇바퀴 속으로 밀어 넣고 있어. 여기서 빠져나가기 위해서 우리의 나이 많은 지혜로운 친구에게 도움을 요청할래.

현자 : 성실아, 너의 마음을 편안하게 해줄 소식이 있단다. 너는 정말로 쉬어도 될 만큼 열심히 일했어. 내가 확언하건데 네가 쉬는 동안 너무도 강력한 힘에 휩쓸려 기존에 익숙하고 편안했던 방법들로 돌아가지 못하는 일은 결코 없을 거야. 만약 넘어지면, 다시 일어서면 돼. 네 상상보다 훨씬 더 많은 위험을 감수해도 네 성실함이라면 문제없어.

그리고 거인아, 성실이의 방식을 훨씬 더 많이 존중해줘야 해. 무엇을 더 해야 하는지 계속 지적하기보다 너도 긴장을 풀고 성실이의 변화가 가져다주는 작은 자유들을 누려봐. 성실이는 진심으로 변하기 시작했어. 성실이가 충분히 잘하고 있지 않다고 끊임없이 비판하고 놀리기보다는, 잘할 때마다 칭찬을 해줘야만 성실이가 꽃을 피울 수 있어.

이렇게 너희 둘 다 태도를 바꿔봐. 그렇게 하면 서로를 위해 줄 수 있는 선물을 더욱 충만하게 느낄 수 있을 거야. 서로를 적이 아닌 친구로 생각하게 되겠지.

성실이 : 좋아, 거인아. 내가 작은 발걸음부터 내딛을 수 있게 네가 나를 이끌어주리라고 믿어볼게. 그 정도는 양보할 수 있어. 하지만 감히 억지로 너무 빨리 가도록 강요하거나, 내가 무시무시한 활강 스키나 급류 래프팅에 대해 언급하기 전에 그것들을 언급한다면, 7년 하고도 7일 동안 너랑 휴가 같은 사소한 대화조차도 나누지 않을 거야.

쾌활한 녹색 거인 : 좋아, 성실아. 그 정도면 합당해. 우리 둘 다 프랭크가 인생을 더욱 즐길 수 있게 하잖아. 그걸 돕는 너의 노력을 나도 존중해. 때로는 너무 신중하기도 하지만.

성실이 : 비꼬지 마, 거인.

쾌활한 녹색 거인 : 알았어, 알았어. 내 영역에 네가 발을 딛을 때마다 두렵다는 거 알고 있어. 네 노력과, 그래, 용기도 인정할게.

현자 : 훨씬 낫구나.

쾌활한 녹색 거인 : 그럼 오늘 재미는 이걸로 끝인 것 같네. 악수하고 끝내자.

성실이 : (장난스럽게 팔을 뻗으며) 신사가 되어 가고 있잖아!

현자 : 시작이 좋군. 서로에게 너무 많은 기대를 하지 않는 게 좋아. 지금까지 거리를 두었던 상대의 방식을 배우는 과정이기에 둘 다 실수를 하게 될 거야. 지금 서로 합의한 내용에는 선의를 가지고 최선을 다하되, 시험 삼아 해보는 것이라고 생각하면 좋겠구나. 어려움이 생기면 다시

내게 와서 계속 함께 고민해보도록 하거라.

여러분은 이 대화에서, 프랭크의 경쟁하는 하부 성격들이 현자의 도움을 받아 상대편의 힘을 인식하기 시작하고, 낯선 것을 경험할 여지를 발견하는 걸 알 수 있을 것이다. 자신의 갈등하는 인물들이 서로 협조하는 방식을 가르치도록 현자를 초청하여, 각 인물이 지닌 자원이 자신에게 유용하게 하라.

세션 2 : 정서적으로 교정된 연상을 통해 과거를 다시 쓰기

목적 : 역기능 신화의 근원으로 가서, 그것으로 인한 상황을 변화시키는 상상을 통해 더욱 생생한 유도 신화를 도출하는 방법을 준비하기

과거에서 비롯한 어떤 경험은, 하나나 서로 다른 방식으로 이해되고 치유되고 감정적 잔재가 방출되기 전까지는 필연적으로 성장을 방해하는 트라우마와 공포로 남아 있다. 여기서 다시 한번 이전의 의례와 같이 어린 시절의 상처받은 순간 하나를 선택할 것이다.

준비 : 개인 방패의 낙원 상실 시기와 신화 갈등의 근원인 초기 어린 시절을 되짚어 회상하여, 개인이 상처받은 때를 찾는다. 혹은 이전과 달리 지금은 전혀 다른 장면이 나타날 수 있다. 개인 방패와 기록지를 옆에

두고, 편안히 앉거나 기대어 심호흡을 하고 눈을 감는다.

안락하고 안전한 장소에 자리 잡고 호흡에 집중합니다. 가슴 위에 두 손을 얹고 숨을 관찰하면서 배를 부드럽게 하고 가슴을 엽니다. 가슴이 열리는 느낌에 따라 팔을 밖으로 펼치며 마치 꽃이 피어나듯 손가락을 펴서 몸의 양 옆에 편안히 둡니다. 숨을 들이쉬고 내쉬고 계속 관찰하며 배를 부드럽게 하고 가슴을 엽니다. 숨을 들이마시며 삶의 충만함을 들여오고, 내쉬면서 긴장을 방출합니다. 들이쉬고 내쉬며 완전히 이완합니다. 내면에 집중하고 내면의 현자를 초청합니다. "제 마음을 열어 당신을 맞아들입니다. 이 여정에 동행해주세요."

곧 자신의 신화와 세상을 살아가는 방식에 영향을 미쳤던 과거 상처받은 순간을 회상할 것입니다. 개인 방패의 낙원 상실에 그렸던 것을 떠올리세요. 어린 시절 겪었던 일로 생겨난 신념과 규정을 찾아갔던 여정을 떠올립니다. 잠시 뒤에 이들 사건 중 하나를 선택하거나, 혹은 개인적으로 치유에 유익했던 기억을 사용합니다. 세 번 숨을 깊게 쉬는 동안 장면이 더욱 생생해질 것입니다. 만약 상처받은 장면이 아직 떠오르지 않았다면 지금 떠오르게 하세요. 혹은 상상에서 그럴듯한 장면을 하나 만드세요.

장면을 면밀히 탐색하세요. 거기에 누가 있는지 무엇이 일어나는지 주목하세요. 잠시 뒤에 어른인 자신이 마법처럼 과거로 돌아가 그 장면에 들어갈 것입니다. 그 장면에 마법처럼 들어간 순간에, 자신은 사실 존경스럽고 외경심에 빛나는, 거기 있는 사람 모두의 주목을 받는 존재가 됩니다. 어떤 일이 일어나 자신의 어린 자아가 상처받았는지 훤히 알 수 있고, 고통이 야기된 깊은 동기를 볼 수 있습니다. 인간의 왜곡과 생의 곤경, 결점을 잘 이해하게 됩니다. 이 모든 것을 볼 수 있습니다. 어린 자아의 상처가 죽음이나 사고 같은 어쩔 수 없는 상황에서 일어났다면, 사람들이 어떤 반응을 하는지, 아이 상처에 효과적으로 적용되는지 관찰할 수 있습니다.

환상 중에 자신이 장면을 바꿀 수 있습니다. 내가 상처를 야기한 사람의 관점을 변화시킴으로써 그 사람의 행동을 바꿀 수 있습니다. 더 깊은 진실을 도출하거나 더욱 인간적인 반응을 촉발할 수 있습니다. 어린 자아를 더 잘 보호하는 사람을 발견하거나, 어린 자아가 스스로 자신을 보호하도록 가르칠 수도 있습니다.

아이의 상황을 개선할 한 사람을 선택합니다. 온힘을 다해 자신의 창의력을 그 사람에게 전달하여 자신의 어린 자아에게 더욱 인간적이고 자비롭고 유익한 행위를 하게 합니다.

이 사람에게 더욱 건설적인 행동을 알려주거나 설득할 수 있으면, 환상을 더욱 전개하여 이 사람이 스스로 다르게, 즉 더욱 사랑스럽거나 더욱 현명하게 행동하게 합니다. 상상력을 더욱 확장하여 아이를 거대한 사랑으로 흠뻑 적실 사람을 확보합니다. 이런 나은 방식의 참여를 요청할 사람이 없으면 어른인 자신이 직접 환상 속으로 들어가 아이가 필요한 대로 아이를 보살피고 보호합니다. 어떤 경우든 아이에게 말하세요. 아이에게 잘 설명하고, 도움이 될 조언을 하세요. 아이가 애정에 흠뻑 젖게 하세요.

어른인 자신이나 다른 사람의 사랑을 받은 아이의 경험으로 들어갑니다. 그 사랑이 지금 내게 들어오는 것을 경험하세요. 숨을 들이마시며 그것을 받습니다. 숨을 내쉬며 자신의 인생에서 축적된 슬픔과 고통을 방출합니다. 사랑을 받고 슬픔을 보냅니다. 이 장면을 탐색하면서 이 방문을 종결짓기 위해 등장인물 누군가에게 말하고 싶다면 지금 말하세요. 대화가 끝나면 깊게 숨을 쉬고 현재로 돌아옵니다.

이제 일상의 깨어 있는 의식으로 돌아올 준비를 합니다. 이 경험에서 필요한 모든 것을 기억할 것입니다. 매우 부드럽게 자신을 깨웁니다. 손가락과 발가락을 움직이고, 손과 발을 움직이고 에너지가 순환하는 것을 느낍니다. 어깨를 스트레칭합니다. 팔과 다리, 목과 얼굴 근육을 차례로 스트레칭합니다. 깊게 숨 쉬고 이제 방으로 돌아옵니다. 눈을 뜨면 방금 개운하게 한잠 자고 난 듯 산뜻합니다. 일상의 활력을 되찾습니다.

여유 있게 지내면서, 필요하다면 이 장면을 되살리는 시간을 가지면서, 매일매일 현실에서 실현되도록 다짐하라. 꿈이 정서적 상처를 치유하듯이, 깊게 경험된 과거의 수정된 환상은 정서적 치유 능력이 있다. 앤은 아래와 같이 썼다.

내가 과거로 간 장면은 저녁인데 열한 살이나 열두 살 때 살던 거실이다. 거실에 들어가자 아빠 말소리가 들렸다. "글쎄, 앤은 정말 상냥하고 우리 모두는 그 아이를 사랑하지. 하지만 모두 알다시피 걔는 머리가 비었어." 나는 얼어붙었다. (내가 모자라다니, 내가 모자란 이유를 알 방법이 없었다.) 나는 얼음장같이 되어, 내 방에 올라가 충격에 빠져 침대 옆에 앉았다. 굴욕감에 치가 떨렸다. 이것이 내가 학교를 그토록 무서워했던 이유다. 이것이 내가 모든 일에 그처럼 무감각하고 어려워했던 이유다.

어른으로 그 장면에 들어가자, 제일 먼저 아빠에게 소리쳤다. "아빠, 앤은 아빠와 다른 방식으로 보는 능력이 있다는 것을 알아야 해. 아빠는 여성적 방식을 부끄러워하는 가부장적 사고를 가지고 있어. 아빠 딸 앤은 믿기 어려울 정도로 창조적인 아이야. 그 아이 마음은 아빠가 모르는 방식으로 움직여. 그 아인 다니는 학교의 한계에 억눌려 있어. 그 아인 최상으로 감사와 지지와 진실을 그녀의 창조력 속에서 배우고 있어."

내가 얼마나 그 소녀를 편안하게 해주길 원하는지 깨달았다. 무슨 일이 일어났는지, 또한 왜 그녀가 생각하는 방식이 주위와 맞지 않았는지 알게 도와주려 했다. 그녀 옆에 꿇어앉아 눈을 들여다봤다. 네가 정보를 모으는 방식이 독특하기 때문에 다른 사람이 널 이해하는 건 불가능하다고 말해줬다. 지금 당장은 몰라도, 엄청난 실패라 느끼는 중에도 그것이 훈련되어 새롭고 풍부한 시각을 얻게 될 것이라고 말해줬다. 수년 안에 신선하고 창조적인 통찰력으로 상을 받을 것이고, 세상에서 가장 훌륭하고 이로운 회사를 즐겁게 운영할 것이라고 말해줬다. 자신이 지닌 재능과 영향력을 깔끔하게 다룰 수 없다고 두려워할 필요가 없는데, 왜냐하면 너는 충분히 총명하고 지혜롭기 때문이라고 말해줬다. 그녀는 내 말을 듣고 완전히 안심하여, 내 사랑을 받아들였다.

이 의례는 내게 매우 강력했다. 내가 무엇에 연관되어 진실을 두려워했는지 분명히 느꼈다. 그와 같이 꽉 막힌 사람에게 무언가를 말한다면, 나는 두려웠을 것이다. 더구나 아빠의 말은 나는 '머리가 빈' 아이라는 것과, 내가 무엇을 말하든지 진실이 아니고 현명하지도 않고 따라서 해를 입힐 것이라는 끔찍한 의심을 심어줬다. 이 의례가 옛 공포를 잠재웠다.

세션 3 : 파워 오브젝트에게 도움받기

목적 : 자연의 상징에서 새로운 신화 성질을 받아내기

자연 속에는 자신의 본성과 긴밀하게 관계 맺도록 도와주는 상징과 은유가 풍부하다. 이번 의례에서는 자신이 새로운 개인 신화를 상상으로 떠올릴 때, 조화와 균형을 알려주는 조력자로 자연물을 사용할 것이다. 야외로 나가 파워 오브젝트power object를 찾아라. 돌, 꽃, 유즙풀, 박주가리 꼬투리, 나뭇조각, 잎사귀 중에서 나를 끄는 것이나, 이미 가지고 있는 것일 수 있다. 한 남성은 차도 가까이에서 한쪽 면은 매끈하고 다른 면은 거친 돌을 발견했다. 매그는 오랫동안 보물로 여겼던 정동晶洞(크리스털로 덮인 구멍 있는 돌)을 선택했다. 사람들은 대체로 무언가 자라나는 것을 선택한다. 매그는 기록지에 성찰했다.

내 파워 오브젝트는 정동이다. 그것은 반으로 잘려서, 잘린 면은 매끈하게 다듬어졌다. 바깥 면은 거칠어서 단단해 보인다. 잘린 면은 크림색이고,

금빛이고, 벌집에서 굳은 꿀 같은 색을 낸다. 중앙은 크리스털의 심장이다. 크리스털이 작은 프리즘 속에 빛을 잡아 산란시킨다. 전체는 현란하고 아름답다.

나는 그것이 바뀌는 과정을 본다. 정동이 반으로 잘려 있어 중앙이 장엄하게 드러난다. 그 과정이 원래 돌에 격렬하게 침투했을 것이다. 윤내기는 매우 정교한 일이고 미묘한 아름다운 일이라는 것을 안다. 크리스털 중앙이 천년이 지나 크게 드러나면서 빛이 찬란한 것이 상상된다.

준비 : 자신의 파워 오브젝트를 정하고, 방해받지 않을 조용한 장소를 선정하라. 파워 오브젝트를 옆에 두고, 편안하게 앉거나 기대어 심호흡을 하고 파워 오브젝트를 바라본다.

고요히 침잠하고 파워 오브젝트에 집중합니다. 그것이 내 생과 내 개인 신화에 대한 물음에 답해줄 수 있습니다. 이 물건은 자연에서 온 선생님이고, 안내자며, 생의 목격자입니다. 파워 오브젝트를 가까이 들여다보고 알아갑니다. 좋은 것을 대하듯 만지고 느끼고 냄새 맡고 맛보면서 물으세요. "나에 대해 무엇을 알려주실 겁니까?" 그것을 감싸 쥐거나 응시하면서 마음속에 답이 몽글몽글 솟게 하세요. 아마 당신과 물건은 어떤 면에서 비슷할 것입니다. 어쩌면 파워 오브젝트는 당신이 개발하려고 하는 성질을 갖고 있을 것입니다. 당신이 직면하고 있는 장애를 극복할 방법을 알려줄 수 있을 것입니다. 파워 오브젝트가 무엇을 가르쳐주는지 발견하세요.

질문의 초점을 바꿔, 과거 신화와 대항 신화 사이의 갈등을 해결하여 새로운 신화를 창출하려면 어떻게 해야 하는지 물으세요. 이제 파워 오브젝트에게 더욱 생기 있는 신화로 삶을 살아가려면 어떻게 해야 하는지 물으세요.

이제 파워 오브젝트에게 질문했고, 나 자신에 대해, 내 신화에 대해, 내 삶에 대해 가르쳐주어 배웠다. 성찰한 것을 기록지에 기록하라. 앤은 이렇게 썼다.

내 파워 오브젝트는 아프리카 풍요의 여신이 조각된 뼈다. 그녀는 구리와 나무 구슬을 줄에 꿰고 있었다. 내게 말하길, "너의 힘은 고대 여성, 오랜 역사를 지닌 신비스런 대지모에게서 기인한다. 심장의 길을 따르는 모든 사람이 하는 것처럼, 네 쪽으로 상처를 옮긴다. 몸과 영혼을 통해 사람과 동물은 연결된다. 너는 뼈와 신비에 의해 연결된다. 너는 풍요롭고 창조적이며, 생명력 있는 신성한 디자인으로 삶을 조각하는 예술가다. 너는 지구 깊은 곳에서 캐낸 귀금속과 유용한 금속이 지닌 지혜를 간직할 것이다."

프랭크의 파워 오브젝트는 불탄 나무에서 떨어진 층진 나무껍질이다.

"너의 새로운 신화는 자신의 상처 때문에 자비가 촉진되는 고대의 어두운 분별자에게서 기인한다. 강력하고 깊은 통찰로, 팔을 벌려 모든 것을 환영하라. 너의 미래는 너의 본성인 자유에 달려 있다. 그녀가 오는 것을 두려워

마라."

파워 오브젝트가 나에 대해 무얼 가르쳐주느냐는 질문을 받았을 때 첫 번째로 든 생각은 죽은 나무껍질이 떨어진 자리마다 그 속에 있는 껍질이 더욱 아름답다는 것이었어요. 과거의 제약들을 떠나보내고, 겉의 '껍질'보다는 내면의 깊은 부분을 믿어야 더 생동감을 얻을 수 있다는 걸 알려주고 있었죠.

새로운 신화에 대해서 무얼 가르쳐주느냐고 물었을 때도 같은 메시지를 받았어요. 제가 세상과 접촉했던 저의 일부들, 예를 들면 직장에 헌신했던 부분은 이제 장막이 되었어요. 죽은 것과 삶을 개선해주지 않는 것들을 버리는 법을 배우고, 아래에 놓인 층을 믿어야 한다는 걸 깨달았어요. 또한 나무가 기꺼이 떨궈버리고자 하는 표층 아래에는(바닥에는 나무껍질 조각이 널려 있었어요) 신선하고 건강한 껍질이 숨겨져 있다는 걸 알아챘습니다. 죽은 껍질이 떨어져나갈 때 새로운 힘과 아름다움이 나타났죠. 이는 저절로 떨어져나갈 죽은 껍질(저의 완강함과 투지)을 벗겨내는 데 집중하기보다는 제가 계발하고 싶은 내면을 가꿔나가야 한다는 걸 알려줬습니다.

나무껍질이 내 인생에 대해 무얼 가르쳐줄 수 있냐고 물었을 때, 죽음이 삶의 자연스럽고 필연적인 일부라는 걸 깨달았습니다. 하지만 저는 죽음에 맞서 싸우려는 경향이 있어요. 죽는다고 생각하면 무섭고, 제가 가진 것을 잃는 것도 두렵습니다. 하지만 제게 익숙하고 편안했던 습관과 패턴을 기꺼이 죽일 수 있는 위험을 감수한다면, 내면에 잠복해 있던 생동감이 활짝 꽃 필 거예요.

파워 오브젝트에게 질문을 마쳤을 때 특별한 장소에 보관하라. 물론 개인 방패 곁에 두어도 되는데, 이후의 안내를 위해 쉽게 찾을 수 있는 곳이 좋다. 만약 상하는 것이면 부드럽게 땅으로 돌아가게 하고, 변화의 순환에 따라 다시 만날 수 있다. 필요할 때면 새로운 파워 오브젝트를 찾아도 괜찮다.

꿈에 집중하기 : 비전 심화하기

목적 : 변화를 위해 비전을 더욱 명확히 하고 초점을 맞추기

이제까지 사용했던 일반적인 방식대로, 잠자리에서 안정되게 심호흡을 하고, 새로운 방향의 비전을 명상하고, 기록지에 천천히 온 마음을 다해 다음과 같이 문장을 쓴다. "나는 오늘밤 평안하고 평화롭게 잘 것이고, 내 유도 신화의 비전을 심화하는 꿈을 꿀 것이다. 깨어났을 때 꿈을 기억할 것이다." 그리고 나서 정성을 다해 잠들 때까지 여러 번 읊조린다. "나는 의미 있는 꿈을 꿀 것이고, 그것을 기억할 것이다." 아침에 깨어난 즉시 꿈을 기록하고 탐색하라. 첫날 밤에 꿈을 기억하지 못하더라도 될 때까지 매일 밤 반복한다. 앤이 쓰기를,

꿈에 드웨인과 내가 거울로 둘러싸인 홀에 초대받아 들어갔다. 그곳은 알고 보니 언덕에 64개의 큰 돌로 지어진 마법의 원형 공간이었다. 그것들

은 투명한 푸른 점이 있는 연한 노란색 광채를 띠었다. 우리는 들어가 원형의 중앙에 서서 돌 하나하나를 차례로 만졌다. 우리가 그것의 정면에 섰을 때, 거울이 공중에 나타나는 듯했고, 반대편에 환영이 어른거리는 듯했다. 나는 그런 이미지 50개를 봐야 했다. 몇 장면이 기억난다. 선사시대의 동굴에서 웅크리고 있는 남자와 여자가 보인다. 또 말 옆에 두 명의 기사가 있고, 하나는 연한 푸른색 갑옷을, 다른 사람은 핑크색 갑옷을 입고 있다. 또한 미래에서 온 두 명의 양성 인물, 누더기를 걸친 농민 부부, 제왕처럼 위엄 있는 왕과 왕비의 장면들이다.

노랗고 푸른 돌들은 마치 태양과 달처럼 빛났다. 나는 이것이 남성성과 여성성 원리, 즉 사랑과 진실, 굴복과 정복, 밤과 낮의 합일에 대한 표현이라고 느낀다. 거울 속에 보이는 것들이 마치 조화를 이루려는 남성-여성 원리의 여러 다른 관점을 표현하는 것 같았다.

비전을 심화하기

신화는 우주에 존재하는 근본 조직 원리가 발현된 것이다.
— 스태니슬라브 그로프Stanislav Grof[1]

언젠가 당신의 삶이 새로운 신화 비전을 따르리라는 희망은 현실적일까? 과학적 근거가 있는 심리 치료 연구에서, 심리학자 마이클 마호니Michael Mahoney는 계획에 따른 것이든지 즉흥적인 것이든지 인간의 변화는 "경험의 개인적 조직화"[2]의 변화라고 말했다. 즉, 우리에게 익숙한 표현으로는 개인 유도 신화의 변화인 것이다. 마호니는 심리 발달은 경험 조직화 과정에 무질서와 불균형의 시기(오래 지속되었던 신화의 와해)를 수반하며, 이 시기가 개인 내면 삶의 새로운(새로운 신화에 이끌린) 질서로 이어진다고 주장한다. 그는 세 가지 핵심적 질문을 던졌다.

1. 인간은 변화할 수 있는가?
2. 인간은 다른 인간의 변화를 도울 수 있는가?
3. 다른 방법보다 더 유용한 도움의 형태가 존재하는가?

마호니는 세 질문 각각에 제한적으로 '그렇다'고 답할 수 있는 근거를 제시한다: 인간은 바뀔 수 있고 바뀐다. 하지만 이런 인간의 유연성에는 한계가 있다; 인간은 다른 인간의 변화를 도울 수 있다. 하지만 오히려 건설적인 변화에 방해가 될 수도 있다; 어떤 도움은 다른 방법보다 더 효과적이다. 하지만 특정 영향에 대한 과학적 이해는 여전히 초보적이다.[3] 인간에게 변화할 능력이 있다는 믿음은 미국 신화와 이데올로기의 중심에 있다. 마틴 셀리그만은 사실 미국인들에게 최종 목적은 향상/개선이며, 자유는 이를 위한 수단이라고 주장했다. 그에 따르면,

전통적으로, 대부분의 서구인은 인간의 특성은 고정되어 있어 변할 수 없고, 사람은 개선될 수도, 개선할 수도 없다고 믿어왔다. 이렇게 고정된 인간 특성에 대한 뿌리 깊은 확신에서 인간이 개선 능력을 갖춘 존재라는 똑같이 깊은 믿음으로의 변화는 최근에 와서야 일어났다. 이는 현대 사상에서 가장 근원적이고 가장 중요한 변혁 중 하나다. … 우리가 그런 것처럼, 사회가 자아를 중시하기 시작하면서, 자아와 자아의 사고, 그 사고의 결과들이 과학 연구와 심리 치료, 개선의 대상이 되었다. 자아 개선은 키메라chimera가 아니다. 자기 개선과 심리 치료는 많은 경우 효과적이며, 이 접근법의 기저에는 인간의 유연성에 대한 믿음이 깔려 있다. **현대 자아**는 변하고 개선될 수 있다고 믿으며, 이 믿음이 바로 변화와 개선을 가능하게 한다.[4]

셀리그만은 과학 연구 결과들을 종합하여 심리 치료가 효과적으로 변화시킬 수 있는 문제들과 심리 치료가 효과적으로 작용하지 않는 문제들

은 무엇인지 조사했다.[5] 공황장애, 공포증, 성기능장애는 올바르게 선택되고 적용된 심리 치료에 매우 효과적으로 반응했다. 사회대면 공포증, 광장 공포증, 우울증에는 중간 정도 효과가 있었다. 강박충동 장애, 만성적 분노, 지속성 불안, 알코올 중독은 심리 치료를 통한 변화가 더 어려웠다. 성적 지향은 변경이 불가능한 것으로 보인다. 셀리그만은 변화를 수용하는 정도에 영향을 주는 세 가지 요인을 구분했다.[6]

1. 생물학적 기반이 강할수록 심리 변화는 어렵다. (반대로, 학습된 문제일수록 바꾸기 쉽다.)
2. 특정 심리 상태의 근간을 이루는 신념을 확인하기 쉬울수록 그 심리 상태는 바꾸기 어렵다.
3. 특정 심리 상태의 근간을 이루는 신념들이 개인의 세계관과 많이 얽혀 있을수록 그 심리 상태는 변하기 어렵다.

개인 신화는 개인의 세계관—개인의 더 큰 신화적 체계—과 얽혀 있는 깊은 신념과 조직 틀이다. 이 프로그램은, 오랜 신념의 논리에 의해 오랜 시간 인정되고 유지되어왔을지라도 역기능을 하는 신화를 바꾸는 것을 목표로 삼아왔다. 근본적인 관점들에 건설적인 변화를 얼마나 야기할 수 있는지에 따라 인생의 긍정적인 변화들이 따라올 것이다. 윌리엄 어윈 톰슨에 따르면, 우리는 모두 계속해서 우리의 유도 이미지를 만들어낸다. 미끼를 던지는 낚시꾼처럼 우리는 이미지들을 우리 앞에 던지고, 스스로 감겨들어갈 것이다.[7] 이번 장에서는 다음 장에서 당신 앞에 던져질 개인의 신화를 앞서서 준비할 것이다.

세션 1 : 나의 동화 3부

목적 : 새로운 신화가 세상에서 어떻게 전개될지 상상으로 파악하기

자신의 동화 3부는 의식적이고 의도적으로 우리 앞에 은유적 이미지를 던지는 것이다. 그 후에 우리는 이 이미지 속으로 감겨들어갈 것이다. 동화 1부와 2부를 상기하라. 인생의 문제들에 대한 두 가지 대립되는 접근법을 떠올려라. 또한 과거 신화와 대항 신화 사이의 갈등을 해결하기 위해 마쳤던 이전 작업들을 돌이켜보라. 다음은 매그의 동화 3부다.

돌고래가 주아니타 마가렛을 해변에 데려다준 뒤, 가장 먼저 그녀의 눈에 들어온 것은 파도를 따라 출렁이고 있는 깨진 애니 그린 스프링스 와인 병이었다. 두 번째는 그녀의 더러워진 옷과 헝클어진 머리에 놀란 보모 '신중이Prudent'였다. 세 번째는 돌고래 등에 올라타 깊은 바다 속을 여행했다는 이야기에 조롱을 보낸 '똑똑이Rational', 그녀의 학교 선생님이었다.

주아니타 마가렛은 자연으로 돌아가는 것이 그녀가 첫 번째로 실행에 옮길 수 있는 교훈이라 생각하고, 그녀의 머리와 가슴이 진정되고 심지어 더 이상 아프지 않을 때까지 실행했다. "아하!" 그녀는 생각했다. "효과가 있군! 내가 바쁘고 정신이 없을 때, 시간을 초월한 평화로운 공간으로 휴식을

떠나는 것은 정말 치유 효과가 있어. 기억해둬야지."

그녀에게 해초처럼 유연하게 살기란 결코 쉬운 일이 아니었다. 그녀는 매우 고집스럽고 융통성 없이 엄격한 아이여서 어떤 일에든지 한 가지 해결책밖에 생각하지 못했다. 두 번째 교훈을 실행에 옮길 날은 건강식품 신봉자인 그녀에게 디저트로 휘핑크림 잔뜩, 체리 3개, 다진 피칸이 올라가 있고, 작은 미국 국기가 장식으로 꽂힌 핫퍼지 선데 아이스크림이 제공된 날에 찾아왔다. 그녀의 내적 갈등은 정말 대단했다. 충동적이고 저돌적인 그녀의 일부는 달콤함이 그녀의 입과 팔다리에 흐르는 것을 상상하며 이렇게 외쳤다. "난 저걸 원해! 난 저걸 원해! 난 저걸 원해!" 하지만 도덕적이고 엄격한 그녀의 일부는 암초 위의 전복처럼 입을 딱 닫으며, "오, 안 돼… 절대, 결코, 무슨 일이 있어도 안 돼!"라고 외쳤다. 다행히도 바로 그 순간 유연한 해초의 이미지가 주아니타 마가렛의 머릿속에 떠올랐다. "나는 내 신념을 지킬 거야. 하지만 그래도 난 이 선데를 먹을 거야. 뭐, 내 생일이 6주밖에 남지 않았는걸!"

주아니타 마가렛은 자신이 잘한 일을 비밀로 하는 타입이 아니었다. 자신의 재능을 떠벌리고 다녔다. 사실 그녀는 자주 고상한 동기에 이끌려 진심으로 선한 일들을 했다. 그녀가 많은 장기와 재능을 가진 것도 사실이다. 하지만 그녀가 자신의 선한 행동을 온 동네방네 떠들고 다니는 떠벌이라는 사실은 도무지 좋게 표현할 방법이 없다. 그녀 내면이 자기 자신으로만 가득 차 있어서 그런 것은 아니었다. 그보다는 내면이 텅 비어 있다고 해야 더 맞는 말이다. 다른 날과 마찬가지로 그녀가 자신의 선행에 대해 노래를 부르고 있었던 어느 날, 그녀는 누군가가 하품하는 것을 보았다. "어머나!"

주아니타 마가렛은 생각했다. "난 정말 지겹게 주절거리기만 하는 최악의 삶을 살아가고 있구나. 심지어 나도 지겨울 지경이야. 지루함은 끔찍한 신호야. 이건 내가 스스로에게 질렸다는 뜻이야. 어쩌면 좋지?" 그녀는 전복의 지루한 외관과 궁궐처럼 빛으로 반짝이는 내면을 떠올렸다. 그녀는 생각했다. "더 주의를 기울여야겠어. 내가 한 선행을, 내가 가장 잘한 일들을 조용히 내 안에 간직하는 편이 나에게 더 좋을 거야. 내가 그토록 사랑하는 관심을 받기 위해서는 누군가가 나를 알아볼 때까지 기다려야 하겠지만, 내면의 캔버스에 사랑스런 진주층을 더하는 일에 열중할 수 있을 거야. 지루함을 이기기 위해 이 방법을 시도해봐야지." 이 방법은 매우 효과가 좋아서, 다시는 그 누구도 그녀 면전에서 하품을 하지 않았다. 그리고 그녀의 무지갯빛 진주층을 볼 수 있도록 초대된 사람들은 그녀를 깊이 사랑하게 되었다.

다음은 앤의 동화 3부다.

그래서 그 소녀는 나무숲을 떠나 고향으로 돌아왔다. 소녀는 여행을 하면서, 인생에 어떤 일이 일어나더라도 가슴속에 밝게 빛나는 금빛 조약돌을 간직할 거라고 맹세했다. 길을 가며 만난 어떤 낯선 사람들은 그녀의 불을 끄려고 했고, 또 어떤 사람들은 그녀가 품은 선물에 함께 즐거워했다. 소녀는 불빛을 잠재우는 것이 타인의 조소가 아니라 비웃음당하는 것에 대한 스스로의 두려움이라는 걸 깨달았다.

폭풍우 치는 어느 날 밤, 소녀는 같은 마을의 소년이 교차로의 회전문에 웅크리고 앉아 있는 것을 보았다. 오래전 소녀에게 돌을 던졌던 그 소년이었다. 아주 어두운 밤이었지만 소녀의 조약돌은 밝게 빛났고, 소녀는 은은한 불빛 속에서 소년을 향해 미소 지었다. 당황한 소년은 겨우, "너 어디 가니?" 하고 물었다. 소녀는 집에 돌아가는 길이라고 대답했다. 소년은 아주 안심이 되었다. 스스로 결코 인정할 수 없었지만, 소년은 길을 잃었기 때문이다. 그래서 그 둘은 꽤 오랫동안 황금빛 조약돌이 밝히는 길을 따라 함께 걸었다. 소년은 마음이 편해지자, 예전에 그랬던 것처럼 그 빛을 자기 것으로 소유하고 싶어졌다. 하지만 그 빛이 소녀의 것이며 결코 자신의 소유가 될 수 없다는 것을 깨닫자 어둠을 가로질러 그들을 인도하고 있는 바로 그 빛을 조롱하기 시작했다. 소녀는 수년 전에 느꼈던 그 따끔거림을 느꼈다. 하지만 이번에는 불빛을 꺼뜨리지 않았다. 소녀는 떡갈나무처럼 꼿꼿이 서서, 고개를 들고 조용하지만 단호한 목소리로 말했다. "이 빛이 내게 어떻게 주어졌는지는 모르지만, 이 빛은 내게 신성해. 왜 너는 이 빛을 조롱하는 거지?" 소년은 무슨 말을 해야 할지 몰랐다. 소녀는 소년의 눈을 똑바로 쳐다보았고, 불빛은 더욱더 밝게 빛났다. 순간, 소녀는 자신이 다시는 두려워하지 않을 것이라는 사실을 깨달았다. 사실 소녀는 이전에 그녀를 두렵게 했던 것이 무엇이었는지조차 기억할 수 없었다.

바로 그 순간 소년은 사라졌고, 소녀는 깊은 숲 속 오두막의 문 앞에 서 있었다. 문이 열리자 소녀의 가족이 양팔을 활짝 벌리고 서서 소녀에게 들어오라고 손짓하고 있었다. 방 안은 소녀가 전에 알지 못했던 밝음과 기쁨으로 가득 찼다. 그리고 그 순간, 소녀는 자신과 같은 사람들과 지금 함께 있다는 것을 깨달았다. 방 안을 가득 채운 불빛은 그들로부터 뿜어져 나오고 있었다. 이전에 소녀에게서 빛이 발산되었던 것처럼 말이다. 그리고 소녀는 앞으로 결코 혼자가 되지 않을 것이라는 사실을 알았다.

다음은 프랭크의 동화 3부다.

한때 프랭키는 자신이 왕이 될 운명이라 믿었지만, 이제는 그것이 자신의 운명이 아니라는 걸 깨달았다. 또한 계속해서 왕이 되고 싶어 하는 것은 그에게 많은 불행을 가져다줄 것이라는 것도 깨달았다. 반대로, 자신의 평범함을 인정한다면 훌륭한 시민으로 살아가며 그가 바랐던 삶에 근접한 인생을 살 수 있을 것이라는 것 또한 배웠다. 프랭키는 수정 구슬을 들여다봤을 때 자신이 부러워한 것이 왕의 왕관이 아닌 그의 활기였다는 것을 알고는 놀랐다.

프랭키는 그러한 활력으로부터 자신을 멀어지게 한, 스스로 내린 많은 선택들을 보았다. 예를 들어, 어떤 개인적인 비용이 들더라도 모든 일을 완벽하게 해야 한다는 강박은 오직 스스로의 믿음에서 비롯한 것이었다. 또한 그는 자신이 하기로 마음먹은 모든 것에 성공할 수 있다고 믿었으며, 자신의 자발성을 되찾는 것도 예외가 아니어야 한다고 생각했다. 그러나 실제로 이 과업은 예외였음을 깨닫게 되었다. 목표를 향해 집요하게 밀어 붙이는 프랭키의 스타일은 매 순간 자유롭고자 하는 또 다른 목표와 상충했다. 그러나 포기하는 법을 배우는 중에도 그는 집요함을 놓지 않았다.

성인이 되자 프랭키는 평범한 마을의 평범한 집에서 사는 것에 익숙해졌다. 그는 평범한 아내, 평범한 자녀 그리고 평범한 직장을 가졌다. 하지만 그가 가장 좋아하는 단어는 '비범함'이었다. 프랭키는 매일 자신의 세계에 감탄했다. 그의 아이들은 기적과도 같았다. 몇 시간 동안이나 아이들과 함께 놀았고, 그들의 호기심과 인생에 대한 열정에서 기쁨을 느꼈다. 또한 그는 아내를 무척 아꼈다. 아내는 그와 사뭇 달랐고 굉장히 신비로웠으며, 매우 아름답고 사랑스러웠다. 그들은 아주 오랫동안 서로의 눈을 바라보고, 서로에 대한 시를 노래하곤 했다. 그는 자신의 일을 사랑했다. 그는 항상 신선한 반전을 발견하며, 매일 조금씩 다르게 일을 처리하는 과제에 푹 빠지곤 했다. 이 때문에 그는 동료들 사이에서 인정받았고, 그의 상사도 그를 가치 있게 여겼다. 그는 일에 대해 몹시 만족했고, 일이 자신의 가치를 대변한다고 생각하지 않았다. 따라서 퇴근 후에 직장에서의 일은 언제나 사무실에 남겨두었다. 프랭키는 커서 왕이 되지 않았다. 하지만 그는 풍요로운 영적 삶이 공급하는 부와 권력으로 그 후로 영원히 행복하게 살았다.

여기서 우리는 프랭크가 인생의 가치와 목표 그리고 어떻게 그 목표를 추구할 것인지 조정하는 걸 볼 수 있다. 중요한 인생의 결정들이 개인 신화의 지배를 받는다는 사실을 감안할 때, 독자는 긴장을 풀고 순간을 즐기는 것을 고집하는 그의 태도가 다소 경솔해 보인다고 할 수도 있다. 그러나 긴장을 완화하고 즐길 수 있는 프랭크의 능력은 인생의 중요한 문제들에 큰 영향을 주었다. 최근 몇 달 새 늘어난 가슴 통증이 그의 주된 걱정거리였고, 몇 년에 걸쳐 아내와의 사이가 점점 멀어진 것에 대해 슬퍼하고 있었다. 자신의 과거 신화가 이끄는 강박적인 태도가 이 두 문제의 원인인지는 확신하지 못했지만, 분명한 것은 그것이 그의 삶을 장악했고 그의 활력을 가려왔다는 사실이었다. 그는 이를 바꾸기로 결심했다.

여러분의 동화 역시 과거 신화에 내재한 문제들 중 적어도 몇 가지를 바로잡는 대항 신화의 영감에 의지해 여러분을 위한 새로운 방향을 제시할 것이다. 앞선 개인 의례에서 우리는 갈등에 대한 해법을 신체적으로 표현했다. 앞으로 제시될 방식은 이에 대한 감각과 에너지를 환기함으로써 여러분이 동화 3부를 창작할 수 있게 이끌 것이다. 해결을 상상했을 때와 마찬가지로, 동화 3부가 여러분의 상상 속에서 실제가 되는 것을 볼 것이다. 마지막으로, 여러분은 이 이야기를 타인에게 다시 이야기하거나 기록지에 적을 것이다.

준비 : 동화 1부와 2부를 상기하라. 2부에서 주인공은 인생의 중요한 교훈을 배웠다. 이 교훈을 기록지에 기술하라. 또한 새로운 신화의 모토 (7주차 세션 2)를 재확인하라. 그 다음에 개인 방패와 파워 오브젝트, 기록지를 가까이 두고 편하게 앉거나 기대어 심호흡을 하고 눈을 감는다.

호흡을 조절하면서 들고 내쉬는 숨소리에 귀를 기울입니다. 배와 가슴이 어떻게 채워지는지… 비워지는지, 느낌에 주목합니다. 호흡이 깊어지고 느려집니다. 몸과 마음이 완전히 편안해지면서 긴장이 완화됩니다.

다시 한번, 손바닥을 마주보게 두 손을 몸 앞으로 가져옵니다. 새로운 신화의 모토를 상기합니다. 세 번 깊이 호흡하면서, 두 손 사이의 공간을 느끼며, 천천히 두 손을 가까이 하고, 두 손이 맞닿으면 양손을 꽉 맞잡습니다. 몸 양쪽의 에너지가 서로 조화롭게 완전체로 어우러지고 통합되는 것을 느낍니다. 다시 한번 세 번 깊게 호흡하면서, 이 신선한 통합의 에너지가 온몸을 씻어 내리는 것을 경험합니다.

새로운 신화의 에너지에 둘러싸인 채로, 해결책을 보여주는 환상을 경험했던 커다란 극장에 들어서는 자신의 모습을 상상합니다. 관객석에는 당신 혼자뿐입니다. 편안한 자리를 아무데나 골라 앉으십시오. 당신은 동화 3부가 상영되는 것을 보려고 이곳에 왔습니다. 막이 오르면, 동화의 주인공은 1부 마지막에 마주했던 딜레마 상황에 놓여 있습니다. 1부가 어떻게 끝났는지 상기합니다. 하지만 이제 주인공은 2부의 경험을 통해 더 지혜로워졌습니다. 동화 2부를 떠올려봅니다. 동화 3부에서는, 주인공이 이 경험을 사용해 이전의 딜레마를 새롭게 풀어나가는 것을 보게 될 것입니다.

막이 오르면 동화 1부의 마지막 장면이 무대 위에 펼쳐집니다. 연극 동화 3부에서는 새로운 시각으로 주인공이 이전에 마주한 문제에 접근합니다. 막이 오른 뒤의 첫 장면을 자세히 관찰합니다. 이 극을 관람하는 동안에는 천천히, 또한 깊이 호흡합니다. 극이 전개될 동안 계속해서 집중합니다.

동화 3부가 결말에 다다르고 있습니다. 막이 내려올 때가 되면 처음의 갈등은 새롭고 창의적인 방식으로 해결되어 있을 것입니다. 마지막 장면을 보는 동안 천천히, 또한 깊이 호흡합니다.

막이 내리면, 3부에 대한 자신의 반응에 귀 기울입니다. 극에 대한 감상을 잠시 생각합니다. 준비가 되면 한번 더 깊이 호흡하고, 상쾌하고 긴장 없이 맑은 정신으로 깨어 있는 일상의 의식으로 돌아옵니다.

가능하다면 먼저 동화 3부의 내용을 녹음기에 녹음하거나 파트너에게 이야기하고, 그 뒤에 기록지에 옮겨 적으라. 말하거나 쓸 때마다 이야기가 바뀌고 발전되어도 좋다. 이 장의 후반부에서는 묘사된 새로운 신화를 검토하고, 적절한 조정을 가하고, 현재 삶에 직접적으로 적용할 수 있는 언어로 바꾸는 작업을 할 것이다.

세션 2 : 개인 방패를 완성하기

목적 : 이제까지의 모든 작업을 종결하는 새로운 신화를 표현하는 상징을 단일 이미지로 압축하기

개인 방패를 만들었을 때, 낙원 복귀를 향한 새로운 비전을 나타내는 상징이 그려질 5번째 칸은 완성하지 않았다. 이번 의례에서 상징을 찾고 방패를 완성한다. 매그의 경우, 그녀의 처음 낙원 복귀 이미지인 전복 조개에서 새로운 이미지의 요소를 재발견했다. 이제 이 이미지는 분리된 조각이 아닌, 멋진 줄에 은과 전복 껍데기로 만든 나비 모양의 정교한 펜던트가 달린 목걸이의 일부가 되었다. 그녀는 이 목걸이를 개인 방패의 마지막 칸에 그렸고, 이에 대해 "나는 언제나 내 위대한 스승인 이 토템을 조용히 지닐 수 있다"고 말했다.

준비 : 개인 방패에서 초기 낙원 복귀 이미지와 그에 연관된 기록지의

기억을 상기한다. 그 이미지는 아마도 아주 어릴 때부터 당신이 따르기로 마음먹은 이상을 표현할 것이다. 일련의 삶뿐만 아니라 이 프로그램에 참여할 때까지 실행했던 모든 일에서 이 이미지에 영향 받았을 것이다. 해결을 위한 환상(7주차 세션 3)을 전개할 때 과거 신화와 대항 신화의 상징을 형성했다. 그 상징을 지금 되새겨라. 개인 방패와 그림을 그릴 도구를 가까이 놓고, 편안히 앉거나 기대어 심호흡을 하고 눈을 감는다.

호흡에 집중하며 들이쉬고 내쉬는 숨소리에 귀를 기울입니다. 배와 가슴이 채워지고 비워지는지 느낌에 주목합니다. 호흡이 깊어지고 느려집니다. 몸과 마음이 완전히 편안해지면서 긴장이 완화됩니다.

다시 한번, 어느 손이 과거 신화와 연관되는지, 어느 손이 대항 신화와 연관되는지 느낍니다. 이전과 같은 쪽입니까?

이전의 의례에서와 같은 과거 신화의 상징을 상상해서, 혹은 지금 새로 하나 만들어서 어깨 위에 올려놓고, 대항 신화 상징을 다른 쪽 어깨에 올려놓습니다. 상징이 어떤 느낌인지 감각하고, 몸 양쪽의 감각을 탐색합니다.

다시 한번, 약 60cm 간격으로 양 손바닥을 마주합니다. 양손이 잡아당기는 에너지를 느끼거나 상상합니다. 숨을 쉴 때마다 이 에너지가 커지게 둡니다. 양손이 서로 천천히 가까이 끌릴 때, 어깨 위의 상징이 팔로 내려오는 것을 상상합니다. 손이 닿기 전에 상징들이 팔로 내려옵니다. 양손이 맞닿으면 과거 신화와 대항 신화 사이의 갈등에 대한 깊은 해결을 표현하는 새로운 상징이 등장할 것입니다.

양손을 닿게 했을 때, 숨을 쉴 때마다 새로운 이미지가 더욱 생생해집니다. 이미지가 나타나지 않았다면 마음속에서 하나 만듭니다. 준비되었으면, 개인 방패의 낙원 복귀 구역 재창조 비전 칸에 그립니다. 그리는 동안에도 이 이미지는 계속해서 변화하고 발전할 수 있습니다.

앤은 쓰기를,

이 상징은 내 과거 신화의 상징(모든 것을 환영하는 열린 손)과 내 대항 신화(보이는 것을 단호하게 지적하는 손)를 포함한다. 열린 손은 다른 손을 지지하면서, 사랑은 항상 진실의 토대 위에 선다는 사실을 분명히 한다. 그리고 두 손의 중앙에서 작은 황금 조약돌이 빛난다. 그것은 내 길을 밝혀주는 신비 이상의 신비다.

프랭크는,

상징들이 맞닿았을 때 그 배경은 모두 분홍색이었고, 이때 나는 아주 어린 시절로 돌아간 듯한 느낌을 받았다. 내가 두 살 혹은 세 살 이후로는 한 번도 떠올린 적이 없는 부드러운 분홍색 플라스틱 장난감이 갑자기 나타났다. 그 장난감은 내게 따뜻함과 함께 풍요롭고 깊은 느낌을 전해주었다(장난감을 정확히 볼 수는 없었지만, 그것이 분홍색이었다는 것과 그 장난감을 가지고 노는 걸 좋아했다는 것을 기억한다). 장난감은 내 자유로움이 아무런 제약을 받지 않았던 시절, 솔직한 나의 취향이 구속받지 않았던, 또 감각적이고 순결하게 세상을 경험했던 나의 어린 시절을 상징하는 것 같았다. 이 이미지를 몸으로 느꼈을 때, 순간 그것은 고동치는 분홍빛의 활기 있고 살아 있는 내 심장이 되었다. 나는 어린 시절의 열정과 행복, 쏟아져 나오는 웃음을 되찾고 있다는 걸 느꼈고, 개인 방패에 이 새롭게 뛰는 심장의 이미지를 그려 넣었다.

세션 3 : '존재의 힘Powers That Be'에게 확증받기

목적 : 새로운 신화를 지식의 근원에서 올라온 논리와 직관을 사용하여 평가하고 다듬기

지금까지 여러분은 새로운 비전을 만들어왔고, 이 새로운 비전이 삶에 어떠한 방식으로 적용될지에 대해 어느 정도 이해했을 것이다. 하지만 이 과정은 본질적으로 낯선 영역이다. 이전에 한 번도 완전히 경험한 적 없는 길에 한 발 내딛을 것인가를 고민하고 있는 것이다. 지금까지 프로그램에서는 새로운 비전을 추출해냈다. 하지만 이 비전을 실제 삶에서 시험해보지는 않았다. 이것이 이 프로그램의 마지막 주안점이 될 것이다. 새로운 비전에 완전한 확신을 가지고 헌신하기 전에, 이번 개인 의례에서는 비전과 이의 장점을 더 상세히 평가할 것이다. 이는 물론 도적적인 과제지만, 통상적으로 내면 성찰을 통해 미리 비전을 조정하는 것이 비전이 실제 삶에서 문제를 일으킨 뒤에 이를 조정하려고 하는 것에

비해 훨씬 더 쉬운 일이다. 8주차의 처음 논의에서 요약된 연구를 근거로, 행복과 성숙, 안녕을 촉진하는 개인 신화의 특성과 비교하며 새로운 신화 비전을 성찰할 수 있다. 새로운 신화가 직접적으로 이 모든 특성을 다루지는 않겠지만, 새로운 신화의 정신이 그 각각의 특성과 일관되는지 파악한다. 새로운 신화가 아래의 특성을 반영하는지 한 번에 한 특성씩 성찰하라.

- 작은 일에 크게 기뻐하게 한다.
- 나를 좋아하는 것이 쉬워진다.
- 더 만족스러운 인간관계와 더 보람 있는 사회 활동, 보다 큰 사회적 지지를 촉진한다.
- 신체 건강, 휴식, 개인적 고독, 인생의 흐름 속에서 현재를 중심으로 몰입하는 태도를 증진하고 강화한다.
- 현실적으로 어떤 것이 운명에 대한 나의 통제력을 강화하는지 강조하여 보여준다.
- '학습된 무력감'보다는 '학습된 낙천성'을 지지한다.
- 일관성, 헌신, 결의를 가지고 개방성과 유연성 사이의 균형을 유지한다.
- 나의 능력과 상황에 대한 사실을 정확하게 고려한다.
- 나의 성숙도에 맞춰 발달 속도를 조절한다.
- 갈등하는 내면의 힘들, 대립하는 억눌린 하부 성격들, 모순되는 목표와 비전을 중재한다.

- 개인적인 문제들보다 더 큰 사회 세계에 창조적으로 참여할 수 있게 이끈다.
- 과거 신화의 가장 기능적이고, 가장 적응적이며, 가장 긍정적인 요소들을 유지한다.
- 대항 신화의 가장 기능적이고, 가장 적응적이며, 가장 긍정적인 요소들을 유지한다.
- 과거 신화와 대항 신화의 한계를 창의적으로 초월한다.

위 항목에 따라 새로운 신화를 점검해본 후, 수정된 것이 있는지 조심히 성찰해 기록지에 기록한다. 프랭크는 자존감은 행위가 아닌 존재에 기반한다는 것을 강조하는 문구를 새로운 신화 모토에 추가해 넣었다. 신화 비전에 대한 이러한 논리적인 분석에 더해, 이번 의례에서는 새로운 신화를 다듬고 수정하기 위해 직관적 지혜에 마음을 열어 큰 나와 나를 넘어서는 힘에게 물을 것이다.

신, 자연, 도, 혹은 존재 근원이라는 말로 흔히 일컬어지는 영역, 즉 인간의 의식이 상상할 수 있는 가장 커다란 힘에 대해 생각할 때 우리는 이를 주로 그림이나 개념, 혹은 목소리 등과 강하게 결부시킨다. 인간은 빛나는 한 방울의 바닷물과 같기에 바다를 이해하려는 것은 인간의 지적 능력을 넘어서는 일임에도, 수많은 의례와 기도, 명상 들은 이 영역을 향해 인간 의식과 감정을 고조하기 위해 고안되었다. 이 영역에 대한 각자의 생각은 다를 것이다. 이번 의례는 여러분이 이 영역에 스스로를 열어, 지금까지 형성해온 새로운 신화를 내보여서 확인받고 수정하게 될 것이다. 이 영역 가까이에 살고 있는 여러분의 내면의 현자가 길을 안내해줄 것이다.

준비 : 위 목록에 제시된 특성과 자신의 새로운 신화와 관계를 '의식으로' 성찰한 후에, 초월적 존재와 '직관적으로' 만날 가능성에 대비하라. 내면의 현자를 만날 때 사용했던 방법을 상기하라. 다시 한번 내면의 현자를 방문할 것이다. 앞선 의례에서와 마찬가지로 씹고 삼킬 수 있는 견과류나 씨앗을 준비한다. 개인 방패와 파워 오브젝트, 씨앗, 기록지를 가까이에 두고 편안하게 앉거나 기대어 깊게 심호흡하고 두 눈을 감는다.

안락하고 안전한 장소에 자리 잡고 호흡에 집중합니다. 가슴 위에 두 손을 얹고 숨을 관찰하면서 배를 부드럽게 하고 가슴을 엽니다. 가슴이 열리는 느낌에 따라 팔을 밖으로 펼치며 마치 꽃이 피어나듯 손가락을 펴서 몸의 양 옆에 편안히 둡니다. 숨을 들이쉬고 내쉬고 계속 관찰하며 배를 부드럽게 하고 가슴을 엽니다. 숨을 들이마시며 삶의 충만함을 들여오고, 내쉬면서 긴장을 방출합니다. 들이쉬고 내쉬며 완전히 이완합니다. 내면에 집중하고 내면의 현자를 초청합니다. "제 마음을 열어 당신을 맞아들입니다. 이 여정에 동행해주세요."

내면의 현자 영역으로 들어가는 여정은 이전에 썼던 방법을 사용합니다. 내면의 현자를 만납니다. 만나주는 현자의 힘과 사랑을 느끼세요. 신이든 위대한 영이든 자연의 큰 힘이든 인간의 운명을 좌우하는 자신에게 맞는 존재의 축복을 받기 위해 그 영역으로 진입하려 한다는 것을 알려주세요.

내면의 현자가 허락의 미소를 짓고 앉으라고 말합니다. 신성한 약초(혹은 견과나 씨앗)가 주어집니다. 입에 넣으세요. 천천히 씹으면서, 신성한 성분이 몸속에 흐를 것을 압니다. 뒤로 누워 긴장을 풉니다. 곧 비일상적인 강력한 의식 상태로 들어갑니다. 영혼의 영역에 들어선 것을 느낍니다. 숨을 깊게 쉴수록 강력한 영적 존재가 주위를 감싸는 것을 느낍니다.

이 여정의 목적을 상기합니다. 새로운 신화를 점검하기 위해 이곳에 온 것입니다. 지금 이곳에 임재한 지혜롭고 자비로운 힘을 느낍니다. 당신이 깨운 신성한 힘에 둘러싸여, 유도 신화의 핵심을 전달하는 문장이나 어구를 찾습니다. 이를 크게 선언합니다.

주위를 둘러싼 지혜가 이 선언을 듣는 것을 상상합니다. 지혜가 당신의 목소리를 듣고 당신의 선언을 반향해 보냅니다. 당신은 수용되었습니다.

당신은 일련의 질문을 듣게 될 것입니다. 질문이 주어질 때마다, 주위의 지혜가 어떻게 대답하는지 느낍니다.

- 이 유도 신화가 당신의 최고와 최상을 끌어내나요?
- 이 신화는 웅장함을 기반으로 하나요?
- 신화에 야망이 충분한가요?
- 신화가 두려움이나 불안의 제한을 받지 않나요?
- 새로운 신화가 예상치 못한 어려움을 초래하지 않나요?

- 지금 이 새로운 신화를 적용하는 것이 합리적인가요?
- 이 신화의 이미지에 맞춰 삶을 조정하기 전에 변경해야 할 사항이 있나요?

질문에 대한 대답의 느낌을 감지하고, 새로운 유도 신화를 재선언합니다. 여러분을 보조할 신성한 에너지에 둘러싸여 있다는 것을 기억하십시오. 새로운 신화를 나타내는 이 표현이 의식에 진입하는 것을 듣습니다. 이 작업이 끝나면, 주위를 감싸는 지혜와 연민에 집중합니다. 다시 내면의 현자를 찾아갑니다. 내면의 현자에게 새로운 신화를 설명합니다. 대답을 듣습니다. 대화를 마치면 내면의 현자에게 작별을 고합니다.

일상의 깨어 있는 의식으로 돌아올 준비를 합니다. 이 경험에서 얻은 필요한 모든 걸 기억할 것입니다. 아주 부드럽게, 스스로를 깨우기 시작합니다. 손가락과 발가락, 손과 발을 움직입니다. 몸 안의 순환을 느낍니다. 어깨를 스트레칭하고, 양팔과 다리, 목과 얼굴 근육도 스트레칭합니다. 깊이 심호흡합니다. 다시 의식을 방으로 가져옵니다. 깊은 낮잠에서 깬 듯 상쾌한 기분으로 눈을 뜹니다. 정신이 아주 맑으며, 오늘의 남은 하루 일과를 창의적으로 보낼 자신감으로 가득합니다.

기록지에 '나의 새로운 유도 신화'라고 제목을 적고, 그 아래에 유도 원리와 함께 이 경험에 대한 감상을 적어 새로운 신화를 묘사한다.

앤은 이렇게 적었다. "나의 첫 번째 문장은 '나는 신성한 사랑의 전달자다'였다. 그러나 이 말은 내가 평생 동안 해왔던 말이다. 새로운 신화는 단순히 '나는 사랑으로 진실하게 산다'이다." 프랭크는 과거 신화에 뿌리를 둔 열등감이 자신을 괴롭힌다는 것을 깨달았고, 자신을 지나치게 통제하는 과거 신화에 이끌리기보다, 자신의 원초적 존재를 더욱 신뢰하며 살아가기를 갈망했다. 그는 이렇게 적었다. "나는 온전하다; 나는 완전하다; 또한 열정이 내 안에서 움직일 때 나는 완전하게 확장되고 있다!" 매그 또한 새로운 신화를 하나의 유도 문장으로 요약했다. "평온은 사려 깊은 사랑의 행위로 얻어진다." 그녀는 새로운 신화의 핵심을 다음 문장으로 묘사했다. "나는 우주만물의 일부다. 나와 내 주위 모든 사람은, 온 우주만물이 그렇듯 사랑의 힘으로 끊임없이 진화하고 점점 더 연결되고 있다."

매그는 고립된 내면세계에서 나와 더 큰 세계와 자신을 동일시하게 되면서, 과거 신화를(일찍이 자립해야 했던 필요성과 외동으로 자란 어린 시절의 산물) 특징지었던 자기중심적인 이기주의가 변화하는 것을 볼 수 있었다. 이제까지 공동의 '타인'이라는 것은 매그에게 너무나 억압적인 존재였기에, 타인의 욕구와 필요가 자신의 신화와 뒤섞이는 것을 허용할 여지는 거의 없었고, 자신의 사랑의 대상으로 허용하는 것이 그녀가 할 수 있는 최선이었다. 이제 그녀가 내면에서 대립하는 요소들을 통합하기 시작하면서, 대인관계에서의 상호 교환에 더욱 기꺼이 그리고 더욱더 잘 참여할 수 있게 되었다. 또한 자연 속에 혼자 머무는 것이 단순히 사회생활에서 도피하는 게 아니라, 삶에 균형을 제공한다는 사실을 인정하기 시작했다.

프랭크는 가르침에 따르면서 영감의 감격을 기억해냈다. 이는 12년 전 그가 독일 쾰른의 장엄한 성당을 방문했을 때 자신을 영적 감격 상태로 고양시킨 감정이었다. 그는 새로운 신화에 대해 다음과 같이 상세히 적었다.

나의 새로운 신화는 내 안의 열정과 삶을 지탱하는 모든 것을 인정하라고 말한다. 이들의 가치를 인정하고, 관심을 기울이고, 이들을 위한 자리를 만들고, 인생을 살면서 이들을 즐기라고 가르쳐준다. 특히 나는 불필요하거나 분주한 활동 속에 함몰되는 경향이 있는데, 이것이 즉흥성과 열정을 몰아낼 수 있기 때문에 주의해야 한다. 또 나의 즐거움과 창의성을 인정하는 한편, 내 안에서 찾을 수 없는 것들을 판단해서는 안 된다. 다시 말해, 모든 내면의 사건을 하나씩 분석하며 희망이나 기대에 미치지 못한 것들을 판단해서는 안 된다.

나는 이 원칙을 일과 휴식 모두에 적용할 것이다. 과거를 되돌아보는 데 뿐만 아니라 앞을 내다보는 데에도 이 원칙을 사용할 것이다. 이미 일어난 사건을 되돌아보며 삶에 긍정적이었던 것을 음미하고, 이러한 경험에 맞춰 나를 정비할 것이다. 나는 내 강박과 결핍에 제한 받았던 과거에 계속 묶여 있지 않을 것이다. 오로지 실수를 통해 무언가를 배울 수 있다는 신념에 기반해 이러한 분석 방법은 내 행동 패턴이 되었는데, 어느 시점을 지나서는 이 방법이 나를 끌어내리고 있을 뿐이었다. 앞을 바라볼 때도 마찬가지로 삶에 긍정적인 요소를 투사할 것이다. 스스로에게 보내는 기대에는 자신감이 가득할 것이며, 이는 나의 용기를 북돋아줄 것이다. 특히 이 프로그램

전반에 걸쳐 탐구한 더 생기 있고 열정적인 나의 존재 방식을 새로운 신화가 확실히 점화해줄 것이다. 나는 확신한다; 나는 기대한다; 나는 이 일이 일어날 것이라는 사실을 안다.

이처럼 이 선언은 (그의 동화에서처럼) 이야기나 (10계명과 같은 윤리적 체계에서 볼 법한) 행동 강령의 형태로 표현되지 않았다. 프랭크는 자신의 열정에 영향을 미치는 특정한 사고를 어떻게 예의주시할 것인지 상기할 수 있도록 자신의 언어로 단순히 풀어냈다. 어떤 사람들은, 예를 들어 매그는 좀더 시적인 언어로 새로운 신화를 선언했다("나는 우주만물의 일부다…"). 각자에게 잘 맞는 언어로 선인문을 만들라. 뒤의 장들에서 새로운 신화 비전에 대한 추상적이거나 시적인 선언까지도 삶의 지침이 되는 구체적인 방법으로 변환될 수 있다는 것을 보게 될 것이다. 마지막 세션에서 주의할 점은 새로운 신화를 다듬을 때 자신을 너무 비판적으로 대하지 말라는 것이다. 최선을 다하고 이를 포용하라. 린다 시어스 레너드 Linda Schierse Leonard의 말처럼 "창작을 위해서 우리는 완전한 비전을 구현하는 것에 대한 우리의 무능력을 끊임없이 용서해야만 한다."**8**

꿈에 집중하기 : 꿈으로 확인받기

목적 : 꿈의 지혜를 통해 새로운 신화를 평가하고 다듬기

잠들기 전에 마음속으로 자신의 새로운 신화를 문장으로 되새기고, 그 타당성을 확증할 꿈을 요청하라. 잠들기 전에 사용했던 일반적인 방식대로, 침대에서 안정되게 심호흡을 하고, 새로운 신화를 반추하고, 기록지에 천천히 온 마음을 다해 다음 문장을 쓴다. "나는 오늘밤 편안하고 평화롭게 잘 것이고, 내 새로운 유도 신화를 확인받거나 변경하는 꿈을 꿀 것이다. 깨났을 때 꿈을 기억할 것이다." 그러고 나서 정성을 다해 잠들 때까지 여러 번 읊조린다. "나는 의미 있는 꿈을 꿀 것이고, 그것을 기억할 것이다." 아침에 깨어난 즉시 꿈을 기록하고 탐색하라. 첫날 밤에 꿈을 기억하지 못하더라도 될 때까지 매일 밤 반복한다. 앤이 쓰기를,

나는 기차를 타고 어딘가로 향하고 있었는데, 뒤를 돌아보자 기차의 끝부분에 불이 붙어 있는 것을 발견했다. 사람들은 두려움에 휩싸여 화염 속을 뛰어다니고 있었다. 누군가가 말했다. "이건 밀폐된 공간에 갇혀 있을 때 일어날 수 있는 가장 두려운 일이야!" 우리는 기차 마지막 칸의 연결고리를 떼어내고 가파른 언덕을 간신히 오르기 시작했다. 정상에 도달할 수 있을지 걱정이 되었다. 쉽지 않았지만 기차는 정상에 도달했다.

나는 한 여성과 나란히 걷고 있고, 그녀는 내게 말한다. "나는 불로 모든 것을 잃었고, 보험도 없어요. 이제 저는 어떻게 딸을 키워야 하죠?" 나는 걱

정하지 말라고, 우리 모두가 그녀의 회복을 도울 거라고 말한다. 그녀는 매우 안심한다. 또 다른 여성이 내게 다가와 자신을 따라오라고 말한다. 그녀는 창문이 많이 난 원형 방으로 나를 데려간다. 우리는 한 창문을 통해, 창 너머 나무 아래 작은 주차 공간이 있는 것을 본다. 그녀는 말한다. "저 주차 공간은 대개는 꽉 차는데, 일꾼들이 모두 가버렸어요." 나는 말한다. "제가 도울게요."

나는 갑자기 스케이트를 신고 언 호수 위에 서 있다. 나는 친구와 함께 있는데, 우리 둘 다 예전에 스케이트 선수였다는 것에 대해 이야기를 나눈다. 두 남성이 낯선 카누 모양의 배를 탄 채 얼음 위로 온다. 그들은 모두 검은 옷을 입고 있으며, 이 보트 바닥에는 스케이트가 얼음에 닿을 수 있게 동그란 구멍들이 뚫려 있는데, 배를 움직이는 것이 매우 불편해 보인다. 하지만 그들은 신경 쓰지 않는 것 같다. 그들은 배 안에 들어가 종종걸음으로 호수 밖으로 나간다. 나와 내 친구는 웃으며 말한다. "뭐 어쨌든 저 사람들은 저게 좋은가봐." 그러곤 나는 우아한 피루엣pirouette 동작을 한다. 하지만 턴을 마무리하려고 할 때 스케이트의 앞 코가 없다는 걸 깨닫고 브레이크나 회전 중심 없이 어떻게 움직임을 처리해야 할지 생각한다. 나는 난처한 상황에서도 꽤 만족스러운 기분을 느낀다. 그러다 잠에서 깼다.

'존재의 힘'은 과거 혼란의 무게를 단 채로는 언덕을 정복할 수 없다는 진실의 검을 인식해야 한다고 내게 확인시켜주고 있는 듯하다. 통제 불가능한 불타는 과거를 잘라냄으로써 나는 앞으로 나아갈 수 있다. 손실을 완전히 보상할 '보험'은 없지만, 돌봄의 손길은 예상치 못한 곳에서 올 것이라는 것도 명확해졌다. 또한 일꾼이 없는 주차장은 지금 텅 비어 있지만, 항상 그런 것은 아니라는 것도 알았다. 일꾼들은 돌아올 것이며, 그동안 나는 필요한 일들을 하고 있으면 된다. 아이스 스케이트를 통해서도, 내가 지금은 스케이트를 어떻게 사용해야 할지 모르지만, 결국 방법을 찾아낼 것이라는 걸 배웠다. 나는 변화 과정 속에 있지만 걱정할 것이 전혀 없다는 확신을 얻었다. 나는 이 일을 너끈히 해낼 수 있다.

다섯 번째 단계

———————

새로운 신화로 살기

10주

새로운 신화를 내면의 삶에 직조하기

통찰의 순간에 조직된 행동의 잠재적 패턴이 드러난다.
— 루퍼트 셸드레이크Rupert Sheldrake[1]

이 프로그램에서 여기에 이르기까지, 유도 신화의 핵심 갈등을 구별했고(1단계 - 1, 2, 3주), 갈등의 양쪽 측면을 살펴봤으며(2단계 - 4, 5주), 갈등의 각 측면이 지닌 한계를 초월하여 가장 바람직한 성질들이 협력하는 단일한 비전을 도출하기 위해 작업했고(3단계 - 6, 7주), 이 비전을 더욱 다듬고, 삶에서 실행할 방식들을 찾았다(4단계 - 8, 9주). 이제 이 프로그램의 최종 단계로 이 새로운 비전을 삶으로 전환하려 한다. 이번 장에서는 자신의 내면세계에 새로운 신화를 직조할 것이다. 그리고 다음 장에서는 외부 세계로 초점을 옮긴다.

자신의 내면세계에서 마지막 변화를 이룬다고 할 때, 정확히 그 변화를 위해 어떤 노력이 필요한가? 신념, 감정, 동기, 뇌세포? 이 장에서는 일부 독자에게 매우 급진적으로 보일 이론을 제시할 것이다. 우리는 '정보장fields of information'이 의식과 행동에 영향을 미친다는 것을 믿는다.

자기장이 철가루를 줄 세우며 실제 존재하는 것처럼, 정보장이 물리계에 실제하며 사람의 감정과 신념, 행동에 영향을 미친다고 우리는 주장한다. 개인장personal field도 자기장이 철가루에 영향을 미치는 것처럼 주관적인 삶에 결정적인 힘을 미친다. 개인장에 암호화된 정보는 개인의 신화와 조응한다. 지금부터 이 장에서 배울 것은 이 관계를 이해하여, 마치 유도 신화에 있는 깊고 찾기 힘든 패턴을 찾아가는 것처럼, 개인장에 영향을 미치는 과정을 알아가는 것이다.

명상과 같은 영적 수행은 개인장에 상서로운 영향을 미치는데, 명상할 때 형성된 순수하고 치유적인 에너지가 개인장과 공명하기 때문이다. 개인장에 직접 영향을 주는 다른 많은 방법이 있는데, 이 장에서 계속 소개할 유도된 이미지화, 자기 진술의 변경, 의례와 행동 연습 같은 것들이다. 효과를 상실한 유도 신화로 유지되는 개인장을 변화시키는 것이야말로 변형을 지원하는 강력한 방법이다.

정보장과 같은 개인의 신화

핵물리학에서 오래된 미스터리 중 하나는 어떤 조건에서 두 개의 광자가 분리되면 그들 사이의 거리에 관계없이 하나의 변화는 동시에 다른하나의 변화를 초래한다는 것이다. 아원자 준위에서 이러한 거리 효과distance effect는 설명하기 어렵지만, 텔레파시라는 현상처럼 멀리 떨어진 사람이 영향을 주고받는 현상은 그다지 낯설지 않다. 심상화, 기도, 명상, 각각은 실험실 조건에서, 떨어져 있는 사람의 건강, 안정, 기질에 측정 가능한 영향을 미쳤다.[2] 주의 집중법focused attention으로 물리적 도구를 직접 변형시키기도 한다.

예를 들어, 시계 주인이 죽은 시각에 그의 오래된 시계도 멈췄다는 이야기는 널리 알려졌다. 수많은 연구에서 주의 집중법으로 무작위로 지정된 발전기를 작동시킬 수 있다는 것이 입증되었다. 프린스턴 공과대학 연구진은 단지 일정하게 조직된 그룹 속에 있을 때에도 발전기가 작동되는 것을 발견했다. 그룹이 주의를 집중할수록 단결력이 높고, 공통적인 감정 정서를 교환할 때 더 강한 효과가 나타났다. 여러 상이한 집단에서, 어떤 집단이든 확률로는 5,000분의 1로 발생할 일들이 분명하게 나타났다. 연구진은 결론지었다. "실험을 확장하면 무작위적인 물리적 과정에 질서를 부여하는 의식'장'consciousness 'field'이라는 개념이 더욱 공고해질 것이다."[3] 라스베이거스의 의식 연구 실험소에서도 독립적으로 이들 결과를 확증했다.[4]

정보장

텔레파시 연구와 심상화, 기도, 명상, 떨어진 사건의 그룹 활동들에서 공통적으로 공유하는 현상이 몇 가지 있다. 1) 각각은 전통적인 틀로는 설명하기 어려운 물리적 체계에서 얻은 정보를 서로 포함하고 있는 것으로 보인다. 2) 이러한 개개 현상을 뒷받침하는 증거가 명백하지는 않아도 축적되고 있다. 3) 각각은 '정보장'이 작동한다고 가정하면 설명 가능하다.[5]

장field은 영향이 미치는 영역이고, 물리적으로 실재한다고 가정되며,

볼 수는 없으나 효과를 통해 추론할 수 있다. 신경학자,[6] 물리학자,[7] 공학자,[8] 정신의학자,[9] 생물학자,[10] 생리학자,[11] 치유자,[12] 체계이론가[13] 들이 존중할 만한 학문적 성과를 근거로 의식과 정보에 영향을 미치는 물리장physical fields의 존재를 추론했다.

생물학자 루퍼트 셸드레이크Rupert Sheldrake는 생물학뿐만 아니라, 정신 과정, 문화, 개인과 민족의 신화를 포함하는 장이론을 만들었다.[14] 셸드레이크는 장을, 예를 들어 전자기장이나 중력장 혹은 양자물질장 같이, 볼 수 없으나 그것의 결과는 확실히 알려진 무언가의 영향을 받는 범위로 정의했다.[15]

모든 생명계에서, 분자에서 정신에 이르기까지 물리적 세계의 모든 단위는 그 자신의 독특한 '형태morphic'(즉, 모양을 부여하는)장이 있는데, 셸드레이크에 따르면 그것은 시스템의 잠재적 형태와 행동에 대한 정보를 지니고 있다. 도토리는 참나무의 형태장을 보유하고 있고 올챙이는 개구리의 형태장을 지니고 있다. 장이 가지고 있는 정보는 유전 정보(영어의 정보inform라는 단어의 의미는 문자적으로 '형태를 부여하는'이라는 뜻이다)와 유사하다. 형태장은 보유한 정보의 영향이 미치는 영역이다. 개구리의 형태장은 위에서 아래로 작용하고, 아래에서 위로 작용하는 체형과 본능 행동을 암호로 담고 있는 유전자와 대응쌍을 이룬다.

셸드레이크에 따르면 형태장은 종들의 기억을 운반하는 자연의 방법인 유전자를 보완한다. 생물학적 시스템의 형태를 조정하는 것에 더해, 형태장은 동물과 인간의 행동, 사회 문화 시스템, 신화와 과학 가설 그리고 정신 활동까지도 조직한다. 셸드레이크가 개념을 세운 형태장의 3가지 성질은 1) 형태장은 중력장이나 전자기장과 같은 '물리적 실재'인데, 너무 미묘해서 아직 표준적인 기계 장치로는 검출되지 않는다. 2) 형태장은 에너지 교환에서 한곳에서 얻은 에너지를 다른 곳에 방출하는 방식보다는, 공명(조율 굽쇠처럼)으로 물리와 정신, 사회 형태에 영향을 미친다. 3) 형태장은 양자물질장과 '상태에서 동등'한데, '비위치성nonlocality'이라는, 즉 거리에 영향 받지 않는 즉각성의 성질 같은 것이 그러하다.

셸드레이크는 가족, 단체, 문화의 형태장이 존재한다고 믿고 있고, 그러한 장은 한 세대에서 다음 세대로 정보를 '저장'하고 '전달'한다고 말한다. 새로운 구성원이 사회 조직에 편입되어 성장할 때, 조직의 전통이 유지되도록 "장이 가진 형태 공명에 조율된다."[16] 거리에 영향을 받지 않고 즉각적으로 반응하는 형태 공명을 정보 전달의 새로운 물리적 메커니즘 설명할 수 있는데, 이것은 텔레파시나 시각적인 거리효과 같은 것이 정보 전달 방식의 패러다임을 확장한 예가 되는 것과 유사하다.

형태장의 존재를 과학적으로 증명하려는 이전의 시도는 매우 많은데, 통계적으로 유의미한 결과를 얻기도 하고 그렇지 못하기도 한다.[17] 프로크러스트의 침대에 짜 맞추는 식의 기존 연구 전략의 한계가 있기도 하고, 형태장이 자연에서 종의 보존과 번식에 영향을 준 것을 실험실에서 재현하기 어렵다는 점도 있다.

셸드레이크는 '정보장'을 설명하는 데 도움되는 자연적인 현상을 발견했다.[18] 예를 들어 전서구傳書鳩의 능력은 논리적으로 설명하기 어렵다. 전서구는 눈을 불투명한 콘택트렌즈로 가렸을 때도 80마일 떨어진 집으로 찾아왔다.[19] 다른 전서구는 자석이나 헬름홀츠 코일을 몸에 붙여

지구 전자기장을 차단했을 때도 길을 잃지 않았다.[20] 전서구가 '시각이나' 전자기장과는 다른 '전혀 새로운' 정보장에 조응한다고 보는 것이 타당하고, 이것은 인간의 감각이나 기존의 실험도구로는 감지할 수 없는 성질이다.

셸드레이크는 형태장과 뇌 사이에 직접적인 연관관계를 밝혔는데, "신경계 활동의 특징적인 리듬 패턴"이 특별한 형태장과 공명할 수 있다는 것을 발견했다.[21] 형태장 가설은 많은 논란이 있으면서, 그 개념은 개인의 신화가 자연스럽게 발달하고 진화하는 과정과 매우 잘 일치한다.

개인장과 개인의 신화

개인장은 정보장의 일종으로 육체와 대응쌍을 이룬다. 민감한 관찰자는 시각이나 청각 단서 없이도 다른 사람의 변화된 '에너지'나 '진동'을 알아낼 수 있다(고속도로에 들어서기 전에, 그가 화가 나 있다는 것을 알았다). 상대적으로 안정적일 때, 개인장은 주위 상황에 존재하는 정보장이 가진 지각, 감정, 사고, 행동, 상호작용에 의해 영향 받을 수 있다. 개인의 신화는 각 사람이 지닌 개인장의 상징적 표현이다.

예를 들어, 경쟁적이고 힘 있는 여성이 다정한 남편이 방으로 들어오기만 하면 언제나 자신 없고 순응적인 사람이 된다. 강하고 독립적인 정체성을 가진 개인의 신화가 종속된 아내의 태도를 표현하는 개인의 신화로 전환되는 것이다. 이 경우 지각과 정서, 인지와 행동을 결정하는 측정 가능한 신경생리학적 활성도가 확연히 바뀌었다. 장과 신경 둘 모두에서 변화가 일어났다. 그녀에게는 '1950년대 아내상'과 그녀의 '늑대와 함께 달리는 여인상'이라는 개인의 신화가 이들 두 상태를 상징한다. 의식의 여러 상태에서 유전적이고 신경학적인 정보들(늑대와 함께 달리는 여인상)이 아래에서 위로 올라오고, 동시에 그녀의 개인장에 있는 독특한 정보들(1950년대 아내상)이 위에서 아래로 영향을 미친다. 여기 개인장과 개인의 신화의 관계를 매우 간결하고 추론적으로 이해할 수 있는 개요가 있다.

1. 개인장의 정보는 일반적으로 매우 미묘해서 감지하기 어렵고, 개인의 신화를 위에서 아래 방향으로 구성하는 반면, 신경생리학적 정보가 이를 보완하면서 아래에서 위의 방향으로 작동한다고 생각된다.
2. 주어진 순간에 활성화되는 개인의 신화는, 이 프로그램에서 제시된 개인 의례 같은 방식으로 그것을 상징으로 드러내 알아낼 수 있고, 이것은 그 순간의 개인장에 펼쳐진 신경생리학적 지도와 같다고 생각된다.
3. 개인장의 진동은 최소한 3가지 자원에 영향을 받는다.
   - 신체
   - 생리학적 과정
   - 외부장, 물리적 환경뿐만 아니라, 셸드레이크가 말한 가족, 단체, 문화 형태장 같은 것.
4. 개인장에 새로운 신화를 직접 형성하는 전략은 개인장의 아래 요소에 영향을 받는다고 가정할 수 있다.

- 의도 설정

- 새로운 신화의 시각적 성질

- 과거 트라우마를 재작업하는 상상 여행

- 자기 진술의 변이

- 행동 연습

- 개인 의례

- 반복

'낡은 신화와 작별하기', '장애를 기회로 바꾸기', '정서적으로 교정된 연상으로 과거를 다시 쓰기' 같은 의례에서, 혼탁하고 끈적끈적한 과거 신화와 장에서 빠져나오기 위해 이러한 방식을 사용할 수 있다. 이 장에서는 부가적인 의례를 세 가지 수행할 것인데, 각각은 자신의 새로운 신화와 조응하는 개인장을 확립하고 강화하도록 고안되었고, 하나는 상상을 통해, 하나는 단어를 통해, 또 다른 하나는 동작을 통해 진행한다. 이것은 많은 수준에서 지각 가능한 영향을 미칠 것이고, 정보장 역시 충격에 특별히 반응할 것이다. 간단히 말해, '장'뿐만 아니라 개인 신화의 신경생리학적 차원을 인식하는 것은, 심리학적·영적 발달에 위에서 아래로 또한 아래에서 위로 미치는 영향 모두를 이해하는 것이다.

세션 1 : 새로운 신화를 '신비체'에 깃들이기

목적 : 새로운 신화를 육체, 감정, 사고, 행동에 영향을 미치는 정보장으로 변환하기

동서양 모두 인간이 적어도 하나의 2차 신체를 가진다는 전통적 믿음이 있고, 그것을 '오로라', '신비체subtle body', '프레닉 신체', '에테르 신체'라고 표현했다. 2차 신체가 저자의 환상으로 여겨지고, 은유로써 형태장 혹은 물리적 신체의 에너지 하부구조라 생각되더라도, 아래와 같은 것이 가능하기 때문에 그 개념을 실험적으로 탐구하길 제안한다.

1. 개인의 신화는 2차 신체에서 현저한 '진동'을 만들어내어 차례로 지각, 감정, 사고, 행동에 영향을 미친다.
2. 과거 신화와 새로운 신화는 2차 신체에서 주목할 만한 서로 다른 진동을 만들어서 서로 다른 방식으로 상응하며, 지각과 감정, 사고, 행동에 영향을 미친다.
3. 능숙한 집중, 집중 상상법, 의례 등을 통해 특정 순간에 이 진동을 변형할 수 있다.
4. 2차 신체의 습관적인 진동은 오래 지속된 신화와 조응하기 때문에 신화의 지속적인 변화를 꾀하면 여러 방식으로 현저하게 강화할 수 있다. 그 여러 방법을 이번 장과 다음 장에서 제시할 것이다.

부처는 "우리의 생각이 세상을 만든다"라고 가르쳤다. 확장하면, 심리학 연구는 이러한 반직관적인 견해를 지지한다. 위에서 논의한 것처럼 상상 행위는 물리적 세계와 인간관계에 생각이 영향을 미칠뿐더러, 실제 행위를 강화할 수 있다. 심상화mental imagery가 올림픽과 같은 경쟁 시합에서 순위를 개선하는 효과가 있다는 것이 증명되었다. 진 액터버그 Jeanne Achterberg에 따르면, "판매 프레젠테이션이나 마라톤 경주의 정신 연습에서도 근육 변화와 수많은 변화—혈압 상승, 뇌파 변화, 땀샘 활성화—가 야기되었다."[22] 농구의 자유투 성공률도 상상훈련으로 증가되었다.[23] 초등학생과 대학생에 이르기까지 유도 심상 훈련으로 인지 능력과 창조력, 자존감이 높아졌다.[24]

심상은 물리적 육체에 직접 영향을 미칠 수 있다.[25] 수많은 연구가 "시각으로 생생히 체험한 이미지는 지속적으로 뇌파와 혈류, 심박, 피부 온도, 소화액 분비, 면역 반응, 즉 모든 생리작용에 영향을 미친다"는 것을 지지한다.[26] 이미지로 백혈구 수를 증가시킬 수 있다. 더 나아가 방식에 따라, 백혈구의 특정 세포(예를 들어 호중구세포)나 다른 세포(예를 들어 임파세포)를 증가시킬 수 있다.[27]

다음 간단한 동작이 신체에 상상이 미치는 영향을 잘 증명한다.[28]

1. 벽을 마주 보고 서서, 어깨를 고정시킨 채 머리만 가능한 한 멀리 오른쪽으로 돌린다.
2. 회전 각도를 측정하기 위해 시선이 닿은 곳을 표시하고 기억한다.
3. 머리를 중앙으로 돌리고 오른손을 하늘로 올려 머리 위로 돌려 손

가락을 늘어트려 머리를 잡고 손목을 굽힌다.

4. 다음, 오른쪽을 아래로 굽혀 스트레칭한다. 오른팔, 오른쪽 옆구리, 오른쪽 엉덩이를 스트레칭한다. 오른팔을 내리고, 오른쪽 허벅지, 오른쪽 무릎, 오른쪽 종아리를 스트레칭한다.

5. 처음으로 와서 머리가 오른쪽으로 돌아가는 각도를 측정한다.

많은 사람이 두 번째에 더 많이 돌아가고 이것을 스트레칭 효과라 여긴다. 다음 실험은 왼쪽으로 하는데, 아래와 같이 한 가지 다른 지침에 따른다.

1. 머리를 왼쪽으로 가능한 한 많이 돌린다.

2. 보이는 지점을 기억하고

3. 중앙으로 와서, 이번에는 근육을 움직이지 않고 단지 상상만으로 왼손을 들어 올려 머리 위로 넘겨 잡는 상상을 한다.

4. 왼쪽으로 스트레칭하는 상상을 한다. 근육을 사용하지 않고 상상만으로 위와 같은 스트레칭 동작을 한다.

5. 이완하고, 다시 머리가 왼쪽으로 도는 각도를 측정한다.

많은 사람이 물리적 스트레칭 없이 '단지' 이미지 상상만으로 더 많이 회전했다. 다른 시간에 재현 실험을 하면 더욱 확신할 수 있을 것이다.

새로운 신화는 말 그대로 새롭기 때문에, 신체의 신경과 에너지 경로가 아직 발달하지 않았고, 일정 시간 신화를 살아냄으로써 쉽게 불러낼 수 있게 된다. 형태장이 반복 연습으로 강화된다는 셸드레이크의 관찰은 새로운 신화를 발전시킬 수 있는 유도 원리가 된다. 근육을 상상으로 스트레칭하는 방식과 동일하게, 상상력으로 의례를 실행해 새로운 신화를 스트레칭할 수 있다. '신비체'에 새로운 신화를 깃들이거나, 신비체의 개념을 통해 새로운 신화를 현실의 삶의 신비 공간에서 살아내고, 끌어내고, 연습하고, 강화할 수 있다.

개인 방패의 새로운 비전과, '존재의 힘'의 도움을 받아 도출한 새로운 신화 문장을 되새깁니다. 편안한 자세로 서서 심호흡을 하고, 눈을 감고 긴장을 풉니다.

존재의 힘을 만났을 때 받았던 문장을 떠올립니다. 그리고 개인 방패의 새로운 비전에 그린 이미지를 마음속에 가져옵니다. 문장과 비전의 '에너지'를 자각합니다. 둘의 에너지가 구별되어 느껴지면, 각각은 신화의 다른 측면을 반영할 수 있습니다. 이 에너지들이 더 큰 하나의 에너지로 합쳐지는 것을 상상하고, 이 더 큰 에너지가 자신을 채우면서 몸 안의 세포 하나하나에 침투하는 것을 상상합니다.

몸으로 이 에너지를 상징하는 자세를 표현합니다. 이 자세에서, 새로운 신화와 몸이 공명하여 모든 세포, 근육, 장기 들이 새로운 신화와 조화롭게 진동할 때까지 지켜봅니다. 이 진동의 장이 이 프로그램의 지금 시점까지 공들여 작업하여 형성한 비전과 새로운 신화가 성장하여 나타낼 행동, 보는 방식, 앎의 방향을 불러일으킬 것입니다.

이 에너지 장을 깊이 불어넣고, 몸과 마음에 더욱더 물결처럼 불러

들입니다. 내부적으로 의식적으로 요청하지 않아도 최고의 목적이 자각되는 상태가 만들어집니다. 몇 번 심호흡하며 이 에너지 장을 내 몸과 존재 전체에 붙들어둡니다.

준비되었을 때, 의식적으로 새로운 신화의 장을 짊어진 자세를 가능한 한 유지하면서 한 걸음 앞으로 나갑니다. 이러한 발걸음으로 이제 내 신비체에 더욱 완전히 뿌리내린 새로운 신화를 가지고 세상 속으로 되돌아오게 됩니다.

경험한 이 영역을 기록지에 천천히 정성스럽게 쓴다. 이것 자체가 새로운 신화를 신비체와 의식에 고정하는 역할을 할 것이다.

매그는 그녀의 새로운 신화를 정화하기 위해 전복 조개 목걸이 이미지를 사용했다. 앤은 쓰기를 "나는 사랑과 진실의 삶을 살겠다는 새로운 신화의 에너지 장 속에 섰을 때, 새로운 신화는 내가 했던 말, 즉 한 손은 사랑을 환영하듯이 펼쳐진 모습이고, 다른 손은 힘과 진실을 천명하듯 높이 솟았다는 것과 정확히 거울상이라는 것을 깨달았다. 나는 새로운 신화의 힘이 온 방을 가득 채울 때까지 그 자세를 한껏 키웠다.

프랭크는 아내와의 관계를 마음속에 품었다. "나는 다이앤과의 침울한 관계를 밝게 하고 싶었고, 처음에는 잘 안됐으나 압박이 덜어진 삶을 상상하고 모든 에너지를 집중하자, 내 몸에 핑크빛 심장이 고동치며 살아 있는 느낌이 돌아왔다. 이 경험으로 내가 압박을 덜면 고동치는 핑크빛 심장으로 우리 관계를 바꿀 수 있다는 것을 깨달았다."

세션 2 : 새로운 신화를 지지하는 자기 독백

목적 : 새로운 신화를 신비체, 지각, 감정, 사고, 행동에 영향을 미치는 습관적인 내부 진술로 변환하기

인간은 그 말이 비판적이거나 자애롭든, 현명하거나 어리석든, 자신이 스스로 말한 것에 영향을 받는다. 태도와 신념, 계획 들은 자기 독백—내부적이고 소리 없이 자기 암시적인 진술—으로 표현된다. 결론적으로, 신화를 바꾸는 강력한 방법은 과거 신화나 역기능 신화와 연관된 자기 진술이나 자동적인 사고를 인식하고, 이것을 새로운 신화를 반영하는 더욱 건설적인 자기 진술로 의식적으로 대체하는 것이다. 자기 진술을 깊이 자각하면, 살아왔던 신화를 결정했던 형태장을 발현하거나 유지할 수 있다.

자신의 자동적이고 광범위한 전의식 속의 자기 진술을 바꿀 수 있다면, 새로운 패턴의 감정과 사고와 행동이 뒤따른다. 비합리적인 자기 진술 중에는 역기능의 개인 신화를 표현하는 사람들이 자주 쓰는 말로 "나는 모든 사람의 사랑과 존중을 받아야 해", "내가 무슨 일을 하든 완벽해야 해", "고통 받는 사람이 있는 한 즐거움을 누려서는 안 돼" 같은 것이 있다.

과거 역기능 신화를 벗어나서 진정 바라는 삶을 위한 새로운 신화로 들어가는 방법은 습관적인 사고방식의 아래로 들어가 내면 진술을 재조정하는 것이다. 이 의례는 이미 탐색했던 역기능 신화를 유지하려는 습

관적인 자기 진술을 성찰하는 것에서 시작한다. 이 자기 진술을 조사하여 표면에 떠올리고, 야생동물학자가 물고기 지느러미에 꼬리표를 붙여 깊은 곳에서 떠올랐을 때 식별하는 것처럼, 과거 신화의 지느러미인 자기 진술에 정신적 꼬리표를 붙일 것이다.

과거 신화의 전제를 강화하고, 그것을 지지하여 그것을 유지하는 데 도움을 주는 두 개 혹은 세 개의 자기 진술을 식별하기 위해 내면을 조망하라. 기록지에 '나의 과거 신화를 지지하는 자기 진술'이라고 제목을 쓰고 그 아래 그 진술들을 기술하라.

프랭크는 창조적인 프로젝트나, 그럴듯한 프로젝트가 떠올랐을 때, 스스로에게 군말 없이 바로 시작하라고 지시하는 자신을 돌아봤고, 그것을 기술했다. 프로젝트에 둘러싸여 자유시간이 없고, 자신의 안녕이나 비용을 고려하지 않고 시작했던 것이다. 매그의 자기 진술들로는 "내 방식을 이해하지 못하는 사람을 보고도 기뻐한다면 나는 늙은 거나 다름없고, 정서적으로 꽉 막힌 것이다. 내가 충동적인 특별한 상황을 살아내지 못한다면, 나는 자발성과 영성을 죽이는 것이다. 만약 내가 일상적이고 확립된 방법으로 과제를 수행한다면, 나는 자발적 표현을 방해하고 성장을 억누르는 것이다" 등이 있다. 앤은 아래 문장을 식별했다.

진실은 위험하다. 사랑만이 유일한 방법이다. 진실을 넘어 사랑을 선택하라.

나는 이미 세상에서 너무 많은 공간을 차지했기에, 내 자신을 위하기보다는 사람들이 필요로 하는 것을 언제나 제공해야 한다.

사랑을 실천하는 사람은 언제나 다른 사람을 먼저 고려해야 하고, 자신을 돌봐서는 안 되고, 다른 사람이 원하는 것은 무엇이든 담아주고, 상처될 말은 결코 하면 안 된다.

자기 진술을 과거로 돌리기 위해, 그것이 현실에서 작동하지 않도록 명확하게 인식하는 것이 필요하다. 잘 안착되고 있는 자기 진술을 구별하고, 1) 그것이 지지되는 증거, 2) 그것이 반박되는 증거, 3) 그것대로 살지 않으면 어떤 일이 일어날지 탐색한다. 여러 가지 방법으로 이것을 할 수 있다. 예를 들어, 기록지에 단순히 그런 질문을 쓰거나, 과거 신화와 대항 신화의 대변자를 등장시켜 토론하게 하거나, 과거 진술을 도출하는 데 도움을 줬던 내면의 현자와 함께 탐색할 수 있다.

프랭크는 그의 직업에서 존경받고 성공하기 원하는 내면의 소리를 무시하는 것이 어려워 세세한 것까지도 완벽하도록 요구했고, 언제나 전력을 다했다. 이런 신념을 다시 살펴봤을 때 성공과 지위는 이미 달성되어 더 이상 걱정거리가 아니라는 것을 알았다. 두 가지 모두가 달성되었다. 그는 성취한 것을 자랑스러워하고 계속 확장할 수 있으며, 사람들은 그를 존경한다. 그는 자신의 강박을 완화하기에 충분한 많은 자격증을 지니고 있으며, 단지 '즐기고 타기'만 하면 된다는 것을 깨달았다.

일단 자신의 과거 신화의 습관적 자기 독백을 밝혀내 검사하고, 그것을 변화시킬 방법을 결정하는 데 효과적인 다음 단계는 그것이 표면에 떠오를 때 이들 자기 진술을 즉시 인지할 방법을 확립하는 것이다. 예를 들어, 그것들을 경험할 때 감각적인 방법으로 꼬리표를 붙일 수 있다.

역기능 신화를 나타내는 자기 진술이 활성화될 때 인식하는 데 도움되는 색깔, 맛, 냄새, 감정을 매치할 수 있다. 해로운 자기 진술 각각을 식별할 수 있는, 그것과 연관된 성질, 즉 색이나 이미지, 감정, 소리, 냄새, 혹은 맛을 연관시킬 수 있다. 그러고는 그 성질의 어떤 부정적인 것이라도 증폭시킨다. 크게, 우스울 정도로 크게 하여 원래 성질을 패러디한다. 자기 진술과 연관된 성질의 거부감 드는 냄새, 거슬리는 소리, 불쾌한 맛, 부정적인 감정, 역겨운 색깔 들을 역겹고 기억할 수 있는 것들로 만들어서 그것들이 탐지기에 잡힐 때 의식이 알아차리게 한다.

과거 신화와 연관된 몇 가지 자기 진술을 확정한 후, 각각에 연결된 부정적 성질을 구별하고 그 성질을 과장한 다음, 이들 관계를 기록지에 기술하라. 그리고 물고기 지느러미에 꼬리표를 붙이는 야생동물 관리인처럼, 자기 진술과 과장된 부정적 성질을 확실히 연계한다. 한 번에 하나씩, 자기 진술을 의식에 떠올려 성질을 생생하게 상상하라. 또한 과거 신화가 작동했을 때 그것을 인지하는 데 도움이 되도록 연관된 자기 진술 목록표를 매일 볼 수 있도록 게시하라. 한 주 후에 이 과정에 도움이 됐는지 평가하여 목록표를 재작성하거나 자기 독백을 더 잘 식별할 수 있는 새로운 전략을 개발하라.

자기 진술은 또한 새로운 신화를 지지할 수도 있다. 마음속으로 자신의 동화 3부와 개인 방패의 새로운 비전 그리고 새로운 신화를 기술하는 문장이나 구절을 되새겨라. 기록지에 '나의 새로운 신화를 지지하는 자기 진술'이라고 제목을 쓰라. 이 신화를 지지하고, 그것과 연관된 신념과 태도와 행동을 나타내는 두 개 혹은 세 개의 자기 진술을 작성하라.

매그는 목록표에 다음을 추가했다. "다른 사람의 관점을 이해하는 것은 내 능력과 안정감을 증가시킨다. 어떤 자극에 대해 거부하는 것은 내 이익이고, 다른 것을 개발할 에너지를 남긴다. 절제는 일단 불가능하다고 여긴 것에 대해, 기능과 이해를 발달시킬 자기 조정을 가능하게 한다."

앤은 쓰기를,

> 사랑은 행동하는 진실이다. 진실은 사랑이 발현된 것이다. 둘은 함께할 때 신성한 치유력을 발휘한다.
>
> 모든 존재는 딱 필요한 만큼의 신성한 활동 공간을 차지한다.
>
> 사랑을 실천하는 사람은 다른 사람을 통해 받아들일 것과 놓아줄 것을 구별한다. 그들은 연민을 가지고 진실을 말하고, 자신의 필요에 따라 돌보기 때문에, 상황에 꼭 필요한 것을 구별할 능력이 있다.

자신의 자기 진술을 명확한 지침이 될 때까지 수정하라. 앤은 위 3개 문장을 더 발전시키기를,

> 나는 사랑과 진실을 균형 있게 산다.
>
> 나는 지구상에서 꼭 필요한 공간을 가진다는 것을 알아 평화롭다.
>
> 나는 연민으로 진실을 말하고, 받아들일 것과 받아들이지 않을 것을 구별한다.

새로운 자기 진술을 떠올릴 때, 어떤 것은 믿기 어렵기도 하고, 혹은

실행하기 어렵다고 느껴지지도 한다. 그런 경우 다음 세 가지 질문으로 그 유용성을 점검해보라. 1) 자기 진술을 지지하는 증거는 무엇인가? 2) 그것을 반박하는 증거는 무엇인가? 3) 그것대로 산다면 무슨 일이 일어날 것인가? 과거 신화와 새로 생겨난 신화를 반영하는 인물의 진전된 대화를 통해 혹은 현자를 방문하여, 이 자기 진술을 더욱 가다듬을 수 있다. 이러한 기본적인 성찰을 통해 진술을 수정할 필요가 있을 것이다.

예를 들어, 프랭크는 자기 진술 중 하나를 논리적으로 설명할 수 없었다. "나는 사태를 되돌아볼 때 오직 긍정적 요소가 보이는 삶에 열정을 다할 것이다." 그는 이렇게 수정할 수 있었다. "긍정적 요소를 발견할 수 있는 상황에서, 나는 그것을 받아들이고 즐길 것이고, 가능성에만 관심을 두어 삶을 무시하지는 않을 것이다."

계속 목록을 다듬고 수정하면서 새로운 신화를 잘 살아내도록 유도하는 자기 진술 목록표를 완성한다. 자기 진술들을 자동적인 사고 패턴 속에 더욱 습관적이고 확고하게 수립할수록, 훨씬 빨리 새로운 신화대로 행동하는 것이 가능하다. 한 가지 유용한 방법은 각 문장마다 문장에 상응하는 적절한 행동이라 여겨지는 상황을 상상하는 것이다. 이 상황을 사진으로 보고, 말로 듣고, 그 장면의 물리적 감각을 느끼며 완전하게 구성한다. 이러한 이미지와 감정, 감각에 연결된 자기 진술은 개념으로만 하는 것보다 더욱 잠재력이 크다. 또 다른 방법은 목록표를 큰 글씨로 색을 칠해 매일 보는 곳, 거울이나 냉장고, 침실벽 같은 곳에 붙여두는 것이다. 반복은 자기 진술의 영향력을 강화한다. 목록표를 새로운 자기 진술을 빈번히 볼 기회로 사용하라.

변화를 바라는 2~3개의 문장을 확정했으면, 그중 하나를 기억하라. 인지행동 치료사들이 개발한 사고 중단thought stopping이라 불리는 기법을 사용할 것이다. 사고 중단 방식은, (이미 꼬리표를 붙인) 버리고 싶은 자기 진술이 인지되자마자 중지하고, 지금 즉시 새로 주의를 끄는 것을 만들어 바로 진술을 대치한다. 과거 신화를 지지하는 습관적 사고나 자기 진술을 인식했을 때, 심호흡을 한다. 숨을 내쉬면서 생각을 방출하고, 신비체에 있는 과거 신화의 장을 방출하는 상상을 한다. 그런 다음 숨을 들이쉬며 새로운 신화를 지지하는 자기 진술로 생각을 대치한다. 몇 번 호흡을 반복하며, 이 진술이 신비체에 각인되는 것을 상상한다.

프랭크는 아내에게 아무렇지도 않게 너무 바빠 함께 할 시간이 없다고 말하는 순간 즉시 상황을 멈춰 돌아보기 시작했다. 꼭 필요한 일이든 아니든, 어떤 일을 의무적으로 지속하려는 자동적인 사고에 주목했다. 그런 사고가 자각되었을 때 "놀 수 있을 때 논다"라는 자기 진술로 대치하고, 새로운 결정을 했다. 그는 또한 그의 열정, "존재하는 것은 현재 완전하지 않다"를 중단하는 한 가지 방법을 발견했다. 그는 어떤 일들이 혹시 잘못되지는 않을지 너무 노심초사한다는 것을 깨달았다. 그는 그의 마음이 강박적인 걱정으로 흐를 때 수행할 것을 만들었는데, 즉시 심호흡을 하고 독백하듯 말한다. "호흡을 관찰하고, 배를 부드럽게 하고, 마음을 여세요." 프랭크는 하루 마지막에 인지한 과거 자기 진술과 대치하는 새로운 자기 진술을 기록지에 적는 게 효과적이라는 걸 발견했다.

앤은 사고 중단 기법이 맞지 않다는 것을 알았다. 대신 그녀는 '위치하다'라는 단어를 밝은 색 종이에 써서 붙여놓고는 계속 바라봤다. 그녀가 붙인 곳은, 전화기, 운전대, 냉장고 문, 수표장, 속옷 서랍, 침실 거울, 현관문 등이다. 단어를 볼 때마다 "무슨 생각을 하고 있지"에 집중했고, "어떤 신화 속에 놓여 있는지" 생각했다. 스스로 묻기를, "어디서 내가 감정적이 되지? 지금 내가 현재에 있나, 혹은 과거 신화 속에 있나?" 메모들은 새로운 신화를 조율하게 하는 지속적인 시각적 자극이 된다.

　새로운 신화를 지지하는 내부 자기 진술을 위한 다른 하나의 기술은 측두면 두드리기temporal tap 방법이다. 신체의 에너지 장을 다뤄 치료하는 도나 이든Donna Eden에게 배운 방법인데, 자동적인 자기 독백을 변화시킬 수 있도록 혼자 할 수 있는 에너지 장 조절 기술이 무엇인지 물어서 배운 것이다. 사고 중단 기법에서 선택했던 자기 진술을 동일하게 사용하여 시작한다. 이 문장을 부정어, 예를 들어 "하지 않는다", "원하지 않는다", "아니다", "결코 아니다"를 사용하여 바꾸되, 뜻은 변하지 않게 한다. 프랭크의 문장 "놀 수 있을 때 논다"는 부정어를 사용하여 "놀 기회가 있으면 놓치지 않는다"로 바꿨다. 매그는 새로운 신화 자기 진술인 "나는 다른 사람의 관점을 이해한다"를 부정적으로 "나는 다른 사람의 관점을 수용하는 것을 잊지 않는다"로 바꿨다. 긍정이나 부정의 단어를 쓰더라도 그 뜻은 새로운 신화를 긍정적으로 확신한다.

　새로운 신화의 긍정문과 부정문 둘 다를 작성하라. 왼손으로 왼쪽 귀 위를 반원을 그리며 두드리는데, 가벼우면서도 손가락이 머리에서 튕길 정도로 확실히 두드리면서, 측두 상부에서 시작하여 점차 밑으로 목 위까지 [5번 반원을 그리며] 두드리며 이동한다. 두드리면서 새로운 신화의 부정문을 되뇐다. 4~5회 반복한다. 그런 다음에 오른손으로 같은 방식으로 긍정문을 되뇌며 4~5회 반복한다. 모든 과정을 매일 4~5회 반복한다.

측두면 두드리기 방법의 합리적 근거는 매우 간결하다. 1) 중추신경계는 필요에 따라 그것에 도달하는 대부분의 감각 자극을 걸러낸다. 2) 두드리기는 일시적으로 거르는 작용을 방해하여, 문장들을 더 잘 수용하여 마음에 새기게 한다. 3) 부정문과 긍정문은 뇌의 왼쪽 혹은 오른쪽 반구에 정보 전달 과정이 다른데, 왼쪽 반구는 훨씬 비판적이고 회의적이라 부정적인 정보에 더욱 수용적이다. 신경학적 설명이 부족한 듯 여겨져도, 많은 사람에게서 효과가 있었다. 새로운 신화를 지지할 자기 내부 진술을 강화하는 데 충분히 도움이 되는 방법이다.

세션 3 : 새로운 신화의 의례 규범

목적 : 새로운 신화를 신비체, 지각, 감정, 사고, 행동에 영향을 미치는 정형화된 행동으로 변환하기

이 세션은 3가지 독립된 의례를 포함한다. 그것은 행동 연습behavioral rehearsal과 매일 개인 의례, 공개 의례인데, 자신의 신비체, 육체, 감정, 행동과 말 속에 새로운 신화의 장을 불러일으키는 상상을 한다. 이것은 행동치료 심리학에서 행동 연습이라 부르는 것이다.

행동 연습

처음에, 새로운 신화로 살아가며 어려운 일이나 부담되는 일에 부딪히는 것을 상상하면서, 그런 중에도 그것의 영적인 삶을 바라본다. 예를 들어 예민한 상황에서 반대 의견을 표현하는 것을 상상한다든지, 고용주에게 어려운 요청을 하거나, 혹은 바쁜 오후의 중압감 속에서도 고요한 순간을 누리는 것 같은 일들을 상상해본다. 매그는 쓰기를,

아는 사람이 나에게 몇 가지 일을 해주겠다고 약속했다. 약속을 믿고 일을 진행했는데, 그는 그대로 하지 않았다. 나는 난처하고 곤란한 처지가 되었다. 이런 상황은 나에게 항상 버려짐이나 배신, 분노의 감정을 불러일으켰다. 나는 벌을 받았으면서 동시에 벌을 주는 경향이 있다. 그런 사람은 전혀 접근도 못할 정도로 내친다. 나는 그에게 더 이상 아무 도움도 주지 않을 것이다. 다른 사람에게도 나는 안개에 쌓인 바보처럼 보일 것이다. 내 새로운 신화를 작동해서, 그 사람의 행동을 이해할 수 있는 새로운 해석으로 에너지 방향을 스스로 바꾼다. 나는 그것을 나에 대한 모욕으로 받아들이지 않는다. 나는 내 원칙에 뿌리를 두면서도 해초처럼 유연하게 다른 사람 행동의 여러 다양한 원인을 고려하여, 내가 물러서는 것 이외의 다른 방법도 찾아본다. 이런 상황에 잘 대처하는 자신을 상상하니 기분이 좋다.

맞닥뜨린 하나의 상황을 선택하거나 임의로 상상합니다. 그것을 마음속에 품습니다. 하나의 상황을 선택하여 시작합니다.

1. 새로운 신화의 정서와 에너지 장에서 사건을 기억하거나 상상하며 시작합니다. 심호흡을 하며 상상하고, 신비체가 새로운 신화에 반응하여 진동합니다.

2. 그런 다음, 새로운 신화의 기운이 깃든 자세를 잡습니다. 이 자세에서 새로운 신화의 느낌이 올라오도록 기다립니다.

3. 이 자세와 감정에서, 이 상황에 몸이 어떻게 변하는지 새로운 신화에 따른 움직임을 감각합니다.

4. 정신적 영역에서 장면을 상세하게 그려봅니다.

5. 이제 눈을 뜨고, 환상 속으로 '한걸음' 들어가서 팬터마임을 창작합니다. 상황에 맞게 자세를 바꾸려면, 지금 바꿉니다. 적절한 자세를 찾으세요. 몸으로 표현하고 말은 하지 마세요.

6. 끝마치고, 중심을 회복하고 심호흡합니다.

이제 다시 한번 더 팬터마임을 하면서, 이제는 말을 덧붙입니다. 이 말은 실제 상황에 맞게 상상하는 말이거나, 새로운 신화에서 표현할 보편적이고 일반적인 말입니다. 목구멍과 입으로 말을 직접 하세요. 크게 소리칩니다. 상상 속에서 새로운 신화와 신비체를 살아내는 것을 연습합니다. 공연을 더욱 진전시키세요. 이런 행동 연습을 통해 신비체에 새로운 신화를 담을 수 있습니다. 이 경험을 기록지에 기술하세요. 앤은 쓰기를,

나는 오랫동안 재정 지원을 해왔던 친구에게 더는 지속할 수 없다는 말

을 하는 상황을 상상한다. 계속 도우면 친구도 자립하지 못하고, 나 쓸 것도 충분치 않게 된다. 이 불쌍한 친구에게 말할 용기를 내야 한다. 우리 둘이 같은 방에 있는 것을 상상하니, 이 지원 관계를 지속할 많은 논쟁과 전략이 들린다. 위장이 아프다. 조금 더 지속해도 큰 해가 없을 것이라고 내면의 목소리가 속삭인다. 이 모든 불편함 속에서, 금연한 흡연중독자처럼, 나는 에너지를 강화해서 굴복하지 않는다. 내 새로운 신화의 입장에서 간단히 말한다. "상황이 달라지길 바라는데, 내 선택은 나 자신을 위해 준비하는 거야. 너도 행복하길 바라."

프랭크가 상상한 것은, 프로젝트에 바쁠 때 아내가 와서는 "내 차 열쇠를 어디 두었는지 모른다 해서, 같은 일이 반복되고 일이 중단되어 화가 났는데, 마음을 바꾼다. '놀 수 있을 때 논다'를 떠올리고 아내 손을 잡고 두 번 빙그르 돌고, 방안을 돌며 춤춘다."

매일의 개인 의례

반복은 새로운 신화를 신비체와 신경계, 의식적 사고에 각인하는 방법 중 하나다. 개인장과 삶 속에 새로운 신화가 형성되는 걸 돕기 위해 수행할 매일의 의례를 기록지에 기술하라. 매일의 의례는 식사 전 잠깐의 명상 기도 같은 것이 될 수 있는데, 매일의 삶과 새로운 신화로 사는 삶을 인지하는 것에 감사하는 것일 수 있다. 그것은 매일 저녁 팬터마임을 반복하는 것과 같은 효과를 낸다. 신화 비전을 매일 반복할 수 있는 행동으로 변환시키는 것일 수 있다. 예를 들어, 다른 사람의 도움이나 지원도 흔쾌히 받을 수 있는 신화를 적용하기 위해, 매일 다른 사람에게 작은 부탁을 할 수 있다. 하루를 마치며 의례처럼 그날 요청한 일들과 그것의 결과를 특별한 차트에 표시할 수 있다. 한 여성은 좀더 책임감 있는 삶을 살기 위해 집의 계단을 오르내릴 때마다 파워 오브젝트인 아름다운 돌을 지니고 의례를 수행했다. 이 여정에 그 돌을 항상 동반했다. 만약 그것을 잊으면 의례를 완성하는 데 방해받았다. 그렇게 하면서 더 큰 책임감을 향한 수행을 꾸준히 지속했다. 계단을 오르내리는 수행으로 강력한 양질의 개인장을 얻으며 개인 책임감을 증진시켰고, 부수적으로 파워 오브젝트와 하나 되는 효과를 얻었다. 매그는 다음의 개인 의례를 창안했다.

여러 색깔의 풍선을 사서, 개발하기 원하는 성향과 어울리는 색깔의 풍선을 골라 천천히 불고는 그 위에 이름을 쓰겠다. 몇 개를 만들어 욕실의 거울에 화환처럼 둥글게 붙이면 아침저녁으로 머리를 손질하고 이를 닦을 때마다 내 얼굴을 둘러싼 말들로 변할 것이다: 인내(연파랑색), 친절(따뜻한 핑크색), 유머(빨강색), 용서(진파랑색), 배움(연두색), 존경(흰색).

앤의 개인 의례는 애초에 가졌던 자세를 잡는 것인데, 왼손은 환대하듯 펼치고, 오른손은 한 점을 지적하는 자세다. 그녀의 자기 진술은 "최우선할 것은 분별력과 사랑에 바탕을 둔 주장하는 힘을 갖는 것이다"였다. 앤은 이미 아침마다 정규적으로 의례를 했고, 그 뒤에 개인 의례를 덧붙였다. 이 시점에 매일의 최우선 과제를 명확히 했고, 그로써 자신의 삶을 잘 살아냈다.

프랭크는 아침에 출근하기 싫어하는 자신을 자각하고, 거울 앞에서 과거 신화를 상징하는 자세를 찾는 것으로 하루를 시작하기로 결심했다. 그러고 나서 새로운 핑크색 심장에 물든 감정을 불러와 그 감정들이 맥동쳐 몸을 완전히 채워서 온 공간을 향해 뻗어나가게 했다. 그는 과거 신화에 따른 자세가 이완될 때까지 온몸이 새로운 신화와 조화롭게 어울리는 것을 상상했다. 마지막으로, 과거 신화 때문에 촉발될 곤란한 상황을 하나 떠올리고, 새로운 신화로 그것을 잘 처리하는 자신을 마음속에 그렸다.

프랭크의 의례는 다음과 같은 지침을 변형한 것이었다. 매일 아침 거울 앞에서 새로운 신화가 주는 느낌을 신비체에 바로 받아들여, 이 신화를 반영하는 자세와 얼굴 표정을 상상하고, 이 상태를 한 문장으로 요약하라. 그리고 새로운 신화의 관점에서 오늘 벌어질 일을 예상하여 거울을 보며 1분간 토론하라. 다음 주에 매일 실행할 의례 하나를 고안해 각자의 기록지에 적어라. 다음 장에서 매일의 개인 의례에 대해 더 깊이 있게 다룰 것이다.

공개 의례

또한 새로운 신화를 공개적으로 천명하는 '개과천선 의례ritual of transition'를 하길 제안한다. 공개 의례는 최소한 한 사람 이상의 다른 사람과 함께 한다. 나를 보살피고 내 변화를 기꺼이 지지할 사람을 선택하라. 개과천선 의례에는 과거 신화를 떠나보내는 의식을 포함한다. 예를 들어, 과거 신화에 묶여 있던 시기의 자신의 사진이나, 그 시기를 나타내는 그림을 가지고 시작한다. 의례를 하며 사진이나 그림을 목격자 친구가 보는 앞에서 태우고, 그 재를 흩뿌리고, 개인 방패를 상징하는 새로운 신화를 건배하듯 마신다.

기본적인 공개 의례는 지켜봐주는 한두 명의 친구가 필요하다. 더 야심만만한 의식으로, 저녁에 촛불과 꽃, 노래, 향, 성물, 풍족한 음식을 두고 새로운 신화를 그린 것을 친구들에게 증명 받는 의식을 계획할 수 있다. 새로운 신화를 나타낼 행동, 동화, 개인 방패의 상징들을 바탕으로 시인이나 예술가 등 여러 친구와 협력하여 의식을 고안할 수도 있고, 결혼식이나 은퇴식 같은 행사가 있다면 그와 결합하여 진행할 수도 있다.

매그는 공개 의례를 개인 의례에서처럼 풍선을 이용해 진행했다. "나는 한여름 축제에서 '풍선 아가씨'가 될 것이다. 풍선에 사랑, 아름다움, 진실 등의 글귀를 쓰고 아이들이 그것들의 특성을 발견하게 도울 것이다. 왜 이 일을 하냐고 물으면, 내 새로운 신화를 반영하는 방식이라 답할 것이다. '평안은 사랑을 통해, 사려 깊은 행동을 통해 달성된다.'"

앤은 이미 집에 아름다운 제단을 가지고 있다. 파트너와 함께 제단에 꽃과 향을 바치고 마주 앉아 떠나보낸 신화와 새로 마주한 신화를 이야기하고, 파트너의 드럼 연주에 맞춰 춤을 춘다.

프랭크는 아내에게 12송이의 핑크 장미를 주며, 평상시라면 받았고 그랬으면 과로하게 됐을 것이 틀림없는, 새로운 고객을 거절한 편지를 함께 준다. 자신의 개인 방패의 생동감 있는 핑크빛 심장을 보여주는 것이고, 앞으로도 즐거운 시간을 세 번 더 함께할 것을 약속한다.

가슴 아린 의례가 있었는데, 어린 시절 알코올 중독 부모 밑에서 성적 학대를 경험한 신화를 가진 여성의 의례가 수행됐다. 그녀는 새로운 신화에서 고난과 자비를 통합했다. 의례 시행일을 남편과 형제자매, 사촌들, 아이들 등 가족 모두가 모인 추수감사절로 잡았다. 저녁 식사를 마친 뒤에 거실에 모두 모이게 하고, 이제까지 살아온 신화의 변화를, 개인 방패에 표현된 삶의 변화를 기념하는 의례를 진행했다. 개인 방패의 상징을 이용해 그녀의 새로운 신화의 두 성질, 고난과 자비를 표현하는 등장인물로 자신의 삶을 드라마처럼 표현했다. 그녀 자신의 비관적인 사건들에서부터 새로운 신화의 지혜에 열린 마음이 되는 과정과, 개인 동화에서 주인공이 모험을 통해 새로운 신화를 배운 것을 들려주었다. 모든 사람이 깊이 감동했고, 수십 년간 감춰졌던 가족의 비밀이 은유적으로 드러나자 몇몇은 망연자실했다. 모든 사람이 집중하는 가운데, 미래의 자녀에게 유산으로 그동안 작성한 개인 방패와 그날 저녁 말한 것을 녹음한 테이프, 남자 자손들과 여자 자손들에게 보내는 편지들을 장녀에게 선물하는 것으로 강렬한 의례를 끝마쳤다.

자신에게 적절하고 즐겁게 수행할 공개 의례를 고안해보고, 기록지에 수행 계획을 세워라. 창출하기 원하는 분위기에 주의하고, 사건의 분위기를 잘 고안하고, 나아가 사건의 중요성을 참가자들과 공유하라.

꿈에 집중하기 : 새로운 신화의 실행

목적 : 새로운 신화를 안전한 꿈에서 실행해보기

자신의 새로운 신화의 정신을 회상하고, 이미 그것에 따라 살고 있다면 자신의 생활이 어떻게 바뀌었는지 성찰하라. 같은 방식을 사용하여, 잠들기 전에 심호흡을 하고, 새로운 신화 문장을 생각하고, 기록지에 천천히 온 마음을 다해 다음과 같이 쓴다. "나는 오늘밤 편안하고 평화롭게 자면서 내 삶 속에 새로운 신화 정신이 어떻게 나타나는지 보여주는 꿈을 꿀 것이다. 내가 깨어났을 때 꿈을 기억할 것이다." 그러고 나서 정성을 다해 잠들 때까지 여러 번 읊조린다. "나는 의미 있는 꿈을 꿀 것이고, 그것을 기억할 것이다." 아침에 깨어난 즉시 꿈을 기록하고 탐색하라. 첫날 밤에 꿈을 기억하지 못하더라도 될 때까지 매일 밤 반복한다. 앤은 쓰기를,

꿈에 내 친구 마하라와 같이 있다. 우리는 다리를 꼬고 앉아 암사슴 가죽에 원형 금속틀을 꿰매고 있다. 우리 일에는 북미 원주민의 정신이 배어 있다. 원형 금속틀은 가죽이 채였을 때 찢어지는 것을 막는다. 우리 둘은 완전히 만족스럽게 푸른 풀밭에서, 벗은 채로 햇볕을 쬐며 바느질을 한다. 꿈은 나에게 이루기 어려운 잠재된 감정, 언젠가 경험할 충만감 같은 감각, 그러나 결코 오지 않을 것 같은 그런 느낌을 느끼게 한다.

나는 가죽이다 : 무언가 나를 채면 찢어질 것이다. 무방비하고 취약하다.

자연물이지만 보강 없이는 매일의 혹독함을 견뎌낼 만큼 강하지 않다.

나는 마하라다 : 나는 친절하고, 긍정적이고, 내면 성장을 이루고, 사랑스럽고, 지혜롭다.

나는 햇살이 비치는 녹색 풀밭이다 : 나는 가능성 있고, 자유롭고, 충만하고, 광대하고, 열려 있고, 삶으로 피어난다.

나는 금속 원틀이다 : 나는 신성한 원이고, 힘의 상징이고, 덧붙여진 힘이고, 도움이고, 지원이다. 나는 무언가 단단하고, 휘지 않고, 고정된 것에서 새로운 것을 만드는데, 자연 옷감에 바느질되어 자기 충족적이고 쓸모 있는 것이 된다.

나는 미지의 가능성이다 : 나는 현대 생활의 스트레스를 받지 않고 바느질하는 단연코 단순함 자체다. 내게 아직 명확하지 않은 성질은 암사슴 가죽과 현대 생활의 이질적인 금속이 함께 어울리는 것이 불가능해 보이기 때문이다.

이 꿈은 내게 내가 점차 진전되고 있다고 말한다. 내게 자연스럽지 않다고 여기는 걸 받아들일 것이라고 알려준다. 새로운 신화의 행동은 마하라가 표현하는 점잖고 자연스런 친절을 익히는 것이고, 원형 금속틀이 표현하는 힘과 보강이다.

새로운 신화를 매일의 삶으로 변환하기

신화는 우리의 의식, 우리의 최상의 창조성뿐만 아니라 최악의 환상까지도 만들어내는
거품 이는 생명의 원천이고, 그 비밀은 그것을 어떻게 대하는가에 달려 있다.
— 스티븐 라슨Stephen Larsen[1]

스티븐 코베이Steven Covey가 말하는 "어려운 순간hard moments"이
란, 매일 직면하는 자극과 반응 사이에서 어떤 행동을 결정해야 하는 중
대한 매순간을 가리킨다.[2] 그는 이들 어려운 순간이 자극과 반응 사이에
서 과거 신화 또는 '아래로 향한 길lower road'로 가려는 유혹에 갈등하는
순간이라고 말한다. 그 어려운 순간에 대처하는 방식은 우리 삶을 지배
하는 특정 분위기에 좌우된다. 그러한 선택의 갈림길에서 유도 신화에
따라 위로 향한 길과 아래로 향한 길을 자동으로 탐색하고, 선택하든 거
부하든 마음에 끌린 어느 하나를 결정하게 된다. 예를 들어 프랭크는 어
려운 순간마다 기저에 깔린 주제에 따라 결정하는 것을 확인할 수 있었
다. 그는 성취욕을 만족시키는 일과 명상이나 장미향을 맡는 것 같은 내
면의 삶을 위한 일 사이에서 자동적으로 성취를 우선했다. 그 결과 삶의
열정은 자신의 깊은 자연의 본성에 걸맞지 않은 프로젝트에 옴짝달싹

못 하고 짜 맞춰졌다. 열정이 사라졌다는 것이 그의 주된 호소였다는 게 놀랄 일도 아니다. 어려운 순간에 초점을 맞추어 성찰하게 되자, 그 순간의 선택이 영혼을 얼마나 질식시키는 일이었는지 깨달았다. 소멸된 그의 열정을 되찾으려고 소규모 전쟁 같은 어려운 순간들을 재구성하면서, 최소한 더 흥미 있는 것을 선택하려 노력하고, 적절한 순간에 심리학적 근육을 강화하는 알아차림 방식을 사용하면서 점차 행위보다는 존재를 추구하는 방향으로 나아가게 되었다.

신화의 지혜와 조화롭게 산다는 것은, 이미 실행했던 것처럼 섬세한 내면 탐색을 포함한다. 하시드의 속담은 "마음이 이끄는 길을 주의 깊게 탐색하라. 그리고 그 길에 전심전력하라"고 조언한다. **마음이 이끄는 길을 주의 깊게 탐색하기**는 이 프로그램의 처음 9주차까지를 함축한다. 이전 장(10주차)에서 **그 길에 전심전력하기**로 초점을 이동했다. 신화에서 원하는 변화를 불러일으키려면 전심전력하는 의도가 요구된다. 과거 신화에서 점점 커졌던 습관적 사고와 행동이 끈질기게 달라붙기 때문이다.

반면, 이 프로그램 초기에 도출했던 신화 갈등의 내부 해결책을 상기하고, 새로운 유도 비전을 형성하는 것 또한 사고와 생각을 변화시키는 일련의 행동을 내포하고 있다. 삶 속에 새로운 신화를 정착시키는 것은 내부와 외부, 두 방향 모두를 포함한다. 이전 자에서는 내부에 초점을 맞춰 자신을 조절하는 이미지를 부각시키고, 스스로 문장을 천명하고, 물리적이고 심리적인 면에서 그리고 행동 방식을 바꿔 새로운 신화의 정신이 신비체에 깃들게 하는 데에 주안점을 두었다. 이번 장에서는 외부에 초점을 맞춰, 습관과 우선순위를 실제로 변화시키려 노력할 것이다. 두

장 모두 인지행동 치료심리학의 도움을 받아 사고와 행동 방식의 변화를 도모한다. 이 장의 개인 의례는 특별히 새로운 신화와 그것으로 사는 삶 사이의 조화를 증진하기 위해 고안되었다.

예를 들어, 자신의 심리사회적 환경을 분석하여 그것이 새로운 신화를 지지하는지 그렇지 않은지를 결정하여, 더욱 지지하도록 바꿀 수 있다. 앞으로 5년 후의 새로운 신화를 전망하고 변화를 구상하여 '마음이 이끄는' 방향으로 나갈 수 있다. 주위 사람이나 내면의 현자의 도움을 받아 '전심전력으로 나아가 길을 선택하는' 방법을 명시한 '행동 계약'을 정해 매주 한 단계씩 진전시킨다. 이 장에서 제시한 개인 의례를 수행하면, 매일의 삶에 새로운 신화를 고정하는 실제적인 계획을 선개할 수 있을 것이다.

세션 1 : 새로운 신화를 뒷받침할 환경을 조성하기

목적 : 주위 환경의 강화 패턴을 분석하여 새로운 신화를 더욱 지지하도록 변화시키기

현대 심리학의 가장 신뢰받는 원리 중 하나는 사람들이 상을 받는 행동은 반복하고, 벌을 받는 행동은 회피하는 경향이 있다는 것이다. 더 이상 강화되지 않는 비적응 행동은 변화될 여지가 많다. 새로운 신화를 받아들였을 때, 세상이 과거 행동에 더 가치를 두고 새로운 신화에 따른

행동은 벌을 주는 경우 새로운 신화를 받아들이기 어려워진다. 이번 의례에서, 과거 신화를 유지하고 새로운 신화를 진작하는 데 작용하는 상과 벌을 구별할 것이다. 새로운 신화를 선호할 변화를 만들어, 새로운 신화가 번성할 수 있는 관계 친화적인 조화로운 생활환경을 조성한다. 예를 들어, 주위의 가족과 친구, 동료, 아는 사람 들이 어떻게 과거 신화를 지지하고 새로운 신화를 거부하는지 탐색하라. 더욱 자주 강화받기 원하는 행동을 습득하기 위해, 자신의 새로운 신화를 지지하는 사람과 더 많은 시간을 보내거나 유사한 지지를 보낼 사람들에게 도움을 요청하라.

다른 모든 사람에게 '어머니' 역할을 하려는 자신의 성향을 바꾸고 싶었던 한 여성은, 그녀가 모든 사람을 돕는 사람이 되길 바란다는 기도를 하는 친구에게 그 기도를 중단해달라고 요청했다. 프랭크는 자신의 직업 영역 이외의 사람들과 사귐으로써 지금까지의 자기 성향과는 다른 부분을 발전시키길 희망했다. 앤의 과거 신화는 자신의 필요에 우선해 다른 사람의 요구를 수락하는 것이었다. 그녀가 자신의 필요를 더 우선하게 되자 친구들 중 일부는 그녀의 결정을 매우 지지하는 반면, 어떤 사람들은 더 이상 이용할 수 없는 그녀의 도움을 인식하지 못하고 여전히 그들의 필요대로 요구했다. 그녀의 새로운 신화를 지지하지 않는 친구들은 점차 떨어져나갔다. 이런 방식으로 주위 환경이 바뀌어 새로운 신화가 더욱 지지되었다. 새로운 신화가 삶에 정착할 수 있도록 지속적으로 당신을 도울 친구 목록을 작성하라.

행동을 강화하는 방식 중 하나는 이제까지 해왔던 실행방식을 바꾸는 것이다. 새로운 신화는 내면 계발에 더 많은 시간을 요구한다. 그러나 일과 가족에 대한 책임 외에도, 축구 팀을 코치하고, 시장 소환 운동을 조직하고, 지역사회 이사회를 세 개 참석해야 하고, 매주 새로운 영화를 보고 품평하는 모임에도 참석해야 하고, 또한 12가지 잡지와 전문지를 구독해 읽으며 최신 흐름을 유지해야 한다면, 당신의 새로운 신화는 성찰을 위한 시간을 마련하지 못한 채 묻혀버리게 된다. 일단 우선순위가 정해지면, 그것들은 흔히 삶의 구조에 안착되고 나서 원래 그것들을 지지했던 신화와 가치가 바뀐 뒤 한참이 지나야 힘을 발휘한다. 예를 들어 신념에 따라 열정적으로 매주 많은 시간을 들여 수행하는 지루한 허드렛일을 행복하게 하다가, 열정이 변하여 그 시간과 노력에 분노하는 자신을 발견하게 된다. 실행방식은 그것을 만들 때 가지고 있던 신화를 반영한다. 따라서 신화가 진화함에 따라 실행방식도 다시 성찰하지 않으면 맞지 않은 낡은 신화에 갇히는 꼴이 된다.

많은 강화인자와 벌은 상징적으로, 실제적인 필요보다는 심리적 필요를 충족시킨다. 서구 문화에서는 지위, 명성 혹은 권력과 같은 특별한 종류의 상징을 통해 균형감과 자존감을 신장시킨다. 내면의 깊은 소리에 따라 문화에 조건지워진 이런 상태를 자기 존중감으로 변화시키면 삶이 더 풍부하고 만족스럽게 된다. 매혹적인 여성과 사귄 횟수로 자부심을 과시했던 사람이, 심리적으로 성숙해질수록 그가 사로잡은 여성 수보다는 관계의 깊이에 따라 예상치 않은 충족감을 경험하게 된다.

매그의 새로운 신화를 지지하는 자원은 "선량함의 대명사인 절친한 친구가 지닌 믿을 수 없는 풍요로움"이었다. 또 다른 자원은 "대부분의 사람이 억지로 견디는 소란스러움을 벗어난" 아름다운 시골에서 사는 것이었다. 그녀는 자신이 바라는 희망, 통찰, 결단력, 바람, 경험, 신념 들이 새로운 신화에서 지지하는 요소라는 것을 깨달았다. 새로운 신화와 반대 영향력을 지니는 것들로는 과거 습관, 공포, 악의, 의심, 질투, 곤궁 들이 식별되었다.

'강화인자 목록List of Reinforcers'을 만들 의례를 고안하기 위해, 이 프로그램에서 익힌 개인 의례를 창조하는 방법을 사용하라. 그 목록에는 새로운 신화를 삶에 더 잘 정렬하거나 그렇지 않을 때 적용되는 상과 벌을 명시하라. 과거 신화를 강화했던 가족과 일터, 주위 영역을 고려하고, 새로운 신화를 지지할 환경으로 바뀌었을 때 일어날 변화 또한 고려하라. 환경에서 긍정적 혹은 부정적 강화인자를 구별하는 것뿐만 아니라, 자신에게 작용하는 상징적 강화인자 또한 구별하라. 즉 프랭크는 명시되지 않은 (결코 성취할 수 없는) 정도의 성공을 이룰 때만 쉴 권리가 있다는 생각을 '부정적' 강화인자로 정식화했다.

자리에 앉아 단순히 활력을 고양하는 신성한 의례를 치르는 태도로 목록을 작성할 수도 있고, 상상 여행을 통해 목록이 드러나 보이도록 할 수도 있다. 또는 목록을 완성하기 전에 내면의 현자에게 자문을 구할 수도 있고, 새로운 신화를 잘 실행할 수 있도록 주위 환경의 영향력을 분석하는 데 특별한 관점을 제공해줄 친구를 만날 수도 있다. 새로운 신화의 발전을 강화하거나 방해할 요소를 구분하는 이 중요한 과제에 전심전력하라. 이 장의 최종 개인 의례에서 '강화인자 목록'을 사용해 삶을 변화시키기 위해 초점 맞출 곳을 정하고, 그럼으로써 선택한 신화에 따라 벌은 덜 받고 보상은 더 많이 받는 행동을 찾을 것이다.

앤은 새로운 신화를 강화하는 몇 가지 내외 환경을 구별했다. 그것들은 다음과 같다.

내 집은 내 일을 위한 참다운 신성한 사원이다.
내 충동과 열정은 강력한 창조력의 원천이다.
나는 더 이상 증명이 필요 없는 최정상의 경력에 도달했다.

앤의 새로운 신화가 포함하고 있는 부정적으로 강화된 상태는 다음과 같다.

내 친구의 일부는 자신을 위해 내게 더 많은 것을 요구하면서 내게 주는 것은 없다.
내 예술 프로젝트의 일부는 나를 심미적으로 흥분시키지 않고 또한 내 편안함에도 기여하지 않는다.
나는 너무 바빠 창조 욕구를 느낄 새도 없다.

긍정적으로 강화된 프랭크의 새로운 신화는 다음과 같다.

아내와 노는 시간
나는 내 스스로 돋보이는 존재이기에 더 이상 직업적 인정을 구할 필요가 없다.
나는 의미 없는 과제에 점차 흥미가 떨어진다.

나는 내 부끄러움과 강박성 밑에 매우 열정적이고 즐기는 것을 좋아하는 사람이 있다는 것을 알았다.

프랭크의 새로운 신화가 포함하고 있는 부정적으로 강화된 상태는 다음과 같다.

나는 거대한 성취를 이루지 못한다면 즐길 권리가 없다는 느낌에 사로잡힌다.

내가 일을 더하면, 더 많은 수입과 인정을 받을 수 있다.

나는 즐거운 놀이를 하려 하면 어색하고 공허한 느낌이 든다.

일과 연관되어 아는 친구들은 대부분 성취도가 높은 사람들이고, 다른 종류의 친구 관계는 발전시키지 못했다.

세션 2 : 동화의 속편

목적 : 새로운 신화의 5년 후 미래를 구상하고, 지금 시행한 변화가 어떻게 펼쳐질지 숙고하기

속편은 문학적 작업인데, 그것 자체로 완결이면서 일련의 연속된 작업이다. 속편에서 창작할 것은 자신의 동화에서 선택한 방향이 실제 삶에 나타나는 모습이다. (앞으로 보게 될 앤의 접근처럼) 자신의 동화와 같은

기조의 은유에 남아 있을 수도 있고 혹은 자신의 삶의 맥락에서 재편할 수도 있다. 매그는 다음과 같이 이야기를 재편했다.

나는 워드 프로세서 앞에 앉아 책을 쓰면서 웃고 있다. 옆에 아무도 없지만 사랑하는 사람이 옆에 있는 듯하다. 나는 매일 집을 나서 숲으로 들어가, 나무가 울창한 개울가에 머문다. 거기서 자연과 대화하며 실질적인 삶을 살아가는 방법을 발견하고, 내가 꽤 쓸모 있고 잘하고 있다는 느낌이다. 내 삶에서 생생함과 참신함과 지평이 확대되는 것이 확연하다. 그러면서 전처럼 폭풍 같은 감정의 격랑은 일어나지 않는다. 사람들과 관계는 깊고 실제적이고 지속된다. 나는 내 성장의 방향과 변화에 만족하고, 그 끝을 알 수 없다.

앤은 쓰기를,

그래서 어린 소녀는 현명하고 아름다운 여성으로 성장했어요. 그녀는 자기가 했던 것처럼, 다른 사람들과 우정을 나누며 모두 함께 많은 사람의 가슴에 황금 조약돌의 빛을 심어주기 위해 여행을 떠났어요. 그들은 다른 사람들이 읽을 책을 쓰고, 다른 사람들에게 들려줄 노래를 부르고, 다른 사람들이 볼 멋진 작품을 만들었어요. 무엇보다 중요한 것은, 그들 자신의 가슴에서 빛나는 황금 조약돌의 빛이 서로 공명하는 삶을 산 것이지요. 그들 모두 불을 밝힌 등대가 되어 만나는 모든 사람에게 영감을 불러일으켰고, 사랑과 진실이 빛나는 땅이 되어 나라 전체가 기쁨으로 가득하게 되었어요. 이것은 황금 조약돌의 빛이 문화가 되어 새로운 길을 발견하게 된 결과지요.

준비 : 자신의 동화 3부를 다시 보라. 동화의 상징 맥락에 계속 머무를지, 혹은 자신의 삶의 맥락으로 변경해 창작할지 결정하라. 그리고 개인 방패 문장과 파워 오브젝트, 기록지를 가까이 두고, 편안히 앉거나 기대어 심호흡을 하며 눈을 감는다.

자신의 숨을 고르면서 들이쉬고 내쉬는 소리를 듣습니다. 배와 가슴이 채워지는지는 것과 비워지는 것을 관찰합니다. 숨이 점차 느려지고 깊어집니다. 긴장이 완화되며 몸과 마음이 편안해지고 점차 안정됩니다.

자신의 동화 3부를 마음속에 그립니다. 가장 긍정적인 감정을 품습니다. 이 감정이 가장 강하게 머무는 몸의 위치를 확인합니다. 주의를 집중해 몸이 그것에 어떻게 반응하는지 관찰합니다. 숨 쉴 때의 느낌, 근육의 긴장 여부, 몸의 온도 등을 감각합니다. 숨 쉴 때마다 이 감정이 증폭되도록 합니다. 이 감정을 한 단어로 표현하세요.

이 감정이 5년 후 미래로 인도하여, 동화 속 인물이나 새로운 신화가 표출되는 삶을 드러냅니다. 감정이 만들어내는 감각의 흐름을 잘 관찰합니다. 이들 감각이 미래로 인도하는 다리가 되는 것을 상상합니다. 다리에 올라 앞으로 나갈 때 안전하고 편안합니다. 미래 장면이 펼쳐집니다. 새로운 신화 속에 사는 자기 자신이나 동화 속 인물을 봅니다. 이 장면이 세 번 숨을 쉬는 동안 점차 더욱더 생생해집니다. 장면을 주의 깊게 관찰하고, 주변 배경과 주변 사람, 행동들을 주의 깊게 지켜봅니다.

준비되었을 때, 심호흡을 하며 일상의 깨어 있는 의식으로 돌아옵니다. 생기를 되찾고 긴장을 풀고 정신을 가다듬습니다.

기록지에 '동화 속편'이라 제목을 쓰고, 그 아래 경험한 이야기를 기록하라. 프랭크의 속편은 자신의 삶에 대한 것이다.

내가 처음 본 것은 아이들인데, 즐겁고 활기차게 놀고 있다. 아이들이 내게 흥분과 호기심 가득한 얼굴로 뛰어온다. 나는 그들과 함께 이야기하며 노는 것을 걱정하지 않는다. 더구나 수줍음 때문에 머뭇거리지도 않는다. 나는 이제 마음을 열고 에너지가 흐르게 하는 방법을 안다. 잠시 후, 나는 어떤 사업을 거래하는 오두막에 있다. 같은 개방성과 열정이 거기에 있다. 나는 열심히 놀 수 있고 즐겁게 일할 수 있다. 갑자기 다이앤이 거기에 있다. 우리는 친밀해지고, 더욱 즐겁다. 함께 숲을 산책한다. 숲 속에서 충만한 삶의 기적을 보고 느끼게 된다. 우리는 각자 복잡하게 얽힌 나무뿌리를 보면서 그것이 자라날 모습을 상상한다. 그녀가 내 손을 부드럽게 무성한 이끼 위에 얹는다. 내 손가락으로 이슬을 적셔 그녀 입술을 축인다. 나는 깊은 사랑에 빠진다.

세션 3 : 새로운 신화를 살아낼 계약

목적 : 새로운 신화를 매일의 삶에 확고하게 정착시킬 행동 변화를 명시하고 시행하기

오래된 속담에 "방향을 바꾸지 않으면 그 자리에 처박힌다"라는 말이 있다. 이 프로그램에서 지금 시점의 도전 과제는 새로운 신화의 지혜가 제시하는 방향으로 전환하는 것이다. 윌리엄 제임스William James는 "우리가 바라지 않는 감정적 경향에 지배받지 않으려면, 부지런히, 무엇보다 냉철하게, 문화가 선호하는 반대 방향으로 뻗어나가야 한다"[3]라고 조언한다. 새로운 유형의 사고와 행동을 시행하는 것을 지지하는 가장 강력한 자원 중 하나는 나를 애정으로 돌보는 사람의 책임어린 시선이다.

새로운 신화를 삶 속에 정착시킬 것을 도울 사람을 선정하는데, '공개 의례'에 참여했던 사람일 수도 있다. 그들은 매주 전개할 계약을 같이 만들고 과정을 지켜보고 평가하며, 다음 단계를 같이 계획할 사람들이다. 내면의 현자나 기록지 자체를 파트너로 대신 삼을 수 있다. 프랭크는 처음에 아내에게 요청할 생각이었다. 하지만 아내는 이미 자신의 변화할 방향에 대한 열쇠를 쥐고 있는 사람이었기에 다른 사람이 더 적당하다고 생각하여 프로그램 모임에서 비슷한 문제를 안고 있는 사람을 선택했다.

행동 계약은 바라는 목표에 연관된 새로운 행동을 명시하기 위해 사용한다. 그것들은 의도가 점차 발현될 수 있도록 명문화된 문장, 측정 가능

한 행동으로 구성된다. 행동 계약은 필요한 행동을 배우는 것을 촉진하고 습관으로 만든다. 의무감은 또 다른 지지가 된다. 다음 의례에서 행동 계약을 만들 것이다. 계약은 새로운 신화를 시행할 행동 계획을 명시하고, 그 후에 시도한 경험을 평가하고, 그럼으로써 새롭게 배워 계약을 수정할 것이다.

행동 계약은 비논리적이라는 비난 없이 새로운 신화에 도전하게 만들 것이다. 파트너와 실행 가능한 행동에 대해 논의한 후, 기록지의 새 쪽에 '계약서'라고 쓰고 상단에 날짜를 기입한다. 이 책의 계약서 샘플(신화 실현 계약서, 388쪽)을 붙일 수도 있다. 계약서는 가능하면 언제 어디서 누구와 어떻게 행동을 수행할 것인지 지세히 명시하고 진술한다. 즉, "나는 마리오, 수잔과 역사학회의 회원들과 화요일에 이야기를 나누어, 만족스럽고 지적이며 잠재력 있는 자원봉사자를 적어도 세 명 이상 발굴할 것이다." 명문화된 계약서를 파트너에게 제공하여 나중에 시행한 것을 평가하도록 한다. 계약서에는 세 가지 범주가 포함되어야 하는데, 이미 시행했던 매일의 의례, 자기 진술의 모니터링, 새로운 신화를 강화하는 변화된 삶 등이 그것이다.

매그는 그녀의 계약서에서 몇 가지 영역에 초점을 맞췄는데, 자기 정죄 습성을 모니터링하는 것을 포함하여, 다른 사람의 취약성을 인정하고, 친구들과 더욱 친밀하면서도 과감한 대화를 촉발하고, 다른 사람의 입장을 참을성 있게 듣는 것들이다. 파트너와 일주일 후에 만나 평가하고, 두 달 동안 매주 한 번씩 만나 진전을 평가하고 축하하며, 수행하기 어려운 것을 토론하면서 계약을 수정했다. 두 달이 되어 매그는 자신의 새로운 신화, "평온은 사랑과 철저한 행동을 통해 얻어진다"를 의식하고 자신의 삶의 영역에 정착시킬 수 있었다.

프랭크는 아침에 스트레칭 의례를 즐겁게 하면서, 매일 했을 때 신체에도 영향을 미치는 것을 발견했다. 그래서 쉬는 날에도 스트레칭 의례를 하기로 결심했다. 일을 할 때도 그의 심장 이미지를 명상하고, 그 에너지를 일의 영감에 불러와 하루 일과를 결정하는 데 사용할 수 있었다.

과거 신화와 새로운 신화를 지지하는 자기 진술을 파트너와 함께 검토하라. 과거 신화에 꼬리표를 붙이고 새로운 신화를 진작할 활동들을 계약에 첨가하라. 사고 중단 기법, 기록지, 측두면 두드리기 방식을 매일의 의례에 사용할 수 있다.

프랭크는 성취 욕구 속에서 프로젝트를 최우선시하는 패턴을 중단하기로 마음먹었다. 그는 여러 프로젝트의 최종점을 인식하고, 거기에 도달했을 때 자동으로 다음 프로젝트를 향하는 내면의 소리를 관찰했다. 몇 가지 간단한 자기 보상 목록을 만들었는데, 간단한 산책부터 일을 마친 뒤에 비디오 시청하기 같은 것들로, 종결점에 도달했을 때 스스로 중단하고 보상 목록 중 하나를 자신에게 주는 것이다. 또한 파트너의 조언을 받아 자기 진술에 대한 행동을 평가했다. 첫 주에 좋은 결과를 빚은 새로운 경험 과정을 관찰해서, 성취에 대해 사고가 증폭되는 것을 중단하기로 약속했다.

매일의 개인 의례와 자기 진술에 더해, 강화 인자 목록을 파트너와 검토하라. 부정적 혹은 긍정적인 강화 인자를 구별하라. 파트너와 함께, 촉진하는 힘을 지닌 강화할 행동과 방해하는 힘을 지닌 축소하거나 제거할 행동을 결정하라. 어떤 특질은 쉽게 고칠 수 있을 법한데, 그것이 처음 목표로 적절하다. 어려운 것은 나중으로 미룬다. 하나나 두 가지 영역에서 출발하라. 변화를 야기할 첫 걸음을 기술하라. 계약을 정기적으로 갱신할 것이므로, 첫 걸음에는 단기간에 성취할 수 있는 것을 명시하라.

계약에서 마지막으로 초점 맞출 것은 새로운 신화의 근육을 유연하게 할 그 주의 특별한 행동 계획을 수립하는 것이다. 이 행동은 의도적으로 기존의 안락함을 살짝 넘어서는 강도로 선택하라.

파트너와 함께 행동 계약을 작성할 때, 처음 시도할 몇 가지 행동을 결정하라. 빠른 시일 안에 성취할 확고한 행동을 명시하는 것이 필요하다. 이름을 짓고, 몇 번 수행할지 정하고, 예상되는 상황을 기술하라. 성취했을 때 목표를 분명히 하라. 실패 가능성이 큰, 너무 원대한 야망을 목표로 정하지 않도록 주의하라. 장애를 예견하고, 파트너와 검토할 시간을 미리 정하라.

앤은 매주 위치라는 말을 적어놓는 매일의 의례와 실행에 더해, 그녀의 계약 첫 주에 실행할 몇 가지 행동을 결정했다. 한 주 동안 매일 오후에 여덟 살 난 아들을 데려올 것을 다짐했다. 그 주에 한 번이나 그 이상 배우자와 친밀한 시간을 보내기로 마음먹었고, 이미 해왔던 아침의 내면 작업을 위한 특별한 명상 시간은 각자 유지하기로 했다. 그 주에 함께 머무는 손님 중에 진심으로 같이 있고 싶은 사람하고만 함께 있겠다고 다짐했다. 받아들이고 싶지 않은 여섯 번의 점심 초대에 싫다고 대답할 것을 다짐했다. 그리고 그 주의 아침 한나절을 다시 뮤지컬을 창작하는 데 쓸 것을 다짐했다.

프랭크의 목표 중 하나는 자신의 새로운 신화를 가장 실질적으로 지원할 아내와 더 많은 시간을 보내는 것이었다. 그 주의 첫 걸음은 아내의 비번 날에 아침을 식당에 데리고 가서 여유롭게 먹는 것이고, 그래서 자신의 일에 늦는 것은 감수하는 것이었다. 얼마 지나지 않아 상당한 행동을 취할 계기를 맞았다. 그는 지난 2년 동안, 중요한 일을 힘을 들여 좋은 보수로 일해왔고, 새로운 기회를 잡길 원했다. 하지만 막상 새로운 계약서를 받았을 때 서명하는 걸 망설였는데, 서명을 하면 최근의 노력이 수포로 돌아갈 것 같기 때문이었다. 그는 새로운 신화 프로젝트를 진행하면서 계약을 며칠 미루고 파트너와 의논해 획기적인 생각을 도출했다. 그 일을 명망 있는 투자 회사에 위탁하는 것이다. 위탁하는 행위가 그의 명성과 전문적인 자리를 더욱 고양할 것이지만, 그런 변경에서 특별한 이득을 얻지는 못한다. 그렇더라도 새로운 신화를 정착시키는 기간에는 안정적이고 친숙한 삶을 영위하는 것이 더욱 중요하다.

계약 검토하기

파트너와 계약을 검토하는 첫 번째 만남은 특별한 음식이나 환경을 마련해 의식이 되도록 하라. 시도가 적정한지, 장애에서 배울 것은 무엇인지 검토할 것이다. 수행 결과에 따라 수정을 고려하고 전체 과정을 평가하라. 목표가 너무 과도하지는 않은가? 너무 약하지는 않은가? 수행할 동기는 충분한가? 장애를 예상하고 수정할 계획은 있는가? 마지막으로 과거 신화가 새로운 시도에 미칠 영향을 충분히 고려했는가?

개인의 신화를 이해하는 정보 취합 방식 중 하나는 변화를 시도해보고 무엇이 일어났는지 주의 깊게 관찰하는 것이다. 살아왔던 신화와 바꾸기 위한 시도 사이에 능동적인 피드백 고리를 형성하는 과정은 전통 사회 과학에서 행동 연구action research[4]라 불리는 방법을 통해 발달되었다. 이 방법은 예를 들어 공동체의 목표와 가치를 효과적으로 변환하는 데 사용되었다. 행동 연구는 일반적으로 변화에 필요한 상황에 대해 체계적인 평가를 먼저 시행한다. 행동 연구의 중심 개념은 피드백을 순환하는 것이 행동 수정에 필수적이라는 것이다. 사회 구조의 건설적인 변화는 일회적인 실험으로 일어나지 않고 일련의 계획된 행동이 요구된다. 이 과정에서 순환하는 피드백 고리가 형성된다. 즉, 계획을 수립하고, 행동을 취하고, 경과를 분석한 후, 새로운 계획을 산출한다. 산출은 생산에서 배운 것에 더해 성취한 행동 변화로 평가한다.

새로운 신화를 실행하면서 이 방식의 기본 원리를 사용하여, 파트너와 함께 검토 과정의 매 단계에 적용해볼 수 있다. 원하는 변화를 주의 깊고 정밀하게 정의한 후에, 다섯 가지 기본 단계로 행동 연구를 진행할 수 있다.[5]

1. 변화 가능성과 변화 장애물을 평가하기 위한 사실 조사
2. 바람직한 변화를 야기하는 특별한 행동 계획 수립
3. 계획 실행
4. 취한 행동의 결과 평가
5. 순환의 새로운 단계를 시작하기 위해 개인 상황에 따른 정보 재정립

파트너와 함께 과정을 검토하기 위해 만났을 때, 이 과정의 처음 3단계는 이미 시행했을 것이다. 행동 연구 모델은 이미 한 일과 다음에 할 일을 평가할 수 있는 틀을 제공한다. 계약에서 실행할 수 없는 행동이 있다면 그것이 받아들여지지 않는 이유—새로운 신화가 내게 적합하지 않은 건지, 환경이 예상보다 방해가 심한 건지, 혹은 한 주 안에 달성하기에는 목표가 너무 높지 않은지 등—를 고려한다. 시도한 변화가 목표대로 되지 않는 것을 예상할 수 있는데, 그럴 때라도 그 노력의 결과로 새로운 정보를 얻을 수 있다. 수정된 시도는 좀더 효율적일 것이다. 파트너와 다음 만남에서 새로운 신화의 비전을 수정할 수도 있다. 이러한 일은 자연스럽고 예상되는 변경으로, 행동 연구 모델은 변화가 요구되는 상황을 관찰하는 데 도움을 준다.

프랭크의 과거 신화는 목표를 추구하는 야망이 거대했고, 그에 따른 자기 계약 또한 거창했다. 그는 검토 만남에서 잡다한 일을 수행하면서, 작은 성취가 혼잡 속에 상실되는 것을 발견했다. 그는 창조적 통찰을 거의 얻지 못했고, 첫 번째 검토에서 의기소침했다. 반면 그의 파트너가 과거 신화에 갇힌 방식을 발견하여 프랭크에게 패턴을 인식하게 도움으로써 다시 프로그램을 진행할 수 있었다. 열정을 불러일으키려는 본인의 노력에도 불구하고 자기 훈련이 열정을 질식시킨다는 것을 인식한 프랭크는 자기 계약을 수정했다. 그가 계발한 이미지는, "내 열정을 어지럽히는 잡초들을 제거하려고 정글 칼을 사용하듯 내 마음을 다스릴 때, 정원에서 즐겁게 노는 시간이 없을 정도로 너무 강박적으로 잡초를 제거하지 않겠다"이다. 그의 두 번째 계약은 더 적은 약속으로 이루어지고, 각 항목의 성공적인 완성을 음미하는 시간을 갖는 것이 포함되었다.

파트너와 함께 초기 계약을 수행한 경험을 검토하고, 새로운 통찰에 기반해 두 번째 계약을 창출하라. 가능한 한 특별하게 과제를 다시 기술하고, 다음 만남 때까지 유지할 것을 다짐하라. 행동 연구 모델은 신화를 세상에 적용하는 자각을 유지시켜주고 앞으로 진행될 일과 조정될 것을 예견하게 한다. 앤은 처음 계약 이후 5주의 경험을 다음과 같이 기록했다.

나는 내 삶에서 체계적인 감각을 유지하는 것이 얼마나 어려운지 배우고 있다. 나는 특별한 어떤 일을 진행하는 것, 즉 공개 의례 같은 것을 뮤지컬 하는 일터 옆에 아침부터 갖추는 게 내게 쉬운 일이라는 걸 알게 됐다. 그런 일을 유지하는 것은 매우 어려웠지만 그 일에 필요한 노력을 지속했다.

가끔 내가 계약서에 쓴 내용을 잊어버리기도 했다. 하지만 그것을 보는 것조차 잊을 때라도 결국 그것으로 돌아와서는 매우 창조적인 다른 방식으로 그 일을 했다. 나는 아들과 더 많은 시간을 보냈다. 나는 취소하고 싶은 점심 약속을 취소했다. 나는 내 시간에 유의했고, 손님들이 그들 스스로 잘 지내며 편안하게 떠났다. 내가 계약 내용을 세심하게 생각하지 않을 때라도, 나는 그것이 내 잠재의식에 지속적으로 영향을 미쳤다고 생각한다.

계약의 실행을 지속적으로 파트너와 검토하거나, 스스로 매주 새로운 신화의 실행에 초점을 맞춰 기록지를 성찰하는 것은 매우 유용하다. 이 단계에서 몇몇 사람은 기대만큼 계약을 완전하게 실행하지 못해 실망하기도 한다. 또한 인간의 희망은 끊임없이 솟아나기 때문에 많은 사람이 과도한 야망을 계약에 포함시켰기 때문이기도 하다. 단정적인 문구보다는 다음과 같은 문장이 고귀한 의도가 잘 전달될 수 있다. 예를 들어, "나는 다시는 화내지 않겠다" 혹은 "나는 더 이상 아내를 비판하지 않겠다"보다는, "나는 화가 나는 것을 알아차렸을 때, 세 번 심호흡을 하겠다" 혹은 "내가 아내를 비판하기 시작했을 때, 중단하고, 아내 행동의 동기가 무엇인지 헤아리겠다"라고 하는 것이 좋다. 파트너의 도움을 받아 단계를 확정짓고, 행동 연구를 통해 계약을 수정하여 실제적인 수행 능력에 조응하도록 한다.

새로운 신화를 살아내는 것보다 정교한 문장으로 표현하는 게 쉬운 일이라는 것을 명심하라. 우리는 새로운 신화를 개념화하지 못한 사람을 아직까지 보지 못했고, 어느 정도는 모두가 신화 갈등의 기저 문제를 풀어냈다. 프랭크 경우처럼, 우리 각자가 일중독에서 벗어나면 결혼 생활이 개선될 것이라는 걸 안다. 그것은 기본적으로 지적인 파악이다. 이에 반해 새로운 신화를 삶으로 통합하는 것은 자신의 존재 전체를 변화시키는 것이다. 즉 주위 환경의 경계를 넘어 도전하고, 지속적인 노력과 실험, 주의와 집중이 요구된다. 하지만 변화를 위해 새로운 방향으로 지금 막 움직이기 시작했다 해도, 그것 자체로 이미 엄청나게 자각된 내면의 신화 영역을 살기 시작한 것이다. 이미 시작한 내면 변화의 중요성을 망각하여 외면 생활에서 실행하는 신화의 변화가 곤란함에 빠지지 않도록 유의하라.

신화 실현 계약서 : ＿＿주

언제, 어디서, 누구와 다음 사항을 실행하는가?

1. 매일의 개인 의례 :

_____

2. 과거 신화와 새로운 신화의 자기 진술을 기록하고, 분명하게 실행
   하고, 기억하고, 또한 사고 중단 기법이나 비슷한 방식을 이 기간
   에 사용한다.

_____

3. 최소한 하나의 변화를 내 상황에서 꾀할 것이고, 그것이 새로운
   신화를 지지하고, 또한 이 기간에 특별하고 눈에 띄는 단계로 변
   화하여 이행할 것이다.

_____

4. 기존에 안주하던 영역을 넘어서는 새로운 신화가 표현된 하나의
   새로운 행동을 이 기간에 수행한다.

_____

꿈에 집중하기 : 다음 단계의 꿈

목적 : 이 프로그램이 완성되는, 신화 진화의 진전된 방향을 제공할 꿈을 초청하기

개인의 신화는 결코 진화를 멈추지 않는다. 새로운 신화의 에너지가 삶에 구현되도록, 남아 있는 주의할 점과 활동 방향이 무엇인지 꿈에 묻는다. 잠들기 전에 심호흡을 하고, 새로운 신화와 그것이 삶과 조화롭도록 기울일 노력을 생각하고, 기록지에 천천히 온 마음을 다해 다음과 같이 쓴다. "나는 오늘밤 편안하고 평화롭게 자면서 내 개인 신화가 진화하는 다음 단계를 말해주는 꿈을 꿀 것이다. 깨어났을 때 꿈을 기억할 것이다." 그러고 나서 정성을 다해, 잠들 때까지 여러 번 읊조린다. "나는 의미 있는 꿈을 꿀 것이고, 그것을 기억할 것이다." 아침에 깨어난 즉시 꿈을 기록하고 탐색하라. 자신의 유도 신화를 의식적으로 자각하여 생생하게 하고 심화하고 싶을 때마다 매일 이 과정을 반복하라. 앤의 꿈은 다음과 같았다.

꿈에서 나는 팝 스타와 사랑하는 관계다. 그는 나보다 나이가 많은데, 섬세한 영혼과 재능을 지녔고 다소 연약하다.

그를 원하는 나이 많은 여러 여성이 있고, 여인들은 그를 맨션에 초청해 함께 밤을 보내기를 바란다. 그는 불안해하며, 여인들과의 대화를 들은 나는 그가 위험에 빠진 것을 안다. 나는 친구인 그에게 밤 약속을 취소하고

위층으로 올라가자고 말한다. 아래층에 남기를 원하는 여인들에게 내가 단호히 가야 할 시간이라며 그들의 순수한 동기를 의심하지 않는다고 말하자 그들은 가라고 허락한다.

우리는 계단을 오른다. 거대하고 끝나지 않을 것 같은 나선형 계단이다. 마침내 작은 방에 이르는 문에 도달하자 그는 지쳐 주저앉았다. 갑자기 벽이 수축하기 시작해 문이 닫히기 전에 그의 손을 잡고 구출하자, 댄스 스튜디오로 쓰는 커다란 방에 이르는 다음 문이 나타났다. "좀 낫군요. 그들은 당신 춤에 겁먹었어요. 여기서 우린 안전해요." 나는 이렇게 말하고, 가까이 가서 그의 귓가에 부드럽게 노래를 부르기 시작했다.

갑자기, 다락이 아니고, 내가 아름다운 검은 말을 타고 초원을 가로지르고 있다. 검을 들고 은빛 갑옷을 입고 있다. 멀리 보이는 도시로 향하고 있다. 매우 기쁘다. 무엇이 나를 기다리는지는 모르는데, 거기서 잘해낼 자신이 있다. 나는 꿈에서 깨어났다.

이 꿈이 내 새로운 신화를 믿어도 좋다고 말해주는 것 같다. 팝 스타는 친절하고 재능 있으면서, 아직 위태로울 수 있는 내 과거 신화를 표현하고, 꿈속의 나는 내 대항 신화로써, 진실을 보고 말할 수 있고, 따라서 연약하고 불확실한 것을 보호한다.

우리가 마침내 댄스 스튜디오에 도착했을 때 새로운 신화가 활성화된다. 우리는 뭔가 아름다운 하나면서 창조적이고 또한 안전하다. 우리는 하나다.

유연하면서 빛나는 갑옷을 입고 말을 타고 있는 나를 봤을 때, 그것은 이 시기 이후 나의 가능성을 표현하는 것이었다. 내 본능적인 힘에 올라타서, 명확하고 아름답고 목적에 합당하게 방어하고 힘을 행사한다. 검의 진실을 행사하는 존재로, 언덕 아래 도시로 대표되는 상업, 비즈니스, 사실과 숫자들의 영토에 들어가는 것을 두려워할 필요가 없다. 그 땅에서 안전할 수 있고 확신을 갖는 데 필요한 것을 이미 나는 가졌다.

나는 창조적인 프로젝트를 해낼 흥분을 느끼며 잠에서 깼다. 모험을 감행할 때이고, 비즈니스 세상에서 나의 창조성을 더욱 발현할 수 있는 힘과 명징성을 지녔다는 것을 알 것 같다.

종결

이번이 일련의 개인 의례를 맞춰 조직하는 마지막 장이다. 다음 12주차에서는 교란되고 붕괴되고 재건을 위해 울부짖는 유도 신화를, 창조적이고 효과적으로 살아내야 하는 거대한 도전에 대응할 개념적 틀을 제공할 것이다. 우리가 이 프로그램을 통해 무엇을 제공할 수 있고, 무엇을 제공할 수 없는지 반추하면서 마무리하려 한다.

정신과 의사 셸든 콥Sheldon Kopp은 "모든 중요한 결정은 불충분한 정보를 기반으로 이뤄진다"[4]라고 말했다. 우리는 빈번하게 충분한 정보 없이 우리 삶을 결정짓는 선택을 해야 한다.

유도 신화는 가지고 있는 정보를 조직하고, 그것을 어떻게 사용할지 알려준다. 하나의 통찰력 있는 신화는 1천 가지 정보와 맞먹는 가치가 있다. 이 프로그램을 완성하면 통찰력 있는 신화를 창출할 수 있고, 자신의 어린 시절과 문화에 구애받지 않는 유도 자각을 증진할 수 있다.

　9주차에서 논의한 생물학적 기저가 강할수록 심리학적 상태를 변화시키기 어렵다는 연구를 상기하라. 반면 심리치료 기법은 생물학적으로 문제가 명확히 있는 경우에도 이를 해결하며 발전해왔다. 여기서 정신치료 약물 요법의 장점과 남용을 논의하기는 어려운데, 조현병과 중증 만성우울증 같이 생화학적 레벨에서 약물이 바로 도움이 되는 경우가 있다. 또한 이럴 때라도 약물 없이 이들 고착을 완화하는 덜 침습적인 다양한 방법 또한 발달되었다.

　예를 들어, 호흡[7]에 초점을 맞추는 중재나 신체의 심부 조직과 근육[8]을 직접 풀어주는 중재는 신체에 각인된 심리적 방어 성향을 완화한다. 또한 눈동자 움직임,[9] 최면, 혹은 피드백 같은 중재로, 스트레스나 트라우마를 일으키는 사고방식이나 사건 기억을 재조정할 수 있다. 치료자와 내담자의 상호 관계에 초점을 맞춘 중재는, 개인 성향을 이루는 기반암에 충격을 주어 심리역동에 변화를 줄 수 있다고 한다. 개인의 에너지 체계[10]에 초점을 맞춘 중재 또한 미묘한 물리적 실재의 기반을 바꿀 수 있다.

　자신의 신화를 유지하고 적용하고 새롭게 재편하는 것은, 금문교의 페인트공처럼 결코 끝나지 않는 과제다. 우리는 여러분이 개인 신화 프로그램을 한번 이수함으로써 앞으로 자신의 문제를 스스로 진단하고 선택할 수 있는 신화적 안목을 갖게 된 출발점에 섰다고 믿는다. 우리는 고도로 구조화된 개인 의례를 통해 여러분을 특정 자리로 안내했다. 그것을 통해 자신의 개인 신화 영역을 구석구석 탐색하게 되었고, 이제 그곳에 어떻게 들어가는지 알게 되었으며, 의도하는 대로 더 깊게 탐색할 수 있게 되었다.

우리는 사람들이 매 세션마다 고정되지 않은 새로운 방식을 창출하는 것을 발견한다. 우리는 여기서 제시한 32개 개인 의례를 그대로 따르라고 고집하지 않는다(심지어 집에서 책만으로 진행하는 사람도 있다). 그보다는 매 국면의 자발성에 따르라고 제안한다. 개인 의례가 없더라도 5단계의 주된 흐름은 유지된다. 매 과제 단계마다 새로운 정신이 형성된다. 이 책에서 제시한 개인 의례는 매 단계마다 생산적이면서 부드럽고 조화롭게 따를 수 있도록 구조화되어 있다.

여러분은 이 프로그램을 여러 번 반복해서 진행할 수 있고, 그럴 때 이 방식들에 친숙해져서 물 흐르듯 자연스럽고 자신에 맞는 방식을 발견할 것이다. 그럴 경우, 매번 개인 방패를 만들거나, 신화 갈등을 탐색한 자서전을 쓸 필요는 없다. 반면 특별한 의례를 여러 번 반복하는 것은 유익할 수 있는데, 예를 들어 과거 신화와 대항 신화의 인물이 대화하거나, 내면의 현자나 파워 오브젝트와 만나는 의례가 그것이다. 우리는 개인 의례들을 손쉽게 내면으로 향하게 하고, 신화들이 발전함에 따라 자신의 노력과 자연적인 과정 사이에 조화가 이뤄지도록 고안했다. 이 방법들을 많이 사용할수록 그것들 뒤에 있는 기본 원리를 더욱 잘 이해하게 될 것이고, 주기적으로 자신의 유도 신화에 주의를 집중하여 그것들을 적용할 수 있게 될 것이다.

우리 워크숍이나 책의 초기 판본으로 한 번 이상 이 프로그램을 경험한 사람들은 매번 엄청나게 다른 경험을 한다. 프로그램을 마친 뒤에도 특별한 개인 의례가 지속적으로 유용한 도구가 된다. 어떤 사람은 프로그램의 초기 단계로 돌아가고, 혹은 특별한 의례로 돌아가는데, 이것은 새로운 신화를 이행하려는 노력이 방해받아 처음에 풀지 못한 문제를 재작업하기 위해 필요한 일이다. 이 같은 경우 개인 의례, 예를 들어 '과거 상처의 치유', '낡은 신화와 작별하기', '장애를 기회로 바꾸기', '정서적으로 교정된 연상을 통해 과거를 다시 쓰기' 같은 것들이 유용하다.

어떤 특별한 개입, 이 책에서 제시한 개인 의례나 시험적인 심리 치료 기법을 사용하더라도, 자신에게 전개되는 신화는 그것들의 상호 맥락에서 형성된다. 어떤 뿌리 깊은 패턴, 특별히 강한 심리적인 고착들이 기존의 심리학적 방식으로 변화되지 않을 때라도, 이제 막 완성한 이 프로그램이 여리분의 심리 영성 발달에 깊은 통찰을 제공할 것이다. 그것은 변화를 일으키는 가장 적절하고 전문적인 방식이 제시되어 있고, 아울러 체계화된 일련의 개인 의례가 인생의 여러 굽이마다 초기 변화를 잘 이끌어내기 때문이다.

12주

진화하는 개인의 신화

인류 역사에서 신화 시대는 원시적인 초기 단계에 불과하지만,
개인의 삶에서 이는 성숙한 후기 단계다. 이를 통해 실제로 드러나는
더 높은 진리, 영원에 대한 만족스러운 깨달음, 영속과 진실에 대한 통찰을 얻는다.
— 토마스 만Thomas Mann[1]

만Mann은 사람이 나이를 먹고 현명해지면서 더욱 큰 전망으로 세상을 살아가고, 오늘날 세상을 지배하는 자연 배타적 기술 신화로 세상을 바라보기보다는, 인류 초기 문화의 자연 친화적 원시 신화와 유사한 방식으로 사고하는 경향을 보인다고 말했다. 당신은 이제 막 끝마친 이 프로그램에서 이 세상을 움직이는 고차원의 질서를 이해할 수 있는 신화적 전망을 함양했다. 낡은 신화의 악영향을 자각하여, 우리 존재의 깊은 곳에서 이 삶을 온전히 살아낼 힘과 용기를 끌어 모았다.

이 장에서는 개인 의례라는 방식을 떠나, 새로 진화하는 신화를 이해하기 위한 이론 개념을 견고하게 세우려 한다. 이해력이 증가하면 신화에 조응된 삶이 고무되고, 새로 정립한 새로운 개인 신화의 방향이 지지를 받을 것이다.

개인 신화 만들기의 모델

댄 맥애덤스는 자신의 삶을 말하는 사람들의 이야기로, 이를 표준화된 심리검사 결과를 비교하는 연구 방법을 통해 개인의 신화와 성격 형성에 대해 연구했다. 그는 "개인의 신화를 창조하는 것은 자기Self의 역사를 만드는 것이다"[2]라고 말했다. 현대 서구 문화에서 자기는 주어지는 것이 아니고 만들어진다. 자기라는 의식을 창조하는 진취성은 지난 200년 동안 상당히 변화했고,[3] 오늘날 현대인들에게 개개인의 자아 정체성Selfhood을 찾는 일은 그 어느 때보다 더 어려운 도전 과제가 되었다.[4] 자기를 정의하는 과업을 추구하는 사람이 왕이나 여왕, 추장과 샤먼, 사제와 여사제뿐이 아니다. 현대의 모든 개인은 일상생활에서 자신의 고유한 정체성을 발견하기를 요구하고, 자신들이 창조한 자아상에 책임을 진다. 현대의 자기는 존재 방식이 정의롭기 위한 의미 있는 맥락이 필요하기 때문에, 자기 서사 혹은 개인의 신화가 개인 심리학에서 점점 더 중요하게 되었다. 외부에서 찾을 수 있었던 전통적인 도덕 권위가 붕괴되면서, 많은 사람이 자기를 가장 신뢰할 만한 도덕적 나침반으로 여긴다.

맥애덤스는 수천 명의 개인 신화를 경험적으로 연구하여, 이를 관통하는 사랑과 힘[5]이라는 두 기본 주제를 확인했다. 사랑에 대한 유도 신화는 친밀감과 상호의존, 책임감, 보호와 연관된다. 힘에 대한 유도 신화는 성취와 독립, 통달/지배, 정의와 연관된다. 개인의 신화는 또한 "서사적 경향narrative tone"[6]에 따라 특징적인 성질을 지닌다. 삶의 첫 두 해 안에 아이가 가진 유도 신화의 서사적 기조가 대개 결정된다. 이들 기조는 아이의 기저 신념을 형성하는데, 그가 경험한 세상이 좋든 나쁘든, 있는 곳이 안전하든 안전하지 않든, 그것은 일련의 믿음과 태도로 일정한 색채를 띤다. 어떤 유도 신화는 낙관과 희망이 특징이고, 이와 달리 불신과 체념이 골격이기도 하다. 그러나 개인의 신화는 또한 해를 지나며 계속 발전한다. 맥애덤스에 따르면, 사람들은 이 변화의 시기에 오랫동안 깊숙이 간직해온 전제를 의심하거나, "새로운 줄거리와 등장인물을 구현하고, 과거에서 다른 장면들을 강조하며, 미래에 대한 다른 기대를 품기 위해 신화를 재구상"[7]할 수도 있다.

개인의 신화에 대한 맥애덤스의 연구에 더해, 심리학에 기반한 과학적인 수많은 모델이 우리의 신화학적 정식에 중첩된다. 여기에는, 데이비드 엘킨드David Elkind의 "개인의 우화personal fables"[8], 세이모 엡스타인Seymour Epstein의 "자기 이론self-theory"[9], 개리 그렉Gary Gregg의 "자기표현self-representation"[10], 허버트 헤르만스Hubert Hermans의 "대화하는 자기dialogical self"[11], 로버트 케간Robert Kegan의 "진화하는 자기evolving self"[12], 실번 톰킨스Silvan Tompkins의 "핵심 주제nuclear themes"[13], 조지 켈리George Kelly의 "개인 구축 심리학personal construct psychology"[14] 등이 포함된다. 어떤 말로 불리든지 개인의 신화는 체계적으로 연구되었고, 우리는 여러분이 자신의 신화 발전에 의식적이고 능동적으로 참여하는 데에 이들 연구가 유용하다는 것을 발견하기를 희망한다.

개인의 현실화 이론

우리는 매사추세츠 대학의 심리학자 세이모 엡스타인이 주도한 연구 결과에 힘입어, 개인의 신화와 그 발달에 대한 이해가 깊어졌다. 과학자들이 그들의 연구 결과와 새로운 실험 계획을 수정하기 위해 이론을 사용하는 것처럼, 엡스타인은 "사람들도 그들의 경험, 예견된 사건, 일상의 직접 행동을 조직하는 데 이론이 필요하다"[15]라고 말한다. 그는 개인으로서 이 정보를 내부화하는 시스템을 잠재된(직접 표현되지 않고도 이해되는) **현실화 이론**theories of reality이라고 언급한다. 이들 개인 이론은 자기 자신과 세계의 관계에 대한 가설 혹은 일반화를 포함한다.

우리가 개인의 현실화 이론이나 개인의 신화라고 언급해왔던 것은 정서적으로 중요한 경험에서 유도된 가정으로 만들어졌고, 살아가면서 발달되었으며, 의식적인 관심을 기울여 형성되는 것이 아니라 그 배후에서 형성되었다. 그러한 가정은 서술적이고 설명적인데, 이 프로그램에서 시험한 '자기 진술'의 형태를 띤다. **서술적 가정**descriptive postulates은 자신의 환경이나 자기 자신에 대해 서술하는데, "내가 화난 기색을 보이면, 아버지는 나를 때린다" 혹은 "사람들은 날 쉽게 믿는다" 같은 것이다. **동기적 가정**motivational postulates은 원하는 것을 얻기 위해서, 혹은 두려운 것을 피하기 위해서 해야 할 것을 설명하는데, 예를 들어 "아버지가 나를 때리지 않도록 나의 화를 감출 것이다"나 "다른 사람들의 신뢰를 이용해 내가 원하는 바를 그들이 하게 만들 것이다" 같은 것이다.

가정들은 한 정육면체가 그 안에 또 다른 정육면체를 품고 있는 형태로 조직되는 경향이 있다. "나는 훌륭한 목수다"라는 전제는 하위 가정, 즉 작은 정육면체다. 이 작은 정육면체를 둘러싼 커다란 정육면체, 즉 상위 가정에는 "나는 훌륭한 일꾼이다", "나는 능력 있는 사람이다", "나는 가치 있는 사람이다"와 같은 전제들이 포함된다. 이 네 개의 가정은 각각 이전의 가정보다 더 일반적이고 덜 특정적이다. 가정이 상위 수준일수록 바꾸기가 더 어려운데, 상위 가정이 바뀌면 더 많은 수의 하위 가정이 영향을 받는다.

엡스타인은 자존감은 개인의 현실화 이론에서 가장 본질적인 가정이라고 설명한다.[16] 자존감은 유도 신화에서 최상의 상위 가정의 하나로, 변화에 끝까지 저항하는 성질을 지닌다. 그러나 이런 가정이 바뀌면 신화 전체에 심오한 변화가 일어난다. 자아 존중감이 뚜렷하게 증가하거나 떨어질 때, 자신의 능력에 대한 관점, 자신의 단점, 자신의 실수, 자신의 기회가 바뀐다. 엡스타인은 사고하는 경향뿐만 아니라 개인의 현실화 이론의 특별한 가정에도 영향을 미치는 네 가지 상위 가정을 구별했다.

1. 세상을 얼마나 선하게 혹은 악하게 보는가.
2. 세상을 얼마나 의미 있는 곳(예측과 통제가 가능하고, 공정하다는 의미 포함) 혹은 무질서한 곳으로 보는가.
3. 타인을 얼마나 지지와 행복의 근원 혹은 불안과 불행의 근원으로 여기는가.
4. 자신을 얼마나 가치 있게(능력 있고, 선하고, 사랑스럽다는 것 포함) 혹은 무가치하게 여기는가.[17]

이들 가정은 각각 사고와 행동에 영향을 미치는 네 가지 기본 욕구에 기초한다. 즉, 기분 좋은 기쁨과 고통의 균형을 유지하려는 욕구, 상대적으로 안정적인 개념 시스템 속에 현실적인 정보를 동화하려는 욕구, 관계를 유지하려는 욕구, 자부심을 고취하려는 욕구가 그것이다.[18] 개인의 신화는 이들 네 가지 기본 욕구가 조화롭고 균형 있게 성취될 때 제대로 기능한다.

　여기 스탠리 크리프너의 예가 있다. 그가 지닌 상대적으로 하위 수준의 서술적 가정 때문에 그의 경력에 매우 중요한 계기를 잃을 뻔한 사건이 있었다. 스탠에게는 늘 인습 타파적인 구석이 있었다. 대학 재학 시절에 그는 다음과 같은 슬픈 결론을 내리기에 이른다. "나는 친해지고 싶은 사람들에게 의도치 않게 적대감을 불러일으킨다." 그는 이런 상황에 대비한 전략, 즉 동기적 가정도 만들어냈다. "만약 내가 누군가의 적대감을 불러일으킨다면, 즉시 물러나 더 이상 반감을 사지 않도록 한다." 시간이 지나 스탠이 대학원생이 되어 저명한 심리학자 가드너 머피를 만났을 때 그는 이 가정들을 시험해볼 기회를 맞았다. 머피 박사는 스탠을 만나자마자 그에게 강하게 끌렸고, 스탠에게 그해 여름 하와이 대학에서 자신의 대학원생 조교로 함께 일하자고 제안했다. 박사의 반응은 스탠의 서술적 가정과 부딪혔다. 스탠은 머피 박사와 서신을 주고받았지만, 확정된 것은 없었다.

　몇 달 후, 스탠은 머피 박사가 기조 연설자로 참여하는 컨퍼런스에 참석한다. 컨퍼런스 초반에 스탠은 이 저명한 심리학자가 복도 반대편에서 자신을 향해 걸어오는 것을 보았다. 스탠은 "안녕하세요, 머피 박사님!"이라고 큰 소리로 인사했다. 그러나 머피 박사는 돌아서서 반대 방향으로 걸어갔다. 스탠은 머피 박사에게 보낸 편지에서 자신이 그에게 반감을 살 말이나 표현을 하지는 않은 것 같았지만, 자신의 서술적 가정에 따르면 확실히 무언가 큰 실수를 했음이 분명하다고 느꼈다. 서술적 가정에 확신이 들자, 그의 동기적 가정은 머피 박사의 눈에 띄지 말라고 속삭였다. 하지만 머피 박사의 강의가 끝날 때쯤 스탠은 두 가정 모두에 도전장을 내밀며, 머피 박사가 당시 다른 생각에 정신이 팔려 있었거나 멀리 있는 자신을 보지 못했을지도 모른다고 추측했다. 스탠은 강의가 끝난 뒤 이 인기 있는 교수에게 인사하기 위해 억지로 줄을 서서 자신의 차례를 기다렸다. 머피 박사는 스탠을 보자마자 따뜻하게 인사하며 그의 제안을 다시 꺼냈다. 그해 여름 하와이는 스탠의 인생을 바꿔놓았고, 그의 경력을 탄탄대로에 올려놓았다. 자신의 가정에 도전하지 않았다면 일어나지 않았을 일들이다.

의식적, 전의식적 정보처리 과정

개인의 신화는 엡스타인이 밝혀놓은 대로 두 가지 다른 정보 생성 시스템을 동시에 작동시킨다.[19] 하나는 이성적이어 분석적 논리에 기반하며 의식적 자각에 더욱 유용하고, 다른 하나는 의식적이기보다는 **직관적**이다. 이성계rational system는 더욱 통합적이고 통상의 논리에 따라 조직한다. 직관계intuitive system는 훨씬 정서적이고 전체적이면서, 그 개념은 상호 연관되어 있으면서 좀더 느슨하게 결합되어 있다. 심리적 상황 같은 구조를 통해 직관계는 정보를 자동으로 빠르고 효과적으로 생성하는데, 고차원에 도달할 때까지 추상화와 일반화, 은유와 서사를 사용하여 정보화 과정을 진행한다. 그것은 보통 수동적으로 경험되고, 직접적인 의식보다는 자각 없이 이루어진다. 이것은 습관적이고 자동화된 개인적인 언어를 사용한다.

사람들은 직관계에서 진행되는 내면의 대화를 보통 인식하지 못하는데, 여러 다양한 노력을 통해 이를 자각할 수 있다. 직관계는 흔히 시대에 잊혀진 이미지와 상징적 표현을 더욱 정교하게 음운으로 표현한다. 그 뜻은 개인적으로 암호화되고, 전의식으로 축약된다. 직관계의 주요한 조정 특질 중 하나는 빠른 평가 능력과 결정 행동의 추진력이다. 이성계는 때때로 직관계의 영향을 배제할 수 있는데, "생각과 감정이 갈등을 벌일 때 생각에 유리하게 해결"[20]하는 방식에서 증명되었다. 엡스타인은 "갈등이 인식되지 않을 때에 [직관]계가 더욱 두드러지는 경향이 있고, 이성계에 불합리하게 영향을 미친다"라고 명확하게 말했다.

개인의 현실화 이론은 어떻게 바뀌는가

정서적으로 중요한 경험이 개인의 신화와 일치하지 않을 때, 그 불일치는 부정될 수 있고, 심리적 방어기제를 사용하여 왜곡하거나 혹은 개인 이론의 변화에 영향을 미칠 수 있다.[21] 그러한 변화는 유도 신화를 확장하고, 경험에 맞도록 더욱 유연하고 창조적으로 만든다. 개인의 신화는 기준과 일치하지 않는 경험에 직면했을 때 도전을 받는다. 그러한 반대에 부딪혀 두 가지 방식으로 반응한다. 도전 받은 것을 변형하거나 신화를 변경한다.

장 피아제Jean Piaget는 외부 인지를 여과하고 변형하는 것을 동화as-similation라는 말로, 새로운 경험에 맞춰 내부 이론을 변형하는 것을 적응

accommodation이라는 말로 설명한다.[22] 반박에 부딪혀서 외부 지각에 맞춰 개인의 신화를 바꿀 수 있고, 혹은 신화를 고수하고 외부 지각을 변형할 수 있다. 만약 배우자가 '당신의 건강을 생각하며 돌보라'고 채근한다면, 상대를 잔소리꾼으로 대하든지(자신의 신화와 조화롭지 않은 정보를 집어삼켜 소화시킴), 혹은 자신의 태도를 바꿔 건강을 잘 돌볼 수도 있다(자신의 유도 신화에 영향을 주어 신화를 바꿔 조화롭지 않은 정보에 적응).

동화는 상반되는 경험에서 과거 신화를 유지하는 데 매우 중요하다. 적응은 과거 신화를 정교하게 정련하는 방법이 중요하다. 어느 지점에 도달할 수 있는데, 개인의 신화가 철저하게 가감되며 피아제 표현으로 하면 "닳고 닳아" 수정될 수 있다. 즉 적응할 수 있는 한계, "순환 구조가 붕괴되는"[23] 상태에 도달할 수 있다. 신화와 적응하지 못하는 경험은, 피아제가 내부구조의 **적응 수용성**이라 말한 것을 초과하게 된다.

오래 지속된 신화의 붕괴는 대개 일정 기간의 무질서와 불균형에 따른 결과인데, 개인 방패를 만들며, 혹은 다른 개인 의례를 통해 확인했을 것이다. 심리학자들은 인간 발달이 정통적인 변증법 '정-반-합'의 과정[24]을 겪는 것을 자주 관찰한다. 새로운 신화의 진화 또한 변증법적 과정으로 이해할 수 있다. 지배 신화[정]가 낡아서 제 기능을 하지 못하게 되면, 정신은 지배 신화의 역기능을 보상하기 위해 전형적으로 대항 신화[반]를 생성한다.

대항 신화의 형성은 자주 새로운 현실을 이해하게 되는 창조적 일탈을 포함하는데, 그것은 기존의 정보 창고에 신선한 총체적 경험, 주목하지 않을 수 없는 참신한 모티프, 전에는 보지 못한 반짝이는 가능성, 도저히 도달할 수 없던 것을 넘어섬 같은 것들이 첨가되는 것이다. 과거 신화와 대항 신화의 갈등은 정보 생성 과정의 의식적·무의식적 시스템에 관여된다. 그것은 이미 시행되고 친숙한 과거 신화의 가장 큰 장점과, 시험되지 않고 정제되지 않은 영감을 지닌 대항 신화의 합일로 도출된다. 이 프로그램의 3단계에서 변증법을 사용하여 도전받는 지배 신화와 대항 신화 사이에 합을 이끌어냈다. 4단계에서는 이 합을 정련했고, 이제 5단계에서 이 새로운 신화를 삶에 용해한다.

요약

개인의 신화는 자신과 자신의 세계에 대해 그리고 이 둘의 관계에 대해 서술적(설명적) 가정과 교육적(동기적) 가정이 혼합되어 구성된다. 이것은 계층적으로 조직되어 있고, 자신의 기본 필요를 충족하기 위해 타협과 균형을 추구하는 경향이 있다. '하위lower order' 개인 신화는 특정 영역의 지식을 완전히 습득하는 것이 직업적 성공을 촉진하리라는 믿음 같은 것으로 특정되어 있고, 대개는 개성 구조 자체를 해체할 위험 없이 변화가 가능하다. 그러나 (세상이 안전하다는 감각, 가치관, 다른 사람과 관계성, 인생의 목적을 좌우하는 신화들 같은) '상위hisher order' 개인 신화의 변화는 기반을 흔드는데, 그것들은 현실적인 구조의 뼈대를 이루는 넓은 보편성의 토대이기 때문이다.

개인의 신화는 의식적으로 정보 처리를 하는 지적 체계와 전의식적인 직관 체계, 둘 다의 영향을 받아 작동한다. 굳어진 신화는 전의식 체계에 주요하게 기능하여 정신에서 부인된 '그림자'가 되기도 한다. 혹은 지적 체계에 주요하게 작용하여, 전의식에서 깊은 영역에는 약하게 연결된 채로 기만적인 '거짓 자기'를 만들기도 한다. 그러나 오래 지속되는 신화들을 분석하면 이 두 체계는 서로 보완적으로 작용한다. 의식적으로 오래 지속된 신화와 새로 부상하는 신화 사이에 자연스런 변증법을 적용하면, 더욱 빠른 합일을 이끌어낼 수 있고 좀더 바람직한 새로운 신화를 도출할 수 있을 것이다.

개인 신화의 원천

신화 형성은 인생의 가장 심오한 천상의 질문과 사투를 벌이는 과정이면서, 그것은 뇌의 화학 반응에서 시작한다. 신화적이라 생각할 수 있는 것은, 뇌가 사건을 화학적으로 암호화하고 이 암호화된 경험을 처리하기 위해 이미지와 이야기를 사용하기 때문이다. 유도 신화를 만드는 가장 주요한 원천은 자신의 생명 활동, 개인 경험, 자신이 속한 문화이다.

생명 활동

개인의 신화를 이루는 생명 활동의 원천은 신체, 기질 성향, 유전자뿐만 아니라 학습, 섭식, 운동, 스트레스 그리고 이와 연관된 주위 환경에 기인한 생화학적 변화를 포함한다. 뇌는 끊임없이 경험 감각을 구성하고 의미를 형성하며 행동을 계획하는데, 심지어 자는 동안에도 지속한다. 꿈은 뇌간의 신호에 따라 뇌가 말하는 이야기인데, 낮의 활동으로 쌓인 전기 신호가 무작위적으로 방출되면서, 연속되거나 단편적인 이야기를 지어내게 된다. 꿈을 구성하는 원재료인 이미지와 감정, 감각 들은 무작위적인 전기 방출로 우연히 발현되는 것으로, 기이한 꿈의 특성을 반영한다. 이때 잔존 기억, 믿음, 욕구, 두려움 들이 이야기를 짜는 재료가 된다. 뇌는 매우 재능이 뛰어난 이야기꾼이다.

개인의 신화도 마찬가지로 뇌가 엮어낸 이야기다. 뇌는 지속적으로 기억과 믿음, 욕구와 두려움을 새로운 경험에 엮어낸다. 또한 우리의 인식과 감각을 체계화하고 의미를 형성하며 행동을 지휘하는 전의식적 서사를 만들어낸다.

뇌는 특별한 모듈, 해석자interpreter[26]를 지니고 있어, 왜 그런 행동이 일어났는지 즉시 설명을 만든다. 해석자 시스템은 뇌의 오른쪽 반구와 왼쪽 반구를 연결하는 뇌량을 치료하는 신경과 의사들이 발견했다. 그들은 뇌량이 상해를 받거나 생명이 위험한 중증 간질 같은 병을 치료하기 위해 외과적으로 적출해 기능이 상실된 경우에 나타나는 특이반응에 주목했다. 뇌의 양쪽이 각기 독립적으로 기능하게 됐는데도, 좀더 언어 지향적 행동을 하는 좌측 반구도 우측 반구가 시행한 행동을 지속적으로 해석했다.

예를 들어, '웃어라'라는 명령을 순종적인 우반구에만 짧게 노출시켰을 때(우뇌가 관장하는 좌측 눈에만 이 명령을 보임) 많은 경우 환자들은 웃었다. 환자의 좌반구는 웃고 있다는 사실은 인식했지만, 웃음을 유발한 자극은 알지 못한 채 자신이 왜 웃었는지에 대한 설명을 지어내기 시작했다. 연구자가 한 환자에게 왜 웃었느냐고 물었을 때 "당신이 매달 우리에게 와서 시험하잖아. 삶을 사는 방법이지!"라고 대답했다.[27]

해석자 시스템은 지식에서 피할 수 없는 공백을 진실처럼 느껴지는 추측으로 끊임없이 채워나간다. 회전목마처럼 돌아가는 무의식적 가정은 잘 알지 못하는 것에 확실성을 부여하려 한다. 해석자 시스템은 신념을 만드는 중심 기관이고, 새로운 경험을 만날 때마다 새로운 설명을 제공한다.

해석자 시스템은 또한 정신 구조가 생성하는 것들을 끊임없이 시험하고 재정비하는 기능을 한다고 여겨진다. 자신과 세계에 대한 신념을 생성하고 시험하는 것은 신화를 만들어 통합하는 영역과 동일하다. 그러나 일단 확립된 개인의 신화는 상대적으로 안정적으로 남으려는 경향이 있는데, 심지어 기존 전제와 상반되는 인생을 경험하고도 그렇다. 신경심리학자의 관찰에 따르면, 뇌는 이미 형성된 신념에 대한 증거를 평가할 때 기존 신념을 강화하는 방식으로 평가하는 경향이 있다고 한다.[28] 개인의 신화는 전형적으로 이러한 자기 충족적 논리에 따라 작동한다.

해석자 시스템은 뇌의 좌측 반구(오른손잡이인 경우)에서 주로 기능하고, 음성 신호로 크게 활성화된다. 그러나 다른 사고 과정은 언어를 사용하지 않고 일어난다. 신경학자 안토니오 다마시오Antonio Damasio는 비언어적 "내부 이야기internal narrative"[29]에 대해 언급했다. 그것은 "장면 뒤에서" 일을 처리하고, 여러분은 안녕을 위해 진행되는 이야기를 전혀 의식하지 못한다. 내부 이야기가 가려운 곳을 긁게 하고, 음식을 씹게 하고, 쓰레기를 버리라고 지시하는 동안 의식은 이를 알아차리지 못한다. 이 내부 이야기는 좀더 복잡한 행동을 지시할 수도 있다. 예를 들어 말을 사용하지 않고 행동의 결과를 상상하고, 변경 전략을 착상하고, 상상 속에서 최상의 결과를 얻을 일련의 행동을 계획한다.[30] 신화가 만들어지는 토대는 언어보다 깊다.

뇌가 설명을 만들고 행동 과정을 구상할 때, 신경망이 연결되고 그러한 신념과 계획을 부호로 바꾼 단위체를 만들기 시작한다. 반복되면서 이들 연결망은 더욱 안정적이고 복잡한 설명 체계를 갖추게 된다. 형성된 신경망은 지속적인 패턴을 유지하는데, 영화의 필름 단위와 같은 역할을 하며, 각 순간은 새로운 창조물이 된다. 다마시오는 자아감은 "반복적으로 재형성된 생물학적 상태"[31]라고 기술했는데, 순간순간 형성되고, 바탕으로부터 "그렇게 지속적이고 항상적으로 재구축된 것으로, 뭔가 잘못 진행되지 않으면 자신도 결코 새로 만들어졌는지 모른다"[32]라고 말한다.

자신의 신화와 자아감은 매우 유사하여, 세상에 존재하는 방식을 결정하는 패턴을 지닌다. 그것들은 매일의 삶의 필수 요소이고, 변함없는 배경을 이루면서, 상대적으로 의식적인 주의를 요구하지 않는다. 그러나 당신의 뇌는 생생한 감정, 단어, 이미지 속의 비언어적 이야기를 구성하여 자각된 내부 설명을 만들 수 있다. 차를 운전하면서 완전히 오디오 스릴러에 몰입되어 있을 때, 앞에서 달려오는 트럭의 브레이크 밟는 소리를 듣는다면, 운전 과정은 의식의 배경에서 전면으로 뛰어 들어오는 것이다. 우리는 이 프로그램을 통해 여러분은 주의를 끌지 않았던 정신 세계인 유도 신화를 의식으로 떠오르게 했다.

개인 경험

개인의 독특한 경험은 개인의 신화를 만드는 또 다른 주요 자원이다. 신화가 경험을 만들 듯이 경험은 신화를 만들며, 양쪽 방향으로 서로 영향을 미친다. 정서적으로 큰 영향을 미친 사건과 인간관계들, 이전 생활에서 경험한 것들이 신화 발달에 영향을 미친다. 프로이트 이래로, 신념과 성격에 따른 과거 경험의 영향은 심리학적 사고의 주요 관심사였고, 이들 관계는 이 프로그램에서 탐구해온 중심 영역이다.

문화

문화에 기반한 신화는 이 프로그램에 반영됐던 자신의 진화하는 신화의 또 다른 자원이다. 직관적으로 명확한 것을 확장하면, 개인의 신화는 문화 신화의 축소판이라 할 수 있어 사회화를 강화하는 관습의 영향을 크게 받고, 지위에 따른 보상 체계, 선과 악을 결정짓는 대중 매체의 표현, 추한 것을 거르는 정신의 영향을 받는다. 자신이 자란 문화는 개인의 신화가 진화할 방향이나 다른 방식을 선택하고 강화하는 심리사회적 생태계를 제공한다. 사람들의 신화에 영향을 주는 문화는 심리학자 찰스 타르트Charles Tart가 "무의식적 합의consensus trance"[33]라고 말한 것처럼 실제로 일상적으로 만연되어 있지만 보이지 않는다.

개인 신화의 영적 기반

개인 신화의 네 번째 자원은 **초월적 경험**이나 **영적 경험**에 기반한다.

신비하고 심오한 가치를 지니며, 지평을 확대해주고 창조적 영감을 불러 일으키는 사건이나 통찰, 꿈이나 환상 같은 것들이다. 프로이트를 계승하는 몇몇 성격 이론가는 정신병리학과 영성을 연관 지었고, 정신병리학 연구는 '영성'과 정신 건강 사이의 상관관계를 지속적으로 확인하고 있다.[34] 예를 들어, 한 연구에서 신비 경험에 대해 말하는 사람들이 정신병리 척도에서 낮은 점수를 받았고, 그러한 경험을 말하지 않는 사람에 비해 정신 심리의 안정 상태가 높았다.[35]

윌리엄 제임스의 《종교 경험의 다양성The Varieties of Religious Experience》이라는 1901년 출판된 책은 '보이지 않는 실제'를 만난 경험을 과학적으로 연구한 이정표 같은 책이다. 예를 들어, 제임스는 정신과 의사 알 엠 버크R. M. Bucke로부터 아래 이야기를 조사했다.

나는 고요하게, 거의 소극적이라고 할 수 있을 만한 즐거움을 만끽하고 있었다. … 그러다 갑자기, 그 어떤 경고도 없이, 불꽃같은 구름에 둘러싸인 나를 발견했다. 나는 즉각 불을, 거대한 도시 가까이 발생한 큰 화재를 생각했다. 그런데 다음 순간 나는 그 불이 내 안에 있다는 것을 알아차렸다. 이후 곧바로 엄청난 기쁨의 의기양양함이 느껴졌고, 그와 동시에인지 뒤이어서인지 모를 형언할 수 없는 지적 깨달음이 찾아왔다. 무엇보다 나는 이 우주가 죽은 물질로 이루어진 것이 아니라 그 반대로 살아 있는 현실이라는 사실을, 단순히 믿게 된 것이 아니라 내 두 눈으로 목격했다. 나는 내 안에 영원한 생명을 의식하게 되었다. 이는 내가 영생을 얻을 것이라는 확신이 아니라, 그 순간 영성을 소유했다는 사실을 의식한 것이었다. 나는 깨달았다. …

이 세상, 모든 세상의 근본 원리는 우리가 사랑이라 부르는 그것임을.

개인의 신화가 점진적으로 발전하는 동안 '계시' 같은 충격으로 유도 신화가 변할 수 있는데, 비일상적 의식 상태에서 경험한 흔치 않은 일이고 저절로 일어난 일인데, 임사체험[37]이나 명상과 같은 관상 수련[38]에 의해 촉발되기도 한다. 상징과 개인 해석의 광범위한 체계 아래에서, 공통된 핵심 의미를 존경받는 현자, 영적 지도자, 도덕군자 들이 이미 말했던 것을 확인할 수 있다. 알도스 헉슬리Aldous Huxley는 그들이 "영원의 철학"에서 가르치는 "최상의 공통 의미"[39]를 요약했다. 이 가르침의 핵심은 우리의 감각으로 인식할 수 있는 세계 너머에는 "특정 조건을 충족하기로 결정하여 스스로 마음을 깨끗하고 사랑스럽게 만든 사람들을 제외하고는 직접적으로 즉시 이해할 수 없는" 더 깊은 현실, 초월적이고 이루 말할 수 없는 근원적 존재Ground of Being가 있다는 것이다.[40]

캔 윌버에 따르면 이 같은 영원의 철학은 힌두교, 불교, 도교, 수피교, 유대교, 기독교 신비주의 비전의 핵심이고, "스피노자에서 앨버트 아인슈타인까지, 쇼펜하우어에서 융, 윌리엄 제임스에서 플라톤 등에 이르는 개별 지성들에 의해 전체 혹은 부분적으로 수용되었을 뿐만 아니라, 이것은 다행스럽게도 순수 과학의 자료로 보완되고 우리와 함께 공존할 수 있다."[41] 이러한 영역을 연구해온 심리학자들은 심리적으로 발달한 개인의 세계관에서 영원의 철학의 기본 개념과 일치하는 요소를 발견했다. 예를 들어, 아브라함 매슬로가 '자아실현' 주제에서 많이 언급한 '지고 체험peak experience'은 그가 '존재의 가치'라고 이름을 붙인 진실, 사랑, 양

선, 정의, 단순성, 아름다움 같은 덕목으로 이행하려는 동기를 유발했다.[42]

윌리엄 제임스는, "명확하고 강렬한 신비 체험은… 이를 경험한 자들에게는 우리가 아는 감각들만큼이나 직접적인 현실로 인식된다"[43]라고 말했다. 강렬한 '절정', '신비', '영적', '종교적', '통합적', '초월적' 혹은 '개인 초월적' 경험은 개인의 신화를 저항 없이 변하게 하고, 그와 함께 기본 신념과 목표, 행동 또한 바꾼다. 물리적 감각과 신비한 지각은 자주 서로 상반되게 느껴지기 때문에, 그러한 경험은 신화를 신장시키는 역설로 충만하게 된다. 영적 만남은 뇌와 육체에서 일어나는데, 생물학의 기반을 초월하는 더 강력한 경험은 아직 알려지지 않았다. 그러한 만남은 개인 철학과 연관되고, 개인 신념과 가치, 습관을 급격히 변환할 현저한 능력이 있다. 영적 조우는 더 넓은 문화의 신념에 영향을 받는데, 그래서 자주 지배 규범에 도전하고, 문화 신화를 초월하여 지평을 넓힌다.

신화는 전통적으로 영적 영역을 향하고, 그곳으로 초대하며, 인류학자 브로니스로우 말리노브스키Bronislaw Malinowski의 말대로, "원초적이고, 원대하고, 더욱 계시적인 실재"[44]인 세계를 전달한다. 영적 성장은 인류사의 더 넓은 맥락을 이루는 미묘한 패턴과 감춰진 자연의 힘에 대해 주의를 기울이는 것으로, 형이상학적 고찰 없이도 묘사될 수 있다. 롤로 메이는 인간의 운명을 "이 우주에 대한 계획이 우리 각자에 대한 계획을 통해 말하는 것"[45]이라고 정의했다. 우리 육체는 궁극적으로 지구 표면과 대기에서 유래되었고, 개인사를 초월하는 진화 법칙에 완전히 연관되어 있다. 지면에 솟아올라 오면서, 나는 행성과 우주의 작품이 된다.

우주를 지배하는 모든 원리가 나를 지배한다. 명확히 내 부모의 유전자를 내가 받았듯이, 우주의 설계를 받았다. 이러한 관계를 성찰하는 것은 영적 영역의 존재를 성찰하는 것이다. 직접 경험을 통해 이것을 지각하는 것은 내 존재의 심오한 근원에 연결되는 것이다.

개인 신화의 8가지 진화 원리

개인의 신화는 돌연변이와 자연 선택이 일어나는 심리사회적 생태계에서 진화한다. 이 생태계는 유도 신화가 정신과 사회 욕구에 부응하도록 '돌연변이'나 혁신 같은 방식을 선호하고 유지한다. 기질이 고도로 내성적인 소년이 총학생회장을 목표로 신화적 결전을 불사할 수 있다. 영혼과 대화한다고 주장하는 소녀는 미국에서는 정신과 의사를 만나야 할지도 모르지만, 발리에서는 샤먼이 될 사람으로 칭송받을 수도 있다.

물론 개인의 신화가 당신의 기질이나 당신이 살아가는 문화와 어울려야 하는 것은 중요하다. 하지만 가장 잘 들어맞는 유도 신화마저도 진화할 필요가 있다. 지금까지 본 대로 인생의 어느 시기에 적절하고 효과적이었던 개인의 신화는 다른 때에는 부적절하고 기능을 하지 못하게 된다. 신화가 시대에 뒤떨어질 때 정신적·영적 요구와 잠재력을 충족시키지 못하게 되고, 인생에 어려움을 야기한다. 발전된 유도 신화로의 변이는 지속적인 성숙과 성공적인 적응을 요구한다. 인생의 역경을 황금으로 바꿀 연금술의 불은, 질투를 연민으로, 억울함을 감사로, 방종을 관대함으로 바꿀 것이다.

문화가 제공하는 유도 신화의 특질들과, 사회가 제공하거나 혹은 제공하는 데 실패한 통과의례들은 개인의 변화와 성장을 촉진할 수도, 저해할 수도 있다. 여러분이 방금 마친 이 프로그램이 기반한 다음 여덟 가지 원리는 암벽을 타고 올라가듯 계속해서 진화할 여러분의 개인 신화를 위해 손과 발을 디딜 곳을 제공할 수 있다. 이 원칙들은 인지심리학과 발달심리학, 진화심리학의 발견들을 통합하면서 기존의 이론들을 종합하고 발전시킨 것이다.[46]

1. 인간은 일생 동안, 연속적으로 변화하는 유도 신화를 통과한다.

과거 신화의 붕괴는 이상적이고 고차원적인 인간으로 발달하기 위해 필요한 일이다. 성숙하고 새로운 환경에 직면하면서 더욱 진전된 유도 신화가 요구된다. 예로부터 나선형의 상징은 인간이 상위 발달 단계로 나아가려 할 때 영원히 반복해서 핵심 문제들을 직면하게 되는 것을 묘사하는 데 사용되어왔다.[47] 핵심 주제와 관련된 발달 과제들, 즉 권위와의 관계나 사랑하는 능력과 같은 과제들은, 성공적으로 해결된 후에도 나중에 정체성 문제에서 되풀이될 수 있다. 재경험될 때는 더 높은 성숙 단계, 즉 더 발전된 개인의 신화로 작업하게 된다. 가령, 자녀에게 조롱을 일삼는 부모에 대한 괴로움은 부모가 오래전에 세상을 떠났을지라도 수년 동안 배경에 자리잡아왔기에 심리적 고통의 주요 원인이 될 수 있다. 이미 해결한 줄로만 알았던 괴로운 패턴이 반복해서 등장하면 좌절감이 느껴질 수 있다. 하지만 이러한 문제들을 더 높은 발달 단계에서 다시 작업함으로써, 개인에게 권위를 부여하는 긍정적인 방향으로 과거와의 관계를 변화시킬 수 있다. 또한 이러한 문제들은 더욱 발전된 신화를 형성하는 데 질료를 제공할 것이다.

2. 하나의 유도 신화에 대한 심리적 매몰에서 벗어나 새로운 신화로 나아가는 것은 자아 개념의 변화를 필요로 한다.

자기self는 수직 심층 구조(본성)와 수평 표층 구조(문화적 개인 정체성)로 구성된 다층 건물 빌딩에 비유되어왔다.[48] 각 층은 건물의 심층 구조이고, 각 층에 놓인 가구와 탁자, 의자 들은 건물의 표층 구조에 속한다. 심리적 발달은 개인이 하나 위에 있는 층과 자신을 동일시할 때 발생한다. 심리 발달은 기존의 층과 더 이상 자신을 동일시하지 않고 그 층에 어울렸던 신화에서 스스로를 분리하며, 새로운 층에 맞춰 새롭게 자신을 인식하고 그에 적합한 신화를 형성하는 것을 필요로 한다. 튤립이 구근 안에 숨겨진 것처럼, 생명이 시작될 때부터 개인의식의 심층 구조는 펼쳐지길 기다리고 있는 잠재성으로 존재한다. 과도기적 시기마다 수반되는 어려움들은 해당 기간 동안 개인의 심리적 삶을 지배한다. 이어지는 의식의 각 단계마다 그 단계에 적합한 새로운 신화가 떠오른다.

3. 내적 삶이든 외적 환경이든 발생하는 갈등은 모두 변화가 필요하다는 자연스런 신호다.

정서적으로 큰 영향을 주는 경험이 개인의 유도 신화와 일치하지 않으면, 개인은 그 경험을 부정하거나 왜곡하거나, 혹은 스스로를 그 경험에서 멀리 떼어놓는다. 도움이 되지 않는 신화를 유지하려는 자기기만은 내적 갈등을 유발한다. 이 갈등은 개인의 감정, 사고, 행동, 꿈, 환상, 혹은 세상에서 개인이 만들어내는 상황들에서 드러날 수 있다. 그러나 더욱 발전된 신화로 나아가려면 과거 신화를 포기하고 내가 알아왔던 나의 모습이 더는 내 모습이 아니라는 것을 깨달아야 한다.[49] 앤은 자신이 소중히 여기는 사람들에게 선을 긋는 것이 너무나 어려웠다. 왜냐하면 그들에게 자신이 비협조적으로 비춰질 수 있기 때문이었다. 이러한 정체성의 변화는 강한 저항감과 깊은 슬픔이 함께하는 상실을 동반한다. 하지만 이러한 상실감에 반사적으로 저항하기보다 이를 전환의 신호로 여기면, 어려운 시기에 일어나는 일들을 이해하고 그 기저에 있는 갈등을 더욱 효율적으로 해결하는 데 도움이 될 것이다.

4. 신화 갈등의 한 측면은 자기 한계를 지닌 개인의 신화로 드러나면서, 반대로 개인 발달의 건설적 기능을 제공하기도 한다.

일반적으로, 중요한 정서적 경험이 개인의 신화 형성에 기본 가정이 된다.[50] 이러한 경험은 인생 초기에 이루어지기 때문에 일련의 유도 신화 발달에 매우 중요하다. 경험된 사건이 중요하지 않다면 유도 신화의 중심에 영향을 미치지 않는다. 심리적 방어는 중심 신화와 양립할 수 없는 경험을 떠올리는 것을 방해하고, 효과적인 유도 기능을 저하한다. 인생의 어떤 영역에 대항하여 신화가 형성되었고, 그와 결부된 불안이 클수록 신화는 더욱 경직되고 일방적인 성질을 가짐으로써 변화에 저항하게 된다. 이 프로그램 전반부에서 역기능 신화의 근원을 탐색하면서 과거 경험과 연관된 현재 문제를 연결 지을 수 있었다. 과거 신화를 탐색하여 역기능을 파악할 수 있을뿐더러, 동시에 초기에 기여한 건설적인 역할도 알 수 있다. 따라서 신생 신화는 이전 신화의 전략을 수용할 필요가 있다. 과거 신화가 형성되었던 과정과 적합했던 이유를 알 때, 역기능을 뿌리 뽑으면서도 그것의 유용한 유도 방향은 수용할 수 있게 된다.

5. 갈등의 다른 한 측면은 대항 신화를 부각시키는 것인데, 이로써 새로운 지각, 자기 개념, 세계관, 과거 신화의 한계에 대한 자각 같은 확장된 새로운 힘을 얻는다.

과거 신화로 지지받지 못하는 잠재 특성은 결국 자연적으로 표출되어 대항 신화의 출연으로 나타나는데, 처음에는 꿈이나 다른 무의식적 경로를 통해 드러나게 된다. 대항 신화는 이러한 무의식적이고 원초적인 충동의 저장고에서, 인생의 축적된 경험에서, 문화의 발달된 신화를 받아들일 준비가 된 데서, 초월적 경험에서 드러난 새로운 창조적 자각에서 유래한 발달 압박들을 통해 형성된다. 이 프로그램을 진행하며 여러분은 어떻게 대항 신화를 자각했는가? 대항 신화는 정신적 문제를 푸는 과정에서 창조적 도약이라는 방식으로 드러난다. 그러나 이것은 일반적으로 현실 세계에서 활용성이 부족하다. 그것의 근원은 대개 유도 신화의 안정성을 위협하는 경험들이고, 자신의 인식 밖에 있던 것들이다.[51] 대항 신화는 자신의 성격 특성에서 인식되지 않은 영역을 통합하는 힘을 지니면서, 과거 신화를 강제하는 성질을 유지하려는 힘도 여전히 지니고 있다.

6. 이러한 갈등은 고통스럽고 파괴적이면서, 자연스럽고 무의식적이기도

한데, 해결을 향한 움직임이 저절로 나타나서, 과거 신화와 대항 신화에서 가장 적절하고 발달될 자질을 이상적으로 합일한 새로운 신화를 변증법적으로 도출하기도 한다.

　개인 신화의 과제 중 하나는 분쟁보다는 화합을 통해 기본 욕구를 충족시키는 것이다.[52] 갈등이 유도 신화와 경험 사이에 그리고 유도 신화 사이에 필연적으로 발생하면, 정신에는 이 둘을 단일하게 통합하려는 갈망이 발생한다. 이미 살펴본 대로, 이 자연스런 과정은 변증법적으로 테제와 안티테제 투쟁이 과거 신화와 대항 신화 사이에 구조적으로 지각, 감정, 사고, 행동에서 발생하게 된다. 많은 변증법이 의지와 관계없이 의식 밖에서 일어나지만, 사람들은 그것을 다른 무엇보다도 신화의 하나, 신화의 한 요소로 의식하는 경향이 있다. 신화 갈등을 의식하지 못하고 위험 요소로 간주하기보다, 변증법적으로 인식해서 내부 도전으로 이해하고 작업하면 더욱 강력한 힘을 얻게 된다.

　7. 이 과정에서 이전에 해결되지 않은 신화 갈등이 새로이 부각하는 경향이 있는데, 이 갈등은 현재 과제의 해결을 방해하기도 하고, 혹은 신화의 해결책을 심오한 단계로 개방하기도 하는, 양 방향의 잠재력을 동시에 지닌다.

　나선형 발달 과정에 올라타면 이전에 해결한 듯한 문제가 다시 나타날 수 있는데, 발달 단계상 더욱 진전된 현재의 유리한 지점에서 과거 문제에 대한 새로운 해결책을 도출하게 된다. 심리 발달의 새로운 단계는 이전 단계에서 얻은 최소한의 미완성된 성과를 바탕으로 전개된다.[53] 동화되지도 않고 무시할 수도 없는 사고와 기억이, "설립하는 데 실패한 시도에서 재부상하게 된다."[54] 한 여성이 학대하는 부모를 사랑하는 것이 이전 단계에서 이루어지지 않은 경우, 이러한 과제는 연이어 역할을 바꿔 다른 신화 갈등으로 드러나는 경향이 있다. 사랑하나 학대하는 배우자가 무의식적으로 선택되어, 내면 드라마를 새롭게 반복하며 자기 작업을 하게 될 수도 있다. 어릴 때 '자기'로 돌아가는 유도 상상을 사용하는 의례를 통해, 새로운 단계, 확장된 신화로 이행할 수 있다(개인 의례, '정서적으로 교정된 연상을 통해 과거를 다시 쓰기'를 상기하라).

8. 새로운 유도 신화를 성공적으로 형성하면, 이 유도 신화와 기존 삶을 조화시키는 것이 지속적인 발달을 위한 필수 과제가 된다.

오래 지속된 신화는 쉽게 사라지지 않는다. 과거 신화는 역기능 요소가 있으면서도 또한 삶의 방식에 깊이 침투해 있고, 사고와 행동 습성에 영향을 미친다. 고무적인 새로운 신화로 행진할 때라도 지속적인 관심과 실행력이 요구된다. 심리 발달의 한 단계 쟁점에서 다음으로 이행할 때, 관심 갖는 내용이 극적으로 변한다. 위에서 자세히 설명한 일곱 가지 원칙은 개인이 자아 정체성을 한 단계 더 높은 의식 수준으로 변화시키는 과정이며, 이는 의식의 변환(개인의 신화 프로그램의 첫 4단계에 해당)으로 설명할 수 있다.[55] 건물 비유에서 변환transformation은 다른 층으로 이동하는 것이며, 재편translation은 그 층의 가구들을 재배치하는 것이다.[56] 더 높은 수준의 의식에서도, 그에 해당하는 더 발전된 신화는 일상의 낱낱에 맞게 전환돼야만 한다.

새로운 신화를 향한 경로

에릭 에릭슨Erik Erikson은 인간 발달 8단계에서, 각 단계를 중심 과제
와 심리사회적 위기로 구분했다. 유아기의 중심 문제는 기본 신뢰 대 불
신이다. 사춘기는 유대감 대 고립이고, 노년기는 통합 대 절망이다.[57] 에
릭슨은 일생 동안 발달하며 바뀌는 개인 신화의 쟁점을 아름답게 드러냈
다. 반면 우리 프로그램과 앞서 서술한 원리에서는 생의 주기와 관계없
이, 낡은 개인의 신화가 새로운 신화적 충동의 도전을 받을 때 발생하는
근본적인 역학에 중점을 둔다.

이 프로그램에서 제시한 개인 익례는 기존 신화가 변화할 때 나타나
는 발달 과제와 아주 유사한 5단계 과정으로 우리를 안내한다. 이 과정을
돌아보면,

1. 인생의 어려움에 직면하고, 지배 신화와 부상하는 대항 신화 사이
   의 갈등을 확인하며 시작했다(1주~3주).
2. 과거 경험에서 지배 신화의 원인을 찾아 대항 신화가 일으키는 힘
   과 조율했다(4~5주).
3. 갈등을 해결하기 위해 작업했고, 과거 신화와 대항 신화 안에 내재
   한 가장 활력 있는 요소를 변증적으로 통합하여 새로운 단일 신화
   로 정립했다(6~7주).
4. 이 새로운 신화를 합리적으로 실행할 수 있도록 계속 다듬었다(8~
   9주).

5. 새로운 신화를 의지를 세워 자신의 일상에 낱낱이 변환하려 노력
   했고(10~11주), 지금은 유도 신화의 지속적인 진화를 지지할 이론
   의 토대를 발달시키고 있다(12주).

일반적인 발달 과정에서 사람들은 이러한 기본 단계를 자연스럽게
계속해서 반복한다. 이 과정에 의식을 집중하고 주의를 기울이면 각 단
계는 더욱 풍부해질 것이며, 문화적 의례나 의식이 더 이상 적절히 제공
하지 못하는 필수적 기능들을 제공할 것이다. 신중하게 재형성된 신화를
인생이라는 천에 주의 깊게 짜 넣는 행위는 집중적으로 개인에게 권한을
부여하는 일이다.

신화로 조율된 심리학의 강점

지난 수십 년 동안 심리학에서 획기적으로 발전한 것 중 하나는 '인지
혁명'이다. 이를 통해 다양한 심리적 문제, 역기능적 행동 그리고 성격 장
애와 연관된 신념과 감정, 사고 유형 들이 자세히 묘사되어왔다. 예를 들
어, 강박충동형 성격장애가 있는 사람의 중심 신념은 "나는 내 감정을
완벽하게 조절할 수 있어야 해" 그리고 "내가 최상의 결과를 얻지 못하면,
실패하고 말거야"라는 생각을 포함한다. 또는 달리 수동 공격형 성격장
애가 있는 사람의 중심 신념은 "나는 높은 권위에 도전하면서, 동시에 그
들에게 허락과 인정을 받아야 해"[58]이다. 이러한 믿음들은 심층의 개인의
신화가 발현된 것으로, 이 믿음들을 특정 맥락에 놓는 일은 성격 역학의

생물학적, 자전적, 문화적, 영적 차원을 통합하는 좀더 넓은 전체적인 관점을 형성한다.

우리가 말하는 '개인의 신화' 영역을 연구해온 심리학자들은 '인지 구조', '개인 형성', '암묵 이론', '주제', '대본', '셰마'라는 말로 소개했다. 우리는 전통적인 심리학 모델로는 설명하기 어려운 수많은 문제를 개인의 신화 모델로 설명하려고 노력했다. 다른 언어들에 비해 개인의 신화가 지닌 강점은 1) 처음에 설명한 대로, 신화와 영성의 근본적인 연관, 2) 개인의 신화와 문화 신화의 자연스런 연결, 3) 실재라는 개념의 상대성을 받아들이는 내재적 가정, 4) 모델의 비경멸적 특성, 5) 사용자 친화적 특징들이다.

내부 변화에 초점을 맞춘 초기 성격 이론들은 사회와 문화의 영향을 반영하는 데 실패했다. 그런데 개인의 신화와 문화 신화는 근본적으로 상호 연결되어 있기 때문에, 정신과 사회의 관계는 자연스럽게 개인의 신화의 틀로 흘러 들어간다. 현실 구조가 상대적이고 은유적이라는 인식에 기초한 이 모델은, 모든 지식은 고정되어 있지 않고 유동적이면서, 보편적이기보다는 국소적이라는 '포스트모던' 사조(또한 현대 물리학의 통찰)에 조응한다.[59] 개인이 현실에 대해 그린 모든 지도는 심리사회적 구성이며,[60] 개인과 문화가 함께 창조한 혁신, 경험에 대한 해석 그리고 신화 형성 행위다.

임상심리학과 정신의학이 씨름하는 다른 쟁점은, 완전한 존재를 향해 힘들게 나아가는 사람을 도울 때, 역사적으로 **질병**과 **치료** 개념에 기초한 의학 모델과 충돌하는 것이다. "아픈 사람은 낫는다"라고 생각하는 전문가 집단은 영적인 변화를 향한 개인적이고 불가피한 내면의 혼란에서 단지 병리적 소견만을 찾으려는 경향이 있다. 아브라함 매슬로가 관찰한 대로 "망치만 있는 사람은, 모든 것을 못으로 본다." 주기적인 신화 위기를 여정의 한 부분이라고 인식하는 관점은 사람의 심리 발달에 전문가가 개입해야 한다는 의학적 모델에 대해 품위를 유지하고 비난하지 않으면서, 샤먼의 방식을 견지한다. 더군다나 우리는 여러분 스스로 자신의 길을 찾기를 바라는 대로, 개인 신화 모델은 충분히 사용자 친화적이어서 사람들은 자신의 삶이 개인의 신화에 의해 재편된다는 개념을 쉽게 받아들인다. 또한 신화를 다루는 데 능숙해질수록 개념의 의미를 더욱 깊이 이해하면서 신화와 함께 성장하는 자신을 발견한다.

많은 사람이 우리의 문화가 신화라는 용어를 너무나 폄하하는 이 시기에 왜 신화를 우리의 심리적·영적 발달 모델의 중심에 위치시켰는지 묻는다. 이에 대한 답으로 우리는 1970년대 중반 이래 질문자에게, 함축적으로 인간 존재의 영적 차원을 아우르고, 정신과 사회의 핵심적인 관계를 비난하지 않으며, 사용자 친화적인 방식으로 포괄하는, '심리적으로 구축된 현실'의 핵심을 묘사하는 더 나은 용어를 제안할 것을 요청해왔다. 하지만 아직까지 이를 대체할 표현을 듣지 못했다.

결론 : 고통의 세계에 신화 전망을 불러일으키기

이 결론을 쓰려고 준비하면서, 우리는 잠시 멈추고 밖으로 나가 나무와 별을 보았다. 우리를 둘러싸고 있는 자연의 아름다움에 우리를 개방하고, 가슴 가득 들이마시고, 우리 각자 흡족한 행운을 누린 것에 감사드렸다. 우리는 마음을 모아 기도하는 심정이다. "부디 이들 이야기로 어떤 다른 것이 만들어지길!" 우리는 이 고통의 세계에 도움이 되도록 우리의 5단계 모델의 신화적 전망을 만들려는 구상을 여러 해 동안 갈고닦았다. 우리는 이 말을 마지막으로 제안하며 종결하려 한다. 미래 인류 발달 방향은, 집단 신화의 발달보다는 개인 신화의 기능과 진화 방식을 이해하여 쌓인 정신적 자산에 기인한다.

영화배우인 크리스토퍼 리브Christopher Reeve는 승마 사고로 목 아래가 마비되는 끔찍한 사고를 겪은 뒤에, 인터뷰에서 불행과 용기에 대해 밝게 대답했다. "저는 항상 제게 주어진 상황에서 할 수 있는 최선을 다했습니다." 우리가 그것을 어떻게 다루느냐에 따라, 새천년의 문턱에 이른 우리가 우주에서 가장 살기 좋은 지구라는 인류의 거점을 미성숙하게 종식시키는 세대가 되느냐, 혹은 우리 개인의 뇌가 전기적 시냅스로 연결된 전 지구적 문화로 확장되는 의식의 중심지를 형성해, 지구 진화를 추동하는 인류 의식의 잠재력을 깨닫는 세대가 되느냐가 결정된다.[61]

자신의 신화를 탐색했던 원리를 전 지구상의 문제에 초점을 맞춰, 인류의 운명을 결정짓는 개인 신화와 문화 신화를 긴급히 재정립해야 한다. 조직 심리학자인 앤 도셔Anne Dosher는 개인의 신화와 조직된 공동체 그룹의 신화 사이에 '반사관계reflexive relationship'라는 말을 사용했다.[62] 그녀의 말에 따르면, 그녀는 우리가 개인의 신화 작업에 사용한 5단계 순서와 평행하게 일치하는 사회 관심 이론을 적용한다.

도셔는 지역 공동체의 리더십을 그 공동체의 작동 신화에 맞추고, 해당 신화의 실질적인 결과를 평가하는 방법을 가르친다. 그녀는 조직의 신화와 조직 창립자의 개인의 신화의 관계를 드러낸다. 그녀는 조직의 구성원이 신화의 근원을 인정하고 인지하는 것을 돕고, 때때로 의례로 작별을 주도한다. 조직의 신화를 반영하는 비공식적인 보상과 부정적인 처벌을 기술했고, 조직의 신화와 조직원들의 개인의 신화가 서로 일치하는지 조사했다. 도셔는 또한 조직 내에서, 또한 조직과 더 넓은 문화 사이에서 경쟁하는 신화들을 확인했다. 경쟁하는 신화들 간의 갈등은 많은 경우 조직이 겪는 위기의 기저를 이룬다. 만약 조직이 그 위기의 신화적 차원을 이해하고 건설적으로 대응한다면, 이는 활력 넘치는 미래를 창의적인 동시에 현실적으로 실현할 수 있는 가능성을 향해 중심점을 이동하는 것이라고 할 수 있다.

도셔는 자주 의례를 사용해 개입하는데, "살아 있는 신화의 그림자적인 측면을 문장으로 드러내고, 글로 쓰고, 불태우는 의례를 통해, 역기능을 '정화'하는 방법"[63]을 사용한다. 그녀의 접근은 개인의 신화를 작업하는 우리의 5단계 모델과 평행하게 일치하는데, 즉 그녀는 1) 조직이 곤경에 처할 때 작용하는 신화를 구별하고, 2) 지배 신화의 역사적 근원을 추적하고, 부상하는 신화를 인식하고, 3) 경쟁하는 신화 사이를 변증법적으로 중재하고, 4) 건설적인 방향으로 나갈 새로운 신화 이미지를 조직이 다듬을 수 있게 돕고, 5) 그들 이미지를 조직에 적용하는 것을 돕는다.

새로운 유도 신화를 효과적으로 촉진하는 사회적 행동은 최소한 3가지 요소를 포함한다. 그것은 교육과 예술, 대중 매체를 이용하는 문화 속에 새로운 신화 이미지를 각인하고 증식한다. 그것은 직접적이고 확고하게 신화 비전을 구체적인 개혁으로, 모델 프로그램으로, 감동적인 대의명분을 가진 주장 등으로 사회 현실에 적용한다. 효과적인 사회 행동은 새로운 신화가 더욱 효율적으로 강화될 수 있는 사회 기반을 창조한다. 예를 들어, 점점 더 많은 경제학자가 국민 총생산은 심각한 결함이 있는 경제 지표이며, 문맹률과 유아사망률, 인구밀도, 깨끗한 물에 대한 접근성, 노숙인 비율과 같이 삶의 질을 나타내는 지표를 함께 고려해야 한다고 제안하는 것처럼 새로운 사회 정책, 새로운 우선 투자 조건, 새로운 제도 디자인 그리고 새로운 진보 기준이 수립될 수 있다.[64] 시대 요구에 맞는 건설적인 신화 이미지들을 다듬고 배가하며, 이들을 사회 현실에 적용하고, 결단력 있는 사회 정책의 번화로 강화하는 것은 새천년의 문턱에 있는 인류가 직면한 신화적 도전 과제를 이룬다.

에드먼드 버크Edmund Burke는 선한 사람이 가만히 서서 아무것도 하지 않을 때 악이 승리한다고 말했다. 우리 중 하나(데이비드 파인스타인)가 고등학교 때 하루를 회상했는데, 다소 평범해 보이는 여학생이 식당에서 점심 식판을 떨어뜨려 큰 소리가 나고 손가방의 소지품도 사방에 흩어졌다. 모든 학생이 먹는 걸 멈추고, 일순간 날카로운 정적이 흐른 뒤에 웃고 낄낄대자 여학생은 얼굴이 붉어졌다. 그 순간 폴 푸루카와Paul Furukawa가 무릎을 꿇어 지저분한 것들을 치우고, 소지품도 그녀 가방에 담아 돌려주었다. 웃으며 안아주면서, 조롱의 경계를 넘어 그녀와 한편이 되었다. 데이비드는 반추한다. "폴, 넌 지금 어디 있든지, 그때 행동으로 선한 의도를 가지는 것과 선한 의도를 실행하는 것의 차이를 적어도 한 사람은 알고 있다는 것을 명확히 증명했어. 나는 그 후 몇 년을 스스로 비웃으며,

큰 키로 흐느적거리며 부끄러워했지. 나는 그날 식당에서 비웃지는 않고 두 볼이 빨개진 그 안경 쓴 이방인을 마음속으로 안타까워했지. 그러나 나는 어떤 행동도 하지 않았어. 폴 푸루카와, 교외에 있는 백인 천지인 고등학교에서 일본계 미국인인 폴은 행동했어. 폴은 그 후에 학생회장이 되었지."

많은 사람이 파멸적인 전 지구적 추세를 돌이킬 수 없다고 생각한다. 선한 사람들은 정말로 가만히 서서 아무것도 하지 않고 있고, 악 또한 정말로 창궐한다. 이 생태학적인 위기에 대한 전 세계의 반응은 마치 하루에 담배 두 갑을 피던 사람이 폐암 진단을 받은 뒤 하루 한 갑 반으로 흡연량을 줄이고, 그로 인한 불안을 가라앉히기 위해 당과 지방 섭취를 늘리는 것과 닮았다. 우리는 점점 발달하는 악성 전염병을 마주하고 있음에도 이에 공동 대응을 거의 하지 않는다. 하지만 전 세계를 하나의 유기체로 본다면, 이 세계는 아직 훌륭한 의사에게 치료받을 수 있는 상태이며, 인간 선택의 영역, 지구를 통합하는 새로운 신화의 영역에 있다. 우리 각자가 지구라는 뇌의 세포라면, 개인적으로 적절한 수준의 행동이 무엇인지 그려볼 수 있을 것이다.[65]

지속 가능한 미래를 증진할 집단행동들은 복잡하게 얽혀 있지만, 동시에 이것들을 구체적으로 구분 지을 수도 있다. 아무리 참신한 새로운 유도 신화가 등장하더라도 인류가 생존하지 못한다면 그것은 탄생을 맞이할 수 없을 것이다. 실현 가능한 미래를 위한 행동의 첫 번째 과제는 지속 가능한 미래가 현실이 될 수 있도록 공동 신화의 방향을 재설정하는 것이다. 지속 가능성은 다른 모든 정치적 입장을 대체하는 아주 중요한 요건이 되었다. 오직 지속 가능성에만 초점을 두는 신화도 활기 있는 미래를 위해 적합하지 않지만, 지속 가능성이라는 요구를 다루지 않는 신화에는 아예 미래가 존재하지 않는다. 지속 가능성을 지지하는 사회 정책은 지구의 자원이 감소한다는 사실을 정면으로 마주해야 할 것이고, 인류가 이 자원을 지혜롭게 보존하고 정당하게 분배하도록 설득해야 할 것이다. 관련 정책을 어떻게 바꿔가야 하는지에 대한 갈등은 끊이지 않을 것이고, 서로 다른 의견들이 어떻게 화합할 것인지 예측하기엔 너무 이르다. 하지만 이 프로그램에서 신화 비전을 다듬기 위해 사용했던 많은 기준, 예를 들어 유연성과 헌신 사이의 균형을 맞추고, 학습된 절망감보다는 학습된 낙관성을 추구하는 것이 결정석인 자산이 될 것이다.

지속 가능한 미래를 위해 요구되는 많은 행동은 신속하게 이루어져야 한다. 이러한 행동들은 인구 폭발을 억제할 동기를 제공할 수 있다. 이들은 가족 내의 강한 응집력과 가족 중심적인 가치들을 불러일으킬 수 있다. 이들은 과시적 소비를 막을 수 있다. 이들은 대체 에너지를 개발할 수 있다. 이들은 빈부격차를 증가시켜 계층 간의 갈등이 현실적인 위협이 되게 하는 복잡한 사회 조건들을 근절할 수 있다. 이들은 실직자와 불완전 고용자를 재교육할 수 있다. 이들은 살상무기 확산과 군국주의를 억제할 수 있다. 이들은 에이즈 예방과 다른 개인 건강 증진을 위해 결단력 있게 자원을 분배할 수 있다. 이들은 생태 친화적인 벤처 사업을 장려할 수 있다. 이들은 문맹률을 낮추고 교육 문제를 해결할 것이다. 그리고 이들은 지역 공동체의 자기 결정권을 강화할 것이다.

우리는 공동 노력을 통해 이러한 어려움들을 해결할 수 있지만, 오늘날 해결법을 찾고 실행하는 데 필요한 끈기 있는 노력에 힘을 더해줄 낙관주의를 찾기란 쉽지 않다. 낙관적인 내용을 담은 책《마음의 혁명》의 저자 빌 쇼어Bill Shore는 그의 낙관성에 대해 "단지 경험보다는 생물학을 신뢰하는 믿음에서 오는 것일 수 있다. 만약 동정심, 상식, 심지어 사리 추구의 원리도 작동하지 않는다면, 어쩌면 생물학이 작동할 수 있다. 흑인이든 백인이든, 가난하든 부유하든, 인간이라는 종을 하나로 묶는 것이 있다면 그것은 자손을 안전하게 보호하고 자녀 세대에게 우리 세대보다 더 나은 것을 주려는 생물학적인 본능이다"[66]라고 말한다. 하지만 이것이 정의라 할지라도, 열정적인 대의명분은 여전히 이를 인도할 전망, 즉 명분을 효과적인 행동으로 잇는 강력한 신화를 필요로 한다.

무너져 내리는 사회 구조가 우리를 포위하고 있을지라도, 행동을 위한 매우 사려 깊고 창의적인 전망이 수립되고 있다. 인류에게 희망적인 미래를 약속하는 양립 가능한 신화 이미지들이 지구상의 모든 사회에서 나타나고 있다. 독자적이고 국제적이며, UN의 인정을 받은 세계체제위원회가 발표한 1995년 보고서는 국제 안보와 세계적 협력, 경제적인 상호의존성, 전 세계적인 법치를 강화하기 위해 구체적이고 성취 가능한 제안들을 발표했다.[67] 보고서는 우리에게 "더 나은 글로벌 거버넌스—더 나은 생존, 다양성 공유, 글로벌 이웃과 공존하는 더 나은 방법들"을 창조해낼 명백한 능력이 있으며 "유일한 질문은 우리에게 행동할 의지가 있는가"[68]라고 결론짓는다. 간단히 말해, 인류의 생존을 도울 새로운 신화는 분명히 존재하며, 이를 현실화할 도구도 있지만, 결과는 여전히 우리의 공동 노력에 달렸다. 인류는 행동을 위한 의지를 찾을 것인가, 또한 인류는 늦지 않게 행동할 것인가?

　개인 신화와 공동 신화는 사람들이 효과적으로 의지를 발휘할 수 있는 능력에 결정적인 영향을 준다. 성장기 때 데이비드 파인스타인의 핵심 유도 신화 중 하나는 "다시, 다시 시도하라"였다(이 때문에 책의 2판이 있는 셈이다). 그는 "저는 의지의 힘, 즉 혼자 힘으로 일어서는 능력, 자신의 운명을 바꿀 수 있게 모두가 가진 이 힘을 굳게 믿으며 자랐습니다. 심리치료사로 가장 큰 저의 자산 중 하나는 저 또한 제 성격과 신화에 있었던 많은 자멸적인 패턴을 제 의지로 또 의식적으로 바꿨다는 데 있습니다. 수년에 걸쳐, 저는 운명의 힘도 인정하게 되었습니다. 선하고 의식적이고 똑똑한 사람들도 불운한 유전적 운명으로 암에 걸립니다. 제 인생에 가장 중요한 사건들은 그것이 행운이었든 슬픔이었든, 어떤 더 큰 손에 의해 인도되는 것 같았습니다. 예를 들어 운명은 저와 제 아내를 명백히 서로 다른 경로에 붙들어 맸습니다. 우리가 얼마나 그 길에서 벗어나려 몸부림쳤는지에 상관없이 말입니다. 이제 세 번째로 이 세상에서 일어나는 일을 이해하기 위해 만능카드 같은 설명이 필요한 듯합니다. 저는 그것이 우연의 힘이라고 생각하는데, 하이젠베르크의 불확정성의 원리를 거칠게 표현한 것입니다. 선한 사람이 음주 운전자 때문에 그의 중요한 생을 마감합니다. 운명도 아니고, 논리도 아니고, 업보도 아니고, '하나님이 하늘에서 필요하셔서'도 아닌, 그 어떤 것도 이러한 무차별적인 상황을 만족스럽게 설명하지 못합니다. 우연과 운명과 의지가 우리 미래 여정에 영향을 미칩니다. 그러면서 저는 여전히 의지의 힘에 가장 큰 주안점을 둡니다. 여러분도 그렇듯이, 제 마음과 신화에서 명확하게 다른 것을 만들어내는 핵심이 바로 의지의 힘입니다"라고 말했다.

여러분의 실천 행동으로 그 존재를 드러내는 신화는, 그 행동이 크건 작건, 결국 이 세상에 흔적을 남길 것이다. 우리 각자는 직접적으로 힘과 지혜, 현재를 창조하는 의지, 신화적 비전 등을 우리 내부와 가족, 조직과 나라에서 합일하라는 도전을 받는다. 그리고 우리가 직관과 논리를 조화시키고, 자아와 그림자를, 과거 신화와 새로운 신화를, 물질 영역과 영적 영역을, 우리의 개인 안녕과 집단 안녕을 통합하듯이, 우리는 또한 이 모순된 세상에 적응하며, 인간적으로, 희망을 품고 앞으로 나아갈 길을 열어간다. 축복을!

경험 심화하기

목표는 가능한 한 가장 깊은 어둠 속으로 들어가는 것이다. …
그리고 자신의 시각으로 자신의 실재를 명명하여 그 반대편으로 나오는 것이다.
— 앤시어 프랜신Anthea Francine[1]

개인 신화의 진화에 의식적이고 창의적으로 참여하기 위해서는 시간과 집중적인 몰두, 불편할 수 있는 요소들을 탐구하려는 적극적인 태도가 필요하다. 개인의 신화 작업을 할 때 여러 장애물에 부딪혔던 사람들 그리고 그들이 발견한 효과적인 전략들에 대한 경험을 기반으로 여러분이 프로그램에서 경험을 심화할 수 있는 여러 방법을 여기서 제안한다.

신성한 공간 만들기 : 내면 작업을 위한 환경에 유의하라. 텔레비전과 전화, 일상적 관심사 등 집중을 방해하는 요소로부터 보호해줄 수 있는 안락하며 영감을 고취하는 장소를 찾아라. 편안한 의자나 소파, 책상에서, 혹은 바닥에 베개를 깔고, 혹은 풀밭이나 냇가 등 어떤 곳에서든지 작업을 진행할 장소를 둘러싸고, 보호하며, 신성하게 하는 에너지 장을 만들기 위해 집중하라. 어떤 사람들은 복잡한 거실 한편에 제단을 만들기도 한다. 경외하는 마음으로 이 공간을 대하라. 영감을 고취하는 소품들로 이 공간을 장식하라.

영감을 주는 자극제 : 촛불과 향, 종, 꽃, 기타 자연물 그리고 영감을 주는 미술, 문학, 음악 작품 또한 작업 공간의 기운을 신성하게 변화시킬 수 있다. 분위기를 잡는 것 외에도, 이 소품들은 정신을 집중시키고 영혼을 고양시키는 부적의 기능을 한다. 특히 작업을 계속 진행하는 데에 거부감을 느끼거나, 프로그램 중 심한 불편함을 느낄 때, 이 기물에 정신을 집중함으로써 안식처를 찾을 수 있다. 하지만 그 와중에도 내면 작업에 대한 집중력은 계속해서 유지될 것이다. 만약 개인 의례에 거부감이 든다면, 작업을 멈추고 잠시 휴식을 취하고, 이 소품들을 내면세계를 향한 징검다리로 삼을 것을 권한다. 한 여성은 작업이 막힐 때면 할아버지가 주신 1893년판 월트 휘트먼의 시집을 훑어봤고, 이에 프로그램에 대한 열의를 회복할 수 있었다고 한다. 한 남성은 단어의 홍수 속에서 길을 잃고 방황하는 경향이 있었는데, 그럴 때마다 딸이 그에게 준 아름다운 매끈한 돌을 생각하며 마음을 가라앉힐 수 있었다. 주의가 산만해지기 시작하면, 자신이 아름답다고 여기는 물체나 소리에 잠겨보라. 당신의 내면에서 이와 공명하는 부분이 어디인지 감지하고 그 공명을 따라가면, 내면 깊은 곳에 다시 닿아 있을 것이다.

피정 : 세계의 많은 위대한 종교 지도자들은 사막이나 산속에서 고독한 가운데 영감을 받았다. 영감은 끊이지 않는 일상의 스트레스와 걱정

거리에서 심리적으로뿐만 아니라 물리적으로도 떨어져 도움이 되는 환경을 조성했을 때 찾아온다. 산장이나 바닷가, 혹은 편안한 호텔에서 보내는 주말 피정은 이 프로그램에 몰두할 수 있는 좋은 환경을 제공할 것이다.

내적 경험 이야기하기 : 유도 상상을 할 때 집중하는 것이 어렵다면, 경험을 하는 도중 그 경험을 파트너에게 바로 말하거나, 녹음한 것을 들으면서 프로그램을 진행할 경우 다른 녹음기에 대고 경험을 말하면 집중력이 엄청나게 향상될 것이다. 이는 내적 경험을 하는 내내 맑은 정신을 유지하게 할 뿐 아니라, 이후에 세부적 내용을 기억하는 데도 도움을 줄 것이다.

자기 탐색에 도움이 되는 습관 구축하기 : 습관을 통해 이 프로그램의 경험을 더욱 강화할 수 있다. 이는 규칙적인 운동, 명상, 요가 혹은 다른 비슷한 활동을 지속적으로 하는 데 요구되는 습관과 비슷하다. 의문 품기와 세밀한 관찰 같은 사고 습관, 일기 쓰기와 꿈 작업 같은 활동 습관을 들일 수 있다. 곧바로 심오한 통찰을 얻을 수는 없겠지만, 의도적으로 효과적인 내면 작업을 위한 생활 조건을 만들고 시간을 내어 노력할 수 있다. 보통은 스트레스가 정신을 지배하고 있지만, 이 스트레스에서 주기적으로 벗어나 사색과 자기 탐색을 하는 습관을 형성함으로써 깊은 심리적 탐색을 할 때 의지할 수 있는 그릇을 만들 수 있다.

육체적으로 활기찬 상태 유지하기 : 지치고 피곤할 때의 에너지로는 날카로운 창의성이 발현되지 않는다. 자기 향상을 위한 최우선 과제는 휴식과 충분한 영양 섭취, 운동이다. 육체적 운동과 정신 건강 간의 상관관계는 이미 잘 알려져 있으며,[2] 격렬한 신체 활동은 달리기 애호가들이 강도 높은 달리기를 할 때 느낀다는 쾌감인 '러너즈 하이' 같은 비일상적 의식 상태를 유도할 수 있다. 이러한 비일상적 의식 상태는 일상적인 사고 습관을 건너뛰게 하고, 창의적인 생각과 인식을 증진하며, 새로운 경험과 통찰의 가능성을 연다. 하루 종일 앉아서 일을 하고 퇴근한 뒤에, 혹은 내면 작업에 강도 높은 집중을 하고 난 뒤에 수영이나 조깅, 춤이나 트램펄린, 혹은 다른 적당한 속도의 유산소 운동을 하면 이 프로그램을 위해 필요한 예리한 정신을 유지하는 데 도움이 될 것이다.

다른 사람들과 함께 작업하기 : 타인은 다른 관점과 훌륭한 객관성을 제공할 수 있다. 타인은 나의 맹점—발달을 방해함에도 본인에게는 보이지 않는 역기능적 전략—을 포착할 수 있다. 이 프로그램은 개인 활동, 파트너와 함께하는 활동, 개인의 신화 강습 모임의 주제, 상담가의 감독 하에 이뤄지는 활동, 혹은 임상심리학자나 다른 자격이 있는 전문가가 자신만의 개인의 신화 강습이나 워크숍을 고안하는 기반으로 사용될 수 있다. 타인과 함께 작업하며 인간관계와 공동체가 갖는 치유력의 도움을 받을 수 있다. 타인을 조언자로 받아들인다면, 저항감이 개인의 노력을 자신도 모르게 방해하게 하는 것이 아니라, 저항감을 더 직접적으로 직면할 수 있게 한다.

우리는 지도자 없이 책의 초판과 미리 녹음된 테이프를 사용해 유도 신화를 탐색한 많은 여성 단체와 남성 단체, 알코올 중독자 성인 자녀 모임 그리고 다른 여러 자기 계발 단체로부터 감사 편지를 받았다. 우리는 그룹 프로그램을 진행할 때 보통 서너 명씩 소모임으로 나누어 진행한다. 유도 이미지를 사용하는 방법은 참가자 전체를 대상으로 전달된다. 그런 뒤에 참가자들은 소모임으로 나뉘어 개인에게 일어난 일을 이야기하며 더 깊은 의미를 탐색한다. 동화 만들기와 기존 신화와 대항 신화를 상징하는 인물의 대화 같은 다른 개인 의례들은 소모임에서 진행된다. 전체 모임에서는 가장 중요한 통찰을 나눌 수 있고, 이는 다른 차원의 강화와 지도를 불러일으킨다. 개인의 신화를 타인과 함께 담색하는 것은 이 프로그램의 힘을 강화하고 중요한 지지와 관점을 제공할 수 있다.

만약 타인과 함께 작업한다면, 우선 엄격한 비밀 보장으로 서로의 사생활을 존중한다든지, 서로의 자기 방어를 존중한다든지 등의 기본 규칙들에 합의를 해야 한다. 이 시간은 타인이 피하고 있는 숨겨진 감정이나 어두운 비밀을 캐묻는 시간이 아니고, 또한 타인이 경험한 것의 의미에 대해 추측성 해석을 한다든가 조언을 하는 등 '상담가 놀이'를 하는 시간도 아니다. 이미 형성된 사고와 행동 습관을 바꾸려고 하는 것은 스스로를 매우 연약하게 만드는 일이다. 무엇보다 타인에게 받고 싶은 것은 지지와 수용이다. 만약 파트너나 그룹과 함께 프로그램을 진행할 계획이라면, 서로의 경험을 듣고 잘 받아들이고, 판단하지 않는 응원의 메시지를 전하며, 상대의 말에 적극적으로 반응하는 게 가장 현명한 자세일 것이다. 프로그램을 시작하기 전에 파트너나 모임으로부터 어떤 종류의 지지

를 기대하는지 먼저 논의하고 피드백 체계를 정해(예를 들어, "세 번째 개인
의례가 끝날 때마다, 서로를 잘 보조하고 있는지 생각해보고 의견을 나눌 것입니다")
자신이 원하는 게 무엇인지 명확히 알리는 것은 상호적인 문제 해결 과
정에 참여하는 것과 주제넘게 끼어들지 않는 것 사이의 균형을 유지하
도록 도울 수 있다.

저항을 대하는 태도 : 개인 발달에 장애물로 여겨지는 저항감은 동시에
강력한 교사의 역할을 할 수도 있다. 변화를 마주했을 때 저항하는 감정
이 드러나는 것은 자연스럽다는 사실을 기억하라. 저항감은 평형을 유지
하기 위한 한 방법이다. 저항감에는 대부분 타당한 이유가 있다. 우리는
프로그램을 진행할 때 당신이 마주하게 되는 모든 저항감을 존중하며,
호기심을 가지고, 또 이 저항감의 핵심을 관통할 수 있다면 더 깊은 자기
이해를 얻게 될 것이라는 태도로 접근하기를 권한다. 어쩌면 어떤 의례
는 수행하기 두려울 수도 있다. 어쩌면 프로그램을 위해 따로 마련한 시
간을 쓸데없는 다른 일에 써버리고 있을지도 모른다. 또 어쩌면 기록지
를 자꾸 잃어버릴지도 모른다. 이러한 의도적이지 않은 반응들은 당신이
의식하지 못하고 있던 스스로에 대한 정보를 알려줄 수 있다.

저항감에 귀를 기울이는 시간을 가져라. 이에 대한 생각을 기록지에
적어라. 저항감에 대해 내면의 현자에게 상담을 하거나, 이에 초점을 맞
춘 꿈을 꾸는 등 프로그램 첫 주에 배운 방법들을 사용하라. 이 프로그램
이 당신이 이전에 인식하지 못했던 상징적 의미를 지닌 인생 패턴들에
도전하고 있다는 사실을 알아차릴지도 모른다. 프로그램을 위해 지나치

게 스스로를 채찍질하고 있다는 사실을 발견할 수도 있고, 혹은 또 다른 집중 과제를 수행하기보다는 그저 휴식 시간을 더 가져야 한다는 사실을 발견할 수도 있다. 저항감이 당신에게 전하려는 말을 들으면, 궁극적으로 이 프로그램을 강화하는 새로운 이해력을 발견하게 될 것이다. 당신의 인생에서 더 큰 관심을 요하는 부분들을 알려주는 측정기로 저항감을 사용한다면, 저항감은 폭군이 아닌 선생님이 된다.

점진적 이완을 통해 내면 의례 강화하기 : 이 프로그램의 상상 의례들은 대개 내면에 초점을 맞추고, 긴장을 풀고, 마음과 정신을 열고, 자기 내면의 지혜가 의인화된 내면이 현자의 지지와 축복을 기원하기 위한 간단한 유도 과정으로 시작한다. 긴장을 풀기 위해 이미 알고 있는 방법을 사용해도 좋고, 테이프를 듣거나, 읽어줄 사람을 찾거나, 완전히 숙지한 점진적 이완 과정을 따라고 좋다. 내면에 초점을 맞추는 의례들을 시작하기 전에 이와 같은 방법들로 긴장을 이완함으로써 경험을 더욱 심화할 수 있다.[3] 점진적 이완 과정을 따른다면, 각 단계 사이에 충분한 시간적 여유를 두라. 방해 받을 가능성이 적은, 외부와 차단된 안전한 장소에 앉거나 기댄 자세로 시작하라. 스스로 편안하게 느낄 수 있는 환경을 만들어라.

편안히 자리 잡는다. 당신은 안온하고 안전하며 보호받고 있다. 당신에게 친절을 베풀고 수고한 몸에게 감사하다고 인사를 건넨다. 신체 중 특별한 주의를 요하거나, 치유 혹은 휴식이 필요한 부분을 찾아라. 향기로운 크림이 듬뿍 묻은 따뜻한 현자의 손이 그 부분들을 알아차리고 부드럽게 만지는 모습을 떠올려라. 주의를 집중해 그 아프고 지친 부위들에 녹아내리는 듯한 감각과 편안한 휴식이 찾아오는 것을 느껴라.

이 자기 탐색의 여정에서 모든 것이 다 잘될 것이다. 하품을 하고 스트레칭을 하며 몸이 평안하고 만족을 느낄 때까지 언제나 몸을 움직여서 자세를 고쳐 잡을 수 있다. 주위 환경에 있는 소리를 이 지시사항들을 상기시키는 신호로 삼아라.

당신의 이마와 눈, 뺨과 입과 턱의 얼굴 근육들은 중력의 힘에 의해 부드럽게 녹아내린다. 피는 피부 속에 자유롭게 흐르며, 두피를 따끔하게 하고 얼굴에 생기를 준다. 자신이 편안하게 느끼는 속도에 맞춰 일곱 번 깊게 호흡하고, 숨을 끝까지 내뱉는다. 얼굴과 두피, 눈, 귀, 입, 턱 등 머리 전체를 의식하라. 당신은 생기 있게 살아 있으며 여유롭다.

머리와 몸을 연결하는 목은 열심히 일해 왔고, 이 평화로운 시간을 매우 반가워한다. 이제 무거운 짐을 내려놓았고, 목과 목구멍은 어떤 요구도 수행할 필요가 없다. 지금까지 신선한 공기와 영양의 통로가 되어준 것에 대해 목과 목구멍에 감사하라. 치유의 손길로 목과 근처 근육들을 조심스럽게 마사지한다. 만족감에 한숨을 내쉬라. 본인의 속도에 맞춰 일곱 번 깊은 숨을 쉬며, 점점 더 이완되는 목구멍과 목을 느끼라.

가슴과 갈비뼈, 등, 척추, 어깨, 폐, 심장은 온 생애 동안 모두 합심해 당신이 숨을 쉴 수 있게 해주었다. 몸통을 둘러싼 갈비뼈와 등, 척추, 어깨 그리고 폐와 심장 각 부위에 집중하며 지친 부위를 찾아라. 자신의 속도에 맞춰 일곱 번 깊이 호흡하라. 날숨 때는 완전히 숨을 내뱉고, 들숨을 쉬기 전에 휴식을 취하라. 이번에도 치유의 손은 상처 입고 지친 부위를 찾아 부드러운 손길로 치유한다. 한 번 호흡할 때마다 치유의 손길을 더 강하게 느낀다. 치유가 일어날 때까지 관대하게 충분한 시간을 두라.

골반과 둔부, 엉덩이, 생식기, 배, 근육, 내장 기관 들은 당신의 관심을 받을 자격이 있다. 그들의 필요와 힘을 느껴라. 수고한 그들에게 감사를 전하라. 이전처럼 일곱 번 호흡하며, 사랑이 가득한 놀라운 치유의 손길이 당신의 상처와 마음의 동요를 안정시킬 동안 그 따스함을 느껴라.

팔과 손, 다리와 발도 노고를 인정받고 쉴 준비가 되어 있다. 각각의 근육과 관절에 의식을 집중하며 이들을 자유롭게 하라. 팔과 손, 다리와 발에 있는 근육과 관절 하나하나를 느끼며 감사를 전하라. 일곱 번 호흡하고 날숨을 쉬며 피로와 상처, 환멸을 내뱉을 때 치유의 손이 당신의 고통을 어루만져 사라지게 할 것이다.

다음 제시하는 열 가지 방법을 사용하면 더욱 이완한 상태로 앞에 놓은 경험들을 향해 나아갈 수 있을 것이다. 단순히 눈을 뜨고 깊이 숨을 내쉬어서 언제든지 일상의 의식으로 돌아올 수 있으며, 또한 자유롭게 무의식의 특별한 광경을 탐험할 수 있다. 이 경험을 위해 필요한 모든 것을 기억할 것이며, 통찰과 힘을 가지고 떠오를 것이다. 이는 당신의 신화, 온전한 당신의 창조물이다.

하나, 나는 지침에 완전히 집중할 능력이 있다. 나는 의식적이며, 깨어 있고, 호기심이 많다.

둘, 치유를 경험한 내 신체는 이를 기억하며, 기쁜 마음으로 완전한 이완 속에 잠긴다.

셋, 폐가 더 조용해지고 더 효율적이게 되면서 나의 호흡은 깊어진다. 나의 가슴은 부드러운 리듬으로 오르락내리락한다. 공기가 나의 코와 기도를 통해 부드럽게 이동한다.

넷, 내 심장은 평화롭고 효율적인 속도로 뛰며, 온몸에 산소와 영양을 보낸다. 깨어 있는 감각으로 이 흐름을 따라 모든 세포가 회복되는 것을 느낀다.

다섯, 나의 장기들—심장, 위, 간, 신장 그리고 다른 장기들—은 나를 위해 고요히 일해 왔다. 이 기관들에 집중하면서 이들의 반응을 상상하고 느끼며 감사를 전한다.

여섯, 나의 엉덩이와 생식기, 복부는 버터처럼 부드럽다. 기분 좋게 편안하다. 이 얼마나 좋은가!

일곱, 나의 허벅지와 종아리, 발목, 다리 관절들은 수고와 짐을 덜어 단단하고 행복하다.

여덟, 머리와 얼굴, 목과 어깨 들은 만족감을 느끼며 가볍고 기분이 좋다.

아홉, 깊이 이완한 나는 내 안에 편안한 따뜻함과 묵직함 그리고 피부에 기분 좋은 간지러움을 느낀다.

열, 완전히 이완한 나의 몸은 생기 있고 편안하다. 자기 탐색의 여정을 시작하기 위한 최고의 에너지가 준비되었다.

점진적 이완법은 신진대사율을 낮추고, 마음을 고요하게 하며, 감수
성을 높이고, 앞으로 전개될 유도 상상 경험을 심화한다. 규칙적으로 이
기술을 연습하면 원하는 대로 평화롭고 깊은 이완 상태에 이르는 능력을
기를 수 있을 것이다.

꿈으로 작업하기

우리는 꿈 작업을 전문가들에게 치료상의 가치가 있는 무언가에서,
꿈 작업에 필요한 시간과 노력을 감수하기를 원하는 사람이라면
누구나 보편적으로 참여 가능한 체험으로 바꿀 수 있지 않을까?
— 몽타그 울만Montag Ulmann[2]

19세기 말,《꿈의 해석》이 출판되면서 지그문트 프로이트에 의해 꿈의 신비가 과학적 탐구의 영역으로 들어오게 되었다. 그는 꿈의 의미는 대개 잘 숨겨져 있다고 믿었지만, 다른 한편 꿈을 "무의식으로 향하는 왕도"라고 여겼다. 카를 융은 꿈의 깊은 의미를 알려면 그 의미를 캐물어야 하지만, 꿈의 상징들이 꿈꾼 이에게 정보를 감추려는 게 아니라 통찰을 제공하려는 것이라고 강력히 주장했다. 그렇기에 융은 환자들이 자신들의 꿈을 글로 적고, 꿈꾼 이가 그 꿈 해석에 중심적인 역할을 하게 하는 등 프로이트가 쓰지 않았던 방법들을 사용했다. 알프레드 아들러는 꿈의 세계와 깨어 있는 의식 세계 간의 연속성을 강조하며, 꿈의 내용이 꿈꾼 이에게 특별히 의미 있고 유용한 정보를 제공한다는 관점을 제시했다.

꿈의 세계를 탐구하는 데 자세한 도움을 제공하는 수많은 훌륭한 책이 있다. 예를 들어,《꿈의 발견*Breakthrough Dreaming*》(Gayle Delaney),

《위기의 꿈*Crisis Dreaming*》(Rosalind Cartwright and Lynne Lamberg),《꿈의 힘*Dream Power*》(Ann Faraday),《꿈 실습장*The Dream Workbook*》(Robert Langs),《꿈작업*Dreamworking*》(Stanley Krippner and Joseph Dilard),《우리 시대의 꿈 정신*Our Dreaming Mind*》(Robert Van de Castle),《꿈으로 작업하기*Working with Dreams*》(Montague Ullman and Nan Zimmerman) 등이 있다.[2] 우리는 여러분이 꿈 작업을 하고 개인 신화의 맥락에서 꿈을 이해하는 데 가장 도움이 될 만한 몇 가지 아이디어와 방법을 여기에 요약해보았다.

심리학자 게일 델러니Gayle Delaney는 꿈을 어떻게 생각하면 좋을지에 관한 두 가지 기본 전제를 제시한다.

1. 꿈에는 요점이 있다. 이 요점은 깨어 있는 정신이 의식하여, 꿈꾼이를 돕는 데 사용하도록 의도된 메시지다.
2. 꿈꾼 이는 잠에서 깰 때 꿈을 이해하기 위해 필요한 모든 정보를 지니고 있다.[3]

꿈을 정기적으로 관찰하다보면 꿈이 너무나 일관되게 혁신적이고 심오하여 어느 익명의 극작가가 숨겨진 방에서 야근을 하고 있는 건 아닌가 하는 생각이 들 것이다. 심리학자 앤 패러데이Ann Faraday는 꿈꾸는 의식을 "우리가 충분히 주의를 기울이지 않은 깨어 있는 삶의 요소들에 집중하여, 회상 기법과 만화 기법 그리고 그 외 모든 기법을 사용해 그 요소들을 깊이 반영하고, 우리가 마음 깊은 곳에서 스스로와 타인에 대해 그리고 삶의 다른 요소들에 대해 어떻게 느끼는지 표출하는 이야기를 만드는"[4] 영화감독에 비유했다.

꿈은 심리적인 영역뿐 아니라 신체적 상태에 대해서도 알려준다. 융은 오로지 한 꿈의 내용에만 기반해서 뇌척수의 건강 문제를 정확하게 진단한 적이 있는데, 담당 의사였던 T. M. 데이비Davie는 매우 감명을 받아 이 사례에 관해 확신이 담긴 보고서를 출판했다: "꿈은… 단지 심리적 상황에 대한 정보만을 제공하지 않으며, 장기 질환의 유무를 알려줄 수도, 심지어는 그 정확한 위치까지 알려줄 수도 있다."[5] 심리학자 페트리샤 가필드Patricia Garfield에 따르면 "꿈은 당신이 건강을 유지하게 도울 수 있고, 위기에 대한 경고를 해줄 수도 있으며, 초기 단계의 신체적 문제를 진단할 수 있고, 신체적인 어려움을 겪을 때 당신을 돕고 회복을 예측하며, 치료법을 제안하고 신체를 치료하고, 건강을 회복했음을 알려주기도 한다."[6]

신화 창조 활동에 꿈 이미지 활용하기

아리스토텔레스는 능숙하게 꿈을 해석하기 위해 가장 중요한 능력 중 하나로 "유사성을 관찰하는 능력"을 꼽았다.[7] 우리도 고객의 꿈과 당시 고객이 집중하고 있던 개인 간의 유사성을 반복적으로 목격했다. 꿈의 상징은 아주 다층적이고 신비하며, 본질적으로 모호하여 해석에 거의 무한한 가능성을 제공한다(심리치료사들 사이에는 프로이트 학파 해석가를 찾아가는 사람은 프로이트적 꿈을 꾸고, 융 학파 해석가를 찾아가는 사람은 융적인 꿈을 꾼다는 오랜 농담이 있다). 하지만 우리가 수년에 걸쳐 비공식적으로 수집한 꿈 자료에 따르면, 꿈은 이 프로그램의 기본 조직이기도 한 개인의 신화의 자연스러운 5가지 발달 단계, 혹은 5가지 과제 중 어떤 한 가지 단계나 관계를 증진하느냐에 따라 유용하게 분류될 수 있다.[8]

어떤 꿈들은 지배적인 신화와 이에 도전하는 대항 신화 간의 갈등을 강조한다(1단계). 어떤 꿈들은 과거 신화가 형성되었던 어린 시절 경험에 대해 주의를 환기하면서 과거 신화를 강화하려 할 수도 있고, 어떤 꿈들은 대항 신화를 불러일으키는 힘에 집중하게 할 수도 있다(2단계). 어떤 꿈들은 과거 신화와 대항 신화 간의 자연스러운 정반합의 원리에 따라, 둘 사이의 갈등에 대한 해결법을 향해 나아간다(3단계). 어떤 꿈들은 이 해결법에서 떠오른 새로운 신화에 초점을 맞추어 이를 다듬고 응원하며, 이 새로운 신화가 가정하는 전제들과 방향에 따라 살아갈 수 있도록 이에 대한 헌신이 마음속에 자리 잡게 한다(4단계). 어떤 꿈들은 새로운 신화를 실제 일상에 변환하는 것에 목적을 두고 있다(5단계).

한 여성은 숲 속의 다리를 건너는 꿈을 반복적으로 꿨다. 꿈에서 이 장면만 나왔기에 그녀는 항상 엄청난 좌절감을 느꼈다. 그녀에게 다시 그 꿈을 꾼다고 상상해보라고 했다. 하지만 이번에는 그 다리의 관점에서 꿈을 "다시 꿈을 꿔"보라고 요청했다. 그녀는 두 눈을 감고 편안히 이완한 채로 자신이 다리가 된 상상을 했는데, 얼마 지나지 않아 흐느끼기 시작했다. 그녀는 처음에는 엄청난 만족감을 느꼈다고 설명했다. 왜냐하면 다리가 되어 사람들을 숲 한편에서 다른 편으로 이동하도록 돕고 있었기 때문이다. 하지만 사람들이 계속해서 자신 위를 걸어 다니자, 곧 자신이 늙고 삐걱거려 무너져 내리고 부서질 것만 같이 느껴졌다. 그녀는 곧 자신이 다리였다는 사실을 깨달았다. 그 다리는 남편을 항상 섬기고, 아이들을 기다리고, 늙은 부모를 보살피고, 자신을 위해서는 아무것도 하지 않는 그녀의 방식을 상징했다. 그녀는 다른 사람들의 발밑에서, 인식하지 못한 채, 또 인정받지 못한 채, 반사적으로 타인을 돕게 만드는 개인의 신화의 명령에 따라 살고 있었다. 그녀는 이대로 가다가는 무게를 이기지 못하고 무너져 내릴 것이라는 사실을 깨달았다.

이 꿈은 여성이 어릴 적부터 가지고 있던 아내와 엄마의 역할에 대한 이미지에 무조건 순응해서 생긴 문제점이 태동하고 있다는 것을 인식하게 도와주었다. 유도 신화가 문제를 야기하는 부분을 강조하는 방식으로 핵심 유도 신화를 극화함으로써, 이 꿈은 신화를 수정해야 한다는 중요한 사실을 알려주었다. 꿈은 기존의 신화를 지지할 수도 있고 그것에 도전할 수도 있으며, 대항 신화를 강화하거나 제어할 수도, 혹은 이 둘 간의 갈등에 집중할 수도 있다. 개인의 신화가 개인에게 해가 되고 있다면, 혹은 일상의 경험이 신화와 조화를 이루지 못한다면, 꿈은 (조화를 이루지 못하는 경험에 신화를 맞춤으로써) 신화를 조절할 수도 있고, 경험을 왜곡하거나 재해석하여 (동화) 경험을 신화에 맞출 수도 있다. 꿈을 통해 개인 신화를 더욱 완전히 이해할 수 있으며, 개인의 신화를 통해 꿈을 더욱 완전히 이해할 수도 있다.

이 틀은 초기에 꾼 꿈들이 낮 동안에 해결되지 않은 문제들을 검토하게 한다는 밤의 패턴을 발견한 심리학자 로잘린드 카트라이트Rosalind Cartwright의 연구 결과들과 상당히 유사하다. 그 다음에 꾸는 꿈은 이전에 비슷한 문제를 마주했던 과거에 해당하는 장면들을 보여준다. 그러고 나서는 그 갈등이 해결되었다는 느낌을 주는 희망지향적인 꿈을 꾸게 된다. 마지막 꿈들은 연속적인 꿈의 다양한 요소를 갈등에 대한 실현 가능한 해결책으로 통합하려 한다.[9] 꿈들은 일상 경험과 기저 신화 사이를 중재하는 역할을 하며, 꿈 작업을 통해 우리 의식 밖에서 일어나는 개인 신화의 변화들을 발견할 수 있다.

꿈을 기억하는 방법

사람들은 대부분 매일 밤 4~5번 정도 꿈을 꾼다. 어떤 사람들은 매일 아침 이 꿈들 중 자연스럽게 한두 개를 기억한다. 하지만 대부분은 그렇지 못하다. 간단한 몇 가지 방법이 기억을 도울 수 있다. 잠들기 바로 직전 심호흡을 하고 편안히 이완한 후 신중하게 다음 문장을 수차례 반복한다. "나는 깨어났을 때 꿈을 기억할 것이다." 녹음기 혹은 필기구와 종이를 잠자리 가까이에 두라. 깨자마자 바로 꿈을 기록하라. 기록지에는 나중에 옮겨 적을 수 있다. 첫 메모는 대부분 너무 두서가 없고 거의 읽을 수가 없는 지경이기 때문에 기록지에 바로 쓰고 싶지 않을 것이다. 그뿐만 아니라 나중에 기록지에 꿈을 옮겨 적는 것이 꿈과의 관계를 더욱 심화하는 과정의 일부가 될 수 있다. 심리치료 고객들이 꿈을 녹음하거나 종이에 기록한 후에, 매주 상담 시간 전에 꿈을 기록지에 옮겨 적을 경우,

고객들은 자신이 처음 메모했던 내용에 비해 얼마나 많은 꿈을 잊어버렸는지(어떤 경우에는 반 이상) 자주 놀란다.

꿈은 많은 경우 아주 약하고 일시적이기 때문에, 때로는 깨어나서 기록하기까지 몇 분의 시간만 흘러도 꿈을 잊어버릴 수 있다. 잠에서 깨어났을 때 꿈이 기억나지 않는다면, 잠에서 깼을 때의 자세를(마지막 꿈을 꾸고 있을 때 자세일 가능성이 높은) 취해보라. 혹은 꿈과 연관이 있는 사소한 사건이 꿈을 기억나게 할 수 있으므로 아침 내내 주의를 집중해보라. 꿈의 한 조각만 기억이 나거나, 깨자마자 꿈이 날아가는 느낌이 들어도 일단 기록하라. 때로는 단순히 쓰기 시작하거나 꿈에 대해 말하기 시작하는 것이 처음에는 옅었던 꿈의 기억을 더 완전하게 만들 수 있다. 꿈은 마치 호랑이 같다는 말이 있다. 호랑이의 발자국이라도 발견한다면 꼬리를 잡을 수 있고, 그러면 줄무늬를 따라 호랑이 전체를 볼 수 있는 것이다. 며칠 동안 이 방법을 시도한 다음에야 꿈을 기억하기 시작할 수도 있다. 실망하지 마라. 이 프로그램은 꿈이 보조 자료로 이용되도록 고안되었지 작업의 중심이 되도록 설계되지 않았다. 또한, 며칠 밤 동안 이 과정을 반복하면 꿈 기억을 돕는 습관을 기를 수 있을 것이다.

우리는 꿈을 기억하는 데 도움을 주는 두 가지 기법을 소개할 것인데, 이 방법들은 여러분의 생활에 더 깊이 개입할 수 있다. 음주와 대부분의 약물 복용은 꿈을 줄이는 경향이 있지만, 어떤 사람들은 특정 허브 차를 마시거나 다른 천연 물질을 섭취하는 것이 꿈 기억을 도와주었다고 주장한다. 예를 들어, 비타민 B-6는 때때로 꿈 기억을 돕는 듯하다. 여러분에게 비타민 B-6를 복용하지 말아야 할 의학적인 이유가 없다면, 가끔 저녁

식사를 하면서 50~250mg 정도 섭취하는 것이 꿈을 기억하도록 도울 수도 있다. 또 다른 방법으로, 이른 시각에 부드러운 소리의 알람시계를 맞춰놓아 꿈을 꾸는 도중 잠에서 깰 가능성을 높이고, 꿈 작업을 할 시간을 더 확보할 수 있다. 이 방법들을 정기적으로 하도록 권하지는 않지만 가끔 사용하면 도움이 될 것이다. 어떤 날은 꿈을 기억하지 못하더라도, 기억하려고 시도하는 것만으로 새로운 통찰을 발전시킬 수도 있다. 많은 경우 사람들은 특정 문제를 명확하게 해줄 꿈을 요청하며 잠에 들지만, 꿈은 기억나지 않고 오히려 새로운 문제를 가지고 잠에서 깨기도 할 것이다. 꿈을 기억하지 못했다고 실망하거나 자기비판을 하기보다는, 깨자마자 몇 분 동안 시간을 두고 어떤 생각이 떠오르는지 주의를 기울여라. 꿈의 의미가 처음에 명확하지 않더라도 염려하지 마라. 앞으로 꿈을 탐색하는 데 유용한 몇 가지 방법을 소개할 것이며, 이 책에 소개하지 않은 방법들은 추천 도서 목록에서 찾을 수 있다.

꿈의 의미를 찾는 방법

융은 다음과 같이 말했다. "만약 우리가 꿈에 대하여 충분히 오래 그리고 철저하게 명상한다면, 꿈에 대해 계속해서 생각하고, 숙고하고 또 숙고한다면, 거의 언제나 거기서 뭔가가 나온다."[10] 꿈에 지속적으로 집중하면, 그 꿈의 더 커다란 의미를 도출하게 될 가능성이 크다. 여기에 제공된 기법들은 어떤 면에서는 창의적으로 꿈에 대해 '숙고하고 또 숙고하는' 방법들이다. 가장 오래되고 또 가장 자주 사용되는 꿈 작업 방법은 단순히 꿈을 스스로에게 반복해서 되뇌거나 다른 사람에서 말하는 것이다. 꿈을 녹음하는 것도 비슷한 기능을 한다. 아래에 꿈을 작업하는 8가지 방법을 추가적으로 제시한다.

꿈의 요소를 통해 되새기기 : 연구자들은 꿈의 내용을 8가지 범주로 분류했다.[11] 꿈을 되새기는 한 가지 방법은 이 8가지 범주를 따르는 것이다. 이 과정은 꿈의 여러 부분 간의 새로운 관계를 볼 수 있게 도와주고, 또한 꿈의 또 다른 추가적인 면들을 기억나게 할 수도 있다. 꿈에 흔하게 등장하는 8가지 요소는 다음과 같다.

- 등장인물(친구, 유명인, 낯선 이, 신화 속 생물)
- 활동(등장인물들이 무엇을 하고 있는지 : 달리기, 먹기, TV 시청, 바느질)
- 배경(우리 집, 19세기 프랑스, 자정, 우주)
- 물건(옷, 무기, 컴퓨터, 건물)
- 자연(나무, 새, 별, 물)
- 감각(따뜻함, 소리, 냄새, 맛)
- 감정(화, 사랑, 두려움, 외로움)
- 수식어(작은, 예쁜, 보라색의, 늙은, 키가 큰)

한 가지 꿈에 이 8가지 요소가 모두 나타나지는 않지만, 위 목록은 꿈의 중요한 측면들을 상기시켜줄 수 있다. 또한 만약 꿈을 정기적으로 기록한다면, 특정한 요소들이 반복된다는 것을 발견할 수도 있을 것이며, 꿈의 개별적인 상징을 탐사하듯이 이 패턴을 탐색할 수 있을 것이다.

한 가지 요소와 동일시하기 : 많은 임상의가 꿈의 각 이미지는 꿈을 꾼 사람의 한 측면을 표현한다고 믿는다. 앞서 나무다리가 된 여성은 이러한 전제에 기반하여 꿈 작업에 접근한 것이다. 이 방법에서는 꿈에서 실체적인 요소를 하나 정한다. 특별히 이해되지 않거나, 문제를 야기하거나, 불길한 요소인 경우가 많다. 그리고 이 사람, 장소, 물체, 자질 혹은 활동 요소와 자신을 동일시해본다. 꿈의 요소와 나 자신을 동일시하면서, 그 요소로 꿈을 '다시 꾸는' 것이다. 만약 꿈에 나온 곰 가죽 카펫이 당신을 어리둥절하게 만든다면, 두 눈을 감고 이 꿈을 다시 꾼다고 상상한다. 하지만 이번에는 당신이 그 곰 가죽 카펫이라고 상상하는 것이다. 그 카펫은 꿈속에서 무슨 생각과 감정을 가지고 있는가? 카펫은 자신이 밟히고 무시당하고 있다고 느낄지도 모른다. 혹은 당신이 힘이 필요할 때면 살아 있는 동물로 변신하는 능력을 지닌 힘의 원천일 수도 있다. 이 방법은 꿈의 상징을 신체로 가져와서, 그 상징을 표현한다고 생각하는 자세를 실제로 취함으로써 강화될 수 있다. 그 자세를 취하고 있는 동안 꿈을 다시 꾸어보라.

꿈 요소로 역할극하기 : 꿈의 상징을 탐사하는 또 다른 방법은 2주차에 소개했던 창조적 투사라고 불리는 기법을 사용하여 역할극을 하는 것이다. 만약 당신이 곰 가죽 카펫을 탐구하고 있었다면, 카펫의 역할을 맡아 말 그대로 꿈을 연기하는 것이다. 카펫이 말을 하고 움직이며 다른 꿈의 요소들과 상호작용한다고 상상하라. 꿈의 줄거리를 연기하면서, 자신이 다른 꿈의 요소들은 어떻게 탐구하고 있는지도 관찰하라. 예를 들어, 꿈을 꾼 대로 연기를 마치고 나서도 역할극을 연장할 수 있다. 동일시하고 있는 요소는 다른 꿈의 요소들과 상상의 대화를 나눌 수 있다. 예를 들어, 곰 가죽 카펫은 자신이 놓여 있는 방에게 "너는 왜 이렇게 춥니?" 하고 질문을 던지면서 대화를 시작할 수 있다. 그렇다면 당신은 이번에는 방이 되어 질문에 대답을 하고, 이런 식으로 둘 사이의 대화를 계속 진행할 수 있다.

꿈의 요소로 자유 연상하기 : 특정한 꿈의 이미지에 대해 생각나는 것들을 말하거나 적음으로써 그 이미지를 당신이 무엇과 자연스럽게 연관시키는지 확인할 수 있다. 로봇에 관한 꿈을 꾸었다고 가정해보자. 재빠르게 '로봇'에서 연상되는 모든 것을 기록한다. 예를 들어, '기계적, 효율적, 미래적, 차가움, 프로그램된' 등이 목록에 포함될 수 있다. 이들 중 어떤 연상들은 꿈 전체의 맥락, 최근 삶에 일어난 사건의 맥락, 혹은 진화하는 개인 신화의 맥락에서 이해할 수 있을 것이다. 만약 파트너와 함께 작업하고 있다면, 파트너가 마치 생무지의 사람인 것처럼 질문을 던지게 할 수도 있다. 예를 들어, 파트너가 다른 문화권에서 방금 이곳으로 온 사람이어서 모든 것을 설명해주어야 하는 것처럼 상상하라. 파트너는 "로봇이 뭐야?"와 같은 질문을 던질 수 있다. 만약 대답이 "기계 인간이야"라면, 파트너는 다시 "'기계'가 무슨 뜻이야?" 하고 물을 수 있다. 이 과정을 빠르게 파트너와 진행하여 대답을 생각할 겨를 없이 생각이 즉각 표출될 수 있게 하라. 또 다른 방법으로, 그 꿈의 요소를 인터뷰한다고 상상할 수 있다. 곰 가죽 카펫이나 로봇이 당신의 꿈속에서 무엇을 하고 있었는지, 당신에게 하고 싶은 말이 무엇이었는지 묻고, 상상하여 답하라.

중요한 초점 : 이 방법에서는 마치 영화를 보듯이 상상해서 다시 꿈을 꾼다. 그런데 꿈을 꾸는 도중에 중요한 순간들에서 장면을 '정지'한다. 예를 들어, 장면이 바뀔 때나 새로운 등장인물이 출연할 때, 혹은 감정적 기조가 바뀔 때 화면을 멈추는 것이다. 머릿속에 그 장면에 대한 '정지 화면'이나 짧은 '필름 영상'을 만들어라. 그 장면의 모든 세부 사항에 주의를 기울이며 정밀하게 관찰하고, 과정을 계속 진행하라. 이 방법은 꿈의 중요한 요점에 집중할 기회를 제공할 뿐 아니라, 처음 꿈을 떠올렸을 때 당신이 놓쳐버렸을지도 모를 꿈의 중요한 순간들에 들어가 그 안에 잠길 수 있게 해준다.

신체에 꿈의 지도를 그려라 : 꿈의 첫 장면으로 시작하라. 만약 이 장면이 당신의 몸 안에 살았다면, 신체의 어느 부위에 머물렀겠는가? 꿈의 장면을 그 신체 부위에 위치시킨다. 당신의 신체가 어떻게 반응하는지 살펴라. 당신의 신체는 더 열리고 싶어 하는가, 닫히고 싶어 하는가? 몸이 더 뜨거워지는가, 차가워지는가? 분노, 화, 슬픔, 혹은 즐거움으로 반응하는가? 당신의 신체가 이 꿈의 첫 장면에 대해 말해주도록 하라. 그러곤 그 다음 장면으로 넘어가라. 이 장면과는 신체의 어떤 부위가 조응하는가? 다시, 몸의 관점에서 해당 장면을 탐색하라. 꿈의 마지막 장면에 닿을 때까지 계속해서 반복하라. 마지막 장면까지 마쳤을 때 원치 않는 감정의 잔여물이 몸에 남아 있다면, 손과 신체를 빠르고 자유롭게 움직이며 강하게 발산해 이를 털어내라.

꿈을 연장하라 : 때로는 꿈이 마무리되지 않은 것 같거나 무언가 해결되지 않은 듯한 느낌으로 잠에서 깰 것이다. 이 방법에서도 마찬가지로 상상력을 동원하여 기억나는 대로 꿈을 다시 꾼다. 그런데 꿈이 실제 멈추는 지점을 넘어 계속 줄거리를 끌고 가라. 새로운 결말을 향해 꿈을 연장하라. 예를 들어, 곰 가죽 카펫이 일어나 차가운 방을 떠나서 방 밖에 무엇이 있는지 발견하게 만들 수 있다.

한 구절이나 한 문장으로 꿈을 요약하라 : 때로는 꿈을 한 문장으로 요약하거나, 꿈에 제목을 붙이거나, 스스로에게 "꿈이 나에게 하려는 말이 무얼까?"라는 질문을 던져 꿈의 숨겨진 교훈을 확인함으로써 꿈의 핵심을 이해할 수 있다. 비슷한 또 다른 방법은 꿈의 주제를 좀더 추상적인 방식으로 고쳐 말하는 것이다. 전구를 갈아 끼우는 꿈을 추상적으로 표현한다면, "나는 내 인생에 불을 비추는 무언가를 고치려 하고 있었다"가 될 것이다. 다음 공식이 유용하게 사용될 수 있다. "이 꿈은[혹은 꿈의 특정한 한 장면이나 요소는] ……에 관한 것이다"라는 문장에서, '여정', '갈등', '교훈', '도전', '이끌림', '거절', '탄생', '죽음' 같은 단어를 사용하여 문장의 빈칸을 완성하라. 그런 뒤에 당신이 인생에서 경험한 특정한 여정, 갈등, 교훈, 갈등, 이끌림, 거절, 탄생 혹은 죽음과 관련한 경험 중 이 꿈이 무엇에 관한 정보를 제공하고 있는지 그 특정한 경험에 대해 생각하라.

 꿈은 직설적 언어와 상징적 언어가 아주 흥미롭게 혼합된 신화적 내면세계의 정교한 술책에 대한 해설이다. 많은 심리학자가 꿈을 해석하는 최고의 방법은 이를 정신의 움직임이 펼쳐지는 것으로 이해하는 것이며, 지나치게 지적인 해석으로 꿈이 왜곡되어서는 안 된다고 믿는다. 꿈 작업을 감정과 유리시키거나 꿈이 망상일 뿐이라고 여겨서는 안 된다. 여기에 제시한 몇 가지 방법을 통해 꿈 작업을 할 수 있을 것이며, 제시한 방법들 중 대다수는 당신의 직관과 감정을 일깨울 것이다. 꿈이 개인 신화의 명확한 그림을 드러내주지는 않을 테지만, 그 역학을 이해하는 데 매혹적인 실마리와 인생의 가장 중요한 문제들에 대한 새로운 통찰을 제공해줄 수 있을 것이다.

프로그램 진행이 마음을 어지럽힌다면

때가 되면, 내면의 용을 대면하고, 내면의 보물을 발견하며,
귀환하여 왕국을 변화시키는 데 필요한 모든 것을 갖게 될 것이다.
— 캐롤 피어슨Carol Pearson[1]

이 프로그램을 구성하는 강력한 내면 의례들을 제시하는 데에서 민감한 문제는, 심리 탐색에 유용한 모든 도구가 강한 정서를 유발하거나 휴면기에 있던 심리적 문제들을 들춰낼 수 있다는 것이다. 우리는 여러분이 스스로의 필요와 속도에 맞추어 프로그램을 진행할 수 있도록 프로그램을 제시하기 위해 최선을 다했다. 여기서 제시한 개인 의례들은 우리가 진행한 상담과 워크숍, 세미나 들을 통해 수천 명이 현장 검증을 한 것이고, 또 이 책의 이전 판들을 이용한 수천 명이 사용했다. 어떤 경우에도 심각한 부작용은 보고되지 않았다.

이 책에 제시된 대부분의 개인 의례는 대인적 지지가 형성된 직접적 면대면 상황에서 발달했다. 만약 이 프로그램을 계속 수행해나가는 가운데 마음이 불편하거나 동요한다면, 또한 그러한 감정이 아래 제시하는 권고사항들을 따른 뒤에도 지속된다면, 가족이나 친구들에게 지지를 호소

하거나 전문적인 도움을 받을 것을 강력히 권고한다.

이 책의 어떤 목표들은 심리 치료의 목표들—통찰력 증가, 내적 갈등의 해결, 심리 상태를 이해한 결정—과 닮아 있지만, 이 프로그램이 심리 치료를 대체할 수는 없다. 감정적 동요와 지속적인 우울감, 인생의 위기가 주는 압도감, 파괴적인 패턴의 반복 등과 마주했을 때, 심리 치료—특히 적어도 이러한 증상들을 보다 큰 개인 여정의 관점에서 고려할 만한 전문 자격 요건을 갖춘 상담가와 진행하는—는 치유와 회복을 촉진하는 행동과학적 지식과 기술의 보고에 접근할 수 있는 가장 신뢰할 수 방법 중 하나다. 오늘날 심리치료사들은 과거에는 목사나 사제, 샤먼이나 다른 영적 지도자들만이 수행했던 많은 기능을 담당한다.

심리학을 연구하는 많은 동료와 마찬가지로, 우리 역시 1960년대부터 시장에 넘쳐나는 '대중 심리' 서적들이 지나치게 단순화한 약속들을 제공하는 것을 우려해왔다. 우리는 이 책을 고안하면서 학술지《현대 심리학Contemporary Psychology》[2]에 제시된 자기계발서를 위한 법칙들을 따르려고 노력했다. 우리는 교육 현장과 임상적 환경, 지역 공동체 모임에서 20년 넘게 약 1만 명의 사람과 작업하며 이 프로그램들 개발하고 다듬었으며, 이 프로그램을 이 책에 제시한 것과 같은 자기-계발 형식으로 새로 만들고 시험하기 위해 추가로 수많은 참가자의 참여를 요청했다. 이러한 경험에 기반하여 그리고 자기계발서 형식이 갖는 한계점들도 이성적으로 인식하면서, 우리는 당신이 이 책에 제시된 프로그램을 따른다면 당신의 유도 신화에 대해 귀중한 통찰을 얻고 커다란 변화를 경험할 수 있다고 믿으며, 이를 책임지고 제안한다. 우리는 개인의 신화,[3] 심리

치료,[4] 그리고 점차 늘어나고 있는 행복과 최적 기능에 관한 심리학적 발견들에 대해 가용한 연구 자료들에 기반해 이 책을 저술하려고 노력했다.[5]

이 프로그램에서 제시하는 많은 방법은 임상 현장에서 사용하는 방법을 차용한 것이기에 강한 정서적 충격을 동반할 수 있다. 이 충격이 새로운 정서적 문제를 야기하지는 않지만, 강력한 경험은 언제나 내면의 어려움을 표면으로 끌어올릴 수 있다. 어떤 이들은 끔찍한 경험으로 생긴 어린 시절의 트라우마를 성장한 이후에도 계속해서 억압한다. 만약 억압된 문제들의 방어벽이 깨지기 직전 상태라면, 거의 모든 강력한 경험은 반작용을 촉발할 수 있다. (강력한 경험은 다음과 같은 경험을 포함한다.) 강렬한 인상을 주는 영화를 보는 것, 어려운 시기를 지나는 자녀를 돕는 것, 사랑하는 사람과 언쟁을 벌이는 것, 친구에게 비판 공세를 받는 것, 꿈 작업을 하며 정신 깊은 곳을 향해 마음을 여는 것, 심리 치료에 돌입하는 것, 집중적인 '개인 성장' 워크숍에 참여하는 것, 혹은 이 책에 제시한 것과 같은 프로그램을 활용하는 것.

이 보조 안내는 책의 곳곳에 제시된 제안 사항들에 더해 이 프로그램이 불편하게 느껴질 때 '심리적 구급상자' 역할을 할 수 있는 다양한 방법을 제공한다. 대부분의 경우, 하나 이상의 방법이면 충분할 것이다. 그러나 지속적인 불편감은 기회가 되기도 하는데, 즉 심리 치료나 영적 훈련, 혹은 다른 치유 방식에 의해 촉진되는 아주 유익한 치유와 성장 과정의 시작이 될 수도 있다. 만약 프로그램이 마음을 혼란스럽게 하기 시작한다면, 즉시 다음 방법 중 한 가지를 시행해도 좋다.

초점을 바꿔라 : 그냥 책을 덮고 차분한 활동을 하라. 음악을 듣거나, 정원 일을 하거나, 친구와 통화를 하거나, 산책을 하거나, 재미있는 영화를 본다.

당신의 몸을 존중하라 : 쉬어라. 건강하게 먹어라. 스트레스를 줄이는 선택을 하라. 기운을 나게 할 신체 활동을 하라. 예를 들어 수영이나 달리기, 춤추기, 자전거 타기, 기구 운동, 집 청소, 혹은 세차를 하라. 쌓이거나 정체된 에너지를 주기적으로 방출하는 것은 최고의 정서적 자기 돌봄이다.

침착하라 : 명상이나 요가를 하거나, 보조 안내 1에 제시한 것과 같은 긴장 완화 요법을 사용하라. 긴장을 푸는 동안 삼나무 숲이나 산골짜기, 어린 시절 숨던 곳 등 안전하고 아름답고 성스러운 공간을 상상하고, 안전함이나 생명의 자양물과 회복이 필요하다고 느낄 때마다 그곳으로 갈 수 있는 정신 능력을 길러라. 분주한 마음을 차분하게 하는 방법을 가르쳐주는 책으로는 틱낫한의 《평화로움》, 존 카밧-진의 《어디를 가든, 그곳에 당신이 있다》, 조셉 골드스타인과 잭 콘필드의 《통찰 명상의 길》, 허버트 벤슨의 《이완 반응 너머》 등이 있다.

타인에게 도움을 받아라 : 당신이 수행하는 과제를 존중하고, 당신에게 주의 깊게 반응할 누군가에게 자세히 이야기를 털어놓아라. 당신이 고군분투하고 있는 가장 어두운 부분을 보고, 가치 있게 여기는 누군가가 있다는 사실을 아는 것은 이 힘겨운 싸움을 견뎌내는 데 도움이 된다.

　신화적 자원을 사용하라 : 내면의 현자가 여러분을 보살피고 필요한
조언을 해주는 모습을 상상하라(1주차에 소개함). 정서적 보호막과 영적
보호막으로 개인 방패를 사용하라(2주차 말미에 설명함). 혹은 당신을 이끄
는 신화적·영적 지혜의 전통에 몸을 맡겨라.

　스스로에게 인내심을 가져라 : 이 프로그램은 자신에게 더 이상 도움이
되지 않는 개인의 신화를 구분하고 바꾸는 것이 목적이기 때문에, 처음
부터 힘들고 불쾌할 수 있는 기억과 감정을 분석해야 한다. 이전에 주의
를 기울이지 않았던 힘든 기억이나 취약점과 마주하는 일이 꼭 나쁜 것
은 아니다. 물론 자기 개념을 현실적으로 조정하는 것에는 큰 가치가 있
지만, 우리는 당신이 어렵고 동시에 고무적인 내용을 담은 영역에 기꺼
이 들어섰다는 사실을 스스로 자주 상기할 것을 제안한다. 당신의 용기
를 스스로 높이 평가하라. 과학적인 심리학에 영적 관점을 적용한 선구
자 중 한 명인 아브라함 매슬로는 "할 만한 가치가 있는 일이라면, 형편없
이 해도 가치 있다!"라고 말하곤 했다. 새로운 것을 배울 때 우리는 모두
초급자다. 새로운 개인의 신화가 당신의 인생을 개선해줄지라도 처음에
는 불편할 수 있다.

　하늘과 땅이 만나는 곳에 있어라 : 감정적 이슈들은 깊은 개인 작업으로
동요하는 경향이 있는데, 이럴 때 '그라운딩grounding' 과정은 중심을 잡

고 안심하는 데 굉장한 도움이 된다. 앉거나 서서 발을 바닥에 단단히 고정하고, 느리고 깊게 숨을 들이쉬며, 들숨이 지구 중심의 정기를 당겨 올려 척추를 타고 정수리로 빠져나간다고 상상하라. 몸을 통과하는 이 땅의 정기와 의식적으로 공명하라. 당신의 궁극적 지지 기반인 땅은 많은 전통 문화권에서 '어머니'로 불렸다. 왜냐하면 모든 생명이 땅에서 나오기 때문이다. 숨을 들이쉴 때마다 지구 중심에서 올라오는 에너지가 당신을 따뜻하게 만지고 감싸는 것을 느끼거나 혹은 이를 상상하라. 몇 번 들숨을 쉬며 땅의 지지와 에너지를 몸 안에 축적한 뒤에 날숨에 집중하라. 천천히, 또한 깊이 숨을 내쉴 때마다 하늘의 정기를 정수리로 당겨 들여 척추를 지나 꼬리뼈로 내보내라. 하늘은 그 공기와 별, 태양으로 생명을 잉태시키고 지지하는 에너지를 땅에 보낸다. 하늘은 '아버지'로 불리는 경우가 많다. 날숨을 쉴 때마다 생명을 시작하고 유지하는 에너지 속에 깊이 잠기는 상상을 하거나, 이를 느껴라. 몇 번 날숨을 쉬며 하늘의 에너지를 몸 안에 축적한 뒤에, 들숨마다 땅을 들이마시고, 날숨마다 하늘을 들이마셔라. 이 둘의 정기가 당신 속에서 만나 어우러지게 하라. 당신 안에 생명을 주는 이 둘의 춤이 담겨 있다.[6]

당신의 시련과 고난에 대해 자기 긍정적 관점을 가져라 : 변화를 일으키려면 친숙한 과거의 신화 체계를 무너뜨려야 한다. 그리고 그 과정은 원래 혼란스럽다. 만약 이 프로그램이 암울하거나 트라우마적인 기억이나 과제를 불러일으킨다면, 마음을 불편하게 하는 그 인식은 새로운 것이다. 결국 당신이 조우하게 될 창의적인 반응은 아직 자라나고 있다. 또한 사람들이 '기억'하는 경험들이 전부 실제로 발생한 일은 아니라는 사실도 명심하라(2주차 논의를 참조하라). 새로운 정보에 적응할 여유를 두라. 신념을 확고히 하고, 관점을 변화시키고, 창의력을 불러 모으고는 과정에서 유머와 아이러니, 교훈을 발견하라. 앨런 왓츠Alan Watts가 관찰한 바와 같이,[7] 만약 심리 치료나 개인 성장이 유머를 잃는다면 무언가 단단히 잘못된 것이다. 왓츠가 묘사한 한 선승 집단은 매일 아침식사 전에 10분간 진심을 다해 박장대소하는 것을 가장 중요한 명상으로 여기는데, 이를 통해 인생의 모순이라는 흐름 속에 자신을 내맡긴다.

스트레스를 해소하라[8] : 한의학에서 사용하는 이 방법은 응급실에서 올림픽에 이르기까지 점점 더 다양한 곳에 적용되고 있다. 이 방법은 스트레스와 관련 있는 에너지의 흐름이 막힌 경락(침을 놓은 자리가 있는 기가 흐르는 길)을 깨끗하게 하는 효과가 있다. 프로그램이 마음을 혼란스럽게 하는 기억이나 생각, 또는 감정을 불러일으킬 때라면, 언제든지 다음에 제시하는 간단한 자가 요법을 시도해보라.

문제가 되는 생각이나 감정, 혹은 기억을 떠올린 채, 한 손바닥을 이마에 가로로 올려놓는다. 그리고 다른 손바닥을 뒤통수의 돌출부, 즉 귀가 위치한 선 바로 위에 위치시킨다. 떠올린 감정이나 기억을 계속에서 느끼며, 양 손바닥 사이에 가볍게 머리를 위치시킨다. 적어도 1분간 이 자세를 유지한다. 대부분의 사람은 이마에 살짝 돌출된 두 개의 지점이 있다. 이를 전두융기라 부른다. 기다리면 전두융기에서

맥박이 뛰는 게 손에 느껴질 것이다. 이는 머리에서 팔로 이동했던 피의 공급(스트레스 반응 증후군의 투쟁-도피 반응)이 다시 머리로 돌아오고 있다는 것을 의미한다.

긴장을 이완하면서 차분함에 몸을 내맡겨라. 불편한 기억을 계속 머릿속에 떠올리고 있어도, 스트레스에 대한 신체적인 반응은 점차 줄어들 것이다. 같은 기억을 가지고, 이 과정을 반복하면 해당 기억과 스트레스 반응 간의 연결 고리를 완화하는 효과가 있다.

이 장에서 우리는 스스로 탐색을 할 때 마주할 수 있는 위험들에 초점을 맞추고, 이에 대처할 수 있는 기본적인 심리 기법들을 제시했다. 이제 적극적으로 개인의 신화 작업에 참여하는 것의 잠재적 이점을 다시 한번 강조하면서 마치려 한다. 내면 작업으로 표면에 드러나게 된 감정적 상처들은, 표면 아래에 있을 때 당신의 활력을 소모시키고 있었다. 이 상처들을 인식함으로써 치유의 길이 열린 것이다. 치유와 함께, 상처로부터 당신을 보호해왔던 개인의 신화가 변화할 수 있고, 여러분은 자유롭게 인생의 가능성을 충분히 누릴 수 있게 될 것이다.

신화 변형에 에너지 심리학 이용하기

　정신 건강 전문가들이 새롭게 떠오른 에너지 심리학을 완전히 이해하는 데 큰 어려움을 느끼는 것은 당연하다. 에너지 심리학은 여러 면에서 전통적인 정신 건강학이 통상적으로 사용하는 방식과는 다른 신화를 반영한다. 에너지 심리학은 전통 한의학이나 힌두 요가 등 동양 문화의 치유 전통에 그 뿌리를 두고 있다. 낯선 방식이다. 전통적인 정신 요법에는 통찰, 동기 부여에 기초한 행동 치료, 치료적 관계 등이 있는데, 에너지 심리학은 이런 방법에 의존하지 않는다. 손꼽히는 경력의 치료사들도 평생 뱀 공포증에 시달리던 사람이 특정한 '에너지' 지점을 20분간 자극한 후에 살아 있는 뱀을 평화롭게 쓰다듬는 모습을 눈앞에서 목격하고 이를 어떻게 받아들여야 할지 도무지 이해하지 못한다.

　통상적으로 전문가들은 이런 극적인 전환(더 많은 자료를 www.Energy TraumaCases.com에서 찾을 수 있다)을 목격하면 익숙한 개념으로 이 새로운 행동을 해석하려 한다. 다시 말해 그들이 이미 가지고 있는 신화로 이해하려는 것이다: "암시 효과이다", "주의 분산 기법이다", "긍정적 사고로 가능하다", "정신 승리다", "치료사의 열정 덕이다", "할 수 있다는 것을 믿었기 때문에 가능했다." 무엇이 가능하고, 무엇이 가능하지 않은지에 관한 치료사와 고객의 과거 신화는 쉽게 사라지지 않는다.

우리 둘은 통상적인 치료 방식에 머무르지 않고 혁신적인 치료법의 최전선에서 직업 경력의 대부분을 보냈다. 우리가 개인의 신화 모델을 처음 제안했을 때, 주위 동료들은 이것이 모호하고 비정형적 개념이라 여겼다. 그러나 에너지 심리학은 심리 치료의 한 분야로 자리 잡아 인간 삶의 영적 차원에 대한 통합을 시도해왔다. 그리고 점점 더 많은 사람이 이것이 인간 삶의 생물학적·심리학적·사회학적·영적 차원을 통합하는 우아한 방식이라 전한다.

기존 심리 치료계가 초기에 에너지 심리학에 우호적이지 않았던 것은 사실이다. 그러나 고객들의 만족감은 이들의 거부감을 잠재우기에 충분했다. 그리고 이 새로운 방식을 사용하는 치료사들은 정신 건강 분야에서 인정하는 용어들로 이것의 작동방식을 설명할 수 있게 되었으며, 이 작업은 아직 진행중이다. www.EnergyPsychEd.com에서 서양 의학의 틀 안에서 이 방식을 설명하는 조사 연구 결과들과 뇌 영상을 확인할 수 있다. 예를 들어, 피부 표면의 에너지 포인트를 자극해 뇌에 신호를 보내고, 이를 통해 부적응적 사고와 감정의 기저를 이루는 신경 패턴을 빠르게 또 영구적으로 변화시키는 방식으로 에너지 심리학이 작동한다는 설득력 있는 주장을 찾아볼 수 있다.

우리는 초등학교에서 기초 에너지 심리학 도구들을 가르쳐야 한다고 주장해왔다. 그리고 개개인이 이 방법을 삶에 적용해야 한다고 강력히 제안한다. 우리는 치실이 치아 자가 관리에 중요한 것처럼 이 방식이 감정 자가 관리에 아주 중요한 역할을 한다고 믿는다. 에너지 심리학의 여러 도구를 통해 일상의 감정적 어려움들을 더욱 잘 관리할 수 있다. 예를 들어, 알 수 없는 공포와 분노에서 과도한 죄책감, 수치심, 비탄, 질투, 소외감까지 여러 감정적 어려움을 더 잘 관리할 수 있을 것이다. 또한 이 방식을 통해 갈망하는 목표를 이루는 데 도움이 되는 방식으로 당신의 뇌에 명령을 내릴 수도 있다. 이를 통해 직장에서 더 효율적으로 일하게 될 수도 있고, 인간관계를 개선하거나 취미로 하는 테니스 실력을 향상시킬 수도 있다. 그리고 당신이 에너지 심리학의 아주 간단한 규칙만 통달한다면, 이 책에 나온 방법을 사용해 당신의 유도 신화를 변화시킬 때 이 규칙들을 적용할 수 있다(기초적인 내용을 서면이나 4시간짜리 DVD로 볼 수 있다—www.EnergyPsychEd.com을 보라).

개인의 신화 모델의 각 단계에는 완성해야 할 과제들이 있으며, 과제의 완수를 에너지 심리학의 접근법으로 촉진할 수 있다.

개인의 신화 모델의 모든 과제와 활동의 중심이 되는 5단계 순서는 다음과 같이 쉽게 요약할 수 있다.

- 지배적인 유도 신화(주제)가 낡아버리거나, 역기능이 된다.
- 정신은 여러 대안 신화를 만들어낸다. 이들 중 하나가 '대항 신화'(대

구)로 부상하여 기존 신화에 도전한다.

- 주제와 대구는 서로 대립한다. 둘의 갈등은 대부분 개인의 의식 영역 밖에서 이루어지지만, 개인의 인식과 감정, 사고와 행동에 지대한 영향을 미치며, 많은 경우 큰 혼란을 야기한다.
- 둘의 통합체인 새로운 유도 신화가 정신 깊은 곳에서 서서히 만들어진다. 기존 신화와 대항 신화의 특질을 모두 통합한 유도 신화가 가장 이상적으로 개인의 긍정적 발달을 돕는다.
- 이 새로운 신화는 개인 삶의 구조에 녹아들어 그 사람의 사고와 감정, 선택과 행동을 형성한다.

인생을 살면서 언제라도 여러분의 유도 신화는 위의 5단계에 걸친 신화적 변화를 겪을 수 있다. 이는 "나는 누구인가, 나는 어디로, 왜 가는가?", 혹은 "이 세상은 안전하다[혹은 위험하다]" 등과 같은 커다란 중심 신화에도 적용될 수 있고, "나는 대화하는 것이 어려워", 혹은 "내 딸은 피겨 여왕이 될 거야" 등과 같은 매우 세부적인 유도 신화에도 적용될 수 있다. 이 책의 프로그램은 개인의 신화의 중심 부분에 초점을 맞추어 중심적인 신화에 변화를 야기하는 것에 집중한다. 다섯 단계를 거치면서 각 단계를 성공적으로 해결하기 위해 필요한 특정한 과제나 활동을 아래에 약술했다.

뇌의 에너지를 이용해
개인 신화의 신경생물학적 기반 바꾸기

개인의 신화는 뇌의 화학 작용과 신체의 에너지장 속에 저장되어 있다(342~350쪽에서 이에 대한 내용을 소개했다. 이 비전통적 방식에 대한 학술적 연구 내용이 더 궁금하다면 www.MythsAsFields.com에 접속해 "At Play in the Fields of the Mind: Personal Myths as Fields of Information"을 다운받을 수 있다). 심리적 개입과 에너지 개입은 둘 다 개인 신화의 발전을 도울 수 있다. 그리고 이 둘은 함께 작용할 때 강력한 상승효과를 낸다. 이 가이드에서는 개인의 신화 모델의 각 단계에서 필요한 과제와 활동을 간단히 복습할 것이다. 그리고 에너지 개입이 어떻게 유도 신화 발전 각 단계의 성공적 통과를 도와주는 신선하고 강력한 방법을 제시하는지에 대해 이야기할 것이다.

1단계 : 숨어 있는 신화적 갈등 인식하기

개요 : 변화에 가장 강하게 저항하는 지배적 신화의 한계들은 어린 시절의 스트레스나 트라우마, 혹은 발달 과정에 중요한 다른 경험들에 뿌리를 둔다.

프로그램 : '신화의 길' 프로그램은 이러한 경험들을 재방문하고 치유하기 위한 일련의 개인 의례를 제공한다. 이 프로그램을 시행하면서, 힘

들었던 기억을 떠올리는 데 동반되는 스트레스 반응을 해소하기 위해 간단한 에너지 심리학 규칙을 사용할 수 있다. 이것만으로도 낡은 신화에 묶인 감정적 속박에서 훨씬 더 자유로워질 것이다. 개인 신화의 개념에 대해 소개한 후, 이 프로그램의 첫 번째 단계의 활동과 과제(1~3주차)는 다음을 포함한다.

- 부모와 조부모의 신화를 향한 회고적 여행
- 지금까지 형성되어온 내 신화의 발달 지도 그리기
- 현재 나에게 영향을 끼치는 신화적 갈등 진단하기
- 하나의 중심 갈등에 초점 맞추기
- 이 신화적 갈등과 어린 시절 사건과의 관계 탐색하기

에너지 요소 더하기 : 에너지 심리학의 기본 규칙을 사용해(어떠한 규칙을 사용해도 좋다. 예를 들어 제2장 '에너지 심리학의 약속'에 나온 EFT(정서자유기법) 자극 방식을 사용할 수 있다) 힘들었던 기억들이 각각 0~10 SUD(Subjective Units of Distress, 주관적 고통지수) 척도에서 몇 점인지 평가하라. 심리적 부담이 가장 큰 사건부터 시작해, 한 번에 하나씩 차례로 평가하라. 에너지 불균형이나 심리적 역전이 있다면 교정하라(단언컨대 이는 적절한 에너지 포인트를 자극하는 아주 중요한 작업이다. "나의 삶이 …를 중심으로 돌아가도, 나는 내 자신을 깊이 사랑하고 수용할 것이다"). 기초 자극 순서에 따라 연상 어구reminder phrase를 사용해 각 기억에 대한 주관적 고통지수를 0까지 끌어 내려라. 처음에는 인식하지 못한 심리적 역전이나 문제에 관한 새

로운 면이 있는지 주의를 기울여라.

2단계 : 갈등의 양면 이해하기

개요 : 새로운 신화의 방향은 '대항 신화'라는 형태로 정신 깊은 곳에서 자연스럽게 떠오른다. 이는 당신의 희망과 꿈, 가장 소중했던 어린 시절의 경험, 영향력 있는 롤 모델, 영적 지도 그리고 문화가 제공해주는 영감, 지도자, 문학, 가장 큰 승리 들이 모두 창조적으로 통합된 것이다.

프로그램 : '신화의 길' 프로그램은 낡은 신화가 야기하는 문제들에 대한 대항 신화의 해결책들을 탐색하고, 정신의 더 깊은 곳에 닿아 신선한 관점과 지도를 얻기 위한 일련의 개인 의례를 제공한다. 이 프로그램의 두 번째 단계의 활동과 과제(4~5주차)는 다음을 포함한다.

- 과거 신화의 탄생에 관한 비유적 이야기 만들기(동화 1부)
- 이야기의 중심이 되는 상처를 찾고, 강력한 이미지를 통해 상처 치유하기
- 낡은 과거 신화에 대한 작별 의식
- 신화적 회복의 씨앗을 찾기 위한 과거로의 이미지 여행
- 과거에서 찾은 자원을 극 이야기로 만들기(동화 2부)
- 과거 신화와 새로 떠오르는 신화 간의 갈등을 나의 신체로 탐색하기

에너지 요소 더하기 : 이 프로그램의 2단계는 과거 신화와 대항 신화 둘 다에 집중한다. 1단계에서처럼, 치유가 필요한 기억이나 감정을 발견하면 언제든 에너지 심리학의 기본 규칙을 적용해 치유를 도울 수 있다. 또한 대항 신화를 다룰 때는 에너지 개입이 깊고, 직관적인 통찰에 대한 감수성을 계발하도록 돕기도 한다. 이는 신화적 변화와 필연적으로 관련 있는 심리적 역전에 집중할 수 있게 해준다. 예를 들어, "내가 과거 신화에 묶여 있다고 느낄지라도, 나는 새로운 통찰과 새로운 방향을 향해 가슴을 열 것이다"라고 선언할 수 있다. 또한 신경혈관법이나 후크업hook-up 기법, 복사에너지법과 같은 에너지 포인트를 사용하는 방식(《에너지 심리학의 약속》의 6장과 7장에 설명되어 있다)을 통해 깊은 내면에 효과적으로 닿을 수 있다.

3단계 : 새로운 신화 상상하기

개요 : 과거 신화와 대항 신화는 깊은 대립적 갈등에 빠지게 된다. 이 대립은 의도하지 않았어도 자연스럽게 발생하며, 대부분 인지적 의식 밖에서 이루어진다. 하지만 우리가 의식하지 못하더라도 이 갈등은 사고와 행동에 커다란 영향을 미치며, 많은 경우 불확실성과 혼란을 야기한다.

프로그램 : '신화의 길' 프로그램은 이 내면의 갈등을 의식 수준으로 불러내고, 지지와 지도를 보내기 위한 일련의 개인 의례를 제공한다. 이 세 번째 단계의 활동과 과제(6~7주차)는 다음을 포함한다.

- 나의 신화적 갈등이 어떠한 방식으로 내 인생에 영향을 미치는지 지도 그리기
- 과거 신화와 대항 신화 간의 대화를 이야기로 만들기
- 갈등 해결의 장애물을 나의 정신 속에서 찾고 변화시키기
- 갈등 해결의 느낌을 몸으로 표현하기
- 갈등 해결의 느낌을 머리로 표현하기

에너지 요소 더하기 : 에너지 심리학적 방법들은 자연스럽게 모습을 드러내는 감정적 상처를 치유하고, 더 큰 영감을 향해 마음을 열게 해줄 뿐 아니라, 3단계에서는 어떻게 해결해야 좋을지 모르는 신화적 혼란을 받아들이고 창조적으로 대처하는 데 아주 큰 도움이 될 것이다. 새롭게 제시되는 방향은 매력적이지만 닿을 수 없게만 느껴질 수 있다. 그 반면, 낡고 역기능적인 신화는 친숙하고 여전히 편안함을 안겨줄 수도 있다. 갈등을 받아들이는 동시에 해결을 향해 나아가는 선언은 다음과 같은 문장이 될 것이다. "지금 이 갈등의 해결책이 눈에 보이지 않아도, 내 정신 깊은 곳의 힘은 이미 새롭고 창조적인 해결을 행해 움직이고 있다는 것을 알기로 나는 선택한다."

4단계 : 상상에서 헌신에 대한 약속으로

개요 : 새로운 유도 신화는 기존 신화와 대항 신화가 통합된 모습으로 떠오른다.

프로그램 : '신화의 길' 프로그램은 새롭게 제시되는 신화적 방향을 평가하고, 다듬고, 강화하기 위한 일련의 개인 의례를 제공한다.

에너지 요소 더하기 : 앞선 단계와 마찬가지로, 에너지 불균형과 심리적 역전을 발견하고 교정하면 더욱 명쾌하게 프로그램의 각 단계를 통과할 수 있을 것이다. 《심리학의 약속》 제4장에 설명된 방법들, 즉 에너지를 담아 비전과 확신에 닻을 내리는 방법들은 이 네 번째 단계에서 특히 유용하다. 이 단계에서 근육 테스트('에너지 테스트' 혹은 '에너지 체크'라고도 불림)를 사용할 수 있는데, 이를 통해 새로운 신화에 대한 단어 표현이 나의 에너지 체계와 조화를 이루는지 확인할 수 있다. 단순화된 에너지 심리학 규칙보다 고급 방법인데, 5단계에서 새로운 신화의 도입에 나의 의지를 담기 전에 선언문을 미리 평가하는 귀중한 시간이 될 것이다. 방법은 간단하다. 새로운 신화를 선언할 때 다른 누군가가 지표근육indicator muscle을 체크해주면 된다(자세한 방법은 데이비드 파인스타인의 저서 《에너지 심리학 상호작용》과 도나 이든의 저서 《에너지 의학》에 설명되어 있다). 만약 선언을 할 때 당신의 에너지가 심하게 요동친다면, 3단계와 4단계로 돌아가 선언문을 더 다듬어라.

5단계 : 새로운 신화로 살아가기

개요 : 개인의 신화 변화의 마지막 단계는 신중하게 형성한 새로운 신화를 자신의 삶에 적용하는 것이다.

프로그램 : 신화의 길 프로그램은 선언, 집중 시각화, 자기 대화의 변화, 행동 시연, 환경 관리 그리고 행동 계약을 사용해 새로운 신화로 살아가는 것을 도와주는 일련의 개인 의례를 제공한다. 다섯 번째 단계의 자세한 활동과 과제(10~12주차)는 다음을 포함한다.

- 새로운 신화를 신체적, 감정적, 상상력의 요소로 번역하기
- 새로운 신화를 지지하는 습관적 내면의 선언 만들기
- 의식 제정을 통해 새로운 신화를 나타내는 정형화된 행동 만들기
- 새로운 신화를 지지하기 위해 생활 방식과 환경 조건 바꾸기
- 새로운 신화의 향후 5년 내다보기를 통해 조정해야 할 부분 찾기
- 일상에 새로운 신화를 확립하기 위해 필요한 변화를 구체적으로 명시하고 변화 도입하기.

에너지 요소 더하기 : 이 단계에서 가장 중요한 에너지 심리학의 요소는 새로운 신화가 요구되는 상황이지만, 과거 신화와 그에 따른 옛 습관들이 떠오르거나 혹은 그저 심리적 괴로움을 느낄 때, 언제든 손을 뻗어 적용할 수 있는 루틴, 즉 간단한 절차를 만드는 것이다. 먼저, 심리적 고통이나 자기 비난을 줄이기 위해 이 루틴을 사용할 수 있다. 이는 이제 새로운 신화로 상황에 대처할 수 있다는 것을 상기시켜줄 것이다. 그뿐만 아니라 에너지 기법을 사용해 새로운 신화를 더욱 확언하는 기회도 될 수 있다. 5단계에서 이야기한 행동 계약의 일부인 일상적 개인 의례에 에너지 기법들을 적용하는 것 또한 매우 가치 있는 일이다. 두드리기 기

법과 다른 에너지 개입 방법들은 선언, 집중 시각화 그리고 신체와 정신에 새로운 신화의 닻을 내리기 위한 여러 의식과 함께 사용할 수 있다.

지금까지 소개한 내용들은 에너지 심리학이 어떻게 깊은 신화적 변화를 돕는지에 대한 간략한 개요였지만, 우리가 이제까지 형성해온 기본 원칙들을 잘 설명한다. 에너지 심리학을 처음 접했다면, 이 내용이 에너지 심리학을 더 깊이 공부할 의지를 북돋았기를 바란다. 에너지 심리학의 기본적인 규칙들을 학습하면, 이는 앞으로 펼쳐질 신화의 길, 일생에 걸친 풍부한 여정에 끝까지 함께할 것이다.

10년 전, 고혜경 박사가 주최한 '신화와 꿈 아카데미'에서 스탠리 크리프너 박사의 '개인의 신화' 강연을 듣고 큰 충격을 받았습니다. 사람은 자신의 신화에 지배받으며 사는 존재구나! 그 신화를 바꿀 수도 있구나! 강연을 들은 뒤 제 자신의 '개인의 신화'를 찾아서 책을 스승 삼아 열심히 탐색했습니다. 의례를 하고, 꿈을 반추하며, 책에 제시된 프로그램대로 지배 신화와 대항 신화를 구별하고 그것들에서 도출된 통합 신화를 정리하고 기록했습니다. 과거 기록을 뒤져보니 '새로운 신화 실현 계약서'에 기입했던 여러 다짐 중에, "개인의 신화를 책으로 낼 준비를 하나씩 진전시킨다"고 약속한 항목이 새삼 눈에 들어옵니다. 5년 전 일입니다.

5년 동안 책을 붙들고 씨름했고, 이후 한국융연구원에서 융 심리학을 수련하며 책의 정신을 더욱 체화하려 노력했습니다. 개인의 신화를 정립하고 실현하는 경험을 통해 이 책을 많은 분과 나누고 싶은 소망이 더욱 공고해졌습니다. 이 책이야말로 시중의 자기계발서 100권, 1000권을 대신할 단 한 권의 책이라 여겼기 때문입니다. 책의 내용을 이해하고 체득하는 것을 넘어 우리말로 옮기는 것은 또 다른 장벽이었습니다. 다행히 읊조리는 발음이 그대로 아름다운 노래가 되는 아내와 제 영어 번역에

까르륵대며 조잘대는 귀여운 딸들이 있어, 어려운 대로, 한 단어 한 단어 물에서 건지고, 한 문장 한 문장 베를 엮을 수 있었습니다.

융이 "나의 생애는 무의식이 그 자신을 실현한 역사"라고 말한 것처럼, 온전한 삶으로 이끄는 크나큰 무의식의 영적 기운을 만나는 데 이 책이 도움이 된다면 큰 기쁨이겠습니다. 저마다 개인의 신화를 정립하는 체험을 통해, 무의식과 조응된 삶, 생기 있고 자유로우며 창조적인 삶을, 이생뿐 아니라 내생에서도 충만히 누리시길 기원드립니다.

한국융연구원 상임연구원

송일수

■ 참고 문헌

초청

1. Joseph Campbell, *Creative Mythology*, vol. 4 of The Masks of God (New York: Viking, 1968), p. 4.

2. Sigmund Freud, *The Interpretation of Dreams* (London: Hogarth Press, 1955; first published 1900).

3. Charles Dickens, *A Christmas Carol* (New York: Macmillan, 1963), p. 34.

4. Joseph Campbell, *The Hero with a Thousand Faces*, 2d ed. (Princeton, NJ: Princeton University Press, 1949).

5. Jerome Bruner, *Actual Minds, Possible Worlds* (Cambridge, MA: Harvard University Press, 1986); Theodore R. Sarbin, ed., *Narrative Psychology: The Storied Nature of Human Conduct* (New York: Praeger, 1986).

6. Mircea Eliade, *Myth and Reality* (New York: Harper &Row, 1963), p. 6.

7. Ken Wilber, *No Boundary: Eastern and Western Approaches to Personal Growth* (Boulder, CO: Shambhala, 1981), p. 126.

1주

1. Erich Neumann, *The Origins and History of Consciousness*, trans. R. F. C. Hull (Princeton, NJ: Princeton University Press, 1970), p. 210.

2. David Feinstein and Stanley Krippner, "Personal Myths in the Family Way," in Steve A. Anderson and Dennis A. Bagarozzi, eds., *Family Myths: Psychotherapy Implications* (New York: Haworth, 1989), pp. 111-139.

3. 이 개인 의례는 진 휴스톤이 개발한 운동 실습을 본떠 만든 것이다.

4. Rollo May, *Love and Will* (New York: W. W. Norton, 1969), pp. 13-14.

5. Mircea Eliade, *Shamanism: Archaic Techniques of Ecstasy* (New York: Pantheon, 1964).

6. David Feinstein, "The Shaman Within: Cultivating a Sacred Personal Mythology," in Shirley Nicholson, ed., *Shamanism* (Wheaton, IL: Quest Books, 1987), pp. 267-279.

7. 이 사례는 데이비드 파인스타인의 "Myth-Making in Psychological and Spiritual

Development," *American Journal of Orthopsychiatry*에 실림.

8. 이러한 음악 작품을 선정하기 위한 지침은, Stanislav Grof, *The Adventure of Self-Discovery* (Albany: State University of New York Press, 1988), and Jean Houston, *The Search for the Beloved: Journeys in Sacred Psychology* (Los Angeles: Jeremy P. Tarcher, 1987).

9. Albert Upton, *Design for Thinking* (Stanford, CA: Stanford University Press, 1961), p. 11.

10. Joan Marler, "The Mythic Journey" (an interview with Joseph Campbell), *Yoga Journal*, November/December 1987, pp. 57-61.

11. Carl G. Jung, *Two Essays on Analytical Psychology*, trans. H. G. Baynes and C. F. Baynes (New York: Dodd, Mead, 1928).

2주

1. Linda Schierse Leonard, *Witness to the Fire: Creativity and the Veil of Addiction* (Boston: Shambhala, 1989), p. 14.

2. Dan P. McAdams, *The Stories We Live By: Personal Myths and the Making of the Self* (New York: William Morrow, 1993), p. 36.

3. 위의 책.

4. 고전시대 신화의 모티프는 자기 탐험의 틀로 사용되었다. 예를 들어, Jean Houston, *The Hero and the Goddess: The Odyssey as Mystery and Initiation* (New York: Ballantine, 1992)과 *The Passion of Isis and Osiris: A Union of Two Souls* (New York: Ballantine, 1995); Robert A. Johnson, *He, She,* and *We* (Harper & Row, 1974, 1976, and 1983); and Jean Shinoda Bolen, *Goddesses in Everywoman and Gods in Everyman* (Harper & Row, 1984 and 1989).

5. 우리는 멜라니 모간Melanie Morgan에게 감사드린다. 그녀는 진 휴스톤Jean Houston의 학생이면서, 자신의 개인의 신화 워크숍에서 '낙원/낙원 상실' 틀을 사용했다.

6. "개체 발생은 계통 발생을 되풀이한다"에 대한 장단점을 켄 윌버가 의해 논의했다(예를 들어, 집단의 진화는 개인 발달에서 반복된다). Ken Wilber, *Sex, Spirit, Ecology* (Boston: Shambhala, 1995), pp. 149-152.

7. Rollo May, *Love and Will* (New York: W. W. Norton, 1969), p. 281.

8. Daniel N. Stern, *The Interpersonal World of the Infant: A View from Psychoanalysis and Developmental Psychology* (New York: Basic Books, 1985).

9. Abraham H. Maslow, *The Farther Reaches of Human Nature* (New York: Viking, 1971), pp. 318-321.

10. The "notice breath; soften belly; open heart," meditation was taught to us by Stephen Levine.

11. Richard Ofshe, *Making Monsters: False Memories, Psychotherapy and Sexual Hysteria* (New York: Charles Scribner's Sons, 1994); Lenore Terr, *Unchained Memories: True Stories of Traumatic Memories, Lost and Found* (New York: Basic Books, 1995).

12. Elizabeth F. Loftus and Katherine Ketcham, *The Myth of Repressed Memory: False Memories and Allegations of Sexual Abuse* (New York: St. Martin's, 1994); Daniel L. Schacter, ed., *Memory Distortion: How Minds, Brains, and Societies Reconstruct the Past* (Cambridge, MA: Harvard University Press, 1995).

13. Terr, Unchained Memories.

14. 이 방법은 프리츠 펄스Fritz Perls가 개발한 게슈탈트 치료법을 본떠 만든 것이다. 그것은 제이콥 모레노Jacob Moreno의 심리드라마와 결합된 칼 융의 적극적 명상을 연상시킨다. 우리의 동료인 페그 엘리엇 메이오Peg Elliott Mayo는 펄스의 학생 중 한 명인데, 이 기법을 우리가 사용하는 용어인 '창조적 투사'라고 불렀다.

3주

1. Carl G. Jung, "The Theory of Psychoanalysis," in *Collected Works*, vol. 4, 2d ed., trans. R. F. C. Hull (Princeton, NJ: Princeton University Press, 1961; first published 1913), para. 451.

2. Martin E. P. Seligman, *Learned Optimism* (New York: Simon & Schuster, 1990), p. 8.

3. 이 사례는 데이비드 파인스타인이 "여성 생식계의 분만과 종양 사이의 갈등: 질병의 상징주의"에서 처음 제시했다. David Feinstein, "Conflict over Childbearing and Tumors of the Female Reproductive System: Symbolism in Disease," *Somatics* 4, no. 1 (1982): 35-41.

4. Marion Woodman, *The Ravaged Bridegroom: Masculinity in Women* (Toronto: Inner City, 1990), p. 23.

5. Carlos Castaneda, *The Teachings of Don Juan: A Yaqui Way of Knowledge* (New York: Simon &Schuster, 1968), p. 107.

6. Jerome Bruner, "Myth and Identity," in Henry A. Murray, ed., *Myth and Myth making* (Boston: Beacon, 1960), p. 286.

7. Henry A. Murray, "American Icarus," in Arthur Burton and Robert E. Harris. eds., *Clinical Studies of Personality* (New York: Harper &Row, 1955), pp. 615-641,

8. Abraham H. Maslow, *The Farther Reaches of Human Nature* (New York: Viking, 1971).

9. Daniel Goleman and Joel Gurin, eds., *Mind Body Medicine: How to Use Your Mind for Better Health* (Yonkers, NY: Consumer Reports, 1993).

10. John Watkins, "The Affect Bridge: A Hypno-Analytic Technique," *International Journal of Clinical and Experimental Hypnosis* 19 (1971): 21-27.

4주

1. Jean Shinoda Bolen, *Goddesses in Everywoman* (Harper & Row, 1984), p. 294.

2. Cited in Allan B. Chinen, *Once upon a Midlife: Classic Stories and Mythic Tales to Illuminate the Middle Years* (New York: Jeremy P. Tarcher/Putnam, 1992), p. 2.

3. Anthea Francine, *Envisioning Theology: An Autobiographical Account of Personal Symbolic Journeying as a Source of Revelation* (Master's thesis, Berkeley, CA: Pacific School of Religion, June 1983), p. 77.

4. Richard Gardner, *Therapeutic Communication with Children: The Mutual-Storytelling Technique* (New York: Science House, 1971).

5. The focusing instructions given here constitute the tip of the iceberg of Eugene Gendlin's Focusing (New York: Bantam, 1978).

6. Jean Houston, *The Search for the Beloved: Journeys in Sacred Psychology* (Los Angeles: Jeremy P. Tarcher, 1987), pp. 104-105.

7. 위의 책, p. 105.

8. Peg Elliott Mayo, "The Alchemy of Transmuting Grief to Creativity," in David Feinstein and Peg Elliott Mayo, *Rituals for Living and Dying* (San Francisco: Harper-Collins, 1990), pp. 132-172.

5주

1. Jean Houston, *A Mythic Life: Learning to Live Our Greater Story* (San Francisco: HarperCollins, 1996), p. 6.

2. Robert Jay Lifton, *The Protean Self: Human Resilience in an Age of Fragmentation* (New York: Basic Books, 1993).

3. 위의 책, p. 1.

4. 위의 책, p. 14.

5. 위의 책, p. 28.

6. 위의 책, p. 6.

6주

1. Clarissa Pinkola Estés, *Women Who Run with the Wolves: Myths and Stories of the Wild Woman Archetype* (New York: Ballantine, 1992), p. 414.

2. Rollo May, "The Problem of Evil: An Open Letter to Carl Rogers," *Journal of Humanistic Psychology* 22, no. 3 (1982): 10-21.

3. 위의 책, p. 11.

4. Erich Neumann, *Depth Psychology and a New Ethic*, trans. Eugene Rolfe (New York: Harper & Row, 1969), p. 147.

5. 위의 책, p. 138.

6. 인용됨 Connie Zweig and Jeremiah Abrams, eds., *Meeting the Shadow: The Dark Side of Human Nature* (Los Angeles: Jeremy P. Tarcher, 1991), p. 4.

7. Wendell Berry's verse is cited in Zweig and Abrams, *Meeting the Shadow*, p. 305.

8. Roberto Assagioli, *Psychosynthesis* (New York: Random House, 1965).

9. Ralph Metzner, "Alchemy and Personal Transformation," *The Laughing Man* 2, no. 4 (1981): 55.

7주

1. Ken Wilber, *The Atman Project: A Transpersonal View of Human Development* (Wheaton, IL: Quest Books, 1980), p. 80.

2. Richard Cavendish, *An Illustrated Encyclopedia of Mythology* (New York: Crescent, 1980), p. 11.

3. Colin Martindale, *Cognition and Consciousness* (Homewood, IL: Dorsey, 1981).

4. William Blake, cited in Charles Hampden-Turner, *Maps of the Mind* (London: Mitchell Beazley, 1981), p. 98.

8주

1. Joanna Rogers Macy, *Despair and Empowerment in the Nuclear Age* (Philadelphia: New Society, 1983), p. 136.

2. David C. McClelland, *Human Motivation* (Glenview, IL: Scott, Foresman, 1985).

3. David G. Myers, *The Pursuit of Happiness* (New York: Avalon, 1993).

4. 위의 책, p. 108.

5. 위의 책.

6. Angus Campbell, The Sense of Well-Being in America (New York: McGraw-

Hill, 1981), pp. 218-219.

7. Martin E. P. *Seligman, Learned Optimism* (New York: Simon & Schuster, 1990).

8. 위의 책.

9. 위의 책, p. 288.

10. Dan P. McAdams, *Stories We Live By: Personal Myths and the Making of the Self* (New York: William Morrow, 1993), pp. 110-113.

11. 위의 책, p. 111, 112, 113.

9주

1. Stanislav Grof, *The Holotropic Mind* (San Francisco: HarperCollins, 1992), p. 156.

2. Michael J. Mahoney, *Human Change Processes: The Scientific Foundations of Psychotherapy* (New York: Basic Books, 1991), p. 269.

3. Ibid., pp. 258-266.

4. Martin E. P. Seligman, *What You Can Change and What You Can't* (New York: Ballantine, 1993), pp. 17, 29.

5. 위의 책.

6. 위의 책.

7. William Irwin Thompson, *Passages About Earth: An Exploration of the New Planetary Culture* (New York: Harper & Row, 1974), p. 174.

8. Linda Schierse Leonard, *Witness to the Fire: Creativity and the Veil of Addiction* (Boston: Shambhala, 1990), p. 323.

10주

1. Rupert Sheldrake, *The Presence of the Past: Morphic Resonance and the Habits of Nature* (New York: Random House, 1988), p. 173.

2. Supporting research is cited in David Feinstein, "At Play in the fields of the Mind: Personal Myths as Fields of Information" (monograph, Ashland, OR: Inner-source, 1996).

3. Roger D. Nelson, G. Johnston Bradish, York H. Dobyns, Brenda J. Dunne, and Robert G. Jahn, "FieldREG Anomalies in Group Situations," *Journal of Scientific Exploration* 10, no. 1 (1996): 111-141.

4. Dean I Radin, Jannine M. Rebman, and Maikwe P. Cross, "Anomalous Organization of Random Events by Group Consciousness: Two Exploratory Experiments,"

Journal of Scientific Exploration 10 (1996): 143-168.

5. 장과 개인의 신화에 대한 자세한 설명은 다음을 참조. Feinstein, "At Play in the fields of the Mind."

6. Benjamin Libet, "A Testable Field Theory of Mind-Brain Interaction," *Journal of Consciousness Studies* 1, no. 1 (1994): 119; Karl H. Pribram, *Languages of th glewood Cliffs* (NJ: Prentice-Hall, 1971).

7. David Bohm, *Quantum Theory* (London: Constable, 1951); William A. Tiller, "What Are Subtle Energies?" *Journal of Scientific Exploration* 7 (1993): 293-304.

8. Robert G. Jahn and Brenda J. Dunne, *Margins of Reality: The Role of Consciousness in the Physical World* (New York: Harcourt Brace, 1988).

9. Virginia A. Larson, "An Exploration of Psychotherapeutic Resonance," *Psychotherapy* 24 (1987): 323.

10. Sheldrake, *The Presence of the Past; Paul Weiss, Principles of Development* (New York: Holt, 1939).

11. Valerie Hunt, *Infinite Mind: The Science of Human Vibrations* (Malibu, CA: Malibu Publishing, 1995).

12. Donna Eden, *Weaving the Energies, Setting the Field: An Introduction to Energy Medicine* (Ashland, OR: Innersource, 1996).

13. Ervin Laszlo, *The Interconnected Universe: Conceptual Foundations of Transdisciplinary Unified Theory* (River Edge, NJ: World Scientific, 1995).

14. Rupert Sheldrake, *A New Science of Life: The Hypothesis of Formative Causation* (Los Angeles: Jeremy P. Tarcher, 1981); The Presence of the Past.

15. Sheldrake, *The Presence of the Past*.

16. 위의 책, p. 264.

17. Douglas M. Stokes, "Review of Research in Parapsychology 1991," in *Journal of Parapsychology* 59 (1995): 173.

18. Rupert Sheldrake, *Seven Experiments That Could Change the World* (New York: Riverhead, 1995).

19. K. Schmidt-Koenig and H. J. Schlichte, "Homing in Pigeons with Impaired Vision," *Proceedings of the National Academy of Sciences* (USA) 69 (1972): 2446-2447.

20. B. R. Moore, "Magnetic Fields and Orientation in Homing Pigeons: Experiments of the Late W. T. Keeton," *Proceedings of the National Academy of Sciences* (USA) 85 (1988): 4907-4909.

21. Sheldrake, *The Presence of the Past*, p. 151.

22. Jeanne Achterberg, *Imagery in Healing: Shamanism and Modern Medicine* (Boston: New Science Library, 1985), p. 3.

23. John Predebon and Sean B. Docker, "Free-Throw Shooting Performance as a Function of Preshot Routines," *Perceptual &Motor Skills* 75 (1992): 167-171.

24. Susan M. Drake, "Guided Imagery and Education: Theory, Practice and Expe-rience," *Journal of Mental Imagery* 20 (1996): 1-58.

25. Michael Murphy, *The Future of the Body* (Los Angeles: Jeremy P. Tarcher, 1992).

26. Jean Houston, *The Possible Human* (Los Angeles: Jeremy P. Tarcher, 1982), p. 11.

27. Mark S. Rider and Jeanne Achterberg, "Effect of Music-assisted Imagery on Neutrophils and Lymphocytes," *Biofeedback and Self-Regulation* 14, no. 3 (1989): 247-257.

28. This exercise, which comes out of the work of Moshe Feldenkrais, was to us by Ilana Rubenfeld.

29. The temporal tap is described and a neurological rationale is provided in David S. Walther, *Applied Kinesiology* (Pueblo, CO: Systems DC, 1976), pp. 261-263.

11주

1. Stephen Larsen, *The Shaman's Doorway: Opening the Mythic Imagination to Contemporary Consciousness* (New York: Harper &Row, 1976), p. 4.

2. Steven R. Covey, *Reflections for Highly Effective People, audiotape* (New York: Simon & Schuster, 1994).

3. William James, cited in David G. Myers, *The Pursuit of Happiness* (New York: Avalon, 1992), p. 126.

4. Kurt Lewin, *Resolving Social Conflict* (New York: Harper, 1948).

5. 위의 책.

6. Sheldon B. Kopp, *If You Meet the Buddha on the Road, Kill Him!: The Pilgrimage of Psychotherapy Patients* (Palo Alto, CA: Science and Behavior Books, 1972), p. 166.

7. Stanislav Grof, *The Adventure of Self-Discovery* (Albany: State University of New York Press, 1988); Gay Hendricks and Kathlyn Hendricks, *At the speed of Life: A New Approach to Personal Change through Body-Centered Therapy* (New York: Bantam, 1993); Jack L. Rosenberg and Marjorie L. Rand, *Body, Self, and Soul: Sustaining Integ-ration* (Atlanta: Humanics, 1985).

8. Thomas Hanna, *Somatics: Reawakening the Mind's Control of Movement, Flexibility, and Health* (Reading, MA: Addison-Wesley, 1988).

9. Francine Shapiro, *Eye Movement Desensitization and Reprocessing* (New York: Guilford, 1995).

10. Donna Eden, *Weaving the Energies, Setting the Field: An Introduction to Energy Medicine* (Ashland, OR: Innersource, 1996).

12주

1. Thomas Mann, "Freud and the Future," (speech delivered in celebration of Freud's eightieth birthday, on May 9, 1936, in Vienna, in which Mann described what he called the "lived myth"), excerpted in Henry A. Murray, ed., *Myth and Mythmuky* (Boston: Beacon, 1968), pp. 371-372.

2. Dan P. McAdams, *Stories We Live By: Personal Myths and the Making of the Self* (New York: William Morrow, 1993), p. 102.

3. Roy F. Baumeister, *Identity: Cultural Change and the Struggle for Self* (New Oxford University Press, 1986).

4. '현대의 자기contemporary self' 논의, Dan P. McAdams, "Personality, Modernity, and the Storied Self: A Contemporary Framework for Studying Persons," *Psychological Inquiry* 7, no. 4 (1996): 295-321.

5. McAdams, *Stories We Live By*.

6. 위의 책, p. 47.

7. 위의 책, p. 109.

8. David Elkind, *Children and Adolescents: Interpretive Essays on Jean Piaget*, 3d ed. (New York: Oxford University Press, 1981).

9. Seymour Epstein, "Integration of the Cognitive and the Psychodynamic Unconscious," *American Psychologist* 49 (1994): 709-724.

10. Gary Gregg, *Self-Representation: Life Narrative Studies in Identity and Ideology* (Westport, CT: Greenwood, 1991).

11. Hubert Hermans, *The Dialogical Self: Meaning as Movement* (San Diego: Academic Press, 1993).

12. Robert Kegan, *The Evolving Self: Problem and Process in Human Development* (Cambridge, MA: Harvard University Press, 1982).

13. Silvan Tomkins, *Affect, Imagery, Consciousness: Cognition, Duplication, and Transformation of Information* (New York: Springer, 1992).

14. George Kelly, *The Psychology of Personal Constructs*, vols. 1 and 2 (New York: W. W. Norton, 1955).

15. Seymour Epstein, "The Unconscious, the Preconscious, and the SelfConcept," in Jerry Suls and Anthony G. Greenwald, eds., *Psychological Perspectives on the Self*, vol. 2 (Hillsdale, NJ: Lawrence Erlbaum Associates, 1983), p. 220.

16. 위의 책.

17. Seymour Epstein, "Cognitive-Experiential Self-Theory: An Integrative Theory of Personality," in Rebecca C. Curtis, ed., *The Relational Self: Theoretical Convergences in Psychoanalysis and Social Psychology* (New York: Guilford, 1991), p. 118.

18. 위의 책.

19. Epstein, "Integration of the Cognitive and the Psychodynamic Unconscious."

20. 위의 책, p. 124.

21. Epstein, "The Unconscious, the Preconscious, and the Self-Concept."

22. Jean Piaget, *The Development of Thought: Equilibrium of Cognitive Structures* (New York: Viking, 1977).

23. 위의 책, p. 33.

24. M. Basseches, *Dialectical Thinking and Adult Development* (Norwood, NJ: Ablex, 1984).

25. J. Allan Hobson, *The Dreaming Brain* (New York: Basic Books, 1988).

26. Michael Gazzaniga, *Nature's Mind: The Biological Roots of Thinking, Emotions, Sexuality, Language, and Intelligence* (New York: Basic Books, 1992).

27. 위의 책, p. 126.

28. 위의 책.

29. Antonio Damasio, *Descartes' Error: Emotion, Reason, and the Human Brain* (New York: Grosset/Putnam, 1994).

30. 위의 책.

31. 위의 책, pp. 226-227.

32. 위의 책, p. 240.

33. Charles T. Tart, *Waking Up: Overcoming the Obstacles to Human Potential* (Boston: Shambhala, 1986), p. 85.

34. David Lukoff, Francis G. Lu, and Robert Turner, "Cultural Considerations in the Assessment and Treatment of Religious and Spiritual Problems," *Cultural Psychiatry* 18 (1995): 467-485.

35. Ralph W. Hood, "Differential Triggering of Mystical Experience as a Function

of Self-Actualization," *Review of Religious Research* 18 (1974): 264-270; Nicholas P. Spanos and Patricia Moretti, "Correlates of Mystical and Diabolical Experiences in a Sample of Female University Students," *Journal of the Scientific Study of Religion* 27 (1988): 105-116.

36. R. M. Bucke, cited in William James, *The Varieties of Religious Experience* (New York: Crowell-Collier, 1961; original work published 1901), pp. 313-314.

37. David Raft and Jeffry Andresen, "Transformations in Self-Understanding after Near-Death Experiences," *Contemporary Psychoanalysis* 22 (1986): 319-346.

38. Charles N. Alexander, Maxwell V. Rainforth, and Paul Gelderloos, "Transcendental Meditation, Self-Actualization, and Psychological Health: A Conceptual Overview and Statistical Meta-Analysis," *Journal of Social Behavior and Personality* 6 (1991): 189-247.

39. Aldous Huxley, *The Perennial Philosophy* (New York: Harper &Row, 1945), p. vii; the term "Perennial Philosophy" was originally coined by the German philosopher Gottfried Leibniz (1646-1716).

40. 위의 책, p. viii.

41. Ken Wilber, *Up from Eden* (Garden City, NY: Anchor/Doubleday, 1981), pp. 3-4.

42. Abraham H. Maslow, *Religions, Values, and Peak Experiences* (Columbus: Ohio State University Press, 1964).

43. James, *The Varieties of Religious Experience*, p. 332.

44. Bronislaw Malinowski, *Magic, Science and Religion* (Garden City, NY: Doubleday, 1954), p. 108.

45. Rollo May, *Freedom and Destiny* (New York: W. W. Norton, 1981), p. 90.

46. 이러한 원칙을 뒷받침하는 연구에 대한 추가 이론 및 참고 자료는 David Feinstein, "Myth-Making in Psychological and Spiritual Development," *American Journal of Orthopsychiatry* (in press)를 참조하라.

47. Kegan, *The Evolving Self*, p. 31.

48. Ken Wilber, *Sex, Ecology, Spirituality* (Boston: Shambhala, 1995), p. 61

49. Kegan, *The Evolving Self*, p. 82.

50. Epstein, "Integration of the Cognitive and the Psychodynamic Unconscious."

51. 위의 책.

52. 위의 책, p. 716.

53. Kegan, *The Evolving Self*, p. 82.

54. Epstein, "Integration of the Cognitive and the Psychodynamic Unconscious," p. 717.

55. Wilber, *Sex, Ecology, Spirituality*, pp. 59-61.

56. 위의 책, p. 61.

57. Erik H. Erikson, *Identity and the Life Cycle* (New York: W. W. Norton, 1980).

58. Aaron T. Beck and Arthur Freeman, *Cognitive Therapy of Personality Disorders* (New York: Guilford, 1990), pp. 360-361.

59. Stanley Krippner and Michael Winkler, "Postmodernity and Consciousness Studies," *Journal of Mind and Behavior* 16 (1995): 255-280.

60. Walter Truett Anderson, *Reality Isn't What It Used to Be* (San Francisco: Harper-Collins, 1990); Robert A. Neimeyer and Michael J. Mahoney, *Constructivism in Psychotherapy* (Washington, DC: American Psychological Association, 1995).

61. Peter Russell, *The Global Brain Awakens: Our Next Evolutionary Leap* (Palo Alto, CA: Global Brain, 1995).

62. Anne W. Dosher, "Personal and Organizational Mythology: A Reflexive Reality," in Stanley Krippner, ed., *Into the Mythic Underworld* (special issue of AHP Perspective, San Francisco: Association for Humanistic Psychology, April 1982), pp. 11-12.

63. 위의 책, p. 12.

64. Hazel Henderson, *Paradigms in Progress* (Indianapolis: Knowledge Systems, 1991).

65. Jeffrey Hollender, *How to Make the World a Better Place: 116 Ways You Can Make a Difference* (New York: W. W. Norton, 1995).

66. Bill Shore, *Revolution of the Heart* (New York: Riverhead, 1995), pp. 148-149.

67. Commission on Global Governance, *Our Global Neighborhood* (New York: Oxford University Press, 1995).

68. 위의 책, p. xix.

보조 안내 1

1. Anthea Francine, *Envisioning Theology: An Autobiographical Account of Personal Symbolic Journeying as a Source of Revelation* (Master's thesis, Berkeley, CA: Pacific School of Religion, June 1983), p. 45.

2. Patricia A. Brill and Kenneth H. Cooper, "Physical Exercise and Mental Health," *National Forum* 73, no. 1 (1993): 44-45.

3. This procedure is patterned after Edmund Jacobsen's classic method of Progressive Relaxation (Chicago: University of Chicago Press, 1938).

보조 안내 2

1. Montague Ullman, "Dreams, the Dreamer, and Society," in Gayle Delaney, ed., *New Directions in Dream Interpretation* (Albany: State University of New York Press 1993), pp. 11-40.

2. Gayle Delaney, *Breakthrough Dreaming* (New York: Bantam, 1991); Rosalind Cartwright and Lynne Lamberg, *Crisis Dreaming: Using Your Dreams to Solve Your Prob. lems* (New York: HarperCollins, 1992); Ann Faraday, *Dream Power* (New York: Berkley 1973); Robert Langs, *The Dream Workbook* (Brooklyn, NY: Alliance, 1994); Stanlev Krippner and Joseph Dillard, *Dreamworking: How to Use Your Dreams for Creative Problem Solving* (Buffalo, NY: Bearly, 1988); Robert L. Van de Castle, *Our Dreaming Mind* (New York: Random House, 1994); Montague Ullman, *Appreciating Dreams: A Group Approach* (Thousand Oaks, CA: Sage, 1996); Montague Ullman and Nan Zimmerman, *Working with Dreams* (Los Angeles: Jeremy P. Tarcher, 1985).

3. Gayle Delaney, "The Dream Interview," in Gayle Delaney, ed., *New Directions in Dream Interpretation* (Albany: State University of New York Press, 1993), pp. 198-199 (italics deleted).

4. Ann Faraday, *The Dream Game* (New York: Harper &Row, 1974), p. 4.

5. R. A. Lockhart, "Cancer in Myth and Dream," *Spring* (1978): 1-26.

6. Patricia L. Garfield, *The Healing Power of Dreams* (New York: Simon &Schuster, 1992), p. 19.

7. Delaney, "The Dream Interview," p. 195.

8. For further discussion of dreams and personal myths, see David Feinstein, "Myth-Making Activity through the Window of Your Dreams," in Stanley Krippner, ed., *Dreamtime and Dreamwork: Decoding the Language of the Night* (Los Angeles: Jeremy P. Tarcher, 1990), pp. 21-33.

9. Rosalind Cartwright, *Night Life: Explorations in Dreaming* (Englewood Cliffs, NJ: Prentice-Hall, 1977).

10. Carl G. Jung, "The Practice of Psychotherapy," in *Collected Works*, vol. 16, 2d ed., trans. R. F. C. Hull (Princeton, NJ: Princeton University Press, 1966), p. 42.

11. Calvin S. Hall and Robert L. Van de Castle, *The Content Analysis of Dreams* (New York: Appleton-Century-Crofts, 1966).

보조 안내 3

1. Carol S. Pearson, *Awakening the Heroes Within* (San Francisco: HarperCollins, 1991), p. 2.

2. Gerald M. Rosen, "Guidelines for the Review of Do-It-Yourself Treatment Books," *Contemporary Psychology* 26 (1981): 189-191.

3. David Feinstein, "Myth-Making in Psychological and Spiritual Development," *American Journal of Orthopsychiatry* (in press); Stanley Krippner and David Feinstein, "Psychotherapy in a Mythic Key: The Legacy of Carl Gustav Jung," in S. Lynn, ed., *Contemporary Psychotherapies* (Monterey, CA: Brooks/Cole, in press); Dan P. McAdams, *Stories We Live By: Personal Myths and the Making of the Self* (New York: William Morrow, 1993).

4. Alan E. Bergin and Sol I. Garfield, *Handbook of Psychotherapy and Behavioral Change*, 4th ed. (New York: John Wiley, 1994).

5. 예를 들어, Mihaly Csikszentmihalyi, *Flow: The Psychology of Optimal Experience* (New York: Harper & Row, 1990); Robert Jay Lifton, *The Protean Self: Human Resilience in an Age of Fragmentation* (New York: Basic Books, 1993); David G. Myers, *The Pursuit of Happiness* (New York: Avon, 1992); Martin E. P. Seligman, *Learned Optimism* (New York: Simon &Schuster, 1990)을 보라.

6. 이 명상의 변형은 티지아나 데 로베레Tiziana de Rovere에게 배웠다.

7. Alan Watts, cited in Ann Faraday, *The Dream Game* (Harper & Row, 1974), p. xvii.

8. 우리는 이 과정을 가르쳐준 도나 이든Donna Eden에게 깊은 감사를 드린다.

인명 찾아보기

[보조 프로그램과 자료]

유도 상상, 동작 등 이 책에 나온 프로그램의 시행 방법과 영감을 불러일으키는 앤 몰피티의 강력한 영적 음악이 담긴 오디오 CD 3장을 온라인으로 구매하실 수 있습니다. 가격은 배송비 포함 16.95달러입니다. www.innersource.net에 접속하시거나(Conscious Living Program 카테고리 아래 Personal Mythology에서 찾으실 수 있습니다), 1-800-835-8332에 전화로 주문하세요.

에너지 심리학에 대해 더 알고 싶으시다면, 위 웹사이트 'Energy Psychology' 코너에 더 많은 정보가 소개되어 있습니다. 또한 도나 이든의 더 많은 에너지 의학 서적, DVD, 강의들을 웹사이트에서 찾으실 수 있습니다.

INNERSOURCE

777 East Main Street, Ashland, OR 97520

www.innersource.net

800-835-8332(24시간 주문 번호)

541-482-1800(사무실 번호)